稲葉伸道 著

日本中世の王朝・幕府と寺社

吉川弘文館

目　次

序章　国家による寺社の保護と統制

一　中世の国家と宗教・寺社

中世の国家と宗教あるいは寺社との関係を論じるための論点、課題を提示する前に、まず本書で構想している「国家」について述べておきたい。本書では「王朝」と「幕府」を中世国家と捉える佐藤進一氏の中世国家論(1)により、「王朝」「幕府」の用語を使用するが、本書での「王朝」は「朝廷」とほぼ同じ概念で用いており、「朝廷」と読み替えても本書では問題はない。中世の「国家」をどのように考えるかについては、いろいろな視点から捉えることが可能であるが、少なくとも鎌倉時代にあっては王朝と幕府の両方の並立を前提にしておかねばならないであろう。黒田俊雄氏の権門体制国家論(2)では両者の並立ではなく、全体としての統一国家（権門体制国家）を構想し、関東に誕生した鎌倉幕府を「日本国」の軍事・警察を担当する権門と位置づけた。権門体制国家論は、主従制を骨格とする鎌倉幕府の新しい体制成立の歴史的意義を相対的に軽視することになったが、寺社や宗教の歴史的意義を大きく評価することに繋がり、その後の寺社研究の進展に大きな影響を与えた。ただ、王朝や幕府が寺社に対してどのような政策をとったかという課題については、権門体制論は理論的に大きな弱点を有していたと思われる。権門体制国家論では有力な大寺社を国家権力の宗教部門を分掌する権門と把握したことから、大寺社は国家の一部門と位置づけられ、寺社権門に対する政策という発想そのものが生まれにくくなってしまったといえる。黒田は前近代の国家統治のために不可欠のものとして宗教を位置づけ、中世における体制仏教を顕密仏教とし、顕密体制論を展開したが、権門寺社については寺社勢力論は提示したものの権門寺社政策論は展開しなかったのである。そのことは権門体制国家論が本質的に抱える弱点であった。

権門体制国家論は国家という装置において何が必要かを示した点に大きな意味があったと思う。天皇・院（上皇）という王権、それを支える古代以来の貴族集団・官僚組織、軍事・警察という国家の治安維持にあたる武士、国家を支える宗教イデオロギーとしての仏教を、権門という家産的組織で請け負う体制としての国家を中世国家と捉えている。この視点を継承するならば、鎌倉時代の「日本国」を西国を基盤とする王朝と東国を基盤とする幕府という、地理的に東西に分かれた国家が並立する体制と捉え、ともに王権・貴族・官僚と治安維持を担う武士、そして、宗教部門を担当する寺社を必要とする体制をとったことに注目すべきである。鎌倉幕府という関東に誕生した国家も、その体制は一種の権門体制であった。もちろん、その国家体制の基軸は王朝にあっては天皇・院を頂点とし貴族・官僚が支える古代以来の国家体制であり、幕府は軍事・警察部門を担当することによって王朝を支えるものであった。幕府は鎌倉殿を頂点とする御家人制が基軸としてあり、国家的な儀礼を担う若干の京下りの貴族や、武士でありながら文人官僚として活動する奉行人を編成していたが、鎌倉殿の地位は源氏三代以後は王朝の貴種（天皇家・摂関家）に限定され王朝から供給されていた。このように両者は相互に依存しあい、完全に東西の国家として分立し体制を完結させることはなかったが、ともに、統治イデオロギーとしての仏教（顕密仏教）を重視し、寺社政策を国家統治の重要事項として位置づけていた。

このように王朝と幕府がそれぞれ寺社政策を実施したという視点をとるならば、王朝と幕府を「公家政権」と「武家政権」と読み替えても本書ではそれほど問題は生じないが、東国に基盤を持ち、武士の主従制原理を中核とし、国家としての統治権を構築した鎌倉幕府と、古代国家を継承し官職請負体制を構築した王朝国家の並存する国家像を求めた佐藤進一説に依拠し、さらにそれぞれに権門体制秩序を認め、権門体制国家論の修正版を構想する著者の視点から、ここでは幕府と王朝という用語を使用し、それぞれにおいて短期間の政権の政策を考察する場合に限って、「建武政権」などと「政権」の言葉も使用することとする。

次に「宗教政策」と「寺社政策」との違いについて述べておく必要がある。宗教という場合、仏教・神祇・陰陽道などさまざまな宗教を考えねばならないが、中世においては仏教が中核に位置していることはいうまでもない。神祇や陰陽道は部分的には王朝や幕府内部で独自の存在意義を保つものの、大きく見れば仏教に包摂されていく存在である。問題はその仏教をどのように国家との関係で捉えるかである。大乗仏教は国家だけでなく個人一人ひとりの救済・信仰を課題としている。とくにその思想内容については、教義の内容に踏み込んで仏教と「個人」の信仰を捉える必要があることはいうまでもない。しかし、国家と仏教という視点からみれば、この個人の信仰という重要な側面は、国家権力の中核に存在する王権（天皇・院・将軍、場合によっては摂関家）を除けば、とりあえず、検討の対象から除外してよい。ここでは信仰の場であり、国家によって存在価値が認められた僧（官僧）が集い、学問・修行をし、国家の鎮護と人民の安穏のために祈る場所としての寺院、そして、古代の神祇体系を継承しつつも、寺院と一体化していく神社を対象とする。

寺院といってもその規模や性格はさまざまである。中世では興福寺・東大寺・延暦寺・園城寺などの大寺院（権門寺院）から、氏寺や特定の家の菩提寺、村落や都市の草堂・道場に至るまでさまざまな寺院が多数存在していた。このうち国家との関わりでいえば鎮護国家を標榜する古代以来の「官寺」、とくに大寺院（権門寺院）が重要である。この権門寺院は官寺として本来、その組織と経営は国家によって保証され、所属する僧侶は国家によって認定される存在であった。しかし、平安後期以降、古代国家の弱体化によって寺院は経済的自立を余儀なくされ、経営の基盤を荘園に置かざるを得なくなり、また、それと同時に寺僧は自律的な集団を形成し、そのなかには武士と同じような武力を所持する集団も生まれ、軍事・警察力を所持するようになった。このような権門寺院は基本的には単立経営体、組織であり、強訴の際に、興福寺が東大寺などの南都諸寺に動員を要請することもあるが、その関係は一時的なもので恒常化するものではなく、基本的には個々の寺院の強訴であった。官寺である権門寺院ではない氏寺・菩提寺の場合、モンゴル襲来などの国家的危機の状況において異国降伏祈禱命令が下されることもあるが、檀那である貴族・武士との関係が主軸であり、国家との関係は理念的な部分に止まる。また、草堂・道場などに至っては、ほとんど国家との関係はないといってよいであろう。

神社は古代国家において神祇官が設置され、また、延喜式神明帳に等級付けされるように、国家的儀礼や祈禱を行う装置として重視され、院政期には伊勢神宮と石清水八幡宮の大社を頂点とした二十二社体制と諸国一・二宮体制が成立していた。それらは伊勢神宮を除きその組織には社僧が加わり、年中行事においても仏教儀礼を多く取り入れていた。これらの神社の維持もまた中世国家における重要な課題としてあり続けた。本書では、寺院だけでなくこれらの神社も視野に入れて国家と寺社の関係を論じていきたい。

二　中世の国家と宗教・寺社との関係についての論点

ここでは国家と寺院・神社との関係を、保護と統制という観点から分類整理し、それぞれの論点を提示することによって全体の大まかな構図を示したい（なお、以下の注記で示す典拠文献はそれぞれの研究課題に関するすべての研究文献を示すものではない。本来、すべての研究を提示し論点整理を行うべきであるが、本節ではおおまかな見取り図を提示することに主眼があり、ごく簡略な典拠を示すに止めた）。

1　国家による保護と統制

（1）寺社の伽藍と構成員（寺僧と神職）に対する保護と統制

a　伽藍造営・修理の方式

寺社の建物・伽藍の修造は東大寺のような官寺の場合、国家が行うべきものであった。その方法は平安院政期には造東大寺司などの役所が置かれ、その造営用途を基本的に受領成功や国宛によって調達する方式であった(3)。鎌倉時代には、治承の兵火によって焼失した東大寺の復興が周防国を造営料国としたことを嚆矢として、造営料国として知行国を宛てる方式が登場した(4)。東大寺の造営事業が王朝（朝廷）によって任命された大勧進職によって請け負われたことは、寺院の造営を勧進聖の活動によって行う民間の造営方式を取り入れたものである。伊勢神宮の場合は式年遷宮に伴う造替の費用を伊勢神宮役夫工米という一国平均役として全国の荘園・公領に賦課する方式が院政期には確立していた。伊勢神宮の造替は天皇の代替わりに伴う大嘗会や、内裏造営などに相並ぶ国家事業として認識されていた。一国平均役として荘園・公領に段別に造営用途を賦課する方式は、鎌倉中期には興福寺土打段米が大和一国に賦課されたことにみられるように、王朝国家（朝廷）による許可のもとに、寺社による直接徴収が行われる場合も出現した(5)。その際、その担い手として興福寺の場合は、律僧・律院がその徴収に携わった。この方式は南北朝期以降は段米から段銭賦課となる。また、段米・段銭とは別に棟別銭の徴収も行われた。段銭や棟別銭賦課は室町時代には守護によってその用途が拡大していくが、その始まりは一国平均役を継承して多くは寺社造営用途に限定されていた。

鎌倉時代には関所（関・津）において流通する年貢や商品に対して賦課する方式が登場し、王朝とともに幕府もその免許に関わった(6)。また、鎌倉末期からは建長寺造営用途に宛てる貿易船が幕府から中国に派遣された。一国平均役として土地に賦課される税だけではなく、鎌倉後期からは国内・海外の物品流通による収益に対しても寺社造営用途を目的として賦課されるようになった(7)。

以上、大まかにみたように荘園・公領や関所からの収益を直接寺社造営用途に充てる方式は、国家が寺社造営に責任を負っていたことによるものである。その対象範囲や許認可権・造営組織などがこの分野での研究課題となる。

b　人（寺僧と神職）

「官寺」の寺僧と「官社」の神職の内、別当・長者・座主や大宮司など組織上層部の寺官・神職に対する補任権は古代以来国家が掌握するものであったが(8)、中世では、寺院においては三綱以下の政所系列の所職の補任権は別当などが掌握し、王朝（朝廷）が関与することは基本的にはない。伊勢神宮などにおいても、正権禰宜などの神職は神宮内部の神官の家による相続の慣例にしたがって祭主により任命されていくものである(9)。

古代における官僧の認定は得度における度縁と授戒による戒牒の授与によって認定されたが、この制度は形骸化しつつも中世前期までは存続していたようである。中世において得度は師弟間の出家儀礼となったが、度縁の授与は一部、鎌倉前期頃までは確認できる。授戒も東大寺や延暦寺において授戒会が行われ、形式的にせよ存続していた。ただ、戒牒がすべての僧に発給されていたかは確認できない(10)。官僧が所属寺院を離脱し遁世僧となることが多く見られるようになる鎌倉時代以降においては、もはや度縁や戒牒を所持することが一人の僧の存在を大きく規定することはない。寺僧の所属は個々の寺院において「寺僧帳」などの名簿に名前が記されることによって行われ、何らかの理由によって処罰がなされる時は、その名簿から名前を削られ、寺院から追放された。僧の刑罰において度縁や戒牒を没収することがなくなっていたのである。

官僧のうち国家が認定する法印・法橋・法眼上人位などの僧位や僧正・僧都・律師などの僧綱の僧官は、ともに上級の僧の身分を示す位階としての意味を持って使用された。それらは国家（王朝）によって授与され、法会などにおいて綱所の統制を受けた。(11)この他、大師号の称号についても鎌倉期には王朝によって授与されていた。(12)

以上は官寺の官僧について整理したものであるが、鎌倉末期以降の禅宗寺院においては、幕府による五山制度の整備とともに、公帖発給によって五山以下禅宗寺院の住持が任命されていく。その寺内規則もまた幕府あるいは鎌倉府によって制定することがあり、五山禅僧の役職や身分も幕府によって置かれた鹿苑僧禄や蔭涼職による統制をうけた。(13)

この他、国家の中核をなす天皇・院・将軍などの身体護持を行う護持僧も国家によって選任された。また、院政期に始まった法親王制は、天皇家による有力な官寺の中枢への人材派遣を通じての統制をもたらすものであり、仁和寺御室もまた天皇家出自の御室による真言宗僧や寺院の統制に大きな影響を与えた。鎌倉時代に始まり南北朝期に確立する門跡についても、門主は天皇家とそれに準ずる摂関家や足利将軍家などから供給され、その認定については王朝や幕府が干渉した。これらは、国家との関係でもとくに王権との関係を示す指標となるものである。(14)

（2）　儀式（法会・神事）の維持・援助

平安時代には、それまでの年中行事に仏教行事が追加されていき、中世に継続する。平安前期には御斎会・後七日御修法が、平安後期十一世紀末から十二世紀初頭には宮中最勝講が成立する。それらの法会は東大寺・興福寺・延暦寺などの官寺の寺院法会と連関し、宮中での法会と特定寺院の法会が、国家的法会と認識され官僧の昇進ルートに位置づけられて、鎌倉時代まではその体制が維持される。院政期に成立した御願寺の法会も国家的法会として位置づけられ、その維持が王朝によって鎌倉時代を通して図られた。(15)

また、神社についても、十一世紀までに成立した伊勢神宮以下二十二社に奉幣する制度が室町時代まで存続し、伊勢神宮に対しては公卿勅使も派遣された(16)。

（3）寺社の経済的基盤の保証

寺社における日常的活動を支える経済的基盤は「官寺」「官社」の場合、国家による給付として、院政期までには封戸から荘園へと移行した。寺社の伽藍修造と寺僧・神官の生活維持、そして、法会・行事開催の経済的基盤として、荘園は国家によって寄進され、その維持が図られたのである。したがって荘園からの年貢は、その年貢の使用目的が定められているのが通例であり、保元元年新制第六条・第七条にみるように、寺社領の実態調査とともに仏事用途の実態調査が実施された(17)。寺社領は寺僧や神官の私物ではなく仏神物であり、勝手に処分できるものではなかった(18)。

国家護持を使命とする寺社を保護することは王朝・幕府ともに徳政の対象事項となり、徳政としての「寺社領興行」政策が実施された。とくに鎌倉中期のモンゴル襲来は鎮護国家のための寺社の存在意義を高める契機となり、神領興行令が幕府・王朝ともに実施された。徳政としての寺社領興行政策は室町時代にまで継続されていくことになる(19)。

2　国家による寺社に対する規制・抑圧

（1）強訴に対する抑圧

特定の寺社に対する保護政策は、一方でそれらの寺社（権門寺社）に対する規制と、場合によっては抑圧を伴う。中世寺社の特徴は権門としての勢力を有し、いちじるしく自立（自律）化を遂げている点にある。寺院大衆による自治が行われ軍事力も所持する権門となった権門寺院が、包摂した神社の神威をかざして起こした強訴は、院政期以降王朝を悩ませ、鎌倉時代以降も続いた。保元新制に登場する悪僧抑圧政策は、僧侶の兵仗禁止令とともに平安末期から鎌倉時代まで継続し、軍事警察部門を担当する権門である幕府は、その政策を当然のことながら支持した。強訴に対して王朝はその神威を恐れ、受動的対処に止まったが、武力集団を本質とする平氏政権や鎌倉幕府・室町幕府による抑圧は、平安末期の内乱期における南都制圧、鎌倉末期の幕府による南都制圧、足利義持・義教期の幕府による延暦寺や石清水八幡宮制圧として表れた。[20]これらの軍事行動は職豊期の織田信長による延暦寺焼き討ちや豊臣秀吉による高野山・根来寺の制圧に繋がるものである。

（2）国家による寺院間・寺院内相論の裁定

a　寺院間相論の裁定

平安時代の園城寺戒壇設立問題をめぐって延暦寺と園城寺が抗争する事態は、鎌倉時代においても継続する。官僧の認可権に関わる問題は、権門寺院の勢力図に直結する問題であった。権門寺院間の勢力争いは、寺域の境界争い、寺社領荘園の境界争い、末寺の所属をめぐる争い、所属する寺僧や神人などが引き起こす事件を発端とする争いなどとして発生した。強訴の原因にもなったこれらの問題は、当事者同士で決着はつかず、王朝の法廷に持ち込まれ、王権（院・天皇）の政治的判断を仰ぐことになった。権門寺院が大きな勢力を有した中世では、王朝や幕府は否応なしに権門寺院間の争いにふりまわされることになる。[21]

権門寺院間の相論は以上の世俗的な権益・勢力をめぐる争いに止まらず、鎌倉末期に延暦寺と東寺との間で発生した延暦寺の益信に対する大師号付与事件、ほぼ同時期に発生した真言宗の「本所」をめぐっての東大寺と東寺・醍醐寺の本末相論など、八宗の宗派間や宗派内部の優越性・正統性をめぐる争いにも及んだ。それらは強訴の原因となり王朝や幕府が介入せざるをえない問題となった[22]。また、平安末・鎌倉期には新興の仏教集団（教団）（いわゆる鎌倉新仏教）が登場し、その影響が無視できなくなると既存の権門寺院はそれに対して抑圧する行動に出て、王朝や幕府もその禁圧を行った。法然や親鸞に対する流罪、念仏教団の活動に対する幕府の禁圧政策、日蓮の流罪など、それぞれ原因は異なるが、大きくみれば王朝公認の八宗以外の新興教団に対する抑圧政策とみてよいであろう[23]。南北朝期以降になるとこうした新興仏教教団の寺院と既存の権門寺院との間で抗争が発生した。延暦寺と禅宗勢力との争いである南禅寺楼門撤却事件は、天台宗と禅宗の宗派の正統性を争う「宗論」でもあった[24]。

b　寺院内相論への介入

自立した権門寺院内の紛争や人事について、王朝は基本的には介入しない。しかし、門跡間の争いや門跡内部の門主交替に伴う争いが起こると、その争いは王朝に持ち込まれることになり、「治天の君」である院や天皇はその調停を行い、時には紛争に積極的に介入した。門跡の門主の人事権は門主の出身母体である天皇家や摂関家の「家門」にあるが、「治天の君」は門主や門跡領の認定（安堵）によって影響力を行使したのである。室町時代には天皇や院ではなく、実質的に室町殿が門跡の安堵を行った。また、室町時代になると幕府は三綱以下の政所系列下の所職の人事に対しても裁許や安堵によって介入した[25]。

以上、国家と寺社との関係を保護と抑圧による観点から整理してみた。寺院と神社とでは国家との関係は異なる場合があり、また、中世でも平安末院政期と鎌倉幕府と王朝が並立する鎌倉時代、幕府が王朝よりも優位に立った南北朝・室町時代では、その関係は異なる。ここでは、それぞれの時代における王朝・幕府と寺院・神社の関係を過不足無く描くことはできていないが、第一章以下において展開される論点が、全体の見取り図のどの位置にあるのかを理解するために概略を提示した。

三　本書の視角

1　寺社興行政策

鎌倉時代の王朝や幕府がどのような政策基調をとり、どのような政策を行っていたのかを知るには、まず、発布された法から検討する必要がある。本書では王朝や幕府が発した新制（公家新制・関東新制）や幕府法（御成敗式目・追加法）・公家法・寺社本所法における寺社関連法を主たる検討項目とし、それらが現実の個別寺社政策としてどのように実施されているのかを追究する。とくに、鎌倉中期の王朝・幕府協調体制の下で行われた徳政としての寺社興行政策が、王朝の寺社政策の歴史のなかでどのように位置づけられるのか、それがどのように鎌倉後期から建武政権期へと展開していくのか、その政策は同じく鎌倉幕府が行った寺社政策といかに連動していたのか、また、幕府は独自にどのような寺社政策をとっていたのかを検討する。主として鎌倉時代を検討対象とするが、その前後の時代についても言及したい。

天変地異や天皇の代替わりを契機として、国王は人民のために徳政（仁政・善政）を行わねばならないという政治思想は、古代から近世に至るまで王朝だけでなく幕府においても共有され、改元・賑給・赦、過差の禁止、およびその時代の政治的課題に対する政策、例えば平安末期から鎌倉初期に至る荘園整理令や悪僧・神人の濫行停止令、鎌倉後期の雑訴興行令や寺社興行令などの新制として発布された。(26)公家新制の研究をもとに、徳政としての寺社興行政策について重要な論点を示したのは笠松宏至氏である。氏は論文「中世の政治社会思想」(27)において、中世の徳政では「仏神事の興行及び雑訴の興行は、つねに掲げられる二大篇目であった」とし、鎌倉時代の裁判興行とともに「仏神事の興行」が徳政の最重要課題であったことを指摘し、王朝の裁判興行が山僧・神人の寄沙汰行為や権門寺院の強訴という理非を越えた行動に対する「統治権者としての一つの資格」、すなわち理非による裁判を回復するための政策として行われたと説明した。また、「公家徳政令の基本的原則」が弘安八年(一二八五)十一月法の一箇条「諸社諸寺一旦執務の人、かの領を以て別相伝と称し、不慮の伝領に及ぶ、かくのごときの地、訴訟出来せば、尋ね究められ、寺社に返付せらるべきの事」にみられるとし、別相伝による寺社領の散逸を復元することが「徳政の主要スローガンたる仏神事興行に資することにあった」とした。寺社領の別相伝が平安後期から始まり鎌倉時代に拡大していく事態に対して、王朝国家権力が対応した政策であったと評価したのである。

笠松氏の所論は寺社政策に限定されるものではない(28)が、公家新制にみられる寺社関連法の歴史的意義を鋭く捉えたものであり、本書はこの視角を寺社興行、寺社領興行政策を検討する第一の視角としたい。

次に寺社興行政策を論じるために欠くことができないのが、モンゴル襲来を契機とする鎌倉後期の神領興行令の問題である。鎌倉末期の九州の宇佐八幡宮領などを対象とした正和の神領興行令については、鎌倉幕府の九州支配との関係で早くから注目されていた(29)が、幕府によって弘安七年から翌年にかけて、九州だけでなく伊勢神宮領に対しても甲乙人や「非器の仁」の神領知行を停止し、その回復を命ずる神領興行令が時限立法として適用されたことについては上横手雅敬氏が初めて指摘したが、海津一朗氏は神宮領における適用事例を詳しく検討するだけでなく、弘安・永仁・正安・正和の神領興行令全体を考察し、幕府だけでなく王朝の神領興行令についても考察の対象に加えた(30)。海津氏の研究は神領興行令の適用を受けた伊勢神宮領や宇佐八幡宮領の支配構造の変化にも論究したもので、神領興行令研究の一つの到達点を示すものである。神領興行令が王朝・幕府が協調して行う徳政の一つであるとする海津氏の分析視角は、笠松宏至氏の徳政論を継承し発展させたものであり、また、村井章介氏の正和の神領興行令の研究や南北朝期の応安半済令研究[31]も、笠松氏の徳政論の影響下にあるといってよい。榎原雅治氏による室町時代の寺社本所領保護政策の研究もこの延長上にある[32]。

このように、神領興行令の研究は伊勢神宮や宇佐八幡宮領などの神領にとどまらず、広く寺社領全体の国家による保護政策と認識され、今日に至っている[33]。本書もまた、この研究視角を継承するものである。

2　権門寺社の統制

徳政としての寺社興行政策の目的は国家による仏神事興行を目的としたものであった。南都北嶺の権門寺院や伊勢神宮・石清水八幡宮などは王朝を守護する寺社であり、その維持が王朝によってなされた。一方でこれらの権門寺社は大きな勢力を獲得し、平安後期以降、要求を王朝に認めさせるべく強訴を繰り返し、悪僧・神人の濫行対策は王朝にとって大きな政治課題であった。この問題は鎌倉時代以降も継続し、武力を有する幕府にとっても王朝との協調政策として対処せざるをえない問題であった。笠松氏が指摘したように徳政としての寺社興行政策は、一方で、こうした権門寺社勢力に対する厳しい禁圧政策を伴っていたのである。寺社強訴の禁圧は室町時代における幕府による武力統制に引き継がれ、また、延暦寺における山門使節、興福寺における官符衆徒による統制へと繫がっていく[34]。

権門寺社に対する統制は、強訴禁圧だけでなく寺社を構成する寺僧・神官への人事によっても行われた。官寺や官社の管理者の人事権（任命権）は古代律令国家以来、国家が掌握しており、中世においてもその対象範囲が狭くなるとはいえ、依然として別当や長者・座主・長吏・検校・祭主・大宮司などの「職」の任命権は王朝の側にあり、権門寺社の自専するものではなかった。ただ、鎌倉時代にあっては定められた任期が守られないなど、本来のあり方が形骸化することに対処し、自立する権門寺社が王朝の統制下にあることを改めて示すために、弘長三年（一二六三）八月の新制条項のなかに別当などの職務や任期の規定が組み込まれた。王朝はその人事権を、寺社強訴に対する処罰や、鎌倉末期の両統迭立期・建武政権期・南北朝期の政権交代期における政治的人事として行使した。

人事による統制は、本来、人事権の及ばない権門寺院内部の門跡にも及び、鎌倉末期以降、門跡の門主の人事に介入する。門跡の統制は門主交替に際しての王朝の安堵としても行われ、南北朝・室町時代には幕府による安堵へと継承される。権門寺院による強訴は自立化する寺院大衆勢力の権力の表出であったが、鎌倉時代の門跡の出現は権門寺院内部に形成された私的組織である院家の発展形態であった。王朝や幕府は権門寺院に形成された勢力・組織に対して新たな対応を迫られたのである。

3　幕府の寺社政策

鎌倉幕府は関東に成立した国家としての側面と、王朝の軍事・警察部門を担当する政権としての側面を持ち、鎌倉後期以降は東国だけでなく全国政権としての側面を持った。強訴禁圧など権門寺院の統制を武力でもって実行する幕府は、国家の軍事・警察部門の担当者であった。幕府や六波羅探題の強訴への対応や寺院間の争いに対する介入は、この側面による。一方、「首都」である鎌倉に独自に鶴岡八幡宮を中心とする寺社を配置した幕府は、東国独立国家としての側面を持っていた。この側面は鎌倉後期以降、全国政権として拡大し、本来、王朝が担うべき日本国全体の護持をも引き受けることになる。

源頼朝には東大寺の再建や伊勢神宮に対する所領寄進を積極的に行った[35]が、それは王朝管轄下の官寺・官社への財政的支援であって、自らそれらを管轄下に置こうとする行動ではない。幕府は鶴岡八幡宮を中核として永福寺・勝長寿院・法華堂・大慈寺などの顕密寺院や伊豆・箱根・三島・鹿島・香取社などの神社を直接維持管理する体制を構築し、それとは別に将軍家祈禱所を全国に認定していった(36)。鎌倉後期以降は建長寺や円覚寺など北条氏得宗家との関係が深い禅宗寺院や、西大寺や極楽寺を中核とする律宗寺院を組織し、後者は鎌倉後期以降展開する国分寺興行の担い手ともなった(37)。幕府はモンゴル襲来を契機として、国分寺だけでなく諸国の一宮興行政策も実施した(38)。諸国一宮興行が伊勢神宮・鎮西五社の神領興行令と同じく、異国降伏祈禱を目的で行われたことはいうまでもない。鎌倉幕府の寺社政策については、鶴岡八幡宮や関東祈禱所の研究において解明が進んでいるが、鎌倉末期に成立すると思われる鎌倉五山寺院や極楽寺など律宗寺院も含めて、これらの寺社が全体としてどのように機能していたのか、また、寺社統制の側面において鎌倉殿と北条氏得宗とはどのような位置にあるのか、など検討すべき課題は多い。

室町幕府は鎌倉幕府の寺社政策と王朝の寺社政策をともに継承し、義満段階においてほぼその支配体制を構築した。五山十刹の禅宗寺院の統制だけでなく、王朝支配下にあった権門寺院に対しては、強訴の禁圧、門跡統制、権門寺院内部の所職統制、幕府主催の法会への顕密僧の結集、堂舎の修造などの手段によってその統制下においた(39)。また、室町殿の身体護持を行う護持僧や御師も幕府の祈禱体制において大きな位置を占めた(40)。鎌倉時代に東西に分かれていた国家形態は、室町幕府が京都に政権を置いたことによって二重性を解消する方向に向かい、その歴史的展開の一つとして王権としての室町殿が宗教支配の頂点に立った。この体制は応仁の乱後に揺らぎ王朝権威の復活がみられるものの、近世の幕藩体制国家において再編され完成をみる。

以上、鎌倉時代を中心に中世国家（王朝・幕府）が権門寺社に対してどのような関係を持ち、政策をとったのかを分析する際の視角を示した。権門寺院が多くの荘園を獲得し、その勢力を拡大するのは院政期である。また、院や女院の御願寺が多く造立され国家的仏事体制が整備されるのも院政期である。鎌倉時代、とくに後期以降、王朝はほころびていくその体制の維持に苦心することになる。仏神事の興行が徳政の重要事項として掲げられているのは、一方で院政期の体制の維持が困難になっていく時代状況があったからであった。院政期に成立した自立性を持たない六勝寺に代表される御願寺の仏事体制の維持がもっとも困難であったのである。自立した勢力を有する権門寺院は官寺としての歴史を持つことから、王朝はその維持管理に責任を持つ。王朝の仏事体制もまたこれらの官寺の学侶によって担われている。強訴などによる官僧の国家的法会への出仕拒否は、王朝の年中行事となった法会の維持に混乱をもたらした。関東に誕生した幕府は、王朝支配下の官寺である権門寺院の堂舎修造を助成し、かつ、鎌倉において新しい寺社を建立したが、王朝の寺社支配体制の維持にも関与せざるを得なくなったのである。

本書では国家の側の治天の君・院・天皇・将軍・得宗などの権力（王権）についても視野に収める必要があり、鎌倉後期以降の王朝の寺社政策における持明院統と大覚寺統の政策の違いについても考慮したが、全体として政治史に対する十分な目配りができたかどうかについては満足できるものではない。逆に、王朝の政権ごとの政策分析は、かえって全体像を見失うことになったかもしれない。また、中世末・近世の到達点を視野に入れない見通しは誤っているかもしれない。これらは本書の限界を示すものであるが、本書に示す見解が中世の国家と寺社、宗教を考える上で何らかの意味を持つことを願うものである。

四　本書の構成

全体を二部に分け、第Ⅰ部では、鎌倉時代から建武政権期を中心に王朝と幕府の寺社政策を検討した。第一章のみ幕府の寺社政策を論じているが、第二章以下第六章までは王朝の寺社政策を時期を区切って検討したものである。

第一章「鎌倉幕府の寺社政策に関する覚書」では鎌倉幕府法にみえる寺社関連法、将軍家祈禱所、権門寺院の長官人事に対する幕府の関与のあり方について検討した。鎌倉幕府の寺社政策全体の見取り図を示す研究である。鎌倉・東国・全国という幕府の統治領域による政策の違いや、関東祈禱所にみる「将軍家」（公方）の意味、王朝支配下の権門寺院の別当職などへの北条氏などの進出について検討したものである。

第二章「弘安寺社興行政策の源流について―鎌倉時代前半期における王朝の寺社政策の展開―」は王朝・幕府によって行われた弘安徳政の寺社政策が、それ以前の王朝の寺社政策の展開とどのように繋がっているのかを、保元新制以降の公家新制の条文から確認していったものである。

第三章「鎌倉中期の仁和寺御室―弘長三年東寺観智院金剛蔵所蔵「仁和寺興隆倹約等条々」について―」では東寺観智院に所蔵される弘長三年の「仁和寺興隆倹約等条々」の内容を紹介し、後嵯峨院政下の御室法助の真言宗寺院や法脈における位置について、鎌倉初期の御室守覚や鎌倉末期の東寺長者と比較して検討した。

第四章「鎌倉中・後期における王朝の神社政策」では、伊勢神宮や石清水八幡宮に対する王朝の政策を神領興行政策・別相伝禁止政策・訴訟制度改革などの側面から、後嵯峨院政期から伏見院政期まで時期を区切って検討した。

第五章「鎌倉末期の王朝の寺社政策―正安三年～元亨元年期について―」は、両統迭立期において持明院統（伏見院政・後伏見院政）と大覚寺統（後宇多院政）の対立する政権が、それぞれ寺社政策をどのように展開したのかを検討したものである。ここでは伊勢神宮興行政策、寺社強訴への対応、密教興隆政策や神事・国分寺・六勝寺などの興行政策について検討した。

第六章「後醍醐天皇親政期の寺社政策」では、鎌倉末期の後醍醐天皇親政期における寺社政策を、神領興行令・別相伝禁止・権門寺社の強訴への対応などから検討した。

第七章「建武政権の寺社政策について」では、建武政権の成立によって行われた寺社政策を、権門寺社の長官や門跡の人事、権門寺院である東大寺や興福寺の要求への対応、地方の一宮など有力神社に対する本所停廃政策について検討した。

第Ⅱ部では権門寺院である延暦寺と興福寺を対象として王朝や幕府がどのような政策をとっていたかを検討した。

第一章「青蓮院門跡の成立と展開」は、青蓮院門跡の成立と鎌倉時代における分裂と抗争について検討し、門跡相論の原因が家門の相続論理と門跡の師資相承論理、それに王朝・幕府の干渉にあったことを追究したものである。

第二章「南北朝・室町期の門跡継承と安堵—延暦寺三門跡を中心に—」は、延暦寺の青蓮院・梶井・妙法院の三門跡の門跡継承に際して行われた北朝（院）や室町幕府（室町殿）よる安堵のあり方について検討したものである。

第三章「南北朝期の興福寺と国家」は、南北朝期における興福寺の門跡間の紛争、それに関連する強訴に対して、王朝や幕府がどのように対応したのか、また、義満段階において幕府は興福寺をどのように制圧したのかを検討したものである。

終章「南北朝・室町期における幕府と王朝の寺社政策」は、室町幕府による寺社強訴への対応、寺社領興行政策、門跡支配について素描を試みたものである。

以上、本書の構成について概略を述べた。もとより、本書に収めた論文は発表年次に二十年の間隔があり、それぞれ初出時点での著者の関心に違いがある。発表年次で並べると著者の関心の推移がみえてくるが、その点については本書「あとがき」で記したい。

註

（1）佐藤進一『日本の中世国家』（岩波書店、一九八三年）。
（2）黒田俊雄『日本中世の国家と宗教』（岩波書店、一九七五年）。
（3）上島享『日本中世社会の形成と王権』（名古屋大学出版会、二〇一〇年）。この書における研究課題は摂関期から院政期における国家財政史であるが、その重要な研究対象となったのは興福寺や六勝寺などの御願寺の造営用途調達方式の検討であった。
（4）竹内理三『寺領荘園の研究』（畝傍書房、一九四二年、吉川弘文館、一九八三年再刊）。畠山聡『中世東大寺の国衙経営と寺院社会—造営料国周防国の変遷—』（勉誠出版、二〇一七年）は、東大寺造営料国である周防国の領国経営についてたんねんに追求した近年の成果である。
（5）安田次郎『中世の興福寺と大和』（山川出版社、二〇〇一年）。
（6）竹内理三『寺領荘園の研究』（前掲）。相田二郎『中世の関所』（有峰書店、一九七二年）。
（7）榎本渉「宋元交替と日本」（『岩波講座日本歴史』第七巻・中世二、岩波書店、二〇〇二年）。
（8）ここでいう「官寺」「官社」とは伽藍修造の責任を国家が担い、その全体の代表者である別当などに対する任命権を国家が所持している寺社を指している。「寺官」とは別当などの下で寺務を管掌する三綱などの所司を指している。
（9）勝山清次『中世伊勢神宮成立史の研究』（塙書房、二〇〇九年）。
（10）伊藤清郎『中世日本の国家と寺社』（高志書院、二〇〇〇年）、松尾剛次『勧進と破壊の中世史』（吉川弘文館、一九九五年）、同『鎌倉新仏教の成立』（吉川弘文館、一九八八年）。
（11）伊藤清郎『中世日本の国家と寺社』（前掲）、牛山佳幸『古代中世寺院組織の研究』（吉川弘文館、一九九〇年）、森川英純「法務・惣在庁・威儀師」（『ヒストリア』九三、一九八一年）、海老名尚「『僧事』小考—中世僧綱制に関する一試論—」（『学習院史学』二七、一九八九年）など。伊藤著書は、永宣旨によって官寺に僧綱位を授与する権限が与えられるようになると、王朝の認定しない定員外の僧綱が増加していくこととなるが、鎌倉期までは王朝が綱所を通じて僧を掌握し国家的法会の事務を司ったことを高く評価し、中世において八宗体制が鎌倉期までは維持されたとみる。なお、同書には伊藤論文初出以降の僧綱制に関する諸研究が示されている。
（12）鎌倉末期に平安期の僧である東寺長者益信に対して本覚大師号を授与することが大問題となり、それに反対する延暦寺と東寺との紛争に発展した。その際、大師号は宣旨や院宣によって授与され、停止されたりしている。

(13) 今枝愛真『中世禅宗史の研究』(東京大学出版会、一九七〇年)、原田正俊『日本中世の禅宗と社会』(吉川弘文館、一九九八年)。

(14) 安達直哉「法親王の政治的意義」(竹内理三編『荘園制社会と身分構造』校倉書房、一九八〇年)、横山和弘「法親王制成立過程試論―仁和寺御室覚行法親王をめぐって―」(『仁和寺研究』三、二〇〇二年)、横内裕人『日本中世の仏教と東アジア』(塙書房、二〇〇八年)。

(15) 平雅行『日本中世の社会と仏教』(塙書房、一九九二年)、海老名尚「中世前期における国家的仏事の一考察」(『寺院史研究』三、一九九三年)、菅真城「北京三会の成立」(『史学研究』二〇六、一九九四年)、上川通夫『日本中世仏教形成史論』(校倉書房、二〇〇七年)、井原今朝男『日本中世の国政と家政』(校倉書房、一九九五年)、堀池春峰『南都仏教史の研究　遺芳編』(法蔵館、二〇〇四年)、上島享『日本中世社会の形成と王権』(前掲)、遠藤基郎『中世王権と王朝儀礼』(東京大学出版会、二〇〇八年)。

(16) 岡田荘司『平安時代の国家と祭祀』(続群書類従完成会、一九九四年)、平泉隆房『中世伊勢神宮史の研究』(吉川弘文館、二〇〇六年)。

(17) 佐藤進一・百瀬今朝雄・笠松宏至『中世法制史料集』第六巻(公家法・公家家法・寺社法)(岩波書店、二〇〇五年)。

(18) 例えば正安元年十一月日書写、貞和二年六月注進の『東大寺年中行事』(東大寺図書館所蔵、ヤ―2―220、『鎌倉遺文』二〇三〇八号)に記されるように、東大寺年中行事の用途を調達する荘園は特定されている。荘園の寄進は、寄進段階で年貢を何に使用するかを明確に定めているのが一般的である。「仏物」「僧物」「人物」の「互用」を罪とする法については、笠松宏至「仏物・僧物・人物」(『法と言葉の中世史』平凡社、一九八四年)が指摘している。

(19) 海津一朗『中世の変革と徳政―神領興行法の研究―』(吉川弘文館、一九九四年)、上横手雅敬『鎌倉時代政治史研究』(吉川弘文館、一九九一年)、村井章介『中世の国家と在地社会』(校倉書房、二〇〇五年)。なお、寺社領興行政策については本書第Ⅰ部で検討する。

(20) 田中文英『平氏政権の研究』(思文閣出版、一九九四年)、衣川仁『中世寺院勢力論』(吉川弘文館、二〇〇七年)、安田次郎『中世の興福寺と大和』(前掲)、下坂守『中世寺院社会の研究』(思文閣出版、二〇〇一年)。

(21) 辻善之助『日本仏教史』第二巻中世篇之一(岩波書店、一九四七年)、黒田俊雄『日本中世の国家と宗教』(岩波書店、一九七五年）。

(22) 永村眞「『真言宗』と東大寺―鎌倉後期の本末相論を通して―」（河音能平・福田榮次郎編『中世寺院史の研究』下、法蔵館、一九八八年）、真木隆行「鎌倉末期における東寺最頂の論理―『東宝記』成立の原風景―」（東寺文書研究会編『東寺文書にみる中世社会』東京堂出版、一九九九年）。

(23) 平雅行『日本中世の社会と仏教』（前掲）、同『鎌倉仏教と専修念仏』（法蔵館、二〇一七年）。

(24) 辻善之助『日本仏教史』第四巻中世篇之三（岩波書店、一九四九年）。

(25) 稲葉伸道『中世寺院の権力構造』（岩波書店、一九九七年）。本書第Ⅱ部参照。

(26) 徳政と新制については、稲葉伸道「新制の研究―徳政との関連を中心に―」（『史学雑誌』九六―一、一九八七年）において考察を加えた。

(27) 笠松宏至『日本中世法史論』（東京大学出版会、一九七九年）第七章（初出一九七六年）。

(28) 笠松氏が注目した鎌倉後期の寺社領の別相伝問題をさらに追究し、鎌倉末期両統迭立期における治天の君による安堵が新しい知行の由緒を創造し、付与したものであるとし、この時期における治天の君の権力を解明したのが、市沢哲「鎌倉後期の公家政権の構造と展開―建武新政への一展望―」（『日本中世公家政治史の研究』校倉書房、二〇一一年、第五章、初出一九九二年）である。

(29) 正和の神領興行令については、川添昭二「鎮西探題と神領興行法」（『日本古文書学論集』六、中世二、吉川弘文館、一九八七年、初出一九六三年）、村井章介「正和の神領興行法をめぐって」（『中世の国家と在地社会』校倉書房、二〇〇五年、初出一九八七年）などがある。

(30) 上横手雅敬「弘安の神領興行令をめぐって」（『鎌倉時代政治史研究』吉川弘文館、一九九一年、初出一九七六年）、海津一朗『中世の変革と徳政―神領興行の研究―』（前掲）。

(31) 村井章介「徳政としての応安半済令」（『中世の国家と在地社会』十一章、校倉書房、二〇〇五年、初出一九八九年）。

(32) 榎原雅治『日本中世地域社会の構造』（校倉書房、二〇〇〇年）。

(33) 稲葉伸道「鎌倉中・後期における王朝の神社政策と伊勢神宮」（本書第Ⅰ部第四章）、白井克浩「高野山の旧領回復運動と神領興行法」（『年報中世史研究』二七、二〇〇七年）、井上聡「神領興行法と在地構造の転換」（佐藤信・五味文彦編『土地と在地の世界をさぐる』山川出版社、一九九六年所収）、同「神領興行法再考」（『東京大学日本史学研究室紀要別冊「中世政治社会論叢』二〇一三年）など。

(34) 下坂守『中世寺院社会の研究』（前掲）、稲葉伸道「南北朝時代の興福寺と国家」（本書第Ⅱ部第三章）。

(35) 辻善之助『日本仏教史』第二巻（前掲）、上横手雅敬「源頼朝の宗教政策」（同編『中世の寺社信仰』吉川弘文館、二〇〇一年）。

(36) 湯之上隆『日本中世の政治権力と仏教』（思文閣出版、二〇〇一年）。

(37) 追塩千尋『国分寺の中世的展開』（吉川弘文館、一九九六年）。

(38) 伊藤邦彦「鎌倉幕府「異国降伏」祈禱と一宮」（一宮研究会編『中世一宮制の歴史的展開』下、岩田書院、二〇〇四年）。

(39) 富田正弘「室町時代における祈禱と公武統一政権」（日本史研究会史料部会編『日本中世の歴史像』創文社、一九七八年）、原田正俊『日本中世の禅宗と社会』（吉川弘文館、一九九八年）、大田壮一郎『室町幕府の政治と宗教』（塙書房、二〇一四年）。

(40) 逵史香「南北朝期の石清水八幡宮」（『ヒストリア』一五六、一九九七年）、太田直之『中世の社寺と信仰―勧進と勧進聖の時代―』（弘文堂、二〇〇八年）、細川武稔『京都の寺社と室町幕府』（吉川弘文館、二〇一〇年）、三枝暁子『比叡山と室町幕府』（東京大学出版会、二〇一一年）。

※『大日本古記録』（岩波書店）、『大日本古文書』『大日本史料』（東京大学出版会）、『史料纂集』（続群書類従完成会）、『増補史料大成』『増補続史料大成』（臨川書店）、『平安遺文』『鎌倉遺文』『南北朝遺文』（東京堂出版）、『新訂増補国史大系』（吉川弘文館）、『群書類従』『続群書類従』『続々群書類従』（群書類従完成会）については、註記の表記において出版社名と刊行年を省略した。

第Ⅰ部　王朝・幕府の寺社政策

第一章　鎌倉幕府の寺社政策に関する覚書

はじめに

鎌倉幕府がいかなる寺社政策を行ったか。この問題は中世国家史研究において次の点で重要な課題である。古代律令国家の系譜を引く王朝国家が、権門寺院を中心とする官寺と官僧を統制する体制を形成していたとするならば、十二世紀末期に新しく東国に誕生した鎌倉幕府は、この体制に対してどのように対応したのか。王朝の体制に包摂されていたのか、それとも、それとは別の体制を構築しえたのか。この問題は鎌倉幕府を東国の武家政権とみるか、それとも東国国家と捉えるかを考える上での一つの指標になりうるものである。黒田俊雄氏の権門体制国家論では、公家・武家・寺家が中世国家を構成する権門として構想されているため、国家による寺社政策という視点は本来あり得ないという欠陥を持っていた。また、中世国家における寺院を論ずるのに、実際には王朝と寺院との関係を論ずるという弱点を有していた。権門体制国家論の有効性を再検討する上でも、鎌倉幕府と寺院がどのような関係にあったかを考察することが必要であろう。

さて、鎌倉幕府と寺院との関係、あるいは鎌倉幕府の寺院政策についての先行研究は以下の分野にまとめることができる。第一は、関東祈禱所に関する研究である。第二に鶴岡八幡宮寺など鎌倉市中寺院についての研究、第三に幕府と禅宗寺院との関係に関する研究、第四に中央の権門寺院との関係についての研究である。『岩波講座日本通史』中世二に収められた平雅行氏の「鎌倉仏教論」第三章「鎌倉幕府の宗教政策」は、これまでの諸研究の成果の上に立って、鎌倉幕府の寺社政策を全体的に論じたものであり、現段階における一つの到達点を示しているものである。氏は、鎌倉前期と得宗専制期とに時代区分し、前期においては顕密寺院政策として、寺社の興隆と悪僧の規制強化、幕府護持僧の編成、鎌倉における幕府御願寺の編成、幕府による「幕府僧」の実質的叙任権の掌握、関東祈禱所の設置を指摘し、得宗専制期については、得宗による禅宗寺院設立と保護、および幕府による権門寺院間紛争への介入と人事介入を指摘し、その支配権の拡大と限界を指摘している。(1)そこでの指摘は、おおむね妥当であると考えるが、さらに付け加えるべき問題も残されているので、本章では、改めて幕府法を中心に検討を加え、とくに鎌倉将軍と寺社との関係に注目して、幕府の寺社政策の特徴を検討してみたい。

一　鎌倉幕府法にみる寺社政策

鎌倉幕府の発布した追加法の検討から、幕府の寺社政策を整理し概観しておきたい。『中世法制史料集』鎌倉幕府法(2)から寺社関連の法を分類すると以下のようになる。

1　神社の修理、祭祀の興行、寺院の修理、仏事の興行

御成敗式目第一条・第二条を初めとして、建長五年（一二五三）の公家新制を施行した追加二七七、弘長元年（一二六一）の関東新制中の三三七・三三八に見られる。基本的に、神社・寺院を保護しその精神的主柱とする方針は、王朝と同様である。

2　鎌倉中の寺僧の官位についての規制

御成敗式目第四〇条は御家人の任官叙位に関する規定（三九条）に準じたもので、「鎌倉中の僧徒」が自由に王朝から授与される僧の官位を求めることを禁じ、幕府の免許が必要であることを規定したものである。ここでは「鎌倉中の僧徒」は「寺社の供僧」「御帰依の僧」「この外の禅侶」に分類されている。「寺社の供僧」は幕府が補任権を有する鎌倉市中の寺社の供僧、「御帰依の僧」は将軍の帰依する僧と考えられ、「この外の禅侶」はそれ以外の幕府の規制の直接及ばない僧と推定される。この式目の規定は「この外の禅侶」には直接及ばない。（補註1）追加六一二は正応元年（一二八八）に再びこの規定を確認し、罰則を明確化したものと思われる。幕府が御家人に準じて王朝からの官位叙任に介入し、それを免許する僧を、平雅行氏は「幕府僧」の名称で概念化した。

幕府の幕府僧推挙については、すでに平氏がその事例を指摘しているように、鶴岡八幡宮別当隆弁の権僧正補任が実質的に幕府評定で決定され、朝廷がそれを追認している事例があり、また、道慶僧正の大僧正転任が「将軍家御挙」によってなされた事例がある。（3）鎌倉後期に鎌倉に止住し、永福寺別当や醍醐寺座主になった親玄僧正の日記（4）をみると、正応五年に親玄自身が権僧正に任じられた記述がみられる。この年二月二十六日（親玄僧正日記は二十七日とする）の朝廷での僧事において親玄は王朝国家の「公請」を一度も受けることなく権僧正に任じられた。任命者である伏見天皇がその日記（5）の二月二十六日条に「今夕、有除目僧事等、大僧正頼助辞退、以覚済任之、実承・親玄任権僧正、於実承者、積多年忠勤仁也、親玄者頼助之門弟、大僧正辞退替挙申之、曽無公請之労、其身居住関東、超数輩之上臈、昇極官之条、雖不可然、近日之風儀無力事也」とわざわざ記しているように、幕府僧親玄の任命は異例のものであった。同じ幕府僧であり、鶴岡八幡宮別当である佐々目僧正頼助は、自身の大僧正退任の替に弟子である親玄を推挙したのである。親玄の日記には、この間の頼助による仁和寺御室への挙状や、頼助との連絡にあたった権中納言京極為兼の書状が載せられている。日記には幕府の評定衆や奉行人等による直接的な関与を示す事実は記されていない。先の式目等にみられる幕府僧の叙任に関する幕府の免許とは、この場合、幕府僧頼助の挙状にあり、奉行人が王朝との間にたって交渉するものではなかったといえよう。

鎌倉居住の幕府僧の僧位僧官について、将軍の「帰依僧」と鶴岡八幡宮の「供僧」について詳細に検討した海老名尚氏は、鎌倉居住の幕府僧の僧官位補任には、承久の乱以降の摂家将軍期に「将軍家御挙」が目立つとはいえ、将軍以外の執奏による補任、法脈・人脈を介しての公請勤仕僧の勧賞による補任などさまざまな方式があったことを指摘している。また、鶴岡八幡宮供僧について、僧官位に補任される場合、任官挙状として関東御教書が出されたと推定し、結論として、鎌倉幕府は鎌倉居住の関東僧に対して、幕府独自の論理に基づく僧官位制度の運用を放棄していたとしている(6)。

ただ、注意しておかねばならないのは、鎌倉居住僧のなかにあって、王朝の叙任権が及ぶと考えられるのは僧綱位の僧の場合であって、それ以下の僧に対して王朝の叙任権は及んでいないことである。その部分に関しては、後述する供僧の補任権・相続安堵権掌握にみるように、幕府がその権限を所持していた。僧綱位の僧に関しては、形式的には王朝が、実質的には幕府が叙任権を所持していたが、その掌握の仕方は制度としては定まっていなかったと考えられよう。

3　地頭の寺社領への押領停止

これは承久の乱のあとの処置として追加一一・三六にみえる。

4　僧徒の兵仗、神人の濫行の禁止

公家新制を施行した追加法に見られる。文暦二年（一二三五）の六波羅宛の関東御教書（追加七〇）は、そのもっとも早い例で、王朝の兵仗禁止令を施行したものである。違反者は本所を通じて幕府に身柄が移されるとしている。この同じ規定が鎌倉市中にも適用されたことが『吾妻鏡』にみえる。同様の兵仗禁止令は延応元年（一二三九）の同じく六波羅宛の関東御教書にみえる。これらと関連する法令が鎌倉市中法としてみえる。文暦二年に出された追加七四は裏頭の僧徒が鎌倉中を横行することを停止したものである。裏頭は強訴などの際の服装であり、当然武装していたであろう。仁治三年（一二四二）の追加二〇〇は「鎌倉中の僧徒・従類」が太刀・腰刀を携行することを禁じたものである。こうした兵仗禁止令は西国については六波羅を通じて個々の寺院に通知されたと思われ、すでに、高野山においては安貞二年（一二二八）六波羅から両使が派遣され、「彼兵具等尋捜坊々、於大塔之庭、可令焼失候也」と具体的な方法まで指示されている。[7] 一方、神人の濫行については、延応元年の追加一〇三・一一三に六波羅宛の関東御教書がみえる。寄沙汰を行った神人についてはその身柄を関東（幕府）に引き渡すように命じている。以上、僧徒や神人に対するこれらの法は、鎌倉前期・中期頃に集中しているのが特徴である。

公家新制において神人・悪僧の乱行停止は平安末期の保元元年新制からみられるが、僧侶の武装に関して建暦二年（一二一二）新制に僧徒の兵仗禁止の条項がみえ、弘長三年新制にもみえることから、この頃王朝と幕府が一体となって僧徒兵仗禁止・神人濫行禁止を実現しようとしていたことがわかる。僧徒の兵仗禁令は平安末期には武家と並ぶ武力保持者であった寺院が、畿内において王朝国家の治安維持装置として位置づけられた幕府の武力の下に、圧倒的に組み込まれつつあることを示している。これは、幕府の始まりにあって源頼朝が構想したことの実現であった。『吾妻鏡』元暦元年（一一八四）二月二十一日条にみえる四箇条の頼朝奉状では、「頼朝沙汰」として「僧家武具」を奪い取ることが申し入れられているのである。しかし、王朝と幕府によるこの武装解除の政策は、結局、実現せず、この法自体も鎌倉後期以降はみられなくなってしまうのである。寺院の武装解除は、はるかに時代が下った豊臣政権による刀狩令を待たねばならない。(補註2)

5　念仏者の濫行停止

建永二年（一二〇七）の法然教団弾圧に象徴されるように、顕密仏教側からの専修念仏者に対する弾圧要請を受けて、王朝は彼等の活動を規制する宣旨をたびたび発布している。幕府も王朝の政策を受けて、鎌倉市中の念仏者集団に対する規制を行おうとした。文暦二年の追加七五は、鎌倉中の念仏者のうち秩序を乱す者を追放し、住宅を破却することを命じたものである。同じく同年の六波羅宛の関東御教書は、念仏者（黒衣の僧）の「濫行」を停止する宣旨の発布を逆に王朝側に要求したものである。幕府の念仏者集団に対する抑圧の政策は、弘安五年（一二八二）に一遍の念仏者集団が鎌倉に入ることができなかったように（『一遍上人聖絵』）、その後も継続されている。鎌倉後期になると、念仏者集団ではないが、同じ黒衣の律僧や禅僧が幕府の庇護のもとに発展したことは周知の事実である。(補註3)

6　鎌倉中の寺社に対する法

鎌倉幕府の支配が及ぶ鎌倉中の「諸堂」「諸堂供僧」に対する追加法が多く見られる。追加九七・二〇〇・二〇一・二〇二・二〇三・二七四・三四四・三四五・四二一・四八〇・五七〇・五七三・五七八、などである。暦仁元年（一二三八）の追加九七は「諸堂供僧」の師資相承に対する規制である。「非器」の僧に対する相承、および「濫僧」からの相承を認めないとする。本来、師資相承は付法の師と受法の資、すなわち師弟間の個人的な関係である。そこに幕府権力が介入する点が注目される。幕府が器量ある僧と認めるのは「戒行」を行う「法器抜群の人」である。ここで対象となるのは、鎌倉中の寺社（諸堂）に幕府によって置かれた供僧であり、それ以外の僧は法の対象とはなっていない。(補註4) この法を奉行したのは将軍の側近である兵庫頭藤原定員である。(8)

追加二〇〇・二〇一・二〇二・二〇三は何れも仁治三年の発布である。追加二〇〇は僧徒の兵杖禁止令でもあるが、大御堂執行・若宮別当・大夫法橋などに対して命令を徹底させるとともに、侍所の小舎人に対してその場で刀等を没収して、大仏に寄進せよとしている。法の宛所となった大御堂とは勝長寿院、若宮とは鶴岡八幡宮のことである。追加二〇一・二〇二もほぼ同主旨のものである。追加二〇三は鎌倉中の諸堂別当職の私的相承を禁止したもので、追加九七を継承するものである。「於自今以後者、一向停止譲補之儀、宜依時儀矣」とあることから、「時儀」すなわち将軍の意向に従え、と解釈でき、(9)「鎌倉中諸堂」の別当職補任権は将軍の掌中にあると推定される。

建長五年の追加二七四は諸堂での「時用供米」の支給に関するものである。具体的には源実朝の建立した大慈寺の供米供給を雑掌が怠らないように命じている。幕府によって建立された大慈寺などの「諸堂」の経営は幕府によって支えられていたことが推定される。「早尋明子細、可被申沙汰」と命じられた秋田城介安達義景が、いかなる立場でこの命令を受けたのか。法文からは諸堂の供米を供給する雑掌を管轄する奉行と推定される。追加三四四・三四五は弘長元年関東新制のなかにみられる条文である。前者は諸堂供僧が代官を用いることを原則として禁止し、諸堂から訴訟が起こっている供料の不法について、諸堂の責任者である寺務と雑掌の責任であるとし、引付において厳重に沙汰することを命じ、さらに、不法の雑掌については奉行人の注進にしたがって改易することを定めている。建長元年に設置された引付において、諸堂の訴訟を厳密に行うことを命じているのは注目すべき点である。ところで、この条文には「奉行行一」の注記がなされている。二階堂行一は後に政所執事・評定衆になる人物である。この新制条文には、それぞれの担当する奉行の名前と思われる注記がなされており、この行一もこの条文の趣旨を実行する奉行と思われる。そのように推定できれば、最後の雑掌の改易を行うのはこの奉行二階堂行一であり、不法の雑掌の注進を行った「奉行人」とは前文とのつながりから推論すれば引付の奉行人ではあるまいか。二階堂行一の立場は先の追加二七四の安達義景と同じであると思われる。

追加三四五は神社の修造に関する追加三三八と同じく、諸堂の「執務人」が「本尊」を修造することを命じたものである。供料の問題は、文永元年（一二六四）の追加四二一でも再び引付における迅速な究明が求められている。

弘安元年の追加四八〇は「鎌倉中御願寺」について「校量寺用之分限、可分付下地也」と命じたものである。諸堂と御願寺との用語上の区別は不明であるが、他の用例を考えると、おそらく御願寺とは将軍の御願寺、祈禱寺のことであろう（この点については次節で論証する）。そこに「下地」を「分付」するとは、所領を寄付するということであろうか。幕府が後の神領興行令に類する政策を御願寺に対して行っていることが注目される。

弘安七年の追加五七〇は、いわゆる幕府の弘安徳政の最中に出されたものである。「鎌倉中諸堂」の修理と寄進した所領のことについて、五方の引付が管轄することを再確認する。具体的に法花堂・新釈迦堂については五番引付の頭人が、大慈寺は三番引付が担当するよう定めている。引付がそれらの寺院の裁判を担当するのではなく、修理と寄進所領を担当させられている点が注目される。これは、先に述べた安達義景や二階堂行一の役割を引付が行ったものと推定される。この法令に関係すると思われる追加五七三では、仏神事を興行せんがため寄進した所領について、同じく引付が管理するように命じている。弘安徳政のなかで引付の興行がなされたが、鎌倉中の寺社の引付による再編成がなされたのではなかろうか。翌弘安八年の追加五七八は、鶴岡八幡宮と鎌倉中の諸堂供僧の補任についての規定であると考えられる。引付が候補者を選び評定に懸ける、その後、引付の担当奉行が得宗の「御寄合」に申す、という手続きは幕府政治制度上最高の議決機関である評定の権威に考慮しながら、実際には得宗の寄合で決定するという手続きを示していると思われる。かつて、供僧の補任権は将軍にあったと推定したが、この時点では実質的には得宗に移っていたと思われる。

7　「鎌倉中」以外の関東あるいは東国の寺社に対する法

ここでは鎌倉中の諸堂と表現された寺社を除いて、関東あるいは東国という幕府権力の基盤となる地域の寺社に対する幕府法を確認しておく。

寛元二年（一二四四）の追加二二三四～二二三六は「富士下方内諸社供僧職」に関する規定である。これは駿河国一宮浅間神社のことと考えられる。三名の連署奉書の様式で発布されており、『静岡県史』[10]は政所奉行人としている。

追加四九一は弘安七年の「新御式目」の第一条にあたる条文である。ここで対象とする「寺社領」の範囲は不明であるが、同年の追加五七一の「寺社領」と同じく鎌倉の寺社だけでなく関東・東国の寺社が対象かもしれない。少なくともこの式目の前半部分が得宗を対象とした条文であるとする説から[11]、得宗管轄下の寺社をのみ対象とするとは考えにくい。得宗として心得るべき事柄として、ここでは寺社領を沙汰付すること、寺社の新造を停止し「古寺社」の修理をすることを定めている。同年の追加五四六は「近国諸社」の修理・祈禱・訴訟・寄進所領については引付が「申沙汰」することを定めている。鎌倉中の諸堂については先に見たようにやはり引付の沙汰とすることが同年に決まっており、それと同趣旨であると考えられる。ここで挙げられている「近国諸社」とは伊豆（走湯山）・宇都宮・三島社・熱田社・六所宮・鶴岡八幡宮・鹿島社・香取社・諏訪上下社・日光山・箱根権現である。関東および東国の西端にあたる熱田社までもがその対象となっており、これらの寺社が五番の引付に分けられ分担が定められている。法文によると、これらの寺社全体を「寺社奉行人」が統轄しており、彼が「修理、御祈禱、御寄進所領等」について調査し、問題がある場合に一番から五番のそれぞれの担当引付に「賦」ることとしている。先の鎌倉中の諸堂の場合も、これと同じく寺社奉行人による賦りがあったと推定される。同じ弘安七年の追加五七一についてはすでに言及した。ここでの「寺社領」とは鎌倉中のみならず関東・東国の幕府の管轄下にある寺社であろう。「下地」の「分付」のため調査するよう引付に命じている。(補註5)

8　得宗領の寺社に対する法

得宗領内の寺社に関する御内の法は、弘安七年の追加五六一のみしか見出すことができない。「御内領内寺社別当供僧」については「鎌倉常住僧」を以て補任して来たが、彼等が僧としての職務、すなわち修造・勤行を勤めず、仏神用途のみを収得しようとするので、これからは彼等を補任することを停止するとしている。また、現地に常住する場合はこの法の対象とはしないとする。ここで注目されるのは、別当・供僧の補任権は得宗が有していることである。

9　鎌倉後期にみられる寺社興行法

鎌倉後期にはいわゆる神領興行令や一宮・国分寺興行法など寺社興行法というべき一連の立法がなされた。それをさらに分類すると以下のようにまとめることができる。

(1)　いわゆる伊勢神宮ならびに九州を中心とする神領興行法

神領興行令については、川添昭二・上横手雅敬・村井章介氏らの研究(12)を承けて、海津一朗氏が精力的に研究を進め、従来知られていた弘安・正和の興行法のみならず正安三年の伊勢神宮領を対象とする興行令の存在、および弘安神領興行令の伊勢神宮への適用を指摘し、公武徳政の視点、およびこの法が伊勢神宮や宇佐八幡宮の内部構造にどのような影響を与えたかを論じている。(13)ここでは、改めて法令の確認をし、若干の事実を指摘しておこう。

弘安七年の「新御式目」中の追加五〇九は「九国社領止甲乙人売買、如旧可致沙汰事」として「九国」の神社領の甲乙人による売買の停止を定めたものである。「九国」とは、後述する一ヵ月後に出された神領興行令が鎮西を対象としていたことを考えると、鎮西九ヵ国と考えるのが適当であろう。同じ「新御式目」中の追加四九一では、「寺社領」について安堵と新造寺社の停止、および「古寺社」の修理を唱えている。

この「新御式目」は「条々公方」の解釈をめぐって論争がある条文である。すなわち、網野善彦氏は「新御式目」の「条々公方」以下の条文を将軍が行うべきものと考え、五味文彦氏は「新御式目」の前半部分を得宗の行うべきこと、「条々公方」以下を将軍を含んだ幕府としての「公」の側面について規定したもので、かつそれが得宗によってなされるべき項目であるとした。(14)これに対して、古澤直人氏は両者の主張を再検討し、さらに、この時代における「公方」の用語の事例を網羅的に検討して、「公方」とは高次の裁判権所持者である幕府、幕府を軸とした公武権力の総体、本所などを指すが、裁判権、年貢公事賦課権、寺社の修造・興行・祈禱命令権の所持主体としての幕府が圧倒的に多いとしている。(15)この古澤説は鎌倉時代の「公方」の用例について詳細に検討しているが、「新御式目」については、テクストの問題を指摘するのみで、網野・五味説への判断を留保してしまっている。それは、氏が「公方」の語の成立を、中央権力の在地秩序介入に対する下からの呼称という点に、その本質をみて、幕府によって特定の法的意味を付与された用語ではないとしているからである。その後、青山幹哉氏は古澤説を整理・検討し、『公方』の語が政策的に上から使われたものでないことは、古澤論文の主張する通りだと思うが、本節で挙げた各史料にみえる『公方』は将軍（と将軍を中心とする事柄）と読むのがもっとも素直な読み方である」と結論した[16]。この指摘にある「本節で挙げた各資料」の中には「新御式目」は含まれていないが、弘安前後の「公方」の用例に関するこの指摘は、首肯すべきものと考える。また、これとは別に細川重雄氏は「新御式目」について五味氏が注目した「御所」「殿中」などの用語に注目して詳細に分析し、「条々公方」の書き込みが南北朝期以後の書き込みであっても、「新御式目」後半部分は将軍を対象としたものであると結論付けている[17]。以上の諸論を考えると、著者はこの「新御式目」の解釈に関する限り、たとえ「条々公方」の文言が後世に書き加えられたものであっても、「条々公方」以下の「新御式目」後半部分は、やはり将軍、あるいは将軍を中心とする幕府の公の事柄と解釈すべきだと考える。とすれば、前半部分が得宗貞時の扱うべき条文であることは五味説が妥当であると考えられることから、追加四九一の「寺社領」とは、得宗が中心となって幕府が支配する鎌倉市中や関東・東国の寺社領を意味し、追加五〇九・五一〇の九州の神社領の安堵と、諸国一宮・国分寺の興行は、将軍を頂点とする幕府が扱うべき事項と考えられ、「新御式目」の前半と後半の寺社条項の文言の違いは、当時の幕府内部の得宗と将軍権力の寺社支配の管轄の違いを反映しているものかもしれない。

同年六月の「条々」で始まる追加五四四は、いわゆる弘安七年の神領興行令である。「鎮西」の主な神領のうち非御家人や凡下の手に移った神領を無償で元の神社領として回復させ、その際、知行年紀法や不易法を適用しないとの内容である。追加五八〇・五八一も弘安七年の神領興行令に関するものである。この興行法が九州の神領だけでなく、伊勢や駿河などの伊勢神宮の神領に適用されたことは、新編追加に収録された法（参考八〇～八七）に現れているが、その点については海津一朗氏の研究に詳しい[18]。弘安九年の追加六〇二は「御厨事」と題して、宇佐宮領に次いで伊勢神宮の御厨に対する興行法の撤廃を指示したものである。その後、幕府は正応四年四月二十五日付の関東御教書および「御事書」で「鎮西為宗社修造事」を守護を通じて鎮西諸国に命じている（参考二六、新田八幡宮文書）。この法令は、永仁七年（一二九九）の「九州大社以下修造」および「恒例仏神事」の興行を薩摩国中の「院主」に命じるよう薩摩国守護に指令した鎮西探題の御教書（追加六八一）にも継承される。この史料から鎮西探題の命令は同年十二月一日幕府法を施行したものであり、この時興行の「事書」が発布されていたことがわかる。この興行法は、前年の永仁六年六月十三日に伏見天皇綸旨として発布された王朝による神領興行令と何らかの関係があるかも知れないが、大きく異なる点は、「神領興行」には一切触れておらず、あくまでも修造と仏神事興行のみに焦点をしぼっていることである。王朝側の永仁六年の興行の綸旨が宇佐八幡宮に対する神領興行法であったのと一線を画している。

鎌倉末期になると幕府が発布した法の残存率は低くなる。正和元年（一三一二）に九州の宇佐宮を始めとする五社の興行令が幕府によって発布されたことは、先述した川添昭二・村井章介・海津一朗氏などによってその内容が深められている。ここで注意しておかねばならない点は、弘安の神領興行令が弘安徳政の一環としての寺社興行政策として実施されたのに対して、正和の神領興行令が九州の社領を対象とした法であり、寺院領を対象としていないことである。例えば、元亨元年（一三二一）七月日の薩摩天満宮国分寺所司神官等申状[19]は国分寺興行の徳政の風聞によって、堂塔の修造を朝廷に願い出たものであるが、「天満宮幷国分寺往古子細当時次第」を説明するために副進した文書群のなかに正和の神領興行法は全く姿をあらわさないのである。寺領に対する興行令はこの時には発布されていないといってよいであろう。

（2）一宮・国分寺興行法

鎌倉幕府法のなかには九州の神社や伊勢神宮を対象とするのとは別に、諸国の一宮や国分寺の興行令と称すべき法が垣間みられる。これらは神領興行令と一体のものとして理解されていたと考えられる。すでに、追塩千尋氏が指摘しているように、[20]この法の初見は弘安七年の幕府徳政のなかに見出すことができる。先の「新御式目」中の追加五一〇は追加五〇九の鎮西九ヵ国の神領興行法の次に記されている条文で、「自今以後、被止新造寺社、可被興行諸国々分寺一宮事」とあるものである。その命令は、先に示した「新御式目」の解釈によれば、将軍を中心とする幕府による命令と考えるべきである。この条文の趣旨にかかわる命令が、これより数日前の五月三日に関東御教書によって、薩摩・紀伊・長門に発布されたことがわかっている。[21]その内容は何れも同文で、「一宮・国分寺事、往古子細、当時次第并管領仁及免田等、分明可注進云々」とある。興行のための資料作成のために守護に注進を命じ、守護が施行し、一宮・国分寺に伝達したものである。この注進命令は、三ヵ国だけでなく全国に伝達され、また、惣国分寺である東大寺にも適用されたと考えられる。この注進命令を受けて東大寺が幕府に提出したと思われる注進状の写しが東大寺文書中に残されている。[22]東大寺は国別に「本朝惣国分寺兼和州国分寺東大寺領顛倒所之事」を注進している。これが弘安七年の幕府の命令を受けて出されたものであることは、正応四年二月の東大寺文書勘渡帳に「当寺依為惣国分寺、武家再興、可被注進旧領等之由」との関東御教書・六波羅施行状が下されたことを示す記録が残っていることから判明する。[23][補註6]

　こうした国分寺などの興行令は、この弘安徳政の時だけではなく、その後も発布された痕跡がある。先に示した、元亨元年七月の薩摩天満宮国分寺所司神官等申状によると、薩摩国一宮である天満宮と国分寺は伽藍の修造を要求しているが、何故この時にこのような要求をしたかについて、「幸今如承及者、可被興行諸国国分寺等之由、被行御徳政旨風聞」と記している。この申状は王朝に対して出されたものであることから、王朝が幕府と同じく一宮国分寺の興行令を発布したものと推定される。元亨元年の前年、元応二年（一三二〇）正月九日の後宇多法皇の院評定において、徳政の一項目として「諸国分寺興隆事」が議論され、それが翌年の新制発布の一箇条となり、その反応として、この申状があると考えられる。[24]当時の王朝と幕府の協調関係を考えれば、この時幕府によっても国分寺興行が後押しされたと推測することは、あながち誤りとはいえないと考える。

追塩氏は、鎌倉末期一三三〇年代までには、諸国国分寺十九ヵ寺は西大寺末寺になっていたとし、それが、叡尊・忍性時代から始まっていたと推定している。弘安徳政を契機として、幕府・王朝の国分寺興行が始まり、その担い手として、幕府との関係を深めつつあった西大寺流の律僧がその担い手となったものと思われる。

（3）寺社の訴訟の特別扱いを規定する法

寺社興行の徳政において、王朝と同じく寺社の関わる訴訟は他の訴訟と区別して、特別扱いされた形跡がある。興行法において寺社領が知行年紀法の適用をうけないことは、新編追加の雑務編神社仏寺条（参考八〇～八九）の、「神社仏寺領不依年紀御成敗所々」や「社領者不可拘年紀之旨、被定置畢」などの文言から判明する。また、『吾妻鏡』宝治二年（一二四八）十二月二十日条では、神社仏寺領については地頭の新儀を停止するとともに、伊勢神宮以下重要な神領については、雑掌の解が到来したならば、ただちに「執申」するよう評定があり、正応三年の追加六二九では「神社仏寺訴訟事」について、「早速可有沙汰之由、可被仰五方引付歟」とある。翌正応四年の追加六三二では「寺社幷京下訴訟事」について「急可申沙汰之由、可被仰奉行人幷五方引付」とし、もし延引するようなことがあれば、飯沼助宗など五人の得宗御内人に訴えるように定めている。寺社訴訟を他と区別して迅速に行うことがなされたことが明らかである。これは、王朝が鎌倉末期になって寺社の訴訟のために特別の担当奉行や伝奏を定めたことと関連する政策であると考えてよいであろう。（補註7）

（4）小　括

以上、鎌倉幕府の寺社政策を幕府法から分類・概観してみた。王朝の新制を施行するような法令は鎌倉中期以降消えてしまうことは、かつて関東新制について考察した際にも指摘したところで、[25]弘長新制頃から鎌倉幕府は王朝の新制を施行するのではなく独自に新制を発布しているのである。これは中世国家における幕府の比重の拡大に伴う現象であり、寺社に関する法令においても、その適用範囲（地域）が拡大するのである。当初、鎌倉中あるいは関東・東国の寺社を対象として発布されていたのが、明確に弘安七年の幕府徳政を画期として全国の寺社とりわけ伊勢神宮や一宮、国分寺へと対象範囲を拡大するのである。これは西国については王朝に任せる政策をとっていた幕府の方針の大きな転換のひとこまである。

もう一つ、全体を概観して注目されることは、鎌倉市中の寺社および供僧に対する強い保護と統制である。その経済的基盤は幕府によって保証され、その別当・供僧としての地位も幕府によって与えられたものであった。王朝とのつながりは僧綱位の叙任のみであり、それさえも御家人の任官・叙位と同じく幕府の統制下にあったのである。供僧の濫行を停止できない別当は「不忠」であるとする幕府法の言葉の中に、彼等がまさに幕府にとっては将軍に対して忠節を尽くさねばならない御家人と同じ存在であったことが示されている。鎌倉市中の「諸堂」の別当や供僧は、まさに将軍との間に一種の主従関係を結んでいるのである。彼等の補任権は基本的・形式的には将軍にある。その将軍のもとにあって寺社を統轄したのが寺社担当の奉行である。安達義景や藤原定員はその立場にあったものと思われる。ところで、佐藤進一氏は鎌倉幕府の職員の復元を行っているが、[26]それによれば、寺社奉行の名称は弘安七年の追加五四六にみえる「寺社奉行人」を除けば、元徳二年（一三三〇）の金沢貞顕書状[27]に「去十九日、矢野伊賀入道二男加賀権守・信濃入道孫子勘解由判官、寺社京下奉行に被成候」とあるのが、史料に登場する明確な事例であろう。もちろん、それは史料上のことで、佐藤氏はその職務内容から、弘安九年閏十二月二十三日の杲円（平頼綱）書状の宛所にみえる矢野豊後権守倫景を寺社奉行として最初に掲げている。

以上のような幕府の寺社関連法をみると、もう一つ興味深い事実を指摘できる。それは普通鎌倉幕府によって保護されたとする禅宗・律宗に関する法が全くみられないことである。律宗については国分寺の興行と関わりがあるとはいえ、禅宗については全く登場しない。しかし、鎌倉末期の幕府法が十分知られていない現在、これ以上の推測は慎まねばならない(28)。

二　関東祈禱所と将軍

前節では鎌倉幕府の寺社政策を幕府法から概観した。この節では幕府の直接的な支配の及ぶ、史料上「関東御祈禱所」「鎌倉殿祈禱所」「将軍家御祈願所」「武家御祈願所」「公方御祈願所」などと呼ばれた寺社について、将軍との関係を中心に若干の考察をしておきたい。なお、ここでは関東祈禱所の名称で統一することとする。

関東祈禱所については、すでに綾仁重次氏・湯之上隆氏の研究がある(29)。綾仁氏は関東祈禱所を、「鎌倉将軍の安隠を願う祈禱行事を一つの旨とする寺社のこと」と定義し、湯之上氏も、「関東祈禱寺とは、鎌倉将軍の安泰と繁栄とを祈ることに最も重要な機能があり、祈禱という宗教行為を通じて幕府と密接な関連をもち、幕府にとって精神的支柱ともいうべきものであった」としている。ここで強調されている点は、関東祈禱所が鎌倉将軍のために存在したということである。綾仁氏はさらに「関東御祈禱所の祈禱対象が将軍家であることは、幕府の政治史上の変遷にもかかわらず一貫していた。すなわち、北条氏により将軍家が傀儡と化しても祈禱対象はあくまでも将軍家である」と指摘し、湯之上氏は「鎌倉後期において将軍の地位は形式的、名目的なものに過ぎなくなっていたとはいえ、関東祈禱寺として認定されるためには、制度としての将軍の命令が絶対不可欠の要素であったという原則が厳しく貫かれていた」としている。鎌倉中期、得宗北条時頼以降、幕府の主導権は得宗権力に掌握され、将軍権力は名目的なものにすぎないとされる通説のなかで、この指摘は通説にそぐわない将軍権力の強調のように思われる。はたして、関東祈禱所に対する命令権は幕府権力のどこに所在したか。何故、名目的にせよ将軍権力が最後まで残り得たのか。これらの疑問点を確認しておくことは、幕府による寺社政策を考える上でも必要であると考える。

1　成立手続き

『吾妻鏡』建保四年（一二一六）十二月二十五日条に次のような記事がある。

小笠原次郎景清申云、甲斐国領所有堂舎、帰敬已年尚、是為資故大将家御菩提、殊加修理等、向後為御願寺、可被寄附一村之由云々、有其沙汰、於御願寺事者、不可有子細、一村御寄付者、追可有左右之旨、被仰出、仲業奉行之、

甲斐国の御家人小笠原景清が自分の所領内の堂舎を御願寺として認定し、それに付属する所領として一村の寄付を要請したものである。小笠原がこの堂舎を故将軍頼朝の菩提のために維持してきたことによって、御願寺とすることは問題なく認められている。この認定者は時の将軍実朝であり、担当奉行は中原仲業である。ここでの御願寺は関東祈禱所として考えてよい。ここで注目されることは、小笠原が御願寺付属の所領を幕府に求めているることである。それに対して幕府は直ちに許可はしていないが、この要求をはねつけるようなことはしていない。ここには、御願寺と認定されればそれに所領が幕府によって付属されるのは当然であるという、御家人と幕府の共通する意識がある。

鎌倉の円覚寺は弘安五年（一二八二）十二月、得宗北条時宗が渡来僧無学祖元を開山として創建した寺院である(30)。翌弘安六年、円覚寺は御願寺、すなわち将軍家御祈禱所となっている。弘安六年七月の北条時宗申状は幕府

に対し、円覚寺の御願寺認定とその所領として尾張国富田庄・富吉加納と上総国畔蒜南庄内亀山郷の寄付を要請したものである。この申状のなかで得宗時宗は、「近存建長之前修、蓋達款誠於上聞、請施恩恤、必垂允容、以件精舎、為御願寺、攸寄田園、永備寺領、輸如雲之祖」と記している。円覚寺の御願寺化は住持たる無学祖元ではなく、その寺の檀越である得宗によって将軍に申請された。この申状を受けて「御教書」が出され、「将軍家御祈禱所」、すなわち御願寺であることが認められた。御教書は残されていないが関東御教書であることは間違いないであろう。富田庄等の所領の寄進は、弘安六年七月十六日付の関東下知状によってなされている(31)。この関東下知状を後の正和四年（一三一五）十二月二十四日の円覚寺文書目録(32)では「一通、富田・亀山御寄進将軍家御下文」としている。関東下知状を「将軍家御下文」としているところに、将軍による所領寄進であることが強調されているように思われる。ところで、実際にはこれらの所領は本来得宗領であり、この年の三月と六月に時宗から円覚寺に寄進されている（前掲円覚寺文書目録）。すなわち、得宗時宗は自己の所領を、改めて将軍からの寄進として円覚寺領としたのである。以上の円覚寺の事例は、御願寺＝将軍家祈禱所は将軍のためのものであり、その所領も形式的には将軍から与えられるものであることが、その成立のためには必要であったことを示している。

前節でみた弘安元年の追加四八〇は、三月八日の評定で鎌倉中の御願寺に対して「下地を分付」することを決定している。この決定も、形式的には将軍から所領を与えられる恩給の形をとったのであろう。

鎌倉末期の金沢文庫文書には御願寺に関する文書が含まれている。嘉暦四年（一三二九）と推定される金沢貞顕の書状は、伊勢国大日寺の御願寺認定に関するものである(33)。

勢州大日寺御願寺間事、為矢野伊賀入道奉行、令申候之処、去五日合評定、無相違被成下御教書候、堯観御房被持下候、浄実御房定喜悦候乎、彼寺領等事、被申旨候者、能様可有御計候、

この金沢貞顕の口入による御願寺要請の幕府側の窓口は、寺社奉行と目される矢野伊賀入道善久である。御願寺の認定は評定で行われ、「御教書」で通知された。この場合、形式的にせよ将軍によって御願寺の認定が行われている様子は、全くみられない。次の元応元年（一三一九）頃の順忍書状は、肥前国神崎庄内の東妙寺と如法寺の御願寺認定の手続きを示している。(34)

肥前国神崎庄内、東妙々法両寺御願寺事、申入奏事候之処、無相違候、可被合御評定事候、武州御方未申入候、此僧同道仕可令（後欠）、

評定において御願寺認定が決定されることは、先の大日寺の場合と同様であるが、評定の前に「奏事」において決定されている点が注目される。「奏事」とは鎌倉末期の「沙汰未練書」(35)に、「一、奏事之事、引付、評定、越訴、庭中ニ以被棄置事、訴論人共歎申之、是ヲ奏事ト云、六波羅無之」とみられる幕府の訴訟制度であるが、徳治三年（一三〇八）頃の成立と推定される「平政連諫草」（佐藤進一氏の指摘によれば中原政連が得宗貞時に呈した諫草の草稿）によれば、(36)奏事は評定・寄合とならぶ得宗が行うべき政治制度であり、毎月六ヵ日勤めるものである。また、正中三年（一三二六）頃の金沢貞顕書状によれば、奏事は「神事、仏事、年貢」のことを扱っている。(37)すなわち奏事は訴訟制度としての機能だけではなく、「神事、仏事、年貢」に関する得宗の意向を示す制度で、形式的には最終的に評定において決定がなされるが、事実上奏事の手続きは評定の決定に優越しているように思われる。すなわち、鎌倉末期の段階では御願寺の認定は得宗によって行われているのである。ここに、いつからとはっきり指摘できないが、御願寺＝関東祈禱所は鎌倉末期には得宗によって事実上決定されているようになったことが指摘できよう。

2　関東祈禱所と公方

円覚寺の例にはっきりと示されているように、基本的には関東祈禱所（御願寺）は鎌倉将軍のための祈禱所であった。その点を前提にすると、前節でも問題とした「公方」の語義をめぐる最近の議論に対して、この観点から見解を述べることが可能となる。

吉田家本追加傍例条（鎌倉幕府法参考九九）に次の事例が記されている。

一、雖為執事御方御下知、依無仰詞、被棄置法事、奉行矢野兵庫允、越後国沼河郷内白山寺供僧与地頭備前々殿御代官相論、当寺為公方御祈禱所之条、北条殿幷右京大夫殿御下知炳焉之由、供僧等雖申之、依無仰之詞、不被准公方御下知、被棄置供僧訴訟畢、

越後国沼河郷内白山寺の供僧が地頭と相論の際、供僧側が白山寺は「公方御祈禱所」であることを主張したが、その根拠となった「北条殿幷右京大夫殿御下知」には将軍の仰詞がないので、「公方」の「御下知」ではないということになり、「公方御祈禱所」であるという供僧の主張が「棄置」かれたというのである。この史料から綾仁氏や湯之上氏は、制度上、将軍のために関東祈禱所が存在していることが原則であるという結論を導き出している。ここでは史料解釈上、「公方」は将軍を指していることが前提となっている。この解釈は、公方論を初めて展開した網野善彦氏の「公方」＝将軍説の一つの重要な根拠となっている(38)。この通説に対して、先述したように古澤直人氏は公方の用例を網羅的に検討することから、この「公方」が将軍をさすものではない、という文脈のなかでこの史料を位置づけている。ただ、古澤氏は網野批判を展開するなかで、何故かここで「公方御教書」の解釈だけに論点を絞ってしまい、同一史料中の「公方御祈禱所」の解釈には全く触れていない。ここでの「公方御祈禱所」はこれまでみてきたように、明らかに将軍家御祈禱所のことである。古澤説はこの点で全く誤りを

犯している。すでに外岡慎一郎氏によっても指摘されていたように、(39)鎌倉鶴岡八幡宮の「供僧次第」(40)には「公方」の語が多く登場し、それはすべて将軍を意味していると考えられる。例えば、「(供僧の)補任事者、公方之御代官トシテ、当代之別当被成者也、承久年中、正安年中記在之」とか、「本様供僧別当之補任及遅々者、公方へ注進申、自公方有御成敗、社頭之番帳ヲバ、公方奉行可被書載所也、是旧例被定所也、同承久正安記在之」とある記事の「公方」とは、「承久」「正安」の記に登場することから、承久当時、鶴岡八幡宮供僧の補任権を有する将軍以外に考えられない。ここでの「公方」はその代官としての別当に対置される語であり、幕府というような機関・組織を指して使用されている語ではない。「公方奉行」とは前節で問題にした追加法や『吾妻鏡』に登場する将軍側近の奉行のことであろう。

こうした公方の用例に対して、古澤氏は何故か本文中で扱うことを避け、注記のなかでこれらの用例は「後代の書き込みの可能性も高いからしばらく記して後考を待ちたい」として判断を留保している。しかし、鶴岡八幡宮は外岡氏が指摘するように、将軍の身体護持のための祈禱を行っており、「鎌倉中御願寺」の一つである。ここでの「公方」は将軍と理解せざるを得ない。後代の書き込みであろうと、それは承久や正安の記録に記されたものに依拠しているのである。関東祈禱寺(御願寺)の視点から公方論をみると、古澤説の網野批判には多くの問題点が存在し、再検討されるべきものである。

三　権門寺院の長官人事に対する鎌倉幕府の関与

鎌倉幕府が御願寺(関東祈禱所)の供僧などに対して、補任権を有していたことについてはすでに指摘してきた。ここでは、幕府の管轄下にない延暦寺・東大寺・東寺・興福寺などのいわゆる権門寺院の別当などの長官人事に対して、幕府がいかに介入していったかについて検討してみたい。この問題については、近年、平雅行氏が、北条氏出身僧の概観と彼等を含む「幕府僧」の権門寺院長官への就任について詳細に指摘している。(41)平氏の考察は、「幕府僧」に限定されているため、ここでは、権門寺院の長官人事に関する幕府の関与という視点から、幕府僧以外の事例にも対象を拡げて、若干の事実を付け加えたい。

氏は、幕府僧として天台座主に就任した僧に、公顕・実全・源恵・道潤・仁澄の五名を挙げている。このうち、頼朝によって大姫病気平癒の祈禱のため一時的に鎌倉に呼ばれた実全を除くと、確実に幕府僧として天台座主になった者は、公顕・源恵・道潤・仁澄の四名であろう。ところで、天台座主の補任をみると、上記の四名以外にも幕府の関与が史料上確認できる場合が多くみられる。彼等は幕府僧の概念には該当しない者である。

〈尊性〉

『民経記』(42)貞永元年（一二三二）八月二十五日条に尊性法親王の補任に関する記述がある。

今日天台座主事、以綾小路宮被宣下云々、蔵人大進兼高奉行、上卿京極中納言定家卿参陣、少納言兼宣給宣命云々、

天台座主事、綾小路宮暫令辞給、而自関東有申旨、仍令承座主給云々、人成嘲歟、

幕府からの申し入れによって自己の意志を曲げて座主就任を受諾した尊性に対して、批判的な記主経光の意見が記されている。

〈道覚〉

『葉黄記』(43)宝治元年（一二四七）三月二十二日・二十三日・二十五日条には、無品道覚法親王の座主就任についての経緯が記されている。正月に無動寺僧正慈源が天台座主を辞退したため、その後任について三月二十一日の院評定で議論し、その結果、後嵯峨上皇の仰せをうけて、記主葉室定嗣が候補者である後鳥羽院の子西山宮道

覚法親王に直接問い合わせることになった。この時の議定について記主定嗣は次のような感想を述べている。

去正月僧正辞退給、其後高橋宮尊守、故綾小路宮御弟子、院御兄、梶井宮尊覚、佐渡院御子競望、被仰合関東、日来再三有沙汰、如此被定仰、尤可然歟、

座主職をめぐって三者が「競望」し、何度も朝廷内部で議論が繰り返されたが、幕府の意見によって決着が成されたことを、この記事は示している。

〈澄覚〉

文永八年（一二七一）五月十六日に座主に就任した無品澄覚法親王は、建治元年十二月十四日の母親の死を理由に座主職を辞任しようとしたが、翌年の正月九日に大衆が蜂起した。座主の辞退に対して「勅答」が「不分明」であるというのが蜂起の理由であった。これに対して朝廷側の返答は、「禁忌之間、治山先例分明也、然頻被辞申之間、被仰合関東訖、其左右以前者、勅答難治也」というものであった。禁忌を理由にした上表を受け入れるか否かを朝廷は自ら決定することができず、幕府の指示を仰いでいるのである。

〈最源〉

弘安五年（一二八二）三月二日に座主となった最源僧正の場合、『勘仲記』(44)によってその就任の経過が詳しくわかる。同年正月十日条に、

天台座主之事、可為聖断之由、関東計申歟、今夕於仙洞有評定云々、

同正月十八日条

為天台座主所望、最源僧正、良平公子息、近日自関東上洛、帯挙状之由、雖自称、不然歟、所望仁等重被仰合関東之由、有其聞、於事如無皇化、末代事可哀々々、

同三月二日条

伝聞、中御門大納言含重事参殿下、天台座主関東最源僧正可被任、梶井門跡如元可被付菩提院宮、如法院門跡又可被返付尊教法印之由、被申合云々、浄土寺僧正御房御管領之後、已五ヶ年、無一事御遺失歟、今御改易何事候乎、両度被仰合関東之処、可為聖断之由申之故也、

座主に「幕府僧」最源を任ずるにあたって、朝廷は幕府の意向を確認している。幕府は、「可為聖断」としているのであるが、これは朝廷側が自由に補任することを意味するのではなく、事実上幕府が人選することを意味している。幕府は「聖断」といいながら実際には「幕府僧」を京都に送りこんで来るのである。

〈尊助〉

『勘仲記』弘安七年（一二八四）九月二十八日条に次の記事がある。

伝聞、今日座主宣下、青蓮院宮令還補給、頭大蔵卿忠世朝臣奉行、上卿権中納言実冬卿、少納言兼有、内記草宣命、自去年正月神輿入洛、最源僧正被停止山務以降、于今無其人云々、近日東風吹来歟、天王寺別当被仰付思円上人、是一向御興隆之至云々、

尊助の座主就任は「東風」、すなわち幕府の人選によることが示されている。

〈慈実〉

弘安十一年（一二八八）三月二十七日、青蓮院僧正慈実が座主に補任されるが、その補任に至る経過が『公衡公記』(45)弘安十一年正月二十六日条にみえる。この月十九日に関東使者二階堂盛綱が上洛し、「関東条々事書」を朝廷に申し入れ、それに対する朝廷の返事の内容に、

一、天台座主事、

慈実僧正申状被遣之、何様可有沙汰哉、

慈実の座主任官を要請する申状を幕府の使者に渡し、幕府の判断を仰いでいることが注目される。

〈良助〉

正安元年（一二九九）に座主となった無品良助法親王は、正安三年座主職の辞退を申し入れるが、そのことを後宇多上皇に奏聞した吉田経長は、「可被仰合関東」との指示を請けている（『吉続記』[46]正安三年十一月九日）。座主職辞退について院評定で議論するということは全くみられず、奏聞に対する院の「仰」せとして事務的に処理されていることが注目される。もはや朝廷の補任権は形式的なものに過ぎないのである。

〈公什〉

正和二年（一三一三）正月に補任された公什僧正は、拝堂の儀式を遂げないまま翌正和三年改易される。『天台座主記』[47]は五月二日のこととして、「為武家沙汰、直奉改易座主職畢、仍不遂拝堂拝賀、放初例歟、六月二日辞職」と記している。改易の原因は五月一日の新日吉社左方馬上役の点定をめぐって新日吉社の社頭で駒形神人や宮仕と六波羅探題の検断職とが衝突し刃傷に及んだことにある。『天台座主記』は、この翌日武家（六波羅探題）が直接「改易」したとしているが、『花園天皇宸記』[48]の六月三日条は「今日聞、昨日東使以入道左府申、座主公什僧正被改所職、所領悉可被召、又新日吉喧嘩人張本、被仰三門跡可被召云々」と記している。関東使長崎四郎左衛門がこの問題について幕府の方針を伝えるため六月一日に京着し、同三日に関東申次を通して公什僧正の所職を改易し、その所領没収を後伏見上皇に申し入れているのである。六波羅が直接座主職を改易することはきわめて異例であり、『天台座主記』の記事はどこまで事実を反映しているのか明らかではないが、『花園天皇宸記』の記事にみられるように、結局、幕府は座主職の改易と所領没収まで要求し、おそらくそのように朝廷は実施したものと思われる。ここに初めて事実上幕府が座主職を「改易」するという事態が生じているのである。

〈覚雲〉

文保元年（一三一七）三月十一日に座主に補任された覚雲法親王について、『花園天皇宸記』の同日条は「天台座主事、被仰合関東、御返事已到来、覚雲法親王被補」と、幕府の指示によって補任されたことがわかる。

以上の諸事例をみると、承久の乱後の貞永頃から幕府の天台座主職に対する干渉が始まり、「幕府僧」の場合や座主職をめぐる争いがある場合だけではなく、おそらくほとんどすべての座主職について、その任命や辞任に対して幕府が干渉し、朝廷は独断で座主を決定できなくなっている。鎌倉末期には六波羅と神人の衝突から座主が「改易」されるということさえ生じているのである。

延暦寺と対立する園城寺の長吏・別当への「幕府僧」就任に比較して、「幕府僧」である延暦寺僧の天台座主就任は多くはないが、「幕府僧」でない僧の座主就任にあたって、幕府の干渉が強く働いたことがいえるであろう。

次に、平氏は幕府僧で醍醐寺座主に就任した僧として、勝賢・光宝・実賢・憲尋・道朝・実勝・親玄・定任・宣覚を挙げている。このうちには「関東に一時的に下向して宗教行事を行った僧」も入っている。彼等の活動拠点は京都にあり、関東下向はその名声故の幕府の要請によるものであった。そのような者と座主在職後に関東に下向した者を除外すると、醍醐寺座主職就任に幕府の推挙が大きく影響した人物は多くはない。実勝・親玄・宣覚の三名である。このうち、親玄（厳）は久我通忠の子で、醍醐寺覚洞院親快の弟子。鎌倉永福寺の別当となり鎌倉に居住したことは周知の事実である。先にみたように、「親玄僧正日記」の記主であることから、その鎌倉での行動が詳細にわかる希有の事例であるが、醍醐寺座主就任の年については日記が残されていないため詳細は残念ながらわからない。永仁六年（一二九八）九月十二日の座主就職について『醍醐寺新要録』(49)では次のように記述している。

永仁六年九月十二日口宣到来、奉行蔵人頭左大弁藤原経守、同十三日新院　院宣下、奉行権大納言頼近、関東挙、于僧正住関東、未入寺、無官符、無拝堂、正安元年　月　日去職

親玄の補任が「関東挙」によって行われていたことが窺える。

この記事の信憑性については、翌正安元年五月に東南院前大僧正聖忠が、親玄の補任について異議を申し立てた幕府への申状によって確認できる（国立歴史民俗博物館所蔵田中穣氏旧蔵文書）。(補註8) 聖忠は前年の永仁六年の「晩夏」に当時の座主覚済僧正の後は自分が座主に就任する「勅約」を得たのに、「親玄僧正捧関東内挙之状」た結果、親玄が座主になったとして、その不当性を幕府に訴え、自分自身を座主に推挙するよう要求したのである。聖忠は自分自身を推挙することが「無遍之徳政」であるとまで述べている。醍醐寺座主職が朝廷によって補任されるものであるにもかかわらず、現実には幕府の推挙によって決定されてしまうことを、この事例はよく示しているといえよう。また、東大寺東南院主聖忠のような「幕府僧」でない者までもが、幕府の推挙を求めている現実が認められるのである。

このほかの権門寺院の長官人事について、平氏は園城寺・東寺・東大寺・興福寺の「幕府僧」の事例を指摘している。園城寺の場合、長吏が一〇名、別当が一一名、東寺長者の場合、一七名、東大寺別当の場合、六名、興福寺別当の場合、二名を挙げている。これらの事例のなかには別当などに就任後、関東に下向した僧や、一時的に幕府に招請された僧も含まれているため、すべてが幕府との関わりで補任されたとはいえないが、その分を引いたとしても、園城寺や東寺には幕府僧の進出が目立つ。それに対して、東大寺の場合は、定豪・定親・頼助が「幕府僧」にあたるが、園城寺ほどではない。また、彼等以外の別当に対して幕府の干渉があったとする史料をいまだ見出すことはできない。興福寺の場合は、平氏は円玄・公寿を挙げるが、いずれも鎌倉への一時的下向であって、幕府の関与のもとに別当に就任した事実はみられない。このように、幕府の関与が激しくなる鎌倉後期においても、すべての権門寺院において同じであったわけではなく、差異がみられる点に注意しておかねばならない。

おわりに

以上、第一節においては、幕府法令の検討から、主に鎌倉市中あるいは関東・東国の寺社や供僧と幕府との関わり、弘安徳政以降の幕府による全国的な寺社興行政策について概観した。第二節では、幕府の支配下にある関東祈禱所について、とくに将軍（公方）との関わりで考察した。以上が、幕府支配下の寺社・僧と幕府との関係を考察の対象とするのに対して、第三節では、本来、幕府支配の圏外にあって、王朝の支配圏内にあり、かつ、権門としての自立性を有する権門寺院に対して、幕府がどのように関与したかを、別当などの長官人事権への介入という視点から検討した。

以上の粗雑な考察からではあるが、ここで幕府と寺社との関係を全体として整理しておきたい。この場合、第一に寺社と僧との区別、第二に寺社と幕府との支配の空間的距離を整理の座標軸としたい。

①幕府の寺社に対する支配は、鎌倉市中、関東・東国、全国という支配空間によって、その支配の深度に差異がみられる。鎌倉市中の寺社に対する支配が、寺社の経済的維持および寺社の供僧への人事権掌握によって、もっとも強く働いているのはいうまでもないであろう。王朝側は鎌倉市中の寺社に居住する僧に対しては、僧綱位の僧に対する叙任権をかろうじて有しているにすぎない。それさえも、制度化されたものではないとはいえ、幕府によって実質的に把握されていたといえる。

②関東・東国の寺社（御願寺）に対しては、史料からは十分に論じられないが、鎌倉市中の寺社に準じて支配が及び、幕府による寺社領保護の対象になったと思われる。

③全国の寺社に対しては、関東祈禱所とそれ以外の寺社とに区別して考えることができ、前者についてみると、

将軍の祈禱所として幕府による保護がなされたが、僧に対しては、鎌倉市中の供僧のような支配の対象とはしなかったものと思われる。幕府は弘安徳政以後、神領興行令や一宮・国分寺興行令にみるように、全国政権として関東祈禱所以外の伊勢神宮や九州の諸社、一宮・国分寺への保護政策を通じて、支配を拡大していったと考える。

④これらの寺社以外の権門寺院に対しても、その長官僧の人事において、とくに園城寺・延暦寺・東寺・醍醐寺など京都の寺院に対して、王朝の人事権に「関東挙」という推挙によって介入し、王朝の人事権を制限していった。ただ、ここで注意しておかねばならない点は、これら権門寺院の長官僧に対する人事権は形骸化しつつあるとはいえ王朝にあり、たとえそれが北条氏出身の僧であっても、権門寺院に所属する僧である限り、鎌倉市中あるいは関東・東国の御願寺の僧とは区別しておかねばならない。

⑤幕府内部の問題についてみると、関東祈禱所や鎌倉市中の寺社を含む御願寺が、形式的には将軍の祈禱のためにあり、それらの寺院に対する幕府の支配は基本的には将軍を中心とする構造を持っていることを確認しておかねばならない。それが形式化され実質的に得宗権力によって担われるのは、鎌倉末期であるが、それが弘安徳政を画期とするのか、あるいはもう少し時期が下って十四世紀初めになるのかは、もう少し判断の材料が発掘されるまで結論を留保しておきたい。

最後に、黒田俊雄氏の権門体制論について言及しておきたい。

中世の権門寺院は自立性・自律性を有するが、王朝・幕府の支配下にあって、それ自体が中世国家の主体となるような存在ではなかった。その点で、等しく権門体制国家を構成するとはいえ、王朝・幕府という国家権力とは明らかに異なり、それらの下位に位置する存在である。幕府は、王朝とは別に、鎌倉・関東・東国を中心とする独自の寺社支配を構築しようとし、その支配圏を全国に拡大していったが、権門寺院などに対する王朝の支配権を奪取するまでには至らなかった。それが成就されるのは、次の時代、室町幕府の義満の時代を待たねばならない。

註

(1) 平雅行「鎌倉仏教論」(『岩波講座日本通史』中世二、岩波書店、一九九四年)。ここでの「現段階」とは、論文発表時(一九九九年)段階を指す。なお、同論文は改稿の上、『鎌倉仏教と専修念仏』(法蔵館、二〇一七年)に再録されている。その後、平氏は鎌倉における顕密仏教の時期区分を源氏将軍の時代、九条頼経の時代、北条時頼・時宗の時代、北条貞時・高時の時代の四期に区分している(同氏「鎌倉の顕密仏教と幕府」『京都女子大学宗教・文化研究所研究紀要』二六、二〇一三年)。

(2) 佐藤進一・池内義資編『中世法制史料集』第一巻鎌倉幕府法(岩波書店、一九七一年)。

(3) 『新訂増補国史大系　吾妻鏡』建長四年九月七日、十一月三日、仁治二年正月八日条。

(4) 醍醐寺所蔵「親玄僧正日記」は近年、「ダイゴの会」によって『内乱史研究』一四・一五・一六において活字化された。

(5) 『増補史料大成　伏見天皇宸記』。

(6) 海老名尚「鎌倉の寺院社会における僧官僧位」(福田豊彦編『中世の社会と武力』吉川弘文館、一九九四年)。

(7) 『大日本古文書　高野山文書』一、五〇四号。

(8) 青山幹哉「鎌倉幕府将軍権力試論」(『年報中世史研究』八、一九八三年)。

(9) 佐藤進一「『時宜』論のための予備的検証」(『年報中世史研究』一一、一九八六年)。

(10) 『静岡県史』資料編七(静岡県、一九九四年)。

(11) 五味文彦『吾妻鏡の方法』(吉川弘文館、一九八九年)。

(12) 川添昭二「鎮西探題と神領興行法」(『社会経済史学』二八―三、一九六三年)、上横手雅敬「弘安の神領興行令をめぐって」(柴田実先生古稀記念会編『日本文化史論叢』一九七六年所収、のち同氏『鎌倉時代政治史研究』吉川弘文館、一九九一年に収録)、村井章介「正和の神領興行法をめぐって」(『歴史学研究』四五九、一九七八年、のち『中世の国家と在地社会』校倉書房、二〇〇五年に収録)。

(13) 海津一朗『中世の変革と徳政』(吉川弘文館、一九九四年)。

(14) 網野善彦「『関東公方御教書』について」(『信濃』二四―一、のち『網野善彦著作集』第六巻〈岩波書店、二〇〇七年〉に収録)、五味文彦「執事・執権・得宗」(石井進編『中世の人と政治』吉川弘文館、のち五味『吾妻鏡の方法』に再録)。

(15) 古澤直人『鎌倉幕府と中世国家』(校倉書房、一九九一年)。

(16) 青山幹哉「『公方』論について」(『名古屋大学文学部研究論集』史学四一、一九九五年)。
(17) 細川重男「『弘安新御式目』について」(『東洋大学大学院紀要』二九、のち『鎌倉政権得宗専制論』吉川弘文館、二〇〇〇年に収録)。
(18) 海津一朗『中世の変革と徳政』(前掲)。
(19) 『鎌倉遺文』二七八一九号。
(20) 追塩千尋『国分寺の中世的展開』(吉川弘文館、一九九六年)第二編第一章三「幕府・朝廷の国分寺対策」。
(21) 『中世法制史料集』第一巻補遺七、薩藩旧記国分寺文書、高野山文書、榊原家文書。
(22) 弘安八年八月日東大寺三綱注進状案(『鎌倉遺文』一五六四九～一五六八三号)。
(23) 『鎌倉遺文』一七五六〇号。
(24) 「万一記」(宮内庁書陵部所蔵柳原本)元応二年正月九日条。同じく元応二年某月十四日の院評定の記事をみると、翌年の辛酉革命の暦年に対して、攘災のため「徳政の篇目」を定めたが、全部で四十余箇条であったという。そのなかに国分寺興行が入っていたことは確実であろう。翌年、元亨元年に新制として発布されたものと考えられる。
(25) 稲葉伸道「新制の研究」(『史学雑誌』九六―一、一九八七年)。
(26) 佐藤進一「鎌倉幕府職員表復元の試み」(同氏『鎌倉幕府訴訟制度の研究』岩波書店、一九九三年、所収)。
(27) 『鎌倉遺文』三〇九八四号。
(28) 鎌倉末期の金沢文庫古文書には元徳二年に建長寺に入院した「唐僧」明極楚俊について興味深い事例を示している(『鎌倉遺文』三〇九四九・三〇九八四号)。すなわち得宗高時の招請を請けたと思われる禅僧楚俊が、鎌倉に入る前に京都の後醍醐天皇に召されていたことに対して、幕府の中枢が問題視し、「関東の御命も蒙候ハて、僧を進候事、不可然之由」とし、見過ごした六波羅探題の怠慢が問題となっている。ここから、鎌倉の禅僧は幕府の許可なく天皇に会ってはならないことが指摘でき、禅僧に対する得宗を中心とする幕府の強い統制がみられる。鎌倉末期には、幕府は鎌倉の禅宗寺院に対して、五山の制度を設けたとの説もあることから(今枝愛真『中世禅宗史の研究』東京大学出版会、一九七〇年)、得宗を中心とする禅宗寺院支配が法的・制度的に整備されたことは、『書の日本史』第三巻(平凡社、一九七五年)に紹介された十月二十日付「崇鑑書状」が、甲斐国東光寺を「諸山之烈」にあるとし、その住持職に緯首座を任じていることからも傍証される。
(29) 綾仁重次「鎌倉幕府と寺社―関東祈禱所をめぐって―」(『国史談話会雑誌』二〇、一九七九年)。湯之上隆「関東祈禱寺の

成立と分布」（『九州史学』六四、一九七八年）、同「関東祈禱寺の展開と歴史的背景」（『静岡大学人文論集』二八―二、一九七七年）、同『日本中世の政治権力と仏教』（思文閣出版、二〇〇一年）に再録。
(30)『鎌倉遺文』一四九一九号。
(31)『鎌倉遺文』一四九〇八号。
(32)『鎌倉遺文』一四八二四号。
(33)『鎌倉遺文』三〇六三五号、「金沢文庫古文書」三九三。
(34)『鎌倉遺文』二九五七四号、「金沢文庫古文書」一五一三。この文書について『金沢文庫資料図録―書状編1―』（神奈川県立金沢文庫、一九九二年）の解説では元応元年五月中旬をさほど遡らない頃と推定している。
(35)『中世法制史料集』第二巻室町幕府法所収。
(36)佐藤進一・網野善彦・笠松宏至『日本中世史を見直す』（悠思社、一九九四年）。
(37)『鎌倉遺文』二九三九〇号。
(38)網野善彦「関東公方御教書について」（前掲）。
(39)外岡慎一郎「鎌倉時代鶴岡八幡宮に関する基礎的研究」（『中央史学』三、一九八〇年）、同「鎌倉時代における鶴岡八幡宮領の構成と機能」（『日本歴史』四一八、一九八三年）。
(40)「鶴岡八幡宮寺供僧次第」（『続群書類従』補任部）。成立年代は康正元年（一四五五）頃と推定されている（『群書解題』二上）。室町時代成立の史料をもって、鎌倉時代の公方の語の意味を論ずるのは危険であるが、元になった史料が「承久」「正安」の記録であることから、十分、公方論の史料として使用できるものと考える。
(41)平雅行「鎌倉幕府の宗教政策について」（小松和彦・都出比呂志編『日本古代の葬制と社会関係の基礎的研究』一九九五年所収）。ここでの「幕府僧」概念は、鎌倉の寺院に居住する僧、幕府御願寺の僧、北条氏など有力御家人出身僧、源氏将軍三代の子弟僧など多種多様であるが、基本的には鎌倉幕府の統制下にある僧というべきか。
(42)『大日本古記録　民経記』五。
(43)『史料纂集　葉黄記』一。
(44)『増補史料大成　勘仲記』一。
(45)『史料纂集　公衡公記』一。

(46)『増補史料大成　吉続記』。
(47)『校訂増補天台座主記』(第一書房、一九七三年)。
(48)『増補史料大成　花園天皇宸記』一。
(49)醍醐寺文化財研究所編『醍醐寺新要録』下(法蔵館、一九九一年)、座主次第編。
(補註1)黒田俊雄編『寺院法』(集英社、二〇一五年)九七頁の頭注は、「この外の禅侶」を足利氏に補任された鶴岡八幡宮両界壇供僧のような御家人が補任権を持つ顕密僧とし、補注では「宇都宮家式条」第四十六条が御成敗式目を引用し宇都宮家管轄下の僧にも式目の規定が及んでいることを指摘している。いずれも首肯すべき解釈である。ただし、これらの僧には直接に幕府の規制が及ぶのではなく、あくまで御家人などの檀那を通して規制が及ぶのである。

(補註2)僧の武装とそれに対する朝廷・幕府の禁止政策については、本稿以後、中澤克昭「寺院の武力に関する覚書」(『史友』三〇、一九九八年)、衣川仁『中世寺院勢力論』(吉川弘文館、二〇〇七年)、久野修義「中世日本の寺院と戦争」(『戦争と平和の中近世史』青木書店、二〇〇一年)、平雅行「中世寺院の暴力とその正当化」(『九州史学』四〇、二〇〇五年)などが論じている。

(補註3)念仏者に対する朝廷・幕府の弾圧については、いわゆる建永の法難について平雅行が詳細に検討し、専修念仏という「異端思想」を朝廷と幕府が取り締まることを目的としたと論じている(平雅行「建永の法難について」同氏『日本中世の社会と仏教』塙書房、一九九二年所収)。なお、弘長元年の関東新制(追加三八六)でも、念仏者の濫行を禁圧する法が新制に含まれ発布されている。『寺院法』(前掲)補注(八九四頁)は、『存覚一期記』や専修寺文書から嘉元元年に幕府が専修念仏禁止令を発布したと推定している。

(補註4)本条について、『寺院法』(前掲)補注(八九六頁)は時代背景として将軍九条頼経による鎌倉顕密仏教界の質的整備が行われ、京都から高僧が迎え入れられたことを指摘している。また、この法が鎌倉中の「諸堂供僧」だけでなく、二年後には高野山金剛三昧院にも及んだことを指摘している。

(補註5)東大寺凝然自筆『探玄記洞幽鈔』(鎌倉末延慶年間の成立か)巻五十八紙背文書のなかに孟春二十日付僧尭雲書状(南都戒壇院方丈御寮宛)がある(東京大学史料編纂所所蔵写真帳「東大寺凝然大徳筆聖教紙背文書」三、6171・07|8|3)。尭雲は幕府法廷での訴訟のため本所である西園寺家の挙状を必要とし、西園寺家の奉行人への酒肴用途として二貫文の借用を戒壇院の凝然にしたと思われる。ここで注目されるのは本所西園寺家の挙状が必要とされたのは「西国神社仏寺領者、大略本

所進止、又、□任御式目、尤可帯本所御挙状」との訴訟手続きの指示があったことである。御成敗式目第六条が適用される本所進止の神社仏寺に「西国神社仏寺」があり、関東・東国との対概念として「西国神社仏寺領」が延慶年間以前には成立していた、巻五十八紙背文書には徳治三年五月十六日の諷誦文が存在することから、この書状もその頃のものと推測される。

（補註６）弘安七年十一月日の東大寺封戸・顚倒荘園・当知行荘園・顚倒諸末寺等注進状案（筒井寛秀氏所蔵文書）が遠藤基郎氏によって紹介されている（「史料紹介「筒井寛秀氏所蔵文書」所収の弘安徳政関連文書」『南都仏教』七六、一九九九年）。遠藤氏はこの注進状を幕府宛のものとし、弘安八年八月日の注進状を朝廷宛のものと推定している。

（補註７）鎌倉幕府の寺社裁判については、拙稿「鎌倉後期の幕府寺社裁判制度について」（『名古屋大学文学部研究論集』史学五七、二〇一一年）において検討した。

（補註８）正安元年五月日東南院前大僧正聖忠申状（国立歴史民俗博物館所蔵田中穣旧蔵文書１６７―２７８）の関連箇処を参考のため翻刻する。なお、本文書には返り点と送り仮名が付されているが省略した。

（端裏書）「東南院僧正申状」

前大僧正聖忠謹解　申請　将軍家裁事

請殊蒙　恩恤、且任祖師代々通例、且優顕密方々労効、速守去年　勅約旨、可補醍醐寺座主職由、被挙達□

一　当寺座主職者、殊撰其器量、可被補任事、（中略）

一　顕密兼学、殊功尤可被抽賞事、（中略）

一　東南院々主為本寺々務時、多兼帯醍醐座主事、（中略）

一　東南院々主代々補醍醐座主、旁以有其由緒事、（中略）

一　執柄息優賞異他事、（中略）

一　親玄僧正依掠申、無左右被吹挙申条、為愁訴事

右、云労効云官途、勝諸人帯一身、其旨如載于右状、然者親玄閣聖忠、可補座主之由緒、曽以無之者乎、聖忠者登法務前大僧正為未補一臈、親玄者今為正僧正、猶以官位之後進也、此任大僧正年久、彼被正僧正日浅、論官位大与正勝劣遙異、校任日前与後遠近頗隔、所詮、親玄立申潤色与聖忠募申労効、被糺真偽被決勝劣者、雲泥異高低、胡越阻境者歟、然則去年晩夏之比、立種々之労績、帯方々之由緒、経奏聞之刻、被聞食披、早可辞申之旨、被仰于覚済僧正之処、有可造畢金堂之宿願、枉歳中可被延役之由、堅執申、実今年中不幾、暫可相待於後闕、若不審相貽者、可被下兼

宣旨之由、忝雖被仰下、既及公家仙洞之御沙汰、被聞食彼理運之由之上者、縦雖不被下其　宣旨、今度之拝任、定無相違之由、深仰厳密之　綸定、所慰沈滞之鬱憤、然親玄僧正捧関東内挙之状、依備所望之潤色、同九月空被超越于彼僧正之間、則指遣専使於関東、欲開子細於武家之処、親玄条々謀作之由、覚済於公家武家披申歟之間、近日可有其沙汰之由令風聞、仍競望之仁是多云々、覚済則為其随一、此条甚無其謂、雖為当職奇置之門流、適達厳望、数年既令執務、有何不足、□致帰望、欲塞人之先途乎、其外之輩者、親玄以下皆以聖忠下﨟末座也、然則任理途被挙申聖忠之条、為無偏之徳政者歟、親玄□申之時、猶被出理運由挙状、何況聖忠云未補一﨟云由緒、労効当其仁之上者、何不預一行之推挙乎者

以前条々梗概若斯、抑関東者灑恵沢於四海、迄仁風於一天、実是海外之守天下之固者歟、政教有実忠言無空、然則宜任勅役之綸言、被補理運之寺務之由、蒙挙達預執奏、遠任曩祖兼帯之例、近訪先師補任之跡、被補当寺之貫首、忽開塋地之眉目者、凝日々之御忠信、将資竹園之静穏、以時々之浄業、欲祈□開之安寧、不耐懇親之至、粗勒事由、謹解、

正安元年五月　日

（追記）本稿発表後、関東祈禱所・御願寺に関する海老名尚「鎌倉幕府の御願寺政策―鎌倉幕府の宗教政策解明にむけて―」（『史流』三九、二〇〇〇年）、木下龍馬「再考・関東祈禱所―在地寺社と禁制―」（『鎌倉遺文研究』三三、二〇一四年）、松尾剛次「関東祈禱所再考―禅・律寺に注目して―」（『日本仏教綜合研究』一四、二〇一六年）が発表された。海老名論文は鎌倉の御願寺別当の任務不履行という事態に対して、仁治三年に別当の補任手続きの改革がなされたこと、供給田を所持することによって経済的に自立していた供僧に対して、別当の権限が強く及んでいったことを指摘している。また、幕府の寺社奉行には全体を管轄する寺社奉行とは別に鎌倉の寺社を個別に管轄する寺社奉行が存在したことを指摘し、その職掌を検討している。木下論文は、全国に展開する関東祈禱所と鎌倉の御願寺とを区別し、前者の得る権益を修造助成・禁制・裁判の側面から検討し、とくに禁制獲得が寺社による在地の領域支配実現にとって必要であったことを指摘している。松尾論文はモンゴル襲来以降成立した関東祈禱所の中心が、律宗や禅宗寺院であったことを強調している。

第二章　弘安寺社興行政策の源流について

――鎌倉時代前半期における王朝の寺社政策の展開――

はじめに

鎌倉時代の王朝（朝廷）や幕府の政策において、寺社に対する政策が大きな位置を占めていたことはいうまでもない。とくに、鎌倉幕府による弘安七年から翌年に至る、いわゆる弘安徳政において、初めて幕府によって神領興行令が発布され、同じく一宮・国分寺興行令が出されたこと、また、それに呼応するように王朝側も徳政の一環として寺社興行政策を展開したことは、すでに笠松宏至・上横手雅敬・海津一朗・追塩千尋氏などの研究によって詳細に解明されてきた(1)。本章は、弘安徳政が王朝や幕府の寺社政策の歴史のなかでどのような位置にあるのかを知るために、弘安以前の鎌倉時代前半の王朝の寺社政策の展開を新制（公家新制）の条文内容を中心に検討しようとするものである。弘安徳政の神領興行を中心とする寺社政策がこの時にはじめて登場したのか、それともそれ以前から、その萌芽がみられるのか。それがいつの段階からのものなのかを、すでに周知のことを改めて確認するにすぎないかもしれないが、検討してみたい(2)。

一　後白河親政・院政期

王朝（朝廷）の政策は徳政の一環として発布される新制（公家新制）において表明される。長保元年（九九九）七月二十七日に天変地異を契機として発布された新制十一箇条は、水戸部正男氏によって二箇条を除き後の新制に継承されたこと、後の新制の型を提供したことが指摘されている。(3)このうちの仏神事および寺社関連条文は以下の四箇条である。

一、応慎神事違例事（①条）

一、応重禁制神社破損事（②条）

一、応重禁制仏事違例事（③条）

一、応慥加修理定額諸寺堂舎破損事（④条）

神事・仏事の違例の禁止および神社・仏寺の修理という二つの寺社に対する政策方針が提示されている。この方針は平安期の寺社政策として維持されたと思われるが、十二世紀中頃の保元元年新制まで条文内容がわかる新制が残されていないため、新制条文からはこの間の政策がどのようなものであったかを確認することはできない。

後白河親政発足後に発布された保元元年（一一五六）閏九月十八日の新制（全七箇条）はきわめて簡略にいえば、第一条と第二条が荘園整理令、第三条と第四条が神人・悪僧の濫行停止令、第五条が諸国の神人・講衆の濫行停止、第六条と第七条が寺社領と仏神事用途の注進命令、によって構成される。後白河王権の王土王民思想を宣言していると評されるこの新制において興味深いことは、王朝を悩ました神人・悪僧の濫行停止令だけではなく第六条において「近代社司等、好立神領、奪妨公用」とし、伊勢・石清水など二十二社の「社領幷神事用途」

を注進させることを命じ、第七条で同じく東大寺・興福寺など十大寺の所司・大衆が新立荘園を求めることを禁じるとともに、「寺領幷仏事用途」を注進するよう命じていることである。それは、荘園整理政策と連動して、国家を支える寺社の維持に適正な寺社領と経費が与えられているかを知るためであった。この年十月十三日、記録所が設置され荘園整理政策が実行に移されたが、寺社領と仏神事用途の注進状は記録所に集められ、検討されたものと考える。

守田逸人氏は、東大寺が封戸関係文書や恒例寺用経費をまとめた文書群、および退転していた寺領荘園の公験を記録所寄人中原盛信に提出したこと、伊勢国飯野庄・摂津国長洲庄・播磨国大部庄などの再認定をうけた事実を指摘している(4)。

翌保元二年十月八日、三十五箇条という条文を有する新制が発布された。この新制は全文が残っていないが、治承二年七月十八日の新制や保元三年七月日の興福寺衆僧申状(5)などから寺社関連の条文があったことがわかっている。前者によれば、「諸司社寺官長」が寺社の修造に勤めること、なお、修造を怠る場合はその任を解くこと、「顛倒無実及大破等、私力難及者、各勒在状、不日言上」として、管理する寺社が大破に及んでいる場合、「有封社司」や「諸寺別当」はその実情を注進するよう命じている。また、後者によれば、「去年新制、維摩・御斎会・最勝会等、如法可被行、其状云、時代漸遠、儀式粗廃、参集之侶不致信心、施供之者偏有本法、有司阿容無心検察、厳重御願、豈以如斯者」、あるいは「古寺修造者、新制一条也、綸言如汗」と記し、去年（保元二年）の新制に古寺の修造や南京三会の興行に関する条項があったことがわかる。興福寺はこの新制を絶好の機会として山城・河内・摂津三ヵ国の国司による顛倒荘園の復興と維摩会の興行、および伽藍修造を願い出たのであった。保元二年新制は保元元年新制と一体のものとして発布され、前者のもつ荘園整理令や神人悪僧濫行停止令を緩和する政策として寺社修造、寺社の国家的法会の興行、そのための経済的基盤である荘園の国司による収公停止、復興を眼目として発布されていた。前者の発布によって集められた大寺社の荘園と仏神事用途の情報は、そのための判断材料として利用されたものと思われる。

保元新制のもつこのような政策基調は、治承二年（一一七八）七月、治承三年八月の新制に継承され、次いで後白河院政下の建久二年（一一九一）三月二十二日の新制（建久Ⅰ令）と同年三月二十八日の新制（建久Ⅱ令）に継承される。

治承二年・三年の新制のうち寺社関連の法は、先に保元二年新制について述べる際に示した社司や別当による本社・本寺の修造を命じたもの以外に、治承二年七月十八日に山陰道諸国司に出した十二箇条新制のうちの四箇条、厳密にいえば二箇条がみえる。

一、応任式条、令勤行年中諸祭事（①条）
一、応如法勤修年中諸仏事等事（②条）
一、応同搦進諸社神人諸寺悪僧往反国中、致濫行事（⑩条）
一、応停止諸国人民以私領寄与神人悪僧等事（⑪条）

①②条は祈年祭や御斎会など宮中での年中行事としての仏神事興行であり、長保元年新制の①③条を継承するものといえる。⑩⑪条は神人悪僧の濫行停止令であり、保元元年新制の③④条を継承するものである。延暦寺・興福寺・熊野山・日吉社などの神人悪僧の京中での「決断訴訟」（寄沙汰）などの濫行を禁止し、諸国の人民が公領を私領として神人悪僧に寄進することを禁じている。平安末期、神人悪僧の寄沙汰行為や所領集積が活発に行われていたことが背景としてある。

後白河院政の寺社政策の全体が見えるのは、建久二年の新制条文である。Ⅰ令とⅡ令全体のなかで寺社関連条文を分類し、事書部分を提示すると以下のようになる。

(a)　保元以降の新立荘園の停止と加納余田の停廃を内容とする荘園整理令

一、可令下知諸国司、注進神社仏寺院宮諸家庄園本免外加納余田幷保元已後新立庄々、及国中訴訟庄民濫行事（Ⅰ①条）

一、可令下知諸国司、停止神社仏寺及諸人所領不経上奏、成国免庁宣事（Ⅰ②条）

(b)　神人・悪僧の濫行停止

一、可停止諸国人民、以私領寄与神人悪僧幷武勇輩事（Ⅰ③条）

一、可令且下知本社、仰京畿諸国所部官司、停止諸社神人濫行事（Ⅰ⑥条）

一、可令仰本寺幷京畿諸国所部官司、停止諸寺諸山悪僧濫行事（Ⅰ⑦条）

一、可令下知諸司、停止国中社寺濫行事（Ⅰ⑧条）

一、可停止太神宮権任禰宜已下経廻他国、常住京都幷同氏人等任京官事（Ⅱ②条）

一、可加灼誡太神宮已下諸社氏人等不勤番直事（Ⅱ③条）

一、可停止凶悪僧徒離寺後、属武家、帰悩本寺剰諸人事（Ⅱ㉕条）

(c)　仏神事興行

一、可如法勤行諸社祭祀事（Ⅱ①条）

一、可如法勤行恒例臨時仏事等事（Ⅱ⑨条）

(d)　寺社領と仏神事用途の注進

一、可令下知諸社司、注進神領子細幷神事用途事（Ⅰ⑨条）

一、可令下知諸寺司、注進寺領子細幷仏事用途事（Ⅰ⑩条）

(e)　寺社の修造

一、可令本社修造諸国一二宮及為宗霊社事（Ⅰ④条）
一、可令諸国司修造国分二寺事（Ⅰ⑤条）
一、可令官使実検言上神社仏寺全破事（Ⅱ⑧条）

(f)　過差禁令

一、可停止二会三会已講幷灌頂阿闍梨綱所饗禄過差事（Ⅱ⑱条）

以上のように、保元新制や治承新制では全体が見通せなかった寺社政策の基調が、建久二年の新制ではっきりとその姿をみせている。保元新制・治承新制から継続したものもあれば、新たに加えられた条文もあると思われるが、それらをすべて峻別することは保元新制・治承新制の全貌がわからない現状では不可能である。ここでは、継承した条文を中心に検討したい。

(a)の荘園整理令は保元元年新制の①条と②条を継承したものである。新立荘園の基準が久寿二年から保元元年に変更した他はほぼ同じ内容といってよい。ただし、国免荘の制限を意図したⅠ②条は保元新制・治承新制にはみられない条文である。新制の冒頭に荘園整理令を掲げる構成は、保元元年新制を継承している。荘園増加を抑制し、公領と荘園の境界が曖昧な加納余田を整理し、両者の区分を明確化しようとする政策は、鎌倉幕府成立後も継続している。

(b)神人悪僧の濫行停止、新加神人の抑制政策も保元新制以後継続している。注目すべきはⅡ②③条で伊勢神宮の正権禰宜が番直を勤めないこと、諸国を経廻し京都に常住し、京官に任じられていることなど、伊勢神宮の禰宜を特定して、その活動を制限しようとしていることである。この禰宜たちは、まさに中世伊勢神宮の中核を担った内宮の荒木田、外宮の度会氏である。彼等が平安後期から活発に活動し、本宮庁（禰宜庁）を形成していったことは棚橋光男氏の研究に詳しい(6)。ここでの禰宜の活動制限は神人の活動制限と連動したものであり、十二世紀末の伊勢神宮の動きが王朝側にとって大きな問題となっていたことを示している。後述する「神宮大訴」の動きにつながる問題であろう。

(c)仏神事興行は神社や寺院側を問題にしたのではなく、朝廷が「恒例祭奠、臨時神事」「恒例臨時仏事」をこれまでの新制に任せて正しく行うことを宣言したものであり、長保元年新制以来伝統的に王朝がとってきた政策の継続である。

(d)と(e)は、長保元年新制②④条や保元元年新制⑥⑦条を継承するだけでなく、一・二宮や「宗たる霊社」と国分寺・国分尼寺の修造を命じている点が新しい。二十二社と七大寺だけでなく、一宮・二宮や国分寺・国分尼寺にまで修造を命ずる政策が、どの程度実行されたかは今のところ不明である。この政策は半世紀以上も後の鎌倉幕府によって実行されることになる。

さて、前者の神領・寺領の注進、神事・仏寺の注進命令は、どう実行されたかをみておきたい。建久三年八月、伊勢神宮内宮外宮の禰宜は神領注文を朝廷に注進している。(7) これは、神宮祭主大中臣能隆の「新制請文」が整っていなかったので、大夫史小槻広房の口頭での指示や職事御教書の指示によって、改めて「諸神領建立年記」「給主交名」「年貢員数」を注進したものである。ただし、「御相折帳」の提出も求められていたが、これは先例がないことを理由に注進を拒んだ。この頃文治三年（一一八七）二月に設置された記録所は、九条兼実が朝廷政治の実権を掌握して本格的に活動を開始しており、伊勢神宮領もその対象になったと考えられる。(8) 保元元年新制の際も記録所は設置されたが、伊勢神宮は神領目録を提出しなかったと推定されている。(9) 後白河院政の最後に定められた建久二年新制は摂政九条兼実の意向が強く働いており、後白河院没後においてより積極的に推進された。その眼目は荘園整理、すなわち国家財政の基盤を置くべき公領と荘園との境界を確定させ、荘園公領制に基礎を置く国家体制の構築にあった。神宮領もその対象となっていたのである。この時期、朝廷では神宮上卿のもとで寄人が集められた神宮評定も兼実によって復活している。その理由は源頼朝の意図によるものと推測されている。[10]

建久二年三月二十二日の鞍馬寺に宛てた太政官牒[11]は、建久新制を個別寺院に適用した事例である。とくに三箇条の内の第二条「応令注進寺領子細并仏事用途事」では、七大寺等の「恒例臨時之仏事」「寺領相折之員数」「本願起請文」が整い、「往古施入帳」にある員数が増減しないことが求められるにもかかわらず、寺院の所司・大衆が寺田を立て公領を奪い、国司の判を取って人領をかすめ取っているとし、保元元年の新制に載せられた十箇寺以下が「庄庄田数・所当・仏事用途」を三十日以内に注進するよう命じている。ここに明確に示されているように、建久二年新制では王朝国家が寺領荘園の田数、所当年貢の員数、仏事用途の員数の把握を行い、それにしたがって荘園整理を実行しようとしている。仏事用途の保証の意味もあるが、むしろ仏事用途に対応するだけの所当を弁済する荘園のみを公認し、それ以上の荘園は整理するという政策意図が推測される。

(f)は北京三会(法勝寺大乗会・円宗寺法花会・円宗寺最勝会)など国家的法会に参加した僧への饗禄の制限であり、新制条文に多く含まれる過差禁止令の一環である。

以上、建久二年新制にみえる寺社関連条文を検討した。保元新制以来の荘園整理政策と神人悪僧の統制政策が基調であり、建久新制においてより厳しく実行に移されたことを確認した。次に後鳥羽院政以降の新制において、これらの政策がどのように展開したのかを検討する。

二　後鳥羽院政期

後鳥羽院政期の新制は建暦二年(一二一二)三月二十二日の新制が知られている。[12]五味文彦氏は全二十一箇条のうち第一条から第八条までを寺社保護禁令として分類している。事書部分を示すと以下のようになる。

一、可如法勤行諸社祭祀神事等事（①条）
一、可如法勤行恒例臨時仏事等事（②条）
一、可令有封社司修造本社事（③条）
一、可令諸寺執務人修造本寺事（④条）
一、可停止京畿諸国建立諸社末社別功事（⑤条）
一、可停止諸国吏寄進国領於神社仏寺事（⑥条）
一、可停止伊勢太神宮以下諸社司進奏状上、猶企濫訴事（⑦条）
一、可令所部官司停止諸社神人諸寺悪僧濫行事（⑧条）

このほかに第⑫条から第⑭条までは「京畿諸社祭供奉人」の装束や僧の服装、および僧の従者の人数の過差を禁止した過差禁止令、第⑰条には僧侶兵仗禁止令がみられる。

①②条は建久新制の分類(c)を継承するもの。とくに祈年祭已下四度の祭礼や八省御斎会真言太元両法が問題となっている。③④条は建久新制の分類(e)を継承する。ここでは「社寺司」が「社領寺領之利潤」をむさぼり、「本社本寺之破壊」を顧みず、大破してから始めて奏聞し、「別功」を申請することが問題にされ、懈怠すれば解任、功があれば褒賞を与えるとしている。条文の終わりに「其領不幾、其勤難及者、注損色、経言上、課別功、令造営」として、修造のための所領が少ない場合は、「別功」を課して造営するとしている。「別功」とは成功を意味するものと思われる。別当や社司に対して修造を行うという本来の職務を遂行させるだけでなく、特別に成功などによって寺社の修造を行うことを定めている。これは、平安末以降常態化した寺社造営の方法を認めたもので、新しい政策というものではない。

⑤条は近年「愚拙之徒」が「仁祀」を「帝都」の際に立てたり、「知行之輩」が「末社」を「神領」のなかに

祀ることによって、「別宮末社」が「加増」し、「都鄙田地之掠領」が起こっているとして、その禁圧を命じたものである。その具体的な実態が問題となるが、ここでは別宮末社の増加が神領の不当な設定につながることに注意したい。この問題は、第⑥条において「国吏」が国領公田を寺社に寄進することを禁止したことと関連する。国司が国衙領を寺社に寄進する社会状況が背景にあったと思われる。寄進対象の寺社には⑤条にあった「別宮末社」も含まれるものと思われる。また、「国吏」には国守以外に国衙の在庁官人も含まれるかもしれない。いずれにせよ、当時、国衙領が中央政府の許可なく寺社領とされる事態が深刻化していた状況が読み取れる。そのような事態に対して⑥条は「勅免」を帯びざる地は国領に「合」すべしとし、そのような行為をこれからは停止するとしている。ここには荘園だけでなく在庁官人の在庁名などが、地方の有力な寺社の免田として寄進されていく事態も想定される。建暦二年の新制には荘園整理令がないことが指摘されているが、新立荘園停止や加納余田の整理を目的とするものではないが、建久新制Ⅰ②条の国免荘の停止令を継承するもので、とくに、国衙領の寺社領への寄進を制限しようとする条文が新たに立てられている点は注目しておきたい。

⑦条⑧条は建久新制の分類(b)にあたるものである。⑦条は建久新制Ⅱ②を継承するもので、伊勢神宮以下の神社による正式な訴訟手続きとは別の内縁による濫訴を禁じたものである。⑧条は建久新制Ⅰ⑥⑦条を継承する神人悪僧の一般的な濫行停止令である。

第⑫⑬⑭条は建久新制の分類(f)を継承する過差禁止令。第⑰条は悪僧の武装を禁止する条文で、新制には初めて登場するものである。しかし、兵仗禁止令は新制にこそ始めて登場するものの、すでに単行法令としては十二世紀初めには発布されているものである(13)。

以上の寺社関連条文からは、全体としてそれまでの政策基調を継承しているといってよいであろう。五味文彦氏は荘園整理令が同時に発布されておらず、寺社領への寄進地のみを問題にしていることに、中央での荘園整理政策を放棄し始めたことを見出している。しかし、五味氏が指摘したように同時期の建暦二年三月十五日か十六日頃に新制が発布されていたとするならば、そこには荘園整理令があったかもしれない。その点は全く不明であるが、注意しなければならないのは、この前後に新制が発布されていたと推定されていることである。永井英治氏は建保元年（一二一三）から翌年五月の間と建保五年に過差禁止令や出挙利息制限法を内容とする新制が発布されていたことを推測している。(14) 建保二年五月の「東大寺諸庄田数所当等注進状」や建保八年十二月の「大和勾田庄用途注文」、「建保国検帳」はその徴表であるとする。(15) また、白井克浩氏は「承元の制符」（一二〇七〜一一）が出されていたとし、それが神領興行令であったと推測している。(16) 建保二年の東大寺の注進状が作成された理由が荘園整理令によるものであることは、確証はつかめないものの、その可能性は高いと思われる。白井氏はそれが承元年間の新制によるものと推測しているが、これは確証がない。ただ、白井氏が指摘するように東大寺だけでなく気比社が所領注進状を作成していることは、やはり何らかの荘園整理令が出されていたと推測できると思われる。

ところで、白井氏は後鳥羽院政末期の建保〜承久年間にかけて、神宮領関係訴訟が集中的に提起されており、それが二宮禰宜注進状を伴う祠官や神宮使（権禰宜）の上洛訴訟であり「神宮大訴」と呼ばれていたこと、それが行われた背景には神領興行令の発布があったと思われることを指摘した。(17) このように神領興行令を契機として「神宮大訴」が行われたと考えると、建暦二年の新制⑦条で伊勢神宮の次第の手続きを経ない「濫訴」を企てることが停止されていたこと、後述する嘉禄元年（一二二五）新制において伊勢神宮権任禰宜以下氏人が越訴を企てることを禁じていることをどのように考えるべきであろうか。ここでは上洛による直訴である「神宮大訴」、すなわち越訴が制限されているのである。一つの考え方としては、神領興行令によって「神宮大訴」が発生し、その処置に困惑した王朝が「神宮大訴」を制限するべく建暦・嘉禄の新制を発布したとする見方がある。このように考えるならば「承元の制符」「神宮大訴」「建暦新制」の三者の因果関係が説明できるかもしれない。「承元の制符」が実際どのようなものであったかは不明である。『吾妻鏡』[18]によれば、承元四年（一二一〇）に「神社仏寺領興行事」を将軍実朝が思い立って「不慮顚倒事」があるかどうかを守護に注進するよう命じたという。白井は鎌倉幕府が公家新制をうけてこのような命令を出したと推測しているが、それならば、そのように記録されるべきであり、実朝の「思食立」によるとする記述は、実朝の意志によることを強調しているようにも思われる。いずれにせよ、鎌倉幕府と朝廷の「神社仏寺領興行」が本当にあったかはまだ曖昧な部分が多いといわざるをえない。

三　承久の乱後

承久の乱後の新制で最初に出されているのは嘉禄元年（一二二五）新制である。全三十六箇条の条文は事書のみが三浦周行「新制の研究」[19]に紹介されているが、『中世法制史料集』第六巻に『御成敗式目新編追加』（吉田家本、慶応義塾大学所蔵）から「嘉禄制符」の注記がされている七箇条の事書と本文が紹介された[20]。これらにより寺社関連条文を抽出すると、以下のようになる。

一、可如法勤行諸社祭祀事（①条）

一、可同勤行年中仏事等事（③条）

一、可令有封社司修造本社事（④条）

一、可令諸寺執務人修造本寺事（⑤条）

一、可停止太神宮権任禰宜以下氏人経廻他国、常住京都幷企越訴事（⑥条）

一、可停止諸社神人濫行幷人数加増事（⑦条）
一、可停止京畿諸社祭供奉人錦繡綾羅装束金銀珠鏡風流事（⑩条）
一、可停止僧侶従類員数過差事（⑰条）
一、可停止自今以後新立庄園事（㉜条）

注目すべきは荘園整理令が最初ではなく、㉜条という終わりの方に挙げられていることである。この条文内容は『中世法制史料集』によれば、「諸国之吏」が「公田」を「他人」に与えたり、見任を去った後、自領に組み込んだりする行為を停止したものである。禁止の対象となる新立荘園を立てる主体は「国之吏」である国守と在庁官人である。これは新立荘園の建立年を記さないという点、および加納余田を問題にしないという点において、建久新制Ⅰ①条に至る荘園整理令とは異なる。国司の関与する国免荘が問題となるという点でいえば、建久新制Ⅰ②条、国吏が国衙領を寺社に寄進することを停止するという点でいえば建暦新制⑥条を継承するものである。全国的な荘園整理令としては最後のものとなったこの新制では、国司が任国の公田を神社や仏寺に寄進する行為が問題となっている。これは逆にみれば、神社や寺院が荘園などを国司から新規に獲得することを禁止した内容であり、寺社領を無条件で認めていこうというものではない。天福年間（一二三三〜三四）には「去承久以後、不帯勅免・国免新立神領、一国平均可顚倒」という新立神領の停止を内容とする尾張国の事例がある。(21) ここでは神領興行とは正反対の政策がとられているといってよいだろう。

また、建久新制Ⅰ⑨条⑩条にみられた寺社領と仏神事用途の注進を命ずる条文はみられなくなっている。荘園整理のために寺社領を調査するという政策は行われなくなったといえる。

このほか、①③条と④⑤条は建暦新制の①②③④条とほとんど同内容の条文であり、⑥条は先述したように建暦新制の⑦条、神人の濫行を停止した⑦条は建暦新制⑧条、過差禁制の⑩⑰条は建暦新制⑫⑭条を継承する。建暦新制とほぼ同じといってよいが、建暦新制までみられた悪僧の濫行停止はみられない。大寺院の悪僧の活動が無くなったわけではなく、もはや王朝が停止する政策を放棄したと評価すべきであろう。

嘉禄元年新制のあと、史料から確認できる新制は九条道家が権勢をふるった時期のものとして、寛喜三年（一二三一）、延応二年（一二四〇）の新制がある。このうち延応新制は過差禁令の一部が残るのみで寺社関連条文があったか否かは不明である。寛喜三年新制は全四十二箇条を有する長大な新制であるが、およそ建暦二年新制を継承するもので、過差禁令が詳細である点が特徴といえる。以下に関連条文の事書部分を示す。

一、可如法勤行諸社祭礼年中神事等事（①条）
一、可如法勤行恒例臨時仏事等事（②条）
一、可令有封社司修造本社事（③条）
一、可令諸寺執務人修造本寺堂舎事（④条）
一、可停止二所太神宮権任禰宜居住京都、幷諸社司□□等任京官、不随社役、為先賄賂事（⑤条）
一、可糺定上下諸人衣服員数幷服飾過差事（⑪条）（僧の服装規定を含む）
一、可停止二会三会已講幷灌頂阿闍梨綱所饗禄過差事（⑲条）
一、可停止稲荷日吉祭祇園御霊会過差事（⑳条）
一、可簡法器挙補諸寺阿闍梨事（㉑条）

①②条は嘉禄新制①③条、③④条は同じく④⑤条と同じものである。⑤条も同⑥条とほぼ同じであり、僧の過差を禁じた⑪⑲条も、稲荷社・日吉社の祭礼や祇園御霊会における供奉人の過差禁令である⑳条も嘉禄あるいは建暦新制を継承している。㉑条は諸寺の阿闍梨の挙補を厳格に行うことを規定したもので、これまでの新制にはみられない条文である。僧の服装や僧の資質、法会の執行を厳密に行おうという方針は強調されているが、寺社

領に関する条文が欠如しているのが特徴であるといえよう。荘園整理令はもちろん仏神事用途の注進を掲げる条文もみあたらない。また、悪僧のみならず神人の濫行を停止する条文もみえなくなっている。保元新制以来の新制条文の基本であった荘園整理令と神人悪僧の乱行停止が、この時点で消滅し、それに代わるべき新しい寺社政策もまだ登場しないのが寛喜新制であると評価できよう。また、国司の国務に関する規定もみられなくなっており、国司による新制の施行も全く想定されていない。新制内容は京都を中心とする狭い王朝の勢力範囲に限定されている。一種の摂関政治を展開した九条道家の時代は、承久の乱後の弱体化した王朝が、何も新しい政策を打ち出すことができなかった時代といえる。

四　後嵯峨親政・院政期

寺社政策をめぐって新しい政策が打ち出されてくるのは、九条道家が政治力を失った後嵯峨院政期である。後嵯峨親政期である寛元三年（一二四五）の新制は徳政として神事興行・仏事興行・過差禁令を含んでいたと推定されるが、条文内容は不明である。(22)九条道家がまだ政治力を有していた後嵯峨親政期では、これまでの新制に代わるべき新しい政策が打ち出されたとは思われない。もし新しい政策が打ち出されていたら、その後の新制において引用されるはずであるが、次に検討する弘長三年新制には、そのような記述はみられない。寛元三年新制はおそらく、それまでの寛喜新制を継承したものと思われる。

九条道家の勢力が一掃されるのは後嵯峨院政開始後の段階である。後嵯峨院政期の新制には建長五年（一二五三）・弘長元年（一二六一）・弘長三年の新制発布が知られている。

建長五年七月十二日の新制は全十八箇条のうち鎌倉幕府に伝達された五箇条が宣旨をそのまま引用して残され

ている。[23]そのうち四箇条が寺社関連条文である。

一、可興行諸社幣物不法事（①条）

一、可慥進発同使事（②条）

一、可為諸寺執務者、以四ヶ年任限事（③条）

一、可令停廃諸社新加神人事（④条）

このうち注目されるのは③条である。諸寺の別当など執務者の任期を四年とする「貞観符」（貞観十三年九月七日太政官符）にしたがって、任期中の職務の励行を求めている。これは弘長三年新制に継承される新しい条文である。当時、東大寺別当定親が仁治二年（一二四一）に別当に就任して以来、すでに十二年が経過していた。四年の任期は守られないのが常態と化していたと思われる。次の別当宗性・定済は続けて約四年の任期を全うしており、新制の効力はあったと思われる。

弘長元年五月十一日にも全二十一箇条新制が発布されている。これも五箇条のみ事書がわかるのみで内容は不明である。その五箇条のなかには寺社関連条文はみられない。ただ、同年二月二十九日の『吾妻鏡』に引用される「関東御分寺社」の「仏神事」興行の内容、同年二月三十日の関東新制六十一箇条と関連するかもしれない。幕府の関東新制に影響されて公家新制が発布されたとも考えられよう。[24]

公家新制の歴史において画期を成したのは、弘長三年八月十三日の全四十一箇条からなる新制である。この新制については『日本思想大系　中世政治社会思想』下に収録されたことから、よく知られるようになったものである。[25]以下、寺社関連条文の事書部分を挙げる。

一、可興行伊勢幣事（①条）

一、可早速裁断同訴訟事（②条）

一、可停止同権任禰宜已下経廻他国、常住京都、并同氏人等任京官事（③条）
一、可加炳誡太神宮已下諸社氏人等、不勤番直事（④条）
一、可令諸社奉幣使公卿四位五位等結番事（⑤条）
一、可令慥参着本社同使幷幣物事（⑥条）
一、可令祇園御霊会馬長被定人数、殿上人結番騎進事（⑦条）
一、可令諸社司定任限修造事（⑧条）
一、可令同司止賄賂事（⑨条）
一、可令慥転読諸国最勝王経事（⑩条）
一、可令諸寺執務、定任限修造本寺事（⑪条）
一、可諸寺諸山顕密僧侶守戒法事（⑫条）
一、不可諸社諸寺造国徒送年序事（⑬条）
一、可正員僧綱撰其人事（⑳条）
一、可停止緇素上下諸人服飾以下過差事（㉘条）
一、可糺定緇素従類員数事（㉜条）
一、可禁制僧徒兵仗事（㉝条）
一、可停止京畿諸社祭過差狼藉事（㊴条）

①条から⑨条まで神社に関する条文が続き、①②条の伊勢神宮に関する条文は始めて登場するものである。伊勢神宮を国家の宗廟とし、奉幣を興行すること、伊勢神宮の訴訟を迅速に裁断することとし、そのために神宮上卿・弁官・職事を定めるとした。鎌倉初期の神宮訴訟を扱った神宮評定を行う職員が復活している。[26]③④条はす

でに建久新制Ⅱ②③条に見えるもので、その後の新制に継承されてきたものである。⑧⑩条は寛喜三年新制③④条とほとんど同じであるが、ともに任限を定めていることが特徴である。これは先の建長五年新制③条にすでに寺院の執務の任限を加えていることを継承したものである。注目すべきは神主など社司の非法として「恣以神領各譲子孫、称別相伝不従社務、依之神税減少、冥慮有恐、自今以後永可停止」としていることである。神社を修造すべき社司が神領を別相伝している現状を停止しようとしていることは、後述する神領興行令の源流を示す法文であるといってよい。⑨条も単独条文としては初めてのものである。賄賂の問題は、伊勢神宮訴訟に関する寛喜三年新制⑤条にみえるが、神宮の権任禰宜の行動を制する条文の一部としてであった。⑩条は建久新制Ⅰ⑤条以来登場しなかった国分寺・国分尼寺の興行に関する条文である。まず「便宜之堂舎」を点じて、国家祈禱である最勝王経を転読させようとしていることが興味深い。⑪条は別当などが任期中に修造を行うことを規定したものである。建長五年新制③条を継承している。弘安元年（一二七八）と推定される七月十八日「西大寺別当乗範書状」には、「弘長以後、諸寺別当随分入興隆之韻候哉」として、西大寺別当が所領を西大寺に寄進したことを記している。(27)⑫条は初めて登場する条文で僧の戒律遵守を求めるものである。社会的背景として南都仏教の戒律復興運動というべき律僧の活動があったと思われる。⑬条も初めて登場する条文である。寺社造営のために造国を与える方法はすでに一般化していたが、その速やかな遂行を命じたものである。⑳条は任料をとってみだりに律師に任ずることを禁じたもの、㉘条・㉜条・㊴条は過差禁令、㉝条の兵仗禁令は建暦新制⑰条を継承するもので、いったん新制にみえなくなっていた条文の復活である。

以上、概観したように、これまでにない条文が多くみられること、神社とくに伊勢神宮に関する条文が最初に登場していることが注目される。

弘長三年新制発布をうけて興福寺が後嵯峨院の「聖問」によって意見を提出し、それに基づき十六箇条の太政官牒が興福寺に対して出された。このことについては、すでに述べたことがあるが[28]、注目すべきは、その第⑤条⑥条において別当や院家が寺領院家領を売買することを禁じていることである。

一、応停止七大寺以下諸寺別当売買其寺領事（⑤条）

一、応停止諸院家領沽却事（⑥条）

⑤条では、諸寺執務の人が本寺修理修造を放棄し、「寺役寺用之地」を沽却し、寄進と称して実際は売却する行為を禁じ、その人がその職を改める前に、それらの沽却地を返却させるよう命じている。⑥条では「常住三宝之施物」を「一代院主」が勝手に沽却することを禁じている。これらは先に弘長三年新制⑧条にみえた神社の社司の別相伝を禁ずる規定とも関連し、神社や寺院の神物や寺物が外部に流出していく状況が大きな社会的問題になっていたことによる。笠松宏至氏は弘安の公家徳政の基本的原則を弘安八年十一月十三日の宣旨②条にみえる[29]「諸社諸寺一旦執務人、以彼領称別相伝、及不慮之伝領」に見出している。「別相伝」として「遷代の職」にあった者が神領・寺領を自己の所有に帰していく行為が停止の対象となり、それを本来の寺社領に戻させる政策が公家徳政であるとした[30]。さらに、笠松氏は寺院社会の法として三宝物（仏物・宝物・僧物）「互用の罪」があったとし、鎌倉中期には「僧物」が師資相承によって相伝されていくこと、真弟相続の広がりがあり、仏物・宝物として寺院に寄進された土地が、本来の趣旨と離れて僧物となり、それが相伝されていくようになると指摘した[31]。興福寺宛太政官牒⑤⑥条は、沽却による寺外への仏物たる寺領の流出を停止し、それを取り戻させようとする法であり、それが対象を別相伝地から沽却地にまで拡大したものであった[補註]。

興福寺宛の太政官牒にみられた寺領沽却の停止政策は、これ以前の建長二年三月二十八日「神祇伯資邦王下文」（全五箇条）において、広田社神官供僧沙汰人百姓にあてて、神領田を「社外甲乙人」に沽却することを停止していることから、後嵯峨院政下の社会問題として浮上し、王朝の政策、徳政としてこの頃採用されたものと思われる。ところで、弘長三年には興福寺だけではなく有力な寺院に意見を求めた形跡があり、東寺に残された弘長三年十月二十一日の「仁和寺興隆倹約条々」（全十一箇条）もその一つである。[32] 文書は以下の言葉で終わっている。

僧徒儀、則雖見制符、重載東寺一門之興廃、兼抽西郊衆務之簡要、短慮所量定有其誤歟、只勒梗槩、粗注進之

注進先ははっきりと書かれていないが、朝廷であったと推測する。東寺一門を興行しようという内容については本書第Ⅰ部第三章を参照されたい。

文永二年（一二六五）に俗人領に流出した仏寺領の返付を定めた公家法の存在については、すでに笠松氏が指摘している。[33] 文永元年の四天王寺別当をめぐる延暦寺と園城寺の争いは山門による園城寺焼き討ちに発展し、幕府が東使を派遣して延暦寺を制圧し、張本を追捕する事件となったが、その事件の渦中で同年三月に出された王朝の命令に「諸寺諸山領、月卿雲客已下、無指由緒、多以俗人知行、其程不可然、支寺用可全仏聖之由、一同被宣下」という。寺領の「俗人知行」を禁止した内容の「宣下」があった。[34] その後、八月には幕府の要請により、五箇条の後嵯峨院宣が延暦寺に下された。[35] その第④条には「一、山門領俗中輩不可知行事」とあって、先の二月の「一同」（院評定か）による「宣下」を、もう一度幕府権力を背景として命じている。ここでは、もう一つ第③条で「行安僧正尊教法印門跡領、可為座主分附地事」とあって、門跡領を天台座主の「分附地」とせよと命じている。これは、まさに門跡領という別相伝領を座主職に付帯した所領にせよという内容であり、別相伝禁止の法ということができる。笠松氏が公家徳政の基本政策に挙げた別相伝禁止と寺外の俗人への寺領流出という二つの政策が同時に打ち出されていること、それが幕府の要請によるものであることは、笠松氏が指摘したように「異国襲来を目前にしたこの頃、公武徳政の幕があけられた」ことを示すといえよう。

文永四年八月十一日、院評定において最勝寺・成勝寺・延勝寺以下「顚倒無実」の寺院造営が議論された(36)。この件に関して意見を召し、それを「関東」に遣わすという決定がされている。これ以前に幕府から諸寺領を「合力」してその寺の一堂を建立するようにという申し入れがあったことを請けての評定であった。ここでは「年貢員数」「知行由緒」「領主等」を奉行人がそれぞれ問い合わせ、注進するようにと決定している。六勝寺のうち、すでに退転していた寺院の再興を幕府が要請し、後嵯峨院政下の王朝がそれを実行に移そうとしていることは、先に笠松氏が指摘した公武徳政としての寺社興行が幕府の積極的な関与によって行われていたことを示している。この頃、徳大寺実基は「政道奏上」を行っているが、その第①条は神事の興行であり、第②条は仏法の紹隆であった(37)。

文永五年七月二日の大宰府宛官宣旨(38)は、五月の宇佐八幡宮神官らの解状を、六月に八幡宮箱崎宮検校である権大僧都行清が挙状を出し、その内容を認めて朝廷が出したものである。文永二年の宇佐宮焼失とモンゴル襲来の危機を理由とした宇佐宮の訴えに対して、後嵯峨の朝廷が下した結論は「堂社諸免田」の「甲乙人領知」を停止し、「本所進止」として「器量輩」に宛て行い、「仏神事合期勤」をすることを命じたものであった。この官宣旨から二年後、石清水八幡宮検校宮清は「当宮（宇佐八幡宮）幷宿院極楽寺弥勒寺正八幡宮香椎宮箱崎宮等」の「惣領別納庄々幷社務以下執務甲乙領之事」を「関東」に注進している(39)。「甲乙人」が領知する宇佐八幡宮以下の社領免田の調査は、王朝と幕府の共同の政策として実行に移されたと考えられる。延暦寺への院宣では「俗人の輩」とされたものが、ここでは「甲乙人」となっているのが興味深い。弘安徳政の源流はまさに弘長から文永頃にあった。

文永六年二月の興福寺愁状(40)は「凡当世、公家武家被行徳政之上、昨今殊被専御祈禱之間、諸寺領牢籠、悉可復旧基之由、有朝儀云々」という後嵯峨の寺領興行の評定を聞きつけて、興福寺が提出したものであった。

以上、後嵯峨院政の寺社政策は弘長から文永頃、徳政の一環として寺社興行政策として積極的に実施され、とくに、寺社領の「別相伝」の禁止と寺社領の俗人・甲乙人への売買による流出の禁止が登場したことを確認した。

おわりに

平安末期の保元から鎌倉中期の文永まで、王朝の寺社政策を主に新制条文を中心に検討した。その結果、寺社政策の展開は以下の三段階に大きく区分することが可能であると思われる。

一、保元新制以降承久の乱まで。後白河親政・院政期、後鳥羽院政期が該当する。ここでは荘園整理令の対象に寺社領荘園が含まれている。神人・悪僧の濫行停止とともに、寺社は統制の対象と認識され、統制をはずれた行為は厳しく規制された。寺社の修造や仏神事用途の確保は、寺社が国家による統制のもとで国家的役割を適正に果たしているなかで保証されるものであったと思われる。仏神事用途は無条件で保証されるものではなく、荘園は調査整理の対象であった。

二、承久の乱後、王朝権力は衰退し、荘園整理政策は一部国免荘の整理が残るものの、消滅する。また、神人・悪僧の濫行停止も政策の最重要課題として前面に掲げられるものではなくなった。新制には前段階の過差禁令が細かく規定され踏襲されるなど、形式的側面が強くなっている。

三、後嵯峨院政の登場は、幕府と王朝の協調による政治の刷新が行われた時期であり、弘長三年には従来の新制と趣を異とする条文を多数含む新制が出された。後嵯峨は有力寺院の意見を求め、寺社政策を推進したと思われる。当時の公家政権が直面した課題の一つが寺社領の別相伝の問題であり、寺社領の売買による寺社外への流出であった。幕府の意向も受けて、この問題を解決するべく別相伝の禁止、俗人領（甲乙人領）への寺社領の売買を禁ずる政策がこの頃登場している。後嵯峨院政期のこのような寺社政策は、公武協調で実施された弘安徳政に通じるものであり、弘安徳政の源流はここにあるといえよう。

註

（1）笠松宏至「中世の政治社会思想」（『日本中世法史論』東京大学出版会、一九七九年所収）、上横手雅敬「弘安の神領興行法をめぐって」（『鎌倉時代政治史研究』吉川弘文館、一九九一年所収）、海津一朗『中世の変革と徳政―神領興行法の研究―』（吉川弘文館、一九九四年）、追塩千尋『国分寺の中世的展開』（吉川弘文館、一九九六年）。

（2）引用史料のうち新制に関しては、とくにことわらない限り、水戸部正男『公家新制の研究』（創文社、一九六一年）に依拠した。

（3）水戸部正男前掲書。

（4）守田逸人「院政期の有封寺社と国家」（『歴史学研究』八二五、二〇〇七年、のち同氏『日本中世社会成立史論』校倉書房、二〇一〇年に収録）。

（5）『平安遺文』二九三七号。

（6）棚橋光男『中世成立期の法と国家』（塙書房、一九八三年）。

（7）伊勢太神宮神領注文（『神宮雑書』、『鎌倉遺文』六一四号）。

（8）玉井力「文治の記録所について」（『年報中世史研究』一六、一九九一年）。

（9）岡野浩二「平安末・鎌倉期の神宮上卿」（『年報中世史研究』二五、二〇〇〇年）。

（10）玉井力前掲論文。

（11）東京大学史料編纂所所蔵文書。『中世法制史料集』第六巻（岩波書店、二〇〇五年）所収。

（12）五味文彦「建暦期の後鳥羽院政―『世俗浅深抄』と『建暦の新制』―」（『明月記研究』一〇、二〇〇五年）。

（13）『増補史料大成　中右記』四、永久二年六月三十日、同七月六日条によれば、延暦寺の山僧が兵仗を帯びることを禁止する「制」があったことがみえる。『増補史料大成　台記』仁平元年二月二十三日条では、藤原頼長は興福寺の已講已下を召し、衆徒の兵仗を禁ずることを命じている。

（14）永井英治「鎌倉前期の公家訴訟制度―記録所・評定・新制―」（『年報中世史研究』一五、一九九〇年）。

(15)『鎌倉遺文』二一〇七号・二一二〇五号、『史料纂集　師守記』六、貞治二年二月十六日条。
(16)白井克浩「高野山の旧領回復運動と神領興行法—院政期～鎌倉中期を注進に—」(『年報中世史研究』二七、二〇〇二年)。
(17)白井克浩「鎌倉時代の『神宮大訴』について」(『神道史研究』四九—四、二〇〇一年)。なお、神宮大訴については、平泉隆房「神宮大訴小考」(皇学館大学史料編纂所報『史料』一五八、一九九八年、のち同氏『中世伊勢神宮史の研究』吉川弘文館、二〇〇六年に収録)を参照。
(18)『新訂増補国史大系　吾妻鏡』承元四年八月九日条。
(19)三浦周行『日本史の研究　新輯一』(岩波書店、一九八二年に収録)。
(20)佐藤進一・百瀬今朝雄・笠松宏至『中世法制史料集』第六巻(岩波書店、二〇〇五年)。
(21)暦仁元年十二月尾張国国司庁宣案(『鎌倉遺文』五三六六号)。この史料については稲葉伸道「鎌倉後期の『国衙興行』・『国衙勘落』」(『名古屋大学文学部研究論集』史学三七、一九九一年)を参照。
(22)『増補史料大成　平戸記』二、寛元三年二月十日条。
(23)『中世法制史料集』第一巻鎌倉幕府法、追加二七七条～二八一条。
(24)公家新制と関東新制(武家新制)との関連については、稲葉伸道「新制の研究」(『史学雑誌』九六—一、一九八七年)を参照。
(25)『日本思想大系　中世政治社会思想』下(岩波書店、一九八一年)。
(26)岡野浩二「平安末・鎌倉初期の神宮上卿」(前掲)。
(27)『鎌倉遺文』一三二一四号。
(28)稲葉伸道『中世寺院の権力構造』(岩波書店、一九九七年)第八章「寺辺新制」。
(29)『中世法制史料集』第六巻(前掲)公家法三五一。
(30)笠松宏至「中世の政治社会思想」(前掲)。
(31)笠松宏至「仏物・僧物・人物」(『法と言葉の中世史』平凡社選書、一九八四年)。
(32)東寺観智院聖教三百箱六号。この史料については、横内裕人氏のご教示を得た。また、東寺宝物館からは写真版の提供をうけた。その際、上川通夫・新見康子両氏に便宜をはかっていただいた。
(33)笠松宏至「中世の政治社会思想」(前掲)。

(34)『校訂増補　天台座主記』(第一書房、一九七三年、前大僧正澄覚の項) 文永二年三月二十五日の記事。
(35)『天台座主記』文永二年八月二十一日の記事。
(36)『大日本古記録　民経記』文永四年八月二十一日条。
(37) 三月二十日の日付をもつ「徳大寺実基政道奏上」は文永三年から九年頃のものと考えられている。『日本思想大系　中世政治社会思想』下(岩波書店、一九八一年)、所収。笠松氏の解説参照。
(38)『大日本古文書　石清水文書』二、五〇五号。
(39) 同右六、文永七年三月日善法寺宮清弥勒寺領注進抜書。
(40) 文永六年二月日興福寺大供僧綱大法師申状案(『史料纂集　福智院家文書』第一巻七四号)。
(補註) このような別相伝による寺社領流出の問題は、すでに平安末期には発生している。保元三年(一一五八)十二月三日の官宣旨(『平安遺文』二九五九号)は、石清水八幡宮別当兼極楽寺院主勝清の解状を認め、これまでの代々の別当や院主が石清水八幡宮領や極楽寺領を勝手に処分し、それが彼らの妻子や親族に相伝されていることを禁じ、「本所」である石清水八幡宮・極楽寺にこれら別相伝領を戻すことを命じたものである。この場合、家族・親族への別相伝が問題となっており、他家・他者への所領の沽却は問題となっていない。沽却による所領流出の問題は百年後に問題化したといえよう。

第三章　鎌倉中期の仁和寺御室
――弘長三年東寺観智院金剛蔵所蔵「仁和寺興隆倹約等条々」について――

はじめに

東寺観智院聖教のなかに弘長三年（一二六三）十月二十一日の日付を持つ「仁和寺興隆倹約等条々」（一巻）がある。この史料の存在については『東寺観智院金剛蔵聖教目録』十七（京都府教育委員会、一九八五年）で初めて呈示されたが、その内容について分析されることは久しくなかった。この史料を初めて学界に紹介したのは横内裕人氏である。(1) 氏は仁和寺御室の研究においてこの史料の内容を紹介され、仁和寺御室法助の段階のものとし、その内容について分析された。本章は横内氏の紹介が事書部分のみのものであったため、その全文を改めて調査し、翻刻文を参考史料として呈示するとともに、鎌倉中期の仁和寺御室と王朝（朝廷）との関係の文脈のなかに、その史料的価値を位置づけようとするものである。(2)

一　「仁和寺興隆倹約等条々」について

東寺観智院金剛蔵の整理番号は第三百箱第六号。巻子装（無軸）。料紙はおそらく楮紙（打紙）で十一紙を貼り継いでいる。法量は縦三二・八センチ、横は第一紙五一・〇センチ、二紙五〇・七センチ、三紙五〇・八センチ、四紙五〇・五センチ、五紙五〇・八センチ、六紙五〇・七センチ、七紙五〇・五センチ、八紙五〇・五センチ、九紙五〇・七センチ、十紙五〇・五センチ、十一紙五〇・七センチである。端裏の外題に本文と同筆で「仁和寺興隆倹約等条々」と記され、観智院金剛蔵聖教のラベルが貼付されている。文書の上端から、二・八センチ下の位置、さらにそれより一・六センチ下の位置、下端より一・四センチ上の位置に横罫が合計三本引かれている。『東寺観智院金剛蔵聖教目録』十七（京都府教育委員会）は、本文書を室町時代初期写としている。本文書には本文より薄い墨による返り点、振り仮名が付けられている。東寺観智院聖教に詳しい国文学の佐藤愛弓氏のご教示によれば、レ点の打ち方からみて南北朝以降のものであるという。『東寺観智院金剛蔵聖教目録』もまた室町時代初期のものと推定している。おそらく、本来の原本には返り点などは付されておらず、本文を書写した時点か、それより後に付されたと推測する。

本文書には弘長三年十月二十一日の日付のみで、署名がない。文書作成者は内容から推測する以外にない。「仁和寺興隆倹約等條々」を注進するその内容からして、文書作成者は仁和寺の御室またはそれと同等の人物である。弘長三年当時の該当者を『仁和寺御伝』（心蓮院本）(3)の記事からみると、建長元年（一二四九）から正嘉二年（一二五八）まで仁和寺の「寺務」であった開田准后法助、その後、弘安五年（一二八二）まで「寺務」であった後中御室性助の二人が候補として挙がる。法助は摂関家の九条道家の子であり、天皇家出身ではないため『仁和寺御伝』では、御室の歴代に入れてはいるものの「御室」とは表記していない。彼は延応元年（一二三九）に准三宮の宣下を受けていることから「開田准后」と呼ばれていて、「御室」とは呼ばれない。法助が寺務であった建長六年五月八日には「准三宮庁下文」が河内の金剛寺に出されている。(4)また、寺務を辞した後の文永二年（一二六五）には「開田御所庁下文」に任せて馬観音堂免田が認められている。(5)同年の後深草上皇の院宣でも、周防国秋穂二嶋庄などを東寺に寄進することを「仁和寺准后」に伝達するように仁和寺菩提院了遍に命じており、(6)

「仁和寺御室」とは表記されない。法助は仁和寺の寺務を辞した後、西岡の開田院に住んでおり、その政所を「開田御所庁」、自身の通称は「仁和寺准后」「開田准后」であったと思われる。文永二年九月九日の菩提院了遍宛の「開田殿御教書」では法印某は「准后御消息」を受けて御教書を出している(7)。一方、文永五年八月二十四日の御室令旨(8)は法眼某が「御室御気色」をうけて出されたものであるが、この場合の「御室」は仁和寺寺務であった性助であると思われる。文永九年八月六日に法眼某が「御室御気色」を受けて出した陸奥左近将監北条義宗宛の奉書は受け取った側では「御室令旨」と記し、「法眼某」を「庁務法眼」としている(9)。この庁務法眼某は弘安元年七月二十二日「入道二品親王庁」下文(10)に署名する二品法親王性助の法親王庁構成員「別当法眼」と同一人物とみてよいであろう。以上の考察から、文永二年以降の仁和寺御室は性助であり、法助は開田准后であって仁和寺御室の地位から退いていたこと、しかし、性助が御室として寺務に関わっているのは文永五年からみられ、それ以前は法助が依然として仁和寺の代表者として活動していたと思われる。両者の権限・活動について語る史料が乏しいため、これ以上の追究はできないが、本文書が書かれた弘長三年時点では、法親王性助は六勝寺検校と惣法務の地位にあり、形式的には仁和寺「寺務」であるものの、まだ十七歳の年齢であったことを考慮すると、仁和寺を実質的に掌握していたのは開田准后法助であるとしてよいであろう。本文書の作成者は法助であると推測する。以下、法助について厳密には「御室」と表記すべきでない時期（寺務引退後の時期）もあるが、仁和寺御室の実質的立場にある場合には「御室」と表記する。

次に、本文書が誰に対して出されたかについて検討する。本文書の書止め文言「只勒梗槩、粗注進之」から、本文書が仁和寺の内部にとどめたものではなく注進されたものであること、また、文中の「幸得仏法招隆之時」の文言から、当時の徳政状況（後述）において後嵯峨院の朝廷に注進したものであることは明らかである。横内裕人氏は「御室法助が発したと考えられるこの寺院新制」としているが(11)、厳密にいえば、本文書は仁和寺内部に発せられた寺院新制の形式を持たず、法助が当時の後嵯峨院の朝廷に「注進」した仁和寺興隆の要望書とでもいうべきものである。

南北朝期東寺観智院杲宝によってまとめられた東寺の寺誌である『東宝記』第七[12]には、本文書第四条の「当時長者可被撰器量事」の条文が、そのまま引用掲載されている。引用に際し、編者杲宝は冒頭に「弘長三年仁和寺奏状云」とし、本文書を「仁和寺奏状」とした。杲宝は本文書を仁和寺寺院新制とは認識していない。朝廷に提出された本文書がどのような経路をたどって杲宝の手に移り、書写することができたのか。その伝来過程は不明である。奏状の控えを『東宝記』編纂に際して仁和寺御室周辺から得たものかとも思われる。

二　「仁和寺興隆倹約等条々」の内容について

全十一箇条について、便宜上各条文に番号を付し、事書部分を呈示する。

①殊可被崇重真言教事
②可被修造東寺事
③可被興隆真言院後七日法事
④東寺長者可被撰器量事
⑤可被修治神泉苑事
⑥可被停止高野山大衆蜂起事
⑦仁和寺以下諸堂等可有修造事
⑧仏事幷寺用凌怠可有興行事

⑨可嗜修学事
⑩可禁制非法過差事
⑪雑事以下可守倹約事

まず、本文書が後嵯峨院政下に制定された弘長三年八月十三日の新制（公家新制）[13]と関連することは、全十一箇条を掲げた後、最後のまとめの段落において「幸得仏法招隆之時、温故知新、旁訪讜議於賢哲、功成理定、遍布徳政於遐邇、便降　勅命、広施行之、八埏忽誇仁風之遠扇、諸宗悉仰仏日之再昌」との文言や「其中僧徒儀則雖見制符、重載東寺一門之興廃、兼抽西郊衆務之簡要」の文言から明らかである。弘長三年の徳政が、勅命として下され、広く施行されて地の果てまでもその「仁風」が及んで、仏教諸宗がことごとく盛んになると述べ、「僧徒儀」については「制符」（新制）に示されているが、重ねて「東寺一門之興廃」と「西郊衆務」の簡要を述べると記している。「西郊衆務之簡要」とは仁和寺の寺務のことを指していると思われる。この年八月十三日に徳政として公家新制が発布されたことをうけて、仁和寺法助は重ねて「東寺一門」と仁和寺の興隆を朝廷に奏上した。新制との関連については後に触れることとし、各条文の内容についてみてみよう。

第①条

「真言教」を朝廷が「崇重」すべきことを「大毘盧遮那成仏神変加持経」「無畏三蔵釈」「菩提心論」「高祖弘法大師釈」を引用して説き、「国之城郭民之津梁、只在斯教者歟」と主張する。後嵯峨の朝廷が「真言教」を「崇重」すれば、その治世は後漢の粛宗や唐の大宗、日本の延暦延喜の聖代（桓武・醍醐朝）と同じになると説く。

第②条

東寺修造が近年忘れられているので、「州郊之租税」を宛てることを要求している。「州郊之租税」とは修造料国の割り当てか、または荘園寄進を要求したものであろう。[14]

第③条

宮中真言院における後七日法（後七日御修法）が承和元年（八三四）以来毎年行われてきたが、今日では真言院の屋舎も破れ、その費用もなきに等しい状況であることを述べ、「堂舎之頽破」を修治し、「供物之擁怠」を興行するよう訴え、「恒例之御願」を崇重することが臨時の祈禱に勝っていることを主張している。真言院は建保四年（一二一六）八月二十八日の大風雨によって真言院金堂が転倒した。(15) その後の復興については詳らかにできないが、弘長二年・同三年には真言院後七日御修法が実施されていることから、(16) 真言院そのものは存在し、そこで修法がなされていたことがわかる。しかし、その建物は修理が十分ではなく、その供物も十分でなかったということであろうか。

第④条

近年の東寺長者の補任が「或仮威於権勢、或求媚於奥竈」となっているとし、「器量之仁」を選ぶことを主張している。東寺長者の補任に関して法助が言及したことは、仁和寺御室の権威に関する重要な問題であるが、法助の念頭には、先代御室道深の時代における仁和寺菩提院行遍の問題があったと思われる。菩提院行遍については網野善彦氏の研究によって詳しく明らかにされているところである。(17) それによれば、行遍は宣陽門院との関係によって権勢をふるい、延応二年（一二四〇）に東寺西院御影供を始め、供僧五口を設置した人物であり、その後、宝治二年（一二四八）二長者実賢を超越して東寺一長者に就任したが、同年十二月には高野山衆徒との争いや実賢との対立が原因で東寺長者を辞任した人物である。正元二年（一二六〇）の院御所の落書に(18)「東寺ニ行遍アリ」と名指しで批判されたことから、その権勢は京都における非難の対象となっていた。「求媚於奥竈」とは、行遍が宣陽門院や大宮院に接近して祈禱を行ったことを念頭においていると推測しても、あながち無理な想定ではないであろう。弘長三年時点では、まだ行遍は健在であった。

第⑤条

神泉苑が「当時之為体、牆垣纔残雖禁群輩蘭入之儀、牛馬放飼徒為牧豎遊戯之栖」となっていることを憂い、「酒掃」をし、崇重することを訴えている。神泉苑が炎旱時における祈雨祈禱の場であったことは鎌倉時代にあっても変わらず、その修理保全は朝廷や幕府にとっても重要であり、寛喜三年（一二三一）には幕府が神泉苑の修理を担当している。[19] 神泉苑での祈禱は東寺長者が担当するのが恒例であり、正嘉元年（一二五七）七月には権僧正定親が祈禱を行い、翌年僧正に昇任している。[20] その後、文永元年（一二六四）に東寺長者道勝が祈雨読経を行うまで、[21] 神泉苑での祈禱が行われた形跡がないため、弘長三年時点では荒廃した状態になっていたと思われる。

第⑥条

高野山の衆徒が近年「帯兵杖頗好武勇」「企蜂起常巧狼藉」し、一宗長者（東寺長者）の命令に背き、「一山検校」（高野山検校）を追却するような狼藉を働くことを憂い、速やかに「厳制」を下して、禁圧することを要求している。高野山衆徒が平安末以来、大伝法院と熾烈な争いを繰り返し、大伝法院側が正応元年（一二八八）に高野山を下山し、根来寺に移ったことはよく知られた事実である。仁和寺菩提院行遍は大伝法院座主の地位にあったことから、両者の争いの渦中に立ち、そのことも一因となって東寺一長者を一年に満たずして辞任したことは、先に述べた通りである。仁治三年（一二四二）高野山金剛峯寺衆徒が大伝法院を焼き払った事件に端を発し、建長元年（一二四九）に流罪となっていた金剛峯寺衆徒の還住でいったんの収束を得た両者の抗争について検討した海老名尚氏の研究[22]によれば、両者の和解に尽力したのは御室道深であり、御室は大伝法院の本所としての立場にあった。道深の後を継いだ法助が高野山金剛峯寺衆徒の武力行使を厳しく非難し取り締まりを要求するのは、菩提院行遍の朝廷や東寺などにおける振る舞いとは別の問題であり、当然の要求であったと思われる。

第⑦条

「喜多院法親王（守覚）立願状」を引いて、円宗寺・法金剛院など「仁和寺以下諸堂」の修造を要求している。円宗寺は後三条天皇の立願によって延久二年（一〇七〇）に落慶供養を行い、いわゆる北京三会のうち円宗寺で開催された法華会（延久四年開始）、最勝会（永保二年〈一〇八二〉開始）は僧綱への昇進ルートに位置づけられた(23)。円宗寺は仁和寺の近くに所在していて、弘長三年時点で仁和寺御室が修造要求をする寺院に組み込まれていることが注目される。仁和寺御室は中御室覚行が承徳二年（一〇九八）に円宗寺検校に補されて以来、北院御室守覚まで同職に補任されていることから(24)、御室は円宗寺検校としてこのような修造要求をしたとも考えられる。文永四年八月二十一日の後嵯峨院の院評定において「破壊」「転倒」の御願寺の修理について評定が行われ、尊勝寺・最勝寺・成勝寺・延勝寺などの院御願寺とならんで円宗寺についても検討がなされている(25)。円宗寺の伽藍修造は六勝寺とならんで朝廷が管理するべき対象であり、日常的には御室の管理運営下にあったと推定しておきたい。なお、円宗寺で行われた法花会・最勝会は建久二年（一一九一）三月二十八日新制や寛喜三年（一二三一）十一月三日新制に「二会三会已講弁灌頂阿闍梨綱所饗禄過差事」の対象として見えることから、国家法会の一つとして鎌倉中期まで存続維持されていたことがわかる(26)。

法金剛院は双ヶ丘の東山麓にあった待賢門院御願の寺院で、大治五年（一一三〇）に落慶供養し、御室の沙汰として毎年一切経会を執行している(27)。弘安五年（一二八二）から弘安八年頃、円覚十万上人導御が入り伽藍修造を担ったことにより律院化し、その後仁和寺の墓所となった(28)。仁安二年の感神院大別当桓円解に「故待賢門院御願仁和寺法金剛院」とみえ、正平六年（一三五一）の文書では「仁和寺法金剛院領丹波国主殿保」とみえて、建立以来、法金剛院が仁和寺の院家として存在していたことは確かである(29)。それでは、律院化する前の法金剛院に対して仁和寺御室はいかなる関係にあったのか。待賢門院没後は同院の子息である紫金台御室覚性に法金剛院が伝領されたことを示す史料があることから(30)、仁和寺御室は実質的に法金剛院「院主」であったといってよい。元暦元年（一一八四）の後白河院庁下文では越前国河和田庄について、藤原周子が法金剛院領に寄進した後、「代代御室御沙汰」として預所は周子の子である女房美濃局が相伝してきたことを認め、地頭の濫妨を停止している。(31)また、安元元年（一一七五）の仁和寺御室宮庁下文では、(32)法金剛院領筑前国怡土庄内の仏聖田五町を庄内の仏堂領として宛行っていることから、御室は法金剛院領の管理運営を執行していたとしてよいであろう。怡土庄の領家職は仁和寺御室が伝領し、本家職は待賢門院没後、上西門院・後白河院・宣陽門院と伝領されたことから、(33)御室はこれら法金剛院領荘園の領家職としてあって、法金剛院の管理運営に携わっていたとしてよい。

以上のように、円宗寺および法金剛院と仁和寺御室の関係には相違がみられるものの、ともに仁和寺の寺域周辺に位置し、弘長三年当時には御室の管理下にあったといえよう。

第⑧条

仁和寺における仏事および、その寺用の「淩遅」が「寺用の不法」と「土貢の未済」によるとし、「倹約之旨」を守り、「俗諦之威儀」を省略して、もっぱら「興隆之志」を運んで「仏事之荘厳」に添えるべきであることを要求している。

第⑨条

修学の廃れていることを嘆き、修学した者を（公請や人事などさまざまな場面において）「抽賞」されることを求めている。

第⑩条

寺僧の「非法過差」を禁制することを要請している。これは「過差」を禁止する新制条項と関係する要求であり、この年に発布された公家新制に関連する。

第⑪条

仁和寺観音院大師影供・長和親王（大御室性信）忌日などにおける捧物や僧正以下、凡僧・児童などの衣装の倹約を定めている。これもこの年の公家新制に関係する条項である。

以上全十一箇条について検討を加えた。その結果、第一に仁和寺御室法助が仁和寺のことだけではなく、東寺・高野山・神泉苑・真言院・円宗寺・法金剛院など「東寺一門」の興隆を奏上していること、第二に弘長三年以前の十数年の仁和寺御室を取り巻く状況を踏まえていることが注目される。法助が御室として寺務を司ったのが建長元年からであり、ほぼその頃から高野山や東寺をめぐる政治的状況に関与する立場に法助はあったのである。全十一箇条は、鎌倉中期の時点において仁和寺御室が「東寺一門」全体の統括者として関与すべき事柄を示しているものである。

三　守覚法親王御教書案との比較

仁和寺文書には、建久三年（一一九二）八月に北院御室守覚法親王が鎌倉にいた恵眼房性我に、源頼朝に申し入れるべき事柄を伝えた御教書（奉者は守覚の側近である任尊）の草案が残されている(34)。この御教書は全十一箇条の条文数といい、内容といい、弘長三年の仁和寺興隆条々と類似する点があるため、その内容について検討し、比較を試みたい。

建久三年三月に後白河法皇が没した後、七月に頼朝が征夷大将軍に補された直後の時点で出されたものである。後白河院という最大の庇護者を失ったという政治的状況にあって、御室守覚法親王は使者内記友景にこの御教書を託し、頼朝の護持僧であった恵眼房性我（千覚・専覚）に対して真言「一宗」の興隆を頼朝に申し入れるよう伝えた。性我は勝長寿院別当であり、この年十一月二十五日には新しく建立された永福寺の別当にも補任された真言僧で頼朝の信頼が最も厚い僧であった。[35] 守覚が「御口入」できたのは、仲介する性我の存在が大きい。次に、その内容を簡略に示しておこう。

第①条　東寺事

東寺修造が御室守覚の悲願であり、「東寺ハ長者の沙汰にて候へとも、せめての事には、西院をも御修理なんとも候しも、殊被思食之故候」と述べて、神泉苑築垣修理などと同じく頼朝の方から東寺修理を行うように関白藤原兼実に働きかけてくれるよう性我に伝えている。

第②条　神泉事

神泉苑築垣の修理について、まだ完全ではないので、幕府と寺家行事の共同で実施するのがよいか、または東寺のように文覚聖人が内々に奉行する方法がよいのか、両方の方法があることを頼朝に申し入れるよう性我に伝えている。

第③条　仁和寺内御堂修理事

仁和寺内の仏母院・無量寿院・伝法院などの修造について、それぞれの所領に地頭がおかれているので、頼朝に要請してそのような所領の地頭から檜皮と料米を確かに仁和寺に納めるよう性我に伝えている。

第④条　怡土御庄事

法金剛院領筑前国怡土庄は「当寺（仁和寺）に取りて、旁其用途候」と述べ、仁和寺全体にとって重要な「寺僧之依怙」であるとして、能盛入道の知行が全うされるよう、折に触れ頼朝に申し入れるよう性我に伝えている。能盛入道は後白河院の北面の武士藤原能盛のことで、頼朝は後白河院の要請によって地頭設置をとどめ能盛の知行を認めた経緯がある。[36]「いみじく東寺を造営し当寺（仁和寺）を修復せられて候とも、寺僧の依怙失了しかば、其の詮なく候え」とし、怡土庄のことが「宗大事」であるとしていることが注目される。

第⑤条　御領等被寄御堂事
仁和寺北院薬師堂に越前国河北庄を宛て、供僧を置き仁和寺の僧房に居住させること、同じく大聖院領に備中国吉備津宮を宛てることを性我に伝えている。
第⑥条　頭陀寺御庄事
「故御室」（紫金台寺御室覚性）の遺骨を安置した高野山金剛寿院の用途に宛てられていた遠江国頭陀寺庄が、「惣検校職」安田義定によって年貢収納を妨げられている現状を、頼朝に申し入れるよう性我に伝えている。
第⑦条　玉名御庄御年貢事
以下、第⑪条までは事書のみで、詳細は不明。いずれも御室管轄下の仁和寺領に関するものと推測される。(37)
第⑧条　吉備津宮一方沙汰者改定事
第⑨条　品部御庄事
第⑩条　新井御庄間証尊訴申趣、無御承引事
第⑪条　立野御庄事
（第⑫条　雅縁法印難申趣事、この条文は抹消されている）
以上の条文全体をみると、仁和寺御室が関与すべきと守覚が認識しているものが何かがみえてくる。御室が管領する所領だけではなく、東寺・神泉苑の修造や仁和寺諸堂修理等のことが「宗の大事」であり、御室は仁和寺だけでなく真言宗一宗全体を管領しているという守覚の意識を読み取ることは可能であろう。近年の研究の進展により、守覚が密教の法流、仁和寺御流の確立者であり、広沢・小野両流の秘伝を集めた『秘抄』をはじめ多くの著作を残した人物であることが明らかにされている。(38)そのうち『東長儀』三巻は「東寺三綱初参次第」「東寺拝堂次第」「東寺御影供次第」「東寺安居次第」「東寺灌頂次第」「長者受御斎会請次第初度」「真言院後七日御修

法次第」「神泉御読経次第」「高野拝堂次第」について記述したものである。御室守覚法親王が東寺長者の執行すべき儀式次第を定めたことは、御室が東寺長者の上に立って真言一宗を統制するという意識を示しているように思われる。守覚の著述は儀式書にとどまらず、『右記』[39]では「童形等消息事」として児童の守るべきことを挙げ、「老若甲乙消息事」では「仏事奉行人」「毎日酒肴事」「御所廓内四方掃除事」「公家年中行事事」など俗諦について記述している。また、『北院御室拾葉集』[40]は守覚が病中にあって六十五条にわたって御室の「門主」「院主」「真言行者」「門流後輩」が守るべき事柄を定めたものであり、「門主」「院主」の有り様までも述べた一種の訓戒でもある。その対象が御室御流の「門流後輩」だけでなく「真言行者」一般にまで及んでいることが注目される。守覚は御流として真言密教を統合するだけでなく、真言宗僧全体についても、そのあるべき行儀を定めている。ここに守覚の、自身の真言宗における位置づけが明瞭に表れている。守覚の統制すべき真言宗一宗とは東寺を中心とする東密の世界であり、「真諦」、密教の教義や行儀（教相と事相）だけでなく、「俗諦」（世俗）にまで及ぶものであった。建久三年八月二十七日の守覚法親王御教書案は、まさに御室が仁和寺だけでなく東寺を中心とする「宗大事」を統括することを表明したものであった。

守覚による「真言宗」における御室の位置づけは、七十年後の法助による弘長三年「仁和寺興隆倹約等条々」に意識的に継承されていると思われる。第⑦条において法助が「喜多院法親王立願状」を引用するのは偶然ではない。法助は守覚の存在を意識し、「御室」としての有り様を守覚の著述から学んでいたと思われる。

四　鎌倉中期の仁和寺御室

鎌倉中期の御室法助は守覚の時に確立された仁和寺御室の権威と権力をどのように継承し、御室を真言宗全体のなかに位置づけていたのか。弘長三年（一二六三）の「仁和寺興隆倹約等条々」は御室の歴史のなかでどのように位置づけられるべき史料なのか。この点について、さらに検討を試みる。

横内裕人氏は「仁和寺興隆倹約等条々」に記載された条項が、本来、東寺長者の管轄すべき事項であるとし、御室法助の段階から真言宗の「実質的管理権」が東寺長者から仁和寺御室に移行し、御室が東寺・末寺の上に立つ新しい秩序を構築したとした。これに対して、海老名尚氏は高野山の天野社神馬相論や大伝法院相論における金剛峯寺と御室の関係を詳細に検討し、「御室は東寺一長者の如き真言宗寺院の統制者・統監者というイメージよりは外護者あるいは恩恵付与者というイメージ」とし、御室と金剛峯寺との関係は権威的支配関係であるのに対して、東寺と金剛峯寺との関係は同寺に対する東寺一長者の本所権に依拠した権力的支配関係であるとした(41)。横山和宏氏は鎌倉前期における高野山金剛峯寺への御室の関与を、建保年間（一二一三〜一九）の金峯山との相論、貞永元年（一二三二）の伝法院との座主相論、嘉禎四年（一二三八）から翌年にかけての金剛峯寺検校職補任問題、仁治四年（一二四三）から宝治二年（一二四八）頃の東寺一長者補任問題を検討し、初期における高野山・御室・東寺長者の協調関係から、高野山をめぐる御室と東寺長者との対立関係への変化を指摘し、その背景に東寺長者の機能が十分に期待できない状況があったとした。また、同氏は東寺供僧と御室との関係を分析し、御室は東寺供僧領荘園の本家として供僧職の進止権を保持し、供僧の自治的成長は御室の関与と権威によって支えられていたと結論した(42)。この他、守覚以後法助に至る時代の御室について『古今著聞集』や『明月記』の記事から、この時期の御室の周辺に位置する人々を検討した土谷恵氏は「院権力を背景とし、その分身として御修法を勤仕して宗教界を統括するのが御室の教権である」とした(43)。

以上の先行研究では共通して、御室が院権力を背景としている点では一致している。歴代御室がおおむね法親王であり、天皇家出身である点に共通点があることが前提としてあるからである。しかし、法助の場合、九条道家の子であり、法親王ではなく、この前提は当然とはいいがたい。法助が建長元年（一二四九）の金剛定院御室道深入滅後、御室の地位を継承した際、「常磐井相国（西園寺実氏）禅門以下凶害輩」によって「種々妨障」が行われ、安達景盛を通じた「最明寺禅門（北条時頼）」の介入によって「愚身無為安堵」したことは、後に法助自身が語っていることである。[44]出身家門の九条道家は寛元四年（一二四六）後嵯峨院政以後、関東申次の立場を失い、摂家将軍九条頼経は将軍の地位を逐われて京都に送還され、やがて建長四年には没してしまう、そのような法助を取り巻く政治状況にあって、法助の御室継承は微妙な政治問題であった。ただ、法助はこの問題を得宗北条時頼の口入によって乗り越えた。建長四年九条道家が没し、将軍九条頼嗣が廃されて九条家一門が「籠居」に追い込まれた時も、法助はその状況下であるにもかかわらず「御室」の地位を逐われることはなかった。この時、延暦寺青蓮院門主慈源は門跡の地位を逐われ、同じく道家の子、興福寺大乗院門主円実も「勅勘」によってその地位を奪われている。[45]この時法助が籠居を免れたのは北条時頼との関係と、前年（建長三年）に後嵯峨院第六子性助法親王の御室入室を受け入れていることによると推測する。法助は五歳の次期御室成人までの中継ぎである立場にあった。このように法助は天皇家と血統上のつながりはないが、後嵯峨院および北条時頼との関係において、九条家出自である不安定な立場を切り抜けたと思われる。

「御室」法助が得宗北条時頼の外護を受けたことは、法助が得宗北条経時の子で後に鶴岡八幡宮別当・東寺長者・東大寺別当に就任することになる頼助に対して、御流を伝授することにつながる。すでに、吉田通子氏が指摘したように、頼助は文永六年に法助から仁和寺御流を伝授されて頼守の名を改め頼助と名乗るようになったが、法助から頼助に与えた一種の置文には「一、関東護持事」として、頼助を法助の門弟としたのは得宗北条時宗の計らいによるものと記している。[46]法助は得宗時頼没後は時宗との関係を深め、北条得宗家出身の頼助に仁和寺御流を伝授するという行為に及んだものと思われる。

この頼助に対する法助の置文は全十箇条にわたるもので、必ず「城介《（安達泰盛）》」に伝えるように申し置いている。御室継承にあたっては「故城介《（安達景盛）》」を通じて得宗時頼に申し入れたが、安達氏との関係は孫の泰盛段階においても継続していたものと思われる。なお、この時法助は頼助に「可被存知条々」を申し置いただけでなく、安達泰盛に遣わした「愚身条々訴訟事」に関する「別紙」の案文も頼助に渡していた。全十箇条の事書部分を記す。

第①条　可思法命長久事
第②条　関東護持事
第③条　付弟事
第④条　御流重書等事
第⑤条　安祥寺・醍醐・勧修寺等諸流書籍事
第⑥条　所令付属霊宝幷道具等事
第⑦条　可被思宗之先途事
第⑧条　以便宜可被勤公請事
第⑨条　相承管領院家・聖跡等事
第⑩条　近来世流布法事

全体として弘法大師空海の門流に繋がる「一宗」であることを強調し、宗の継承者としての自覚を促したものになっている。第④⑤条において法助は弘法大師の遺告を引用して、「非器」には法流を伝授しないことを述べ、日頃の自身に対する「武家之重恩」に報いるため、また、「仏法東漸」が「天然之理」であるため、頼助に「御流重書」や「安祥寺・醍醐・勧修寺等諸流書籍」を伝授すると約束している。[47]「一宗」が御流だけでなく安祥寺流・醍醐寺三宝院流・勧修寺流にも及んでいることが注目される。「御室」が御流をはじめとする真言密教によって「関東護持」するという法助の構想が示されているといってよいであろう。この構想は仁和寺文書の次の文書(48)により明確に表れている。この文書は差し出し者も宛所もなく、年月日も記されていないので、全文を引用する。

（端裏書）「他門被叙二品、無謂事

関御事書」

一、先被差遣御使候之条、雖非殊子細候、故法皇御存日之間ハ御身進退、偏令随彼叡慮給、為一事無御自専、仍如此事等、不及思食立候幾、而先院御登霞之後、御身之様、孤露独身条、尤可被察申候歟、[a]凡於真言教、東寺仏法異他之条、自高祖大師至于今事旧候、就中於醍醐・勧修寺等之流者、已嫡々中絶、僅枝葉相貽、於当流者、小野・広沢流伝奥蹟、嫡々相承于今不絶御身、縦雖為不肖、於法縁者、尤可被優歟、随又頼助僧都列准后付法、致関東護持、彼又為同法、都鄙之間、護持得境、鎮国有忠、大師之遺戒、已逢遇之時也、法流中興頗在此時歟、惣別之理、不被奉思放者、為法命、云当時云向後、可有其憑被申合之趣、大概如此、

一、御使下向折節、聊聞食旨候之間、以為事次可申置之由、沙汰候之趣ハ、[b]去頃円満院宮於　禁裏、被勤修尊星王法、当彼結願日、為勧賞可被叙二品親王候□□、而大法修中内裏焼亡之間、不及結願、宮夜中令逃出給、即籠居桜井間、不及勧賞、叙品事無沙汰云々、此定候者、彼叙品始終定被　宣下候歟、是等子細、日来惣不聞食及候之間、一日比以頼親朝臣、勘当寺代々例等、二品事被　奏聞之処、于今無　勅答候、此条頗不被得御心候、凡出家人叙二品事、長和親王為最初、知法徳行一天帰依之余、被奉授其位候之時、依無先例、法興院大入道殿出家之後、令蒙准三宮之宣旨給候、准彼例、初被　宣下候、従其以降、為当寺流例、代々令叙二品給、於他門惣無其例間、上﨟親王等雖其数、不及沙汰候、而故綾小路宮之時、以山門威

勢被叙二品了、今円満院宮叙品事、縦雖追彼例、仁和寺事ハ不可依他門之所望、尤最前可被仰之処、依円満院宮非分競望、于今被妨障之時、付真俗頗無面目事歟、且又故法皇御時、以大法賞被申入之処、法皇宸筆御書幷女院御書等如此候、是等子細被聞置之条、大切之間、以事次被申候之由候也、

この文書の作成年代については、第二箇条目文中の傍線部bによってある程度絞ることができる。円満院宮、円助法親王が禁裏で尊星王法の祈禱を行っていた時に内裏が焼亡した事件は、文永十年（一二七三）十月のことである。この月十六日から修法を開始し、結願日の二十日に万里小路内裏が焼亡した。(49) この結果、円満院円助の二品への昇叙はとりやめとなったが、翌文永十一年三月二日には昇叙が行われている。(50) この文書では仁和寺御室が二品に叙せられるのが通例となっているのに、先に円満院円助が叙せられることに対して異を唱えていることから、文永十一年三月二日以前であることは間違いない。したがって、この文書は文永十年十月二十一日から文永十一年三月二日の間に作成されたものと推定される。次に文書作成者と宛所についてであるが、作成者は第一箇条にみえる「准后」であると思われる。第一箇条はこの文書が故法皇（後嵯峨院）の子である御室性仁法親王に対して、法皇没（文永九年）後、「御身」が「孤露独身」となったことをおもんばかっていること、「当流（仁和寺御流）」が「御身」に相承されていることを記していることから、この時期の御室性仁に対して出されていることは間違いない。この時御室を退いていた開田准后法助が御室性仁に伝えたものが、この文書である。この時問題になった二品昇叙問題において、性助が文永十一年四月二十九日に二品に叙せられていることも、この文書が性仁に宛てられたものであることを傍証する。(51)

さて、この文書で注目されるのは傍線部aである。「頼助僧都」が開田准后法助から御流の付法伝受をうけて「関東護持」をし、同じく御流伝授を受けた京都の御室性仁とともに「鎮国」をしている今こそ「法流中興」の時であると認識する法助の考えは、先に示した頼助への一種の置文の内容と重なるものである。法助は京都の王

朝は性仁、関東の幕府は頼助が護持をし、仁和寺御流で鎮護国家の役割を果たす構図を描いていたと思われる。その鎮護国家の構図において中心はあくまで小野・広沢両流を継承した仁和寺御流であり、醍醐寺や勧修寺に伝えられた法脈は「枝葉」であると位置づけられた。法助にとって北院御室守覚法親王によって大成された仁和寺御流の権威こそが、真言一宗における御室の位置づけにとってもっとも重要なものであった。先に、法助が「仁和寺興隆倹約等条々」執筆にあたって建久三年の守覚の関東への御教書を参照したと推測したが、関東と法助との関係を考えれば当然といえよう。

「御室」法助の時代、法助は「真言宗」界においてどのような立場であったのか。先行研究は東寺や高野山との関係からこの問題を検討しているが、これまで検討してきた点を踏まえて整理しておきたい。

まず、法助の段階で御室が東寺一長者から真言宗寺院の支配権を奪ったとする横内氏の理解について検討するならば、法助と守覚の東寺・仁和寺内諸堂・神泉苑などの修造に関しては、すでに鎌倉初期段階で御室守覚は介入しているのであり、鎌倉中期の法助段階に始まったものではない。また、真言宗における権威の源泉となる法脈の点でいえば、守覚段階で広沢流と小野流を両方継承した仁和寺御流が形成されており、これも守覚段階に大きな画期があって、法助段階ではそのような新しい法流形成はみられない。ただし、東寺以下の修造に関していえば、円宗寺がその対象に加わっていることは、守覚段階ではみられないものであり、新たな展開であるといえよう。平安末・鎌倉初期に成立した「東寺一門」、真言「一宗」に対する権威は、法助の段階においても継承され、一部その権威を高めたということができようか。

しかし、「東寺一門」に対する権威は支配権というような性質のものではない。高野山金剛峯寺に対する職の体系に基づく支配権は、あくまで金剛峯寺座主である東寺一長者にあり、金剛峯寺側もまた、そのように認識していた。この点については、金剛峯寺と大伝法院との争い、天野神馬相論を分析し、金剛峯寺と東寺一長者との関係を東寺長者の本所権に依拠した権力的関係とし、御室との関係は権威的支配関係とした海老名氏の見解に従いたい。金剛峯寺が東寺長者をどのように位置づけていたか、この点は金剛峯寺側が東寺一長者を「宗家」と呼んでいたことに、明瞭に表れている。この「宗家」という言い方は、延応元年（一二三九）六月五日の高野山制条[52]において東寺一長者であり金剛峯寺座主である法務僧正法印大和尚位覚教について「宗家」と押紙に記していることや、弘安六年（一二八三）の天野社神馬相論において東寺長者御教書に自らを「宗家」と称していることからも明らかなように、金剛峯寺側だけでなく東寺長者側もそのように認識していた。[53]一連の訴訟において金剛峯寺側は一貫して東寺長者を「宗家」として仰ぎ、東寺長者（金剛峯寺座主）―金剛峯寺検校の「職の体系」に基づく系列によって訴訟を遂行した。建武二年（一三三五）に金剛峯寺衆徒が東寺長者文観の就任に対して反対した際、文観の就任は「一宗官長之名字」を冒瀆すると非難したが、[54]東寺一長者を「一宗官長」とする意識こそ、「宗家」として位置づけたものと同じものである。「宗家」たる東寺長者は金剛峯寺の寺僧名帳を金剛峯寺から注進させてもいた。[55]法助と同じ時代にあって、仁和寺御室ではなく東寺一長者を「宗家」すなわち真言宗の本家、「官長」と意識する金剛峯寺の存在は、仁和寺御室が「東寺一門」全体の上に立って保護するという法助の意識との違いを示すものである。[56]

鎌倉中期において仁和寺御室が真言宗全体の上に立つ権威になっていないことは、真言宗において「東寺一門」ではない醍醐寺に対して、法助が「仁和寺興隆倹約等条々」において言及しない点に明確に表れている。守覚による御流の形成によって醍醐寺の法流である小野流も合流させたと御室側では認識していたが、現実にはそのようになっていないのであり、醍醐寺側もそのように認識していなかったものと思われる。先に示した法助から御室性仁に対して示された文書において、醍醐寺や勧修寺に伝わる小野流の法流を「枝葉」として切り捨てたのは、御流の権威を主張するためであったが、法助としてはそのように無視するしかなかったともいえよう。

「仁和寺興隆倹約等條々」において「東寺一門」の興隆を願ったのは、まさに御室は真言一宗全体ではなく「東寺一門」の上に立つ存在であるとの認識からであった。

御室が「東寺一門」の統括者であるとの認識は、東寺一門の内にある高野山金剛峯寺には共有されていなかった。真言宗全体のみならず、東寺一門をも統括できていないことは、この後、鎌倉末期になって東寺こそが真言宗全体の統括者であるという論理、いわゆる「東寺最頂」の論理を生み出し、また、東大寺こそが真言宗の本所であるという主張を生み出す状況を準備したといえよう(57)。真木隆行氏の研究によれば、「東寺最頂」の論理は十三世紀末十四世紀初めに形成されてきたもので、南北朝期の杲宝による『東宝記』や『我慢抄』などに明確に表れてくる。『我慢抄』では、延暦寺が仁和寺を山門の末寺であるとする主張をしているのに対して、「仁和・醍醐両寺者、在東寺左右住持」として、東寺の左右に仁和寺と醍醐寺があるとか、「天暦符」を引用して「以東寺為最頂」であるとし、東寺長者は「一家之貫首」「八宗之長官」であると述べている(58)。もはや、仁和寺御室が「東寺一門」の統括者であるとする考えはまったく考慮されないのである。このように東寺が仁和寺を左右に置くという主張が登場してくる直接の原因は、後宇多院による東寺興行政策によって多くの荘園が寄進され、学衆が設置されたことにある。後宇多院が仁和寺ではなく東寺を興隆せねばならなかったのは、鎌倉末期の天皇家の分裂時期において、横内氏が指摘するように仁和寺御室が持明院統によって占められているからであった。後宇多・後醍醐の二代の時期に、東寺興行がなされたのは仁和寺御室との対抗上のことであり、その過程で、仁和寺ではなく、東寺を真言宗界での「最頂」とする言説が生み出されてくる。後宇多法皇は真言宗全体の統括者として自ら小野流と広沢流の「法流一揆」を成し遂げようとした。それは仁和寺御流に対抗するためでもあったと推測する。

御室は平安院政期に院の分身として顕密仏教体制を支配すべく法親王制とともに位置づけられていった。その院政期の最後の段階ともいうべき後嵯峨院政期にあって、天皇家の血筋ではない開田准后法助は、中継ぎの「御室」として、御室を「東寺一門」の統括者として位置づけ、その権威を主張すべく弘長三年「仁和寺興隆倹約等条々」を上申した。さらに、御室の権威を鎌倉幕府統治下の関東においても浸透させ、御室の地位を幕府によっても保証させるべく、北条得宗家の出自を持つ頼助に御流を伝授した。法助の後、御室の権力の源泉となるべき天皇家自身の分裂により、御室自身もその影響を直接受ける時代になると、御室は一方の持明院統出身者によって独占されるが、その結果、かえって御室の権威と権力は弱体化した。そのような時代に東寺の興行が大覚寺統の後宇多・後醍醐治世下になされたといえよう。「御室」法助の時代は、そのような未来の直前の段階であった。

むすびにかえて——弘長三年新制との関係について

以上、弘長三年（一二六三）十月二十一日「仁和寺興隆倹約等条々」をめぐって、「御室」法助段階の仁和寺御室について前後の時代と比較しつつ検討してきたが、最後にこの奏状がなぜ弘長三年という年になされたかをみておきたい。

弘長三年八月十三日に後嵯峨院政の政策を代表する公家新制（四十一箇条）が発布される。この新制については『日本思想大系　中世政治社会思想』下に翻刻と解説がなされており、公家新制のなかでも著名なものである(59)。この年は、この公家新制だけではなく四月三十日の広田社宛神祇官下文、十月十七日の興福寺宛太政官牒が出されており(60)、徳政としての寺社興行がなされた年である。このうち興福寺宛の太政官牒（全十六箇条）については、かつて紹介と考察を加えた(61)。注目すべきは、この興福寺宛新制が同年八月十日の興福寺僧綱大法師等の奏状を第十六条を除いて、そのまま認めた内容となっていること(62)、奏状が後嵯峨院の「千載一遇之聖問」を受けて上申されたものであることである。後嵯峨院は徳政としての寺社興行政策を実施し、具体的に興福寺に対して意見を上申させ、そのまま承認した。後嵯峨院がこのような意見を延暦寺や東大寺など他の権門寺院に対して求めたか否かについては、史料が残されていない。「仁和寺興隆倹約等條々」の日付は公家新制が出された八月十三日、太政官牒が出された十月十七日より後の十月二十一日である。仁和寺に対してはとくに後嵯峨院からの「聖問」は行われなかったとみるべきである。

「御室」法助は興福寺宛に太政官牒が出されたことを知って、興福寺と同じように奏状を上申し、その内容をそのまま承認することを求めたのではないか。興味深いことに太政官牒全十六条の条文構成を見ると、第一条は「応興行法相幷律宗事」、最後の第十六条は「応停止衣裳等過差事」であり、「仁和寺興隆倹約等条々」の第一条「殊可被崇重真言教」、第十一条「雑事以下可守倹約事」と対応している。これは偶然とはいえないであろう。最初に法相宗なり真言宗（真言教）の正統性や国家との関係を説き興行すべきことを訴え、最後に公家新制の特徴である服装などの倹約（過差の禁止）を遵守し、その規定を定めることを上申している。倹約（過差禁止）を条文中に含んでいることは、これらの法が公家新制の一環としてあることを示している。法助は公家新制四十一箇条・興福寺宛太政官牒、および先に指摘した守覚の建久三年御教書を参照し、この奏状を作成したと考える。

もう一つ興福寺宛太政官牒と「仁和寺興隆倹約等條々」がともに寺院ではなく「宗」の興行を第一条に置いたことが注目される。これは後嵯峨院による主導によってなされたものであり、当時の朝廷が真言宗や法相宗の教義や歴史に対して大きな関心を持っていたことを示している。この点は、鎌倉前期の「念仏宗」弾圧や「禅宗」の受容の問題、および鎌倉末期の権門寺社による自己の優位性の主張との関連についてみる必要があるが、別の機会を得たい。また、「仁和寺興隆倹約等条々」が後嵯峨院によってそのまま認められ、院宣または太政官牒が仁和寺に出されたかどうかについても、今のところ史料からは確認できないため今後の課題として残しておきたいと思う。

本章では、「仁和寺興隆倹約等条々」にみえる仁和寺御室の「東寺一門」「真言宗」に対する関与のあり方を、鎌倉初期の守覚の段階と比較し、さらに、弘長三年以後の展開との関係を見通してみた。史料上に垣間みられる真言宗諸寺院との関係など、さらに個別に検討しなければならない課題は多いが、これも今後の課題としたい。

註

(1) 横内裕人「仁和寺御室考」(『史林』七九―四、一九九六年、のち同氏『日本中世の仏教と東アジア』塙書房、二〇〇八年に収録)。
(2) 著者はかつて横内氏より本史料の翻刻文の提供を受けたが、翻刻文字について自身で確認するため、原本確認を行い、改めて翻刻文を紹介するものである。本来ならば、横内氏の手によって翻刻文の紹介が行われるべきであるが、著者自身の研究にとって、この史料は重要であり、ここに調査結果を紹介するところである。横内氏にはその点御寛恕を請う次第である。
(3) 『仁和寺史料』寺誌編二(奈良国立文化財研究所、一九六七年)所収。
(4) 『鎌倉遺文』七七四三号。
(5) 『鎌倉遺文』九二二〇号。
(6) 『鎌倉遺文』九三一七号。
(7) 『鎌倉遺文』九三四九号。
(8) 『鎌倉遺文』一〇二九六号。
(9) 御室宮性助令旨案(『鎌倉遺文』一一〇八一号)。
(10) 『鎌倉遺文』一三一二〇号。
(11) 横内裕人註(1)論文。
(12) 『続々群書類従』第十二宗教部。
(13) 『中世法制史料集』第六巻(岩波書店、二〇〇五年)所収。なお、この新制については『日本思想大系　中世政治社会思想』下(岩波書店、一九八一年)に笠松宏至氏による詳しい解説と注釈が施されている。
(14) 横山和弘「鎌倉中・後期の東寺供僧と仁和寺御室」(『年報中世史研究』二六、二〇〇一年)によれば、法助は自身の孔雀経法の勧賞に安芸国を修造料国として東寺に付されることを申請している。
(15)『大日本史料』四編十四冊、同日条。
(16)弘長二年後七日御修法請僧交名（『鎌倉遺文』補遺編東寺文書第一巻一四二号）、弘長三年後七日御修法請僧交名（『鎌倉遺文』補遺編東寺文書第一巻一四六号）。
(17)網野善彦『中世東寺と東寺領荘園』（東京大学出版会、一九七八年）一一二〜一二一頁。のち、『網野善彦著作集』第二巻（岩波書店、二〇〇七年）に収録。
(18)『続群書類従』第三十三輯上、雑部。
(19)『大日本史料』五編七、寛喜三年十月十二日条。
(20)『東寺長者補任』第三。
(21)同右。
(22)海老名尚「中世前期における高野山と仁和寺御室」（『寺院史研究』六、二〇〇二年）。
(23)平岡定海「六勝寺の成立について」（『日本寺院史の研究』吉川弘文館、一九八一年、所収）、平雅行『日本中世の社会と仏教』（塙書房、一九九二年）、菅真城「北京三会の成立」（『史学研究』二〇六、一九九四年）。
(24)『仁和寺御伝』（顕澄寺本）。『御室相承記』（『仁和寺史料』寺誌編一、一九六四年）では応徳二年（一〇八五）に入滅した大御室長和入道親王性信が円宗寺長吏に十六年あったことを記しており、性信の時から検校とは呼ばれないものの、御室は円宗寺の長（長吏・検校）の地位にあったと思われる。
(25)『大日本古記録　民経記』九、同日条。
(26)『中世法制史料集』第六巻。
(27)『仁和寺諸院家記』（顕澄尊寿本）（『仁和寺史料』寺誌編一）。
(28)細川涼一『中世の律宗寺院と民衆』（吉川弘文館、一九八七年）第五章「法金剛院導御の宗教活動」。
(29)『平安遺文』三四一四号。東京大学史料編纂所影写本『仁和寺文書』七、正平六年十一月日仁和寺事書。
(30)『仁和寺御伝（心蓮院本）』（『仁和寺史料』寺誌編二、一九六七年）。
(31)元暦元年五月日後白河院庁下文（『平安遺文』五〇八八号）。
(32)安元元年閏九月二十三日仁和寺宮庁下文（『平安遺文』三七〇八号）。

(33)『講座日本荘園史』一〇（吉川弘文館、二〇〇五年）「怡土庄」の項（正木喜三郎氏執筆）。
(34)建久三年八月二十七日守覚法親王御教書（『鎌倉遺文』六一三号）。
(35)性我が永福寺別当に補任されたこと、『吾妻鏡』同日条にみえる。なお、性我は神護寺の文覚上人の弟子であり、文治元年八月に源義朝の首を鎌倉に持参し、勝長寿院に葬ったこと、頼朝に請われて鎌倉に留まり護持僧となったこと、後白河院追悼法要を鎌倉で行った際に導師を勤めたことなど、その事歴については山田昭全『文覚』（吉川弘文館、二〇一〇年）に詳しい。また、性我と頼朝の関係については、横山和弘氏がさらに詳細に検討している（横山和弘「鎌倉幕府成立期の頼朝と護持僧性我」『鎌倉遺文研究』一三、二〇〇四年）。参照されたい。
(36)『新訂増補国史大系　吾妻鏡』文治四年四月十二日条。
(37)玉名庄は肥後国玉名郡、新野庄は但馬国気多郡、立野庄は大和国平群郡にあった仁和寺領荘園。品部庄は所在地不明。いずれも『角川日本地名大辞典』による。
(38)阿部泰郎「守覚法親王と紺表紙小双紙」（『守覚法親王の儀礼世界―仁和寺蔵紺表紙小双紙の研究―』本文編（勉誠社、一九九五年）。
(39)『群書類従』第二十四輯、釈家部。
(40)『続群書類従』第二十八輯下、釈家部。
(41)海老名尚註(22)論文。
(42)横山和弘「鎌倉期の法親王と寺院社会に関するノート―仁和寺御室と東寺長者・金剛峯寺の諸関係から―」（『朱雀』二三、二〇一一年）。同註(14)論文。
(43)土谷恵「中世初期の仁和寺御室―「古今著聞集」の説話を中心に―」（『日本歴史』四五一、一九八五年）、同「鎌倉中期の仁和寺御室―『明月記』と仁和寺聖教―」（『明月記研究』三、一九九八年）。
(44)年月日未詳「法助置文案」（『鎌倉遺文』一五一四五号）。本文書は年未詳であるが、文中の「愚僧（略）送五旬之衰齢」の表現から、建治二年（一二七六）五十歳の頃のものと推定する。なお、法助は弘安七年（一二八四）に五十八歳で入滅している（『仁和寺御伝』）。
(45)稲葉伸道「青蓮院門跡の成立と展開」（河音能平・福田榮次郎編『延暦寺と中世社会』法蔵館、二〇〇四年、所収。本書第Ⅱ部第一章）、同『中世寺院の権力構造』（岩波書店、一九九七年）第六章。

(46) 吉田通子「鎌倉後期の鶴岡別当頼助について」(『史流』五四―四、一九八五年)。註(44)「法助置文案」。
(47) 第④条の御流についてはこの置文が案文であるためか、御流重書を頼助に与えると明言していない。その部分をあえて書写しなかったものと思われる。この案文は奥書によれば元亨元年に性深が「宮僧正（御室寛性か）」から自筆本を下されて書写したものである。宮僧正は御流を御室以外の僧に伝授する意志が法助にあったことを示す箇所をあえて写さなかったものと憶測する。
(48) 東京大学史料編纂所影写本『仁和寺文書』二。
(49)「一代要記」(『改定史籍集覧』一)、『増鏡』あすか川（日本古典文学大系、岩波書店、一九七三年)、『新訂増補国史大系　続史愚抄』三。
(50)「一代要記」、『新訂増補国史大系　続史愚抄』三。
(51)『仁和寺御伝』(真光院本)、『新訂増補国史大系　続史愚抄』。
(52)『大日本古文書　高野山文書』二、六八五号。
(53) 弘安六年と推定される東寺長者御教書（『大日本古文書　高野山文書』二、六六一号）に「宗家御教書」とあり、文中において金剛峯寺検校に対して高野山衆徒の武装蜂起について「宗家」に言上せよと述べている。また、同年、亀山院宣を受けて検校に対して出された東寺長者御教書についても「宗家御教書」と注記している（『大日本古文書　高野山文書』二、六六九号)。
(54)『大日本古文書　高野山文書』一、四四〇号。
(55) 文永八年七月日金剛峯寺年預置文案（『大日本古文書　高野山文書』一、四三九号)。
(56) 神馬相論において「御室」法助が「折中之儀」によって「私成敗」をしたことは（『大日本古文書　高野山文書』二、六六〇・六六二号)、仁和寺御室が天野社の本所であったことによるものと思われる。
(57) 真木隆行「鎌倉末期における東寺最頂の論理」(東寺文書研究会編『東寺文書にみる中世社会』東京堂出版、一九九九年)、稲葉伸道「鎌倉後期の東大寺とテクストの形成」(『統合テクスト科学研究』三―二、二〇〇五年)。
(58)『続群書類従』第二十八輯下、釈家部。
(59) 註(13)。
(60) 弘長三年四月三十日の神祇官下文は前掲『中世政治社会思想』下に収録されている。また『中世法制史料集』第六巻には神祇官下文とともに興福寺宛太政官牒も収録されている。

(61)　稲葉伸道『中世寺院の権力構造』第八章（岩波書店、一九九七年、初出は一九八六年）。

(62)　註(61)の拙稿では全十六箇条すべてを興福寺の奏状としたが、第十六条だけは引用の文言がない。この点はここで訂正する。

〔参考史料〕

東寺観智院金剛蔵所蔵「仁和寺興隆倹約等条々」

(端裏書)「仁和寺興隆倹約等条々」

仁和寺

興隆倹約等条々

一　殊可被崇重真言教事

大毘盧遮那成仏神変加持経曰、過去《ノ》等正覚及未来世、現在《ノ》諸世尊広饒益衆生一、如是一諸《ノ》賢者、解真言妙法、勤《メ》勇獲種智一、坐無相菩提《ニ》一云々、無畏三蔵釈曰、坐無相菩提《ト》者、唯以一道一成仏、更無余道一云々、菩提心論曰、唯真言法中即身成仏、故是説三摩地法、於諸教中闕而不書云々、高祖弘法大師釈曰、諸教《ト》者、他受用身及変化身、所《ノ》説《ノ》諸顕教也、是説三摩地法《ト》者、自性法身所説《ノ》秘密真言三摩地門是也《ナリ》云々、三世《ノ》之諸仏、解真言二而成《ス》二覚道一、即身《ノ》之証果、超《テ》余乗《ニ》一而顕二頓悟一、経論《ノ》誠説祖師《ノ》解釈、其文炳焉《ナリ》、誰生《シ》二疑殆一、又大唐青龍寺恵果和尚告門徒一曰、人之貴者不過国王一、法之最者不如密蔵、策牛羊二而赴道一、久而始到駕神通一、以跋渉不労二而至諸乗与密蔵一、豈得同日而論一乎、仏法心髄要妙斯在乎、従金剛薩埵稽首扣寤一、嫡々相伝于今七葉、非冒地之難得一、遇此法一之不易一也云々、爰高祖大師訪二道於鯨海之外一、恢二教於馬台之中一以降、継躰守文三十九代之朝欽一仰匪緩伝灯瀉瓶一十七葉之流、稟一承無絶《ヲ》一、国之城郭民之津梁、只在斯教一者歟、今当有戴之治世《ニ》一、被レ宗二無上之秘函一者、帰法之誠遙同二粛宗代宗之芳躅《ニ》一、馭《キヨ》一俗之化定作《テ》二延暦延喜之聖猷《ニ》一乎、

一　可被修造東寺事

大師曰、弘仁帝皇給以東寺不勝歓喜《ニ》一、成秘密道場《ト》一、大唐恵果大師奉　勅一、青龍寺嫡々相伝《ス》、元《モトハ》名大官道場一、改名青龍寺一、方今准彼一以東寺可号教王護国寺《ト》一、額是既奉　勅二而已云々、誠則弘仁聖主施入之梵閣、叡情惟懇、高祖大師住持之法苑、誓約遠《ク》及顕額、已彰護国之号一、都鄙専仰済生之益一、而近年以来修治如忘《カ》一、高堂低廊教宇之構早旧《リ》、雨湿《ウルヲ□》露滴《シタヽテ》大廈《ノ》之基欲傾一、若不被宛州郊之租税一者、争得レ全二寺家之荒廃一哉、早任旧規一欲加新功一矣、

一　可被興隆真言院後七日法事

承和元年大師奏上曰、今所奉講一最勝王経、但読其文一空談其義一、雖聞演説甘露之義一、恐闕嘗醍醐之味一、伏乞《ラクハ》自今以後講経一七日之間、別《シテ》荘厳一室一陳列諸尊像一、奠布供具一持誦真言一、然則顕密二趣契如来之本意一、現当福聚獲諸尊《ノ》之悲願二云々、又大師表白、大唐開元以来一人三公親受灌頂一、誦持観念、近《クハ》安四海一遠《クハ》求菩提一、宮中則捨長生殿一為内道場一、城中城外亦建二鎮国念誦道場《ヲ》一、仏国風範亦復必是二云々、准彼内道場《ニ》一挑此真言院一、便点勘解由使之庁一、豫建二秘密瑜伽之壇一、自爾以降累代之軌則不怠一、毎年之勤行無廃一、而世及二季葉《ニ》一、綷《コト》異二昔《ノ》儀一、屋舎悉破《テ》風雨難避一、群侶各失寄宿之便一、七日猶有止住之煩一、何況諸国済物大略如無一、諸卿加供廃絶《メ》已《ニ》久《シ》、凌夷之甚都以如此一、修之一祈一朝之静謐一、憑之一望二五穀之豊稔《ヲ》一、揭焉之応以難計一、早修二治堂舎之頽一破一、殊興二行供

物之擁怠一、専廻二複旧之謀一、可致如法之勤一、被崇恒例之御願者、定勝二臨時之祈禱一歟、

一　東寺長者可被撰器量事

大師曰、門徒之間、修学最初成出《ニナリイテシヲ》 為長者一、不可求﨟次一、修学為先二云々、爰大師之遺弟等各称前途一、争望此職《ヲ》一、委《ク》尋二門流之相承一、宜撰二修学之浅深《ヲ》一、依大日経説一、真言阿闍梨出二十三種《ノ》徳一、縦不《トモ》レ備如説之衆徳一、必可レ専二知法之一事《ヲ》一、祇《タヽ》宜《シク》《ヘシ》 為法《ノ》一重《ス》人一何因《ニ》人一損《セ》法《ヲ》一、誠哉斯言足レ為二規模一、抑近来之儀、或仮二威於権勢一、或求媚於奥竈一、道之衰微職而斯由《ナリ》、豫当補任之時《ニ》一、可被定器量之仁一矣、

一　可被修治神泉苑事

此所者　聖主遊覧之地、龍神影向之砌也、大師曰、此池有龍王一名善如《ト》一、元是無熱達池龍王《ノ》類《ナリ》、有慈一為レ人不レ至《イタサ》二害心《ヲ》一、即敬真言《ノ》奥旨一、従池中現形一、若此池龍王《ノ》移二他界《ニ》一、浅池一減水一薄世一令人二云々、是以亢旱《カウカンノ》 之天異蒸《ノ》之候、専抽二底露之懇祈一、必得二甘雨之普潤一、道儀久伝流例永存《ス》、当時《ノ》之為体一、牆垣纔残《テ》雖禁二群輩蘭入之儀一、牛馬放飼《テ》徒為二牧豎遊戯之栖一、霊験之場豈可然一乎、宜致酒掃一殊被崇重一也、

一　可被停止高野山大衆蜂起事

大師曰、去弘仁七季表《ヲモテコフテ》 請二是山《ヲ》一、殊為入定処一、是峯絶-遠《ニメ》 遙《ニ》阻人-気《ヲ》一、吾往時頻在《テ》二明神一示現《ス》、吾自去天長九季十一月十五日一、深厭穀味《ヲ》一、専好坐禅《ヲ》一、皆是為来世後生弟子門徒等一也云々、又曰此峯勿二等-閑《スルヿ》一、顕《ニハ》 者丹生山王《ノ》所領、勧二請官持大神一、所属吒《タクスル》一也、冥《ニハ》 者古仏《ノ》旧基《ナリ》、召二集両部《ノ》諸尊《ヲ》一所安置《スル》一也、吾末世資雖不知吾顔一、見此峯寄宿者《ヲ》一、必可察吾意《ヲ》一云々、祖師閉禅窟二而待三会之暁《ヲ》一、住侶酌法水一而湛五瓶之流《ヲ》一、驪《リ》-翰《カム》多雖移行業敢無変《ヿ》一、人皆仰二霊異之趣《ヲ》一、世挙翹二帰依之誠《ヲ》一、爰近来住山之輩、各帯兵仗一頗好武勇一、思其行儀一甚為濫吹一、就中自宗之儀、頗異他門一、専慎三業一、可存穏便一之処、剰企蜂起一常巧狼藉一、或雖為一宗長者一猥違背之一、或雖為一山検校一恣追却之一、鑽研之窓忽構戎営《ヲ》一、清浄之地併為戦場一、暴乱之甚曽少二比類一、速降厳制一、可被禁遏一也、満

山永停兵革之凶器《ヲ》一、一寺再複二往昔之旧儀《ニ》一歟、

一　仁和寺以下諸堂等可有修造事

仏閣僧房経庫宝蔵及祖師廟塔等、各随破損之体《ニ》一、可加修治之功一、一々所々不遑具載一、就中円宗寺法金剛院梵宇傾《テ》兮鴛瓦早摧、経蔵荒《テ》兮貝葉難安一、修繕之儀殊可経　奏聞一、凡修複之善勝二於新造一、経教之説実可二服膺一、抑喜多院法親王立願状曰、寛平法皇以降、師資相承之際、管領《ノ》寺院数十所、代々雖加修造所々尚以破壊、作治之勤有志一無力一、爰六七年来深発大願、或課寺領《ニ》二而殊加催促《ヲ》一、或抛資貯《チョヲ》二而専令贔屓一、土木之営殆忘二外事《ヲ》一、梁棟之構漸複二旧規《ニ》一、雖然一微力所企一其功未半一、悉遂修営一欲果志願二云々、曩祖之願、末葉宜慕一、仍載彼状一、今述其志《ヲ》一、但時代相隔事皆凌替、往年猶不容易一、当世弥為難治一歟、然而一‐滴宗《ソウス》海《ニ》一、細塵成山《ヲ》一、随分之営豈可空二乎、

一　仏事幷寺用凌怠可有興行事

当寺諸堂精勤非一一、或宝代之御願国恩可報一、或累祖之忌辰師徳難忘一、或興法利人之計、或滅罪生善之基、云彼二云此一、真不簡要二而歳暦早推移《テ》、真俗悉凌遅《ノス》、是偏依寺用之不法土貢之未済二也、掠仏物一奪僧物一、重罪殆過五逆《ニ》一、悪報遙歴多劫一、経律所誡二其咎不軽一、法縁触事《ニ》二而毀‐敗《シ》、寺家逐年二而衰微《ス》、凋《テウ》‐残之甚歎息尤深《シ》、雖レ難レ複二嚢昔之式《ニ》一、争不《ン》レ励二慇懃之勤《ヲ》一、早守倹約之旨《ヲ》一、省略俗諦之威儀、専運興隆之志、宜添仏事之荘厳《ヲ》一矣、

一　可耆修学事

大師曰、変五濁之澆風一、動三学之雅訓一、酬四恩之広徳一、興三宝之妙道一、此吾願云々、夫三宝《ノ》者帰徳之本、三学者《ハ》勧《ノ》道源也、帰《テ》之《ニ》二立二上求下花之要行《ヲ》一、学《テ》之《ヲ》二守二報国利民之大綱《ヲ》一、先哲之蹈寔可因修一、而浅﨟幼疑之族、憖列縕襟一多為素飡一、学窓荒《テ》兮暗三密平等之旨《ニ》一、密場廃《テ》兮倦四上持念之勤一、法水歎涸二恵灯誰挑《ケン》、宗之衰滅尤足悲歎一、縦隔二無生頓入之実道《ヲ》一、蓋望二有相方便之悉地《ヲ》一、後昆後進不可不励一、若播後傑之名誉《ヲ》一、争無二採用之抽賞一哉、

一　可禁制非法過差事

大師曰、今所在《アラユル》僧剃頭二不剃欲一、染衣二不染心一、戒定智恵令於麟角一、非法濫行鬱於龍鱗一、日夜経営《シテ》叩頭《ヲ》臣妾之履《ニ》一、朝夕苞苴《ニハウショメ》屈膝僕婕之足《ニ》、釈風因茲二陵怠《シ》、仏道由之一毀廃云々、倩憶祖師之鑑誡《ヲ》一、可レ慎二末弟之操行《ヲ》一、何況近来寺僧之風儀、甚二於世俗之花餝一、云内二云外一、尽善二尽美一、徒費財力一、無守二節倹一、又昇進之道濫吹惟多、非器之輩頻望上階《ヲ》一、無徳之族屢黷二崇班一、加之或不顧相承詐称如法之由《ヲ》一、或不憚放逸二恣催酣酔之興《ヲ》一、驕奢之至、恰恰可禁一、但仏子之姿已纏法衣《ヲ》一、瞻蔔之花於留余薫一、若不敬住持之僧宝《ヲ》一者、豈可レ伝二名字之教法一矣、所以天人語二道宣律師一曰、仏臨涅槃二親受付属一、並令守護二不使二魔嬈《ヲメナヤマサ》一、若不守三護如是之人、誰有行我之法教一者、(ママ)故見行一善一、忘万過二不存往失二云々、就之二不誡其非一者、末代弥可増邪執《ヲ》一、偏撰其徳《ヲ》一者、濁世更難備正行《ヲ》一、委捜二制開之旨《ヲ》一、宜レ有二用捨之儀一者也、

一　雑事以下可守倹約事

観音院三月大師影供并長和親王忌辰等、長吏捧物先例雖不一准一、就略儀一、可為褻装束一具一、

南御室仏名同捧物直垂一領、紙一積、火桶一口、可略風流不可過此式一、

僧正以下袈代袙止綾二可用平絹一、

凡僧袈代一切停止之一、

児童衣装元三間可着直垂一具、

同直垂裏可停止之、

同大口止美絹二可為廉品一、

寺僧等近年召具退紅仕丁一、可停止之一、

同四面輿袖外連子、過分金物等停止之、

舎利会楽屋行事以下、所司巡役各守本式可停止過差、

以前条々大略如斯、夫世有理乱一、已鍾　皇沢滂流之運一、道有行蔵一、幸得仏法招隆之時《ヲ》一、温《タツ子テ》故《フルキヲ》知新《ヲ》一、旁訪《トフラフ》二讜議於賢哲《ニ》一、功成《ナリ》理定《ヲサマテ》遍布徳政於遐邇《ニ》一、便降　勅命一、広施行之一、八埏忽誇二仁風之遠扇一、諸宗悉仰二仏日之再昌一、恵果和尚告弘法大師曰、今則授法有在一経像功畢、早帰郷国一、以奉国家一、流布天下一、増蒼生福一、然則四海泰万人楽、是則報仏恩一、報師徳一、為国一忠也、於家一孝也云々、師資《ノノ》昔契既協《カナフ》二今儀一、聖化《ノ》逢《ヘル》レ遇《ニ》誰不二欽戴一、其中《ノ》僧徒儀則雖見制符一、重載東寺一門之興廃一、兼抽二西郊衆務之簡要《ヲ》一、短慮所量一定有其誤一歟、只勒梗槩一、粗注進之一、

弘長三年十月廿一日

（追記）　史料閲覧・調査を許可された東寺、および東寺宝物館学芸員新見康子氏に感謝します。

第四章　鎌倉中・後期における王朝の神社政策

はじめに

鎌倉時代、とくに後嵯峨院政以降の王朝国家（朝廷）による徳政が、天変地異や代替わりを契機としてさかんに実施されたこと、その眼目が雑訴興行と寺社興行にあったことは、笠松宏至氏が論文「中世の政治社会思想」(1)において初めて明らかにされた。この論文は公家新制研究を下敷きに、「徳政」という政治思想がどのような形で実現されていったか、それがどのような歴史的背景と社会性を持つかをするどく切り取った画期的論文であることはあらためていうまでもない。注意しなくてはならないことは、この論文が寺院史・仏教史の論文としても重要な位置を占めていることである。寺院史の研究者が笠松氏の研究を寺院史・仏教史の論文として取り上げることは少ない。しかし、笠松氏の論文「仏物・僧物・人物」がまさに寺院史・仏教史を理解する上で重要な位置を占めているように、「中世政治社会思想」を寺院史・仏教史の論文として読むべきであると思う。この論文で取り上げた「別相伝」や「遷替の職・永代の職」の問題は、公家よりも寺社の史料によって多く語られている。そこから浮かびあがるのは、鎌倉時代後半の徳政の柱の一つが寺社興行にあったことである。

鎌倉後期の寺社興行研究において、重要な位置にあるのが海津一朗氏の神領興行法の研究である。『中世の変革と徳政(2)』は笠松氏が切り開いた幕府・朝廷が協調して徳政を行う鎌倉後期政治史研究において、とくに神領興行の展開の側面から詳細に検討し、それまでの九州を対象とした神領興行法の世界を、神社興行政策全体へと拡大した点で、大きな意味を持つものである。

以上のように両氏の研究は寺社研究史において重要なものであるが、笠松氏の研究にあっては、ポイントが抽出されているものの細部にまで時間軸にそって述べられていないこと、海津氏にあっては公武協調政策が強調され、朝廷と幕府の政策の違いが見えにくくなっている点が問題として残っていると思われる。本章では、その点を注意しつつ、これまで検討を重ねてきた鎌倉時代における王朝と幕府の寺社政策研究の一環として、(3) 王朝の神社政策を検討しようとするものである。神社政策を論じる場合、二十二社制や一宮・二宮制など全体を論じるべきであるが、本章では伊勢神宮に対する政策に力点を置き、検討したい。もちろん、伊勢神宮を論じる場合、朝廷による奉幣や公卿勅使など論ずるべき課題が多くあるが、ここでは徳政の項目として重視される裁判興行と神領興行の二つの政策について論ずることになる。

一　鎌倉前・中期における神社政策と伊勢神宮

徳政を具体的に法の形で発布する新制（公家新制）において、形式上、条文の配列においてはまず神社関連条文が先にあり、ついで寺院関連条文が続く。この形式は、幕府の御成敗式目の条文配列にも継承されるもので、平安鎌倉期を通じて一貫している。形式上のことではあるが、まず、王朝は神社を寺院に優先させていたことを確認しておきたい。次に、神社興行政策が鎌倉前期にどのような形で表れるかについて確認しておく。この点については、新制条文の検討を中心に、第二章で平安末から鎌倉前期の寺社興行政策全体を見通した。(4) そこで得られた結論は以下の通りである。

①保元元年新制以降、荘園整理令の対象に寺社領荘園が含まれ、また、寺社の神人・悪僧の濫行を停止しようとしたこと。こうした寺社への抑圧・統制の一方で、寺社の修造や仏神事用途の保証を行ったこと。

②承久の乱以後、①のような政策は後退し、後嵯峨院政以降は新たに寺社領の別相伝の禁止、俗人領への寺社領の流出禁止政策が登場したこと。

以上の平安末から鎌倉前期までの王朝寺社政策全体の展開過程において、神社興行とくに伊勢神宮にはどのような政策がとられたのか、その点についてまず検討したい。

1　神宮大訴

神人の濫行停止令の具体例として建久二年新制（Ⅰ令⑥条、Ⅱ令②条）がある。Ⅰ令⑥条では伊勢神宮の神人が京都洛中において出挙の違法な取り立てを行ったり、洛外においても「鉾を振り」「榊を立てる」行為を行い、住宅の点定を行うなどの行為を働いていたことが停止されるべき不法行為とされ、Ⅱ令②条では神宮の権任禰宜が「他国」（伊勢以外の国のことか）を「経廻」し、京都に「常住」して京都での官職に任じられる行為が停止すべき行為とされている。これらは平安末・鎌倉初期における伊勢神宮の権禰宜・氏人やその下の神人らが、神宮のある伊勢国だけではなく他国や京都で活発に活動していたこと、とくに京都およびその周辺では動産にかかわる紛争に関わり、いわゆる寄沙汰を行っていたことを示す史料として注目されるものである。伊勢神宮権禰宜以下神人の活動の規制はその後の新制条文にも継承され、嘉禄元年新制（⑥条）では「可停止太神宮権任禰宜以下氏人経廻他国、常住京都幷企越訴事」として登場し、寛喜三年新制（⑤条）でも「可停止二所太神宮権任禰宜居住京都、幷諸社司□□等任京官、不随社役、為先賄賂事」と表れる。注目すべきは嘉禄元年新制に権任禰宜等が「越訴」を企てるとしたことである。これは京都における権禰宜らの活発な活動の一つに、朝廷への越訴（直訴）

があったことを示している。

平安時代十世紀以降、伊勢神宮の神人がさかんに朝廷に強訴を行い、神威を背景とする神社強訴が十一世紀末以降の大寺院の強訴に発展していくことは、すでに指摘されていることである。(5) 鳥羽院政下、保延三年（一一三七）十一月二十日に鳥羽上皇が神人の群参を禁ずる院宣を神宮祭主宛に下しているのは、院政期の朝廷がこの問題にどのように対処したかを示すものである。(6) 鳥羽上皇院宣を施行した祭主大中臣公長の神宮宛の下文も併せて院宣の趣旨をみると、訴訟は祭主を通じて言上すべきものであり、神人が「群参」して直接「非理」の訴訟を朝廷に訴えることは許されることではなかった。(7) 翌保延四年七月二十五日の官宣旨では、長暦三年（一〇三九）三月十三日の宣旨に任せて、神宮の禰宜等が宮司の解を副えず直接上洛し群参強訴する「越奏」を新制に背く行為とした。(8)

伊勢神宮の神人強訴は延暦寺や東大寺の強訴と同じ本質を持っているものである。この平安時代の神人強訴の歴史の延長上に鎌倉時代の権禰宜以下の直訴規制を考えるべきであろう。

神人群参の強訴と同じく訴訟手続きを無視した直訴という点で同一の特徴を有する訴訟に禰宜、権禰宜等の個人による越訴がある。嘉禄元年新制に見える「越訴」とは次に示す『禰宜至要抄』(9) の記述に見える「越訴」のことと考えられる。

第三十三、被止越訴事

寛治三年十二月太政官符云、所詮二所太神宮禰宜職、自今以後触祭主、経言上、自解不可執越奏者、此外康和・長治・元久・建暦・貞応・嘉禄以下代々官符綸旨等、又以稠重也、

すなわち、寛治三年（一〇八九）十二月の太政官符によって、神宮の禰宜等が祭主を経由せず直接「解」を「越奏」することが禁止されたこと、同内容の官符や綸旨が「康和・長治・元久・建暦・貞応・嘉禄」にも発布

されたことがわかる。神宮の禰宜たちが祭主を通さず、直接朝廷に訴訟を起こすことを「越奏」「越訴」といい、それが十一世紀末から停止され、とくに鎌倉時代に入った元久以降たびたび越訴停止令が朝廷によって発布されたことがわかる。その背景には当時こうした越訴が頻発していたことが推測される。『類聚大補任』建保四年（一二一六）や嘉禄元年（一二二五）の記事はそのような事例の一つであろう。(10) 前者は外宮一禰宜度会忠行の卒去に伴い空席となった正禰宜職に度会彦仲が越奏し補任されたことに対して、神宮側がその不当を訴え「次第の解状」を提出したことにより、彦仲の「乱訴」が棄破されて貞重が補任された事件、後者は同じく外宮禰宜度会貞教が自身の越奏を原因として「神事供奉」を停止された事件である。

外宮禰宜貞教越奏事

度々厳制炳焉之処、違犯之条尤以不穏、於貞教者停止神事供奉、男貞朝者、宜令解却所帯職、右両条天気如此、早可被下知之条如件、

八月五日　　中弁（日野）家光奉

（小槻季継）大夫史殿

この後堀河天皇綸旨によれば「越奏」禁止の「厳制」はたびたび出されており、禰宜貞教はそれによって神事供奉が停止され、子息貞朝は所帯の職を解かれた。

越奏＝越訴の禁止の対象となる行為は、神人群参のような強訴だけでなく、個人レベルの任官に関する上奏も含まれていた。両者に共通するのは神宮祭主を経由しない朝廷への直訴という性格であった。

ところで、『禰宜至要抄』は続く第三十四に「被宥越訴事」の条項を立て、越訴・越奏が許される特例について建長七年（一二五五）と正嘉二年（一二五八）の事例を挙げている。

第三十四、被宥越訴事

外宮権禰宜元定越奏間事、次第解奏聞候之処、如此事、尤依事可訴申歟、身之所望雖相触祭主隆世時也、不達之時、直申入事之由之条、頗非越奏限歟、随已被補行晴候畢、更不可有子細歟之由、内々御気色所候也、仍執達如件、

建長七年十二月六日　　　　　　　　宮内大輔(日野)資宣奉

(小槻有家)大夫史殿

三条西洞院神領事、祭主卿申状如一見、謹返上之、被管之輩越奏之条、執申之趣、尤其理候歟、云正権禰宜云副官之輩、直進奏状之例、方今相存候之上、承元四年　宣旨、本宮要須事、自身所帯事、被免上奏候歟、件目六注進之、又去建長七年之定(元カ)神主越奏之間、如今訴申之時、即為御奉行依事可訴申、身之所望雖相触祭主、不達之時直申入之条、非越奏之限候之由、被仰下候畢、今延季神主申状、為本宮之要須、為自身之所望、頗相協承元・建長綸旨之由、見給候之間、不能押留申上候畢、然而、就申子細、相似執論候条、太以不穏便候、所詮、直奏状猶不可執申者、重給御教書、且為向後可令施行候也、仍言上如件、

正嘉二年十一月十七日　　　　　　左大史小槻(有家)

建長七年の後嵯峨院宣によれば、外宮権禰宜度会元定は「身之所望」のことが祭主大中臣隆世の挙状を得られなかったことから越奏に及んだが、越奏（越訴）禁止の法の例外として処置された。自分自身や親族に関わる官職については例外として越奏（越訴）が認められた事例である。正嘉二年の京都三条西洞院の神宮領に関する訴訟では、左大史小槻有家がおそらくこの越訴を受理した担当者、または後嵯峨院からの諮問に答えて、「承元四年宣旨」と建長七年「元定神主越奏」の事例を引いて、祭主が訴えを通さない場合、越奏（越訴）を認める場合があることを答申している。ここで注目されるのは「承元四年　宣旨」が「本宮要須事、自身所帯事」については「正権禰宜」や「副官之輩」の越訴（越奏）を認めるという内容だったことである。「自身所帯」とは建長七

年の「身之所望」と同じであるが、もう一つの「本宮要須事」とは伊勢神宮全体にとっての「要須事」すなわち重大事を意味していると思われる。その具体的な内容はわからないが、推定できることは禰宜や権禰宜等個人の身分に関わる問題とは別の、神宮全体の重大事については特例として祭主を経由しない越訴（越奏）を認めていることである。これは神人群参による強訴としての越訴を特例として認める法を承元四年に朝廷は「宣旨」として発布していたことを示しているといえよう。

白井克仁氏は後鳥羽院政下、「承元之制符」によって神領興行令が発布されていたのではないかと推定した[11]が、この「承元四年宣旨」とは「承元之制符」と同一の新制のことと考えられるのではないだろうか。仏神領興行が意図され、それに伴う越訴の特例を朝廷は開いたと考えられる。この越訴の特例こそが鎌倉時代以降「神宮大訴」と呼ばれた越訴の方式のことと思われる。

平泉隆房氏は建保二年に初めて「神宮大訴」の言葉が登場するとし、室町時代までの用例から、二宮禰宜が注進状を作成し、それを携えて祠官や神宮使が直接、京都の朝廷や六波羅に出向いて訴訟をすることを「神宮大訴」と呼んでいたと指摘した[12]。また、白井氏はさらに詳しく鎌倉時代の「神宮大訴」の用例を検討し、「神宮大訴」が神領興行令発布を契機に行われた可能性を指摘し、「神宮大訴」が二宮禰宜注進状を伴う神宮訴訟のうち、禰宜庁管下の神宮使＝権禰宜が上洛して在京訴訟に及ぶものであるとし、「遵法的な訴訟」であると結論した[13]。

神宮領遠江国鎌田御厨内良角新開在家田畠についての国司との訴訟において、建久年間に記録所勘奏に基づき国務を停止し神領とする裁許がなされたにもかかわらず、国司が命令を施行しないことに対して、伊勢神宮は「神宮大訴」に及び、建保二年に国の妨げを停止する「宣下」が出された[14]。この建保二年以前の「神宮大訴」の事例こそ、「承元四年宣旨」で認められた越訴の特例に基づきなされたものだと思われる。

「神宮大訴」とは通常は禁止されている神宮の越訴に対して、とくに「本宮要須」と「身之所望」に関する事項については祭主を通さずに直接朝廷に訴えることを認められた訴訟方式を意味しているといえよう。その本質は神人群参の系譜を引く強訴にあったものと思われる。

2　神宮訴訟の興行

後嵯峨院政下の弘長三年（一二六三）八月十三日の新制四十一箇条は、新制の歴史において画期をなしたものである。その第一条「可興行伊勢幣事」から始まる四箇条はすべて伊勢神宮に関する条項である。その第二条は「可早速裁断同訴訟事」として神宮訴訟を興行しようとするものであり、公家新制上初めて登場するものである。

一、可早速裁断同訴訟事

仰、神宮奏上不経一宿、亦不顧機嫌、早可奏聞、□□先規、可定上卿弁官、亦随近例、被定職事一人、是則依崇重異他、為早速裁断也、宮中違例、式内神領、委尋陵遅運、致沙汰、但誇此行、恣莫致濫訴、兼又諸人越訴一切停止、

ここから、神宮訴訟の迅速な裁許を推進するために、神宮上卿を設置するだけでなく、神宮担当の弁官と職事も設置することにしたこと、また、神宮訴訟を他と比べて特別扱いすることに乗じて、訴訟が頻発することを押さえ、とくに「諸人」の越訴をすべて停止したことがわかる。前者については、平安末期からの神宮上卿の設置と職掌、鎌倉後期からの神宮弁と神宮職事についての岡野浩二氏の研究がある(15)。氏の研究によれば、平治の乱後二条天皇の時代に常置となった神宮上卿と弁官は十三世紀初頭建久年間まで活動がみられ、その後は常置されなかった。弘長三年新制の神宮上卿、弁官の設置は、改めてその活動を復活させ、さらに神宮担当の職事一人を定めたものである。これはすでに藤原良章氏が明らかにしたように後嵯峨院政以降整備される権門ごとの担当奉行制度(16)の先駆けとでもいうべきものであり、伊勢神宮が最初に整備されることになったものと思われる。後者は神

宮訴訟を迅速に裁許する代わりに、越訴をすべて停止するとした。これは「本宮要須」と「身之所望」の場合に限って越訴を特例として認めた「承元四年宣旨」や建長七年の越奏事例とは異なって、一切の越訴を全面的に停止するものである。神宮裁判制度の整備と越訴の禁止は、その後の雑訴興行を柱とする徳政の展開の先駆けということができる。

文永三年（一二六六）から九年頃に後嵯峨院に提出されたと推定されている徳大寺実基の政道奏状はその第一条に「神事興行」を掲げ、「神領若有訴訟者、任道理早速可尋沙汰之由、可被仰下諸社奉行人歟」とし、伊勢神宮だけではなく神社領全体の訴訟の迅速化を提言している。(17)

この方針はその後の新制にも継承された。文永十年九月二十七日新制と関連する同日付で出された春日社宛の官宣旨(18)の第三条は「上下諸人」の「非理」の訴訟を停止するものであったが、これは新制発布に伴い、予想される不当な強訴をあらかじめ禁止しておくことを意図したものと理解できよう。神宮訴訟制度の整備は、モンゴル襲来という時代背景とともに、神社全体に波及していったと思われる。

弘安二年（一二七九）八月十日に宣下された新制を契機として、神宮が訴訟を起こしたことは弘安二年八月の神祇大副大中臣清継申状(19)によって知ることができる。この申状は文永十年頃からの清継所従橘行正の遺領をめぐる蔵人所供御人用清等との訴訟において、供御人側が勅裁や祭主の下知に従わず、神人殺害の犯人を奪い取り、係争地を山僧に寄進してしまったことを朝廷に訴えた訴状である。このなかで清継は次のような言葉を載せている。

抑於奏状者、不経一宿、不伺機嫌、可有　奏聞之条、代々制符厳密之上、今□徳政之前、争被閣本所之大訴哉、倩見傍例、八幡神人殺害事、下手□成他社之称号、一旦雖遁糺行、依神人等之鬱訴、事及大儀、終被処重□《（科カ）》、何況　太神宮御事、異余社也、達子細之日、勅許何滞矣、

神宮の奏状は担当奉行の「機嫌」によらず、「不経一宿」奏聞することが「代々制符」に厳重に定められていること、今度徳政が行われるのであるから、とくに「本所之大訴」について裁許すべきことを清継は訴え、神人殺害のあった石清水八幡宮の例を引いて訴訟の「勅許」を要求している。伊勢神宮が他社とは異なる国家の宗廟であるから、石清水八幡宮と同様の裁決を望んだものである。この申状は文永十年に一度「聖断」が下された案件について再度徳政を契機として提訴されたものである。このように、徳政が新制発布の形で宣言されると、待ちかまえたように直ちにこれまで訴訟相手の抵抗によって停滞した訴訟が再度提起された。

後嵯峨院政下において院評定制が整備され、以後、王朝が徳政の重要な柱として雑訴興行を推進することは橋本義彦氏・笠松宏至氏以来指摘されてきたところである(20)。とくに亀山院政下の弘安七年から九年にかけて裁判制度改革がなされ、院評定が徳政沙汰と雑訴沙汰に分離し、院文殿の地位と機能が強化された。弘長三年以降の神宮裁判の興行は、そのような雑訴興行の先駆けをなすものと位置づけることができる。

二　鎌倉後期における神社政策

前節では鎌倉中期弘安頃までの伊勢神宮に対する政策を、神宮裁判の興行の側面について検討した。本節では鎌倉後期亀山院政、および伏見親政・院政下の徳政において神社政策はどのように実施されたのか、伊勢神宮を中心に検討したい。

1　幕府による伊勢神宮神領興行令

王朝側の政策を検討する前に、幕府による弘安神領興行令を検討する。亀山院政期、弘安七年（一二八四）から弘安九年頃、幕府と朝廷がそれぞれ寺社興行を核とした徳政を推進したことは笠松宏至氏によって指摘されているところである。(21)弘安七年から幕府は九州の神社および伊勢神宮を対象とする神領興行、一宮・国分寺興行、鎌倉・関東の寺社の興行を推進し、翌弘安八年から九年にかけては王朝側が寺社興行を積極的に行った。このなかでもとくに幕府によって発布された神領興行令が九州の神社だけでなく伊勢神宮の御厨をも対象としたことについては、すでに上横手雅敬氏が指摘し海津一朗氏が詳しく事例分析をされている。(22)また、神領興行令の実施期間が、九州と同じく弘安七年から弘安九年閏十二月九日までであることが稲本紀昭氏や白井克仁氏によって指摘されている。(23)海津氏は志摩国麻生浦御厨・駿河国方上御厨・三河国伊良胡御厨・尾張国一楊御厨などの興行令適用事例を挙げ、神領知行を否定されるべき「非器の輩」が、「甲乙人」(凡下の輩)だけでなく御家人や非御家人をも含むものであったとしている。ただし、注意すべきは弘安七年の伊勢神宮御厨興行令はすべての神宮御厨を法の適用対象としたわけではないという点である。海津氏の指摘した事例のうち、方上御厨は将軍源頼家が地頭武田信光の所務を停止し神宮に寄進した所領であり、伊良胡御厨や一楊御厨も頼家が神宮領六ヵ所の地頭職を正治元年(一一九九)に寄進した所領である。(24)また、白井氏が弘安七年に伊勢神宮御厨興行令発布の根拠とした武蔵国大河土御厨の場合も、関東寄進の神領であった。(25)

海津氏が指摘された正安三年(一三〇一)の幕府による神宮御厨興行令には「関東奉寄御厨事」について「非器之輩買得之条、不可然之旨、其沙汰、弘安八年被付神宮畢、而正税不闕怠者、甲乙人如元可相伝知行之由、同九年被仰下之条」とあって、弘安の神宮御厨興行令が「関東奉寄御厨事」を対象として発布されていたこと、「非器之輩」の「買得」を否定していることを明確に示している。(26)このように弘安七年の幕府による伊勢神宮神領興行令は関東寄進の神領御厨を対象としたものであったことをまず確認しておきたい。

2　亀山院政の神社興行政策

（1）　弘安徳政と神社興行

幕府と王朝が競い合うかのように徳政を展開したのがこの時代の特徴であり、弘安七年の幕府による寺社興行政策は、亀山院政に刺激を与え、寺社興行政策が推進された。王朝側が伊勢神宮をはじめとする神社に対してどのような興行政策を実施したのかを次に検討する。

弘安八年十一月十三日付の二つの宣旨が石清水八幡宮文書中に残されている。一つは『日本思想大系　中世政治社会思想』下に収録され、解説が施されたもので全二十箇条（Aとする）[27]、もう一つは『中世法制史料集』第六巻に収録されたもので全十七箇条（Bとする）[28]のものである。Aは全国令として発布されたものであり、冒頭の三箇条が寺社領興行に関する条文である。事書部分のみを記すと以下の通りである。

一、可停止以寺社領寄付他社他寺及人領事　①

一、諸社諸寺一旦執務人、以彼領称別相伝、及不慮之伝領、如此之地訴訟出来者、被尋究可返付寺社事　②

一、可停止以相論未断之地寄付寺社幷権門事　③

これらの条文に共通するのは寺社領の外部への流出を禁ずることにある。弘長三年新制第⑧条で神社の神主による別相伝が禁止されたこと、同じく興福寺宛の太政官牒第⑤条で諸寺の別当が寄進や売買によって寺領を流出させることを禁じ、第⑥条で同じく院家領の売買を禁じた条文の延長上にあるものである[29]。第①条について笠松宏至氏は「弘安八年法は、ある寺社領が、他の社寺もしくは「人類」に寄進され、「他寺他社の号」をその領に冠することの禁令をその首条に掲げている。これは明らかに寺社領を現実に知行し、現実に得分を得ている者が寺社の構成員のうちの誰であり、また、その権利の移動によって、現実に誰がどのような得をするのか、そうしたことも立法者が明確に意識した上での法規である」と評価し、第②条については、弘長三年新制で出現した国家権力による別相伝否定の政策を実現させるものであったとし、そこに公家徳政令の基本的原則を見出している。(30)

Bは王朝が定めた石清水八幡宮の寺内法とでもいうべきものである。石清水八幡宮自身の寺内法を国家が定めているという点でも注目されるが、そのなかに、これまで公家新制で条文として掲げられてきた神人統制条項が含まれている。

一、一切可停止諸座神人直訴事（⑪）

一、同神人等、近年恣仮神威、動成諸国庄園之煩、或好路次点定、致闘乱殺害、或私事猶及狼藉、如此之類者、社家解其職、経　奏聞、云公家、云使庁、殊可被加懲粛事（⑫）

これらの二箇条は神人の直訴の禁止や「路次点定」などの活動の規制である。平安末期からの神人の活動の規制に関する条文が全国令としてのAではなく、個別石清水八幡宮宛のBに載せられている。

ABと同月の十一月三十日付亀山上皇院宣によれば、石清水八幡宮の社務職（検校職）をめぐって田中家の守清と善法寺（壇）家の妙清が争っており、徳政の宣旨が出されたことを契機に妙清は社務への還補を訴え、認められている。A①条についての笠松氏の指摘は、石清水八幡宮検校職をめぐる田中家と善法寺家の争いと具体的に関連しているかもしれない。

Aの別相伝など社外への所領流出の禁止と、Bの神人統制とは、亀山院政の神社政策のまず掲げた方針であった。石清水に対しての亀山院政の関与は、翌々年弘安十年にさらに強く及ぶことになる。この年正月二十一日、亀山上皇は石清水八幡宮に参籠する。参籠中に八幡宮検校法印妙清に対して出された参議冷泉経頼の奉ずる院宣(31)は、六箇条の条文を持つ寺内法というべきものである。この法は「右条々、委々於御前被仰含畢、然而、其篇目、故所被裁下也、以此旨、可令相触祠官等、又社家簡要意見并起請文事、御参籠之間、可進覧」とあって、亀山上皇自らが石清水八幡宮の祠官等に直接命じた法であった。また、参籠中に社家の意見をまとめ、社家の起請文を副えて提出するよう命じている。父後嵯峨院が弘長三年新制発布にあたり、興福寺の個別意見を提出させ、それに基づいて興福寺宛の新制を発布したことを想起させる。(32) 個別寺社の抱える現状をこのような方法で亀山上皇は十分掌握していたと思われる。

一、神用寺用未下事、年々雖相積、先自弘安七年三ヶ年分、来四月中可究済、若有懈怠之聞者、可被付知行於社務事（②）

一、依私意趣、不神慮、又忘公平、此条度々雖為被仰下、事動令違犯、専翻邪可帰正、自今以後、殊成和睦之思、不可有向背之儀、且年来所召仕之所従、任雅意招引之、語取之、是不和之濫觴也、殊可禁遏（③）

一、或当社奉行之仁、或権門勢家之輩、就経営事、雖充其役、不可叙用、遮又不可捧献芹賄賂、自今以後、雖絹塵、不可違犯之由、可書進起請文事（⑥）

②条からは、石清水で使用される用途が滞っており、その納入担当者が四月中に納めることができない場合は、彼等の担当する荘園等の所領知行を社務（検校）に召し上げるとしている。これは石清水八幡宮の経営において社領を別相伝している祠官に対して、所当年貢を石清水全体の運営用途に回すよう指示したものと思われる。国家が石清水八幡宮の維持を保証するのは、石清水八幡宮が伊勢神宮と並ぶ大社であったからであり、その年中行事維持のための用途の確保がまず求められたのである。用途確保ができない場合には社務に知行を付すということは、まさに一族庶子等の別相伝となっていた神領・寺領が石清水八幡宮領として存在していることを確認し、その役割が果たせない場合には別相伝領の知行を社務の手に取り戻すことを意味しており、弘安八年宣旨Aの方針を受け継いだものといえよう。(33) ③条の「向背之儀」の当事者が誰であるかはわからないが、あるいは弘安八年

に検校職を守清から妙清に交替させたことが関係しているかもしれない。

さて、弘安十年の亀山上皇の聖問に対する社家の意見状や起請文は残されていないが、社家の意見を聞く態度は一ヵ月後の二月二十日付亀山上皇院宣[34]にも見出すことができる。

当宮領所職名田以下事、奏聞之処、於柏原庄事者、両方所申相伝不全之旨、可為宮寺計之由、被仰下候畢、惣神領事、自元宮寺進止之地者勿論、若別有相伝来之地者、何様可候乎、可被申所存之由、御気色所候也、仍執達如件、

弘安十年二月二十日　　　左中弁俊定（坊城）

八幡宮検校法印（妙清）御房

八幡宮領の所職や名田について亀山上皇に奏聞したところ、丹波国柏原庄のことについては訴訟の両当事者の相伝がはっきりしないので、石清水八幡宮（社務）が決定すること、次に石清水八幡宮の「惣神領」について、石清水八幡宮（社務）が知行する所領は（社務が所職名田以下を計らうことは）もちろんであるが、別相伝の所領についてはどのようにすべきかを社務である検校妙清に蔵人頭坊城俊定が問い合わせたものである。前年三月十二日の院宣[35]によれば、柏原庄の所職をめぐって石清水の神官久弘と忠康法師が争い、「如此神領下職之類」は聖断の限りにあらずとして、亀山上皇は柏原庄を領有している八幡宮別当守清の訴訟を却下している。本来ならば社家内部で処理されるべき「神領下職」をめぐる争いが、社家で裁許できずに朝廷に訴えられたのは、柏原庄が田中家の守清が「門跡相承」する別相伝領であったからである[36]。「惣神領」のうちの別相伝領について問い合わせをうけた社務検校妙清はおそらく社家の計らいであることを返答したと思われ、同年二月二十九日の院宣によって「八幡宮寺領所職田畠以下事」は「社家計」であるとされた。「社家計」とは朝廷の裁判するところではないということであり、柏原庄に関する決定をすべての石清水八幡宮領にまで適用したもので、そのなかには別

相伝領も含まれており、他の石清水祠官家の別相伝領も社家すなわち社務である検校の裁判権下にあるとしたものである。この「所職名田以下」に対する亀山院政の対応は、先にみた別相伝否定の論理が背景にあると想定してよいであろう。別相伝の否定は社務（検校）の権力の強化を意味しており、伊勢神宮の場合も問題となるところである。

しかし、亀山院政はこうした権門寺社の寺務や社務の権力をまったく自由にさせたわけではない。寺務や社務はあくまでも朝廷から補任される職であることを通じて院や天皇によって統制されるべき官職であった。弘安十年正月三十日の宣旨[37]は、そのことを明確に表している。

諸家所領、僧家門跡諸社諸寺領等、或管領人、或執務仁、殊究理非之淵奥、可仰成敗之道理、比者、動忘廉潔之直、間有奸濫之企、因茲、訴訟起自下、次第覃言上、万機之諮詢不遑、一揆之裁断有煩、論之政途、豈可然乎、蓋知道者、必達於理、達於理者、必明於権之故也、悔非於既往、慎過於将来、自今以後、猶有愆犯之聞連綿而差積者、可有科罪、曽莫寛宥、兼又、社務寺務之輩者、宜立改官改職之制乎、

ここでは寺社だけでなく「諸家」たる公家も対象となっているが、そのような寺社等を管領し、執務する者が「理非」の「淵奥」を究め、「成敗」の道理を仰ぐことを要求、それが実行できない場合、「社務」「寺務」を「改官」「改職」するとの命令を発している。笠松氏はこの宣旨の内容について、「真俗をいわず、国衙領以外のすべてを包括する政治的領域において、当該所領の荘務権保持者に対し、理非の淵奥を究めた裁判と、道理に基づく成敗をなすことを命じ、この令に違うものを科罪し、とくに社寺領においては社務職、執務職の改替を立法すべしとする」と要約し、弘安徳政の「一つの帰結」と位置づけている[38]。この宣旨が石清水八幡宮に乗り込んで先の院宣を発したすぐ後に出されたことから、亀山上皇は寺社権門などの裁判権を寺務・社務などに委ねる代わりに、彼等による公正な裁判を要求し、そのようにできない場合は彼等の諸職を改替するとした。別相伝禁止政策によ

って寺務や社務に集中した寺社領支配の権限は、それらの職が天皇・院によって任命されるという点において、朝廷によって統制されるものであったのである。

これまで考察してきた石清水八幡宮を対象とする亀山院政の政策は、他の神社においても確認することができる。弘安十年四月九日の賀茂社宛の宣旨は、「神領別相伝幷別納停止事」とし、賀茂別雷社神主賀茂県主久世の申請にまかせて、寛治年間に「勅免」となった神領の別相伝と「別納」を停止するよう命じている。(39)「別納」とは別相伝領からの年貢等が別相伝領主の手に納められ、賀茂社の神事用途に回されないことを意味しており、先の弘安十年正月二十一日院宣第②条で問題とした「神用寺用未下」の問題につながり、神事用途未下の原因が別相伝領主への年貢別納にあると朝廷は認識していたことを示している。石清水八幡宮を念頭においた先の院宣の別相伝停止政策が、同様の問題を抱える賀茂社に対しても適用されていたことを示すものである。

別相伝の否定政策は伊勢神宮にも大きな影響を与えている。弘安十年の神宮領武蔵国大河土御厨と伊勢国桑名神戸に関する、大中臣隆直と祭主大中臣定世の訴訟については、海津氏や稲本氏などの『勘仲記』紙背文書を分析した詳細な研究がある。(40)それらによれば、関東寄進の神宮領が、別相伝であるか、祭主の「分附神領」であるかをめぐって争われたもので、弘安十年八月に祭主側が「分附神領」（祭主が神官諸職に給付する神領）を祭主に返付するよう朝廷に訴えたのが始まりである。祭主がこのような返還訴訟を起こしたのは、別相伝領否定政策が石清水や賀茂社だけでなく伊勢神宮にも確かに適用されたことを示しているが、それは直ちに別相伝する側からの反発を呼び起こすことになり、朝廷への訴訟という形で表れることになる。寺社興行は別相伝の否定と、それによって引き起こされる訴訟の迅速処理が共にあってこそ実効性を有した。

（2）伊勢神宮雑訴興行

亀山院政による弘安寺社政策のもう一つの柱は、雑訴興行の一環としての寺社訴訟の興行である。第一節で指摘した伊勢神宮に関する裁判の興行は、この弘安寺社政策においてさらに寺社全体に拡大されたが、伊勢神宮に関してはとくに重視されたと思われる。弘安九年十二月、亀山院政は院評定を徳政沙汰と雑訴沙汰に分離し、裁判のみを扱う雑訴沙汰を月に六回開催すること、雑訴沙汰は院文殿で開催し、その場に訴論人を召喚し、直ちに裁許の院宣を下すこととした(41)。このような裁判制度の改革が行われるなかで、神宮に関する訴訟については特別に文殿ではなく記録所で扱うこととした。この点についてはすでに藤原良章氏や海津一朗氏・本郷和人氏が指摘しているが(42)、この点について確認しておきたい。『勘仲記』弘安九年閏十二月四日の記事によれば、参院し、亀山上皇に直奏した神宮担当奉行である藤原兼仲は、次のような指示を上皇から与えられている。

神宮雑訴事繁多、先々沙汰事等、職事得替之間、訴人申出事等多之、此事　聖断有煩、於記録所委有沙汰、非拠之方文書被加裏書、可被下之由思食、可申合関白之由有勅定、

神宮の訴訟が多く、以前のすでに沙汰済みになっていたことが、担当する職事の交替によって再び訴訟となることが多い。これは院の聖断を煩わせるものである。したがって、神宮の雑訴については記録所において詳しく調べ、「非拠」の側の訴訟文書には裏書を加えて返却するよう、関白鷹司兼平に申し合わすことを兼仲は命じられている。一般の雑訴沙汰は文殿において行われるが、神宮雑訴があまりに多いため、訴訟を迅速に処理するために、記録所において訴訟を行い「非拠」と判定した案件については、その旨を訴状に裏書きして訴訟を取り下げさせる。以上の亀山上皇の指示を同日、兼仲は直ちに関白に申し入れている(43)。『勘仲記』同年閏十二月十七日条によれば。兼仲は「神宮条々事」を亀山上皇に奏聞し、伊勢神宮領武蔵国榛谷御厨に関する裁許を祭主に下すべく関白に伝えるよう命じられている。神宮雑訴が関白の管轄下に置かれたことを示しているが、その指示は亀山上皇が下していることに注目しておかねばならない。本郷氏は、記録所が亀山院政下に神宮裁判機関となった

ことに慎重な判断を示しているが、上皇が最高の意志決定者であり、関白と記録所は院の下に神宮担当裁判機関として位置づけられたものとしてよいと思われる。

翌弘安十年三月七日、伊勢国証誠寺に関する訴訟が記録所の評定で行われ、勾当弁藤原俊定と藤原冬季以下(寄人か)がその場に着座していること、同年六月四日にも記録所で神宮事が評定されていること、同二十二日には「神宮雑訴文書四五ヶ条」が記録所上卿に宣下されていることから、[44]神宮訴訟を記録所で沙汰することは実行に移され、その評定には関白のもと上卿や勾当弁・寄人などが参加している。これらの構成員は弘長三年新制②条で、神宮訴訟を迅速に裁断するために神宮上卿・弁官・職事を定めることとしたことと同じである。また、一般の雑訴沙汰と区別し記録所で行ったことは、平安末鎌倉初期に記録所で神宮訴訟を扱った先例によるものと思われる。こうして院政下において、文殿と記録所が同時に裁判機関として存在する体制が成立した。この記録所沙汰に徳政沙汰や雑訴沙汰には加わらなかった関白が関与していることも、神宮訴訟が特別に位置づけられていたことを示している。

以上、亀山院政下の徳政としての神社興行について、別相伝禁止政策と神宮雑訴興行政策が二本柱として展開したことを指摘した。同時期の幕府による伊勢神宮領興行政策は、幕府が寄進した神領の沽却地に関する無償取り戻し政策であるのに対して、朝廷が行ったのは神宮領の別相伝禁止政策であり、それは朝廷における裁判によって実際に実施されるべきものであったと考えられる。

弘安九年四月、祇園社感神院は本所である天台座主尊助法親王に対して、「諸国当社領幷祇園社辺四至内御地」が「禅律僧尼、念仏者、武士甲乙人等」によって買得、居住されたので「神領興復」のために関東に申し入れるよう願い出ている。この要請は尊助法親王の挙状を得て幕府に送られ、六月二十三日には幕府から六波羅に「買得輩」を調べて注進するよう指示が出されている。[45]この事例は、祇園社側が幕府による神領興行令を九州の有力神社領や伊勢神宮だけでなく、すべての神社領に対して適用されるものと拡大解釈している点で、神領興行令の社会に与えた影響力を示す例であるが、もう一つ、祇園社が幕府の神領興行令が「沽却地」を対象としていることを正確に把握していたことを示している。先に示した賀茂社の事例が神領別相伝・別納の停止であったことと比較すれば、同じ弘安徳政下の神領興行といっても幕府と朝廷の神領興行令には明確な区別があったことを確認しておきたい。

3　伏見親政・院政による神社興行

(1)　石清水八幡宮の興行

弘安十年（一二八七）十月、幕府の介入により亀山院政が停止され、代わって後深草院政が始まった。この後深草院政期間にはほとんどみるべき政策はない。亀山院政の寺社興行政策が継承されるのは、伏見親政・院政期である。

正応三年（一二九〇）七月三日付の伏見天皇願文が残されている(46)。

一、諸社諸寺之輩昇進事、為本神慮、無私可有沙汰事（①）
一、社領寺領等、随分無私、可有沙汰事（②）
一、日吉、北野社行幸不叶者、脱屣之後、忩令参籠、可行八講事（③）
一、諸社諸寺造営、随分不闕、可有沙汰事（④）

四箇条の願文には私的な思いを述べる③条を除けば、寺社全体に対する伏見天皇の意志が表れている。①条は寺社の人事の公正について、②条は寺社領をめぐる裁判を公正に裁許すること、④条は寺社造営を積極的に行うことを誓約したものである。

これらの伏見天皇の意志が、伏見親政にどのように表れてくるのであろうか。

正応五年七月、新制が発布されるが、全文が残っておらず、そのうちの十五条から二十七条が判明するだけである。[47]いずれも裁判手続きに関するものであり、寺社に関する条項ではない。同年七月二十七日の広田社宛に下された官宣旨十二箇条は、その発布された時期からみても新制と連動した官宣旨と思われるが、第一条で「応興行諸社幣物事」、第二条で「応慥進発同使事」とあるのみで、とくに神社興行として別相伝を禁止したり、裁判を特別に行うなどの内容はみられない。このことから、裁判手続き法を整備し雑訴興行を目指した正応五年新制条文中に、とくに神社なかでも伊勢神宮を対象とした条文はなかったと思われる。

永仁三年（一二九五）四月二十二日の伏見天皇綸旨は石清水八幡宮の「興行条々」を十三箇条にわたって書き上げ、検校尚清に遵行するよう命じたものである。[48]これは石清水八幡宮を対象とした法であり、先に示した弘安八年宣旨Bを継承するものである。その内容は弘安八年宣旨Bと同じく、石清水八幡宮内部の問題に踏み込んだ内容であると思われる。例えば、神人に対する規制は「可停止神人寄沙汰事」（⑨条）、「神人訴訟、諸座一同、向後可停止事」（⑫条）、「同神人等号当宮神物、致挙銭借上、可停止事」（⑬条）と三箇条にわたっており、保元新制以降の新制において禁止された神人の活動制限令とでもいうべきものの系譜にあるが、その規制内容は具体的になっている。⑫条では他寺他社との訴訟で「祠官、所司、神官、神人」が朝廷に対して「一同之愁訴」をすることについては認めるものの、「社家成敗事」（石清水八幡宮内部で裁許された案件）について、「無理」とされた神人等が「諸座与同之威」をかりて朝廷に嗷訴することを禁じている。弘安八年宣旨B⑪条「一切可停止諸座神人直訴事」と比べれば、神人直訴が諸座の神人の「一同」の強訴であることを把握した上での停止令である。また、⑬条は石清水八幡宮神人が「神物」を使って「挙銭、借上」という金融活動を行うことを禁じたもので、弘安八年にはみられない条文である。さらに、③条「当宮領相伝知行僧侶、補所司、可勤神役事」、④条「朝恩輩房人内、撰重代器量、補所司、可勤神役事」、⑤条「所司等無故辞退其職輩、還補可勤神役事」は石清水内の人事に介入し、とくに④⑤条はその具体的人名まで挙げている。このような石清水八幡宮への政策は⑫条にみえる「社家成敗」、すなわち石清水八幡宮の訴訟制度の整備として具体化している。同年三月には石清水八幡宮の評定衆規式十二箇条を定め、同年四月十日には「社家諸奉行人」および三番編成の評定衆以下の職員や式日が定められ、それに彼等の起請文が副えられている。(49)

このように伏見親政は国家の宗廟である石清水八幡宮の評定制度など組織改革に積極的に介入しているが、亀山院政で問題とされた別相伝の禁止については、以上の寺内法にはみえてこない。これは別相伝所領の問題に対して伏見親政が消極的態度であったことを示している。永仁三年の綸旨③条において「当宮領相伝知行僧侶」とは、まさに別相伝する僧侶を指すと思われるが、この条文では彼等を所司に補任し、石清水社家の組織に組み込み、神役を勤めさせることによって、別相伝領を社家の管理する神領として維持しようとする政策意図が推測される。別相伝について、たんに禁止するだけでなく、別相伝領主を社家組織に組み込むという方法をとって、別相伝領主を社家による職の統制下におこうとしたのではないだろうか。

以上のように、伏見親政が石清水八幡宮内部組織改革に積極的に取り組んだことに対して、他の寺社についてはどうであったか。とくに石清水と並ぶ国家の大社、宗廟である伊勢神宮はどうであったか。残念ながら、その点について答える史料は残されていない。その痕跡もないことから、伏見親政は伊勢神宮の内部構造にまでは関与しなかったと思われる。

（2）　神領興行令

伊勢神宮領遠江国鎌田御厨内の「各別相伝十家別在家畠地」をめぐる鎌倉末期の伊勢国度会郡山田郷法常住院

の目安状(50)（後欠）は、正応から永仁にかけて、法常住院の別相伝領についての訴訟が発生していることを示している。法常住院側の訴えによれば、宝治年中に大中臣親範とその娘尼蓮仁が法常住院を草創し、これらの所領を同寺に寄進して以来、これらは鎌田御厨の「総領」とは各別に相伝されてきたが、正応年中（一二八八～九三）に神主度会高興が「沽却地紀返」にこと寄せて押領してしまった。そこで法常住院は本所である伊勢神宮祭主に訴え、高興側は干渉しないとの請文を祭主に提出した。しかし、高興はこの所領を領家に切り渡してしまい、この訴訟は朝廷に持ち込まれたと思われる。朝廷での訴訟の過程はわからないが、その際出された「永仁二年院宣（綸旨の誤りか）」によれば「沽却地紀返事」について「大神宮領遠江国鎌田御厨内武家被官輩買領事、沽地紀返者限武家被官」という文章があったという。また、法常住院側の主張に「不可混沽地紀返之条勿論也」とあることから推測すれば、度会高興が鎌田御厨内の別相伝領を「押領」したのは、弘安七年に出された「沽却地紀返事」を内容とする神領興行令によって鎌田御厨全体を返付された際、別相伝領も同じく「混領」したからであった。法常住院側は「沽却地紀返事」を内容とする幕府の神領興行令は「武家被官」に限定され、法常住院は法の対象外であるとの伏見天皇綸旨を獲得し、別相伝領有を認められたものと思われる。

さて、この事例で注目されるのは別相伝であることが全く問題となっていないことである。弘安徳政において亀山院政の寺社政策が別相伝の否定にあったことは先述した通りである。ところが、伏見親政下では別相伝否定の政策は伊勢神宮領においてもとられていなかったと推測されるのではないだろうか。

永仁五年（一二九七）五月二十一日付の神宮祭主大中臣定世に宛てた伏見天皇綸旨(51)は、この頃から朝廷の神領興行政策に変化が生まれていることを推測させるものである。

伊勢国五百野御厨以下散在、重代所領等内沽却田地事、任代々厳制、不論父祖放券之地、永非器甲乙輩伝領、悉可被返付永胤也（下略）

ここでは綸旨によって「沽却田地」の「非器甲乙輩」の伝領が停止され、神祇大副大中臣永胤に五百野御厨以下散在所領が返付されている。すでに海津氏が指摘したように、この頃、朝廷も沽却地を対象とする神領興行令を伊勢神宮に対して発布したと推定できよう。[52]

永仁六年六月十三日、朝廷は神領興行令を宇佐八幡宮に対して発布した。[53]

宇佐宮勅施入已下神領等、近年多牢籠云々、太以不便、早止非器甲乙人等之知行、所破返付本主神宮(官)等也、
先神事興行、可専御祈禱之由、可有御知神官等之旨、
天気所候也、以此趣、可被伝申近衛大納言殿(兼教)候、仍執達如件、
　永仁六年六月十三日　　　右中将実躬(三条)
謹上　刑部卿殿

この本所近衛家に対して出された宇佐宮領神領興行令については、現地での法の適用について、川添昭二氏・村井章介氏などによる正和の神領興行令を分析するなかで触れられている。[54]それによれば、宇佐八幡宮を対象とした神領興行令は宇佐八幡宮によって実施され、八幡宮領内の沽却地を対象として実施されたと思われる。永仁七年五月十五日付の宇佐公氏下知状[55]によれば、兼重が綸旨を契機として「沽却地」豊後国来縄郷兼重名内小田一反二十代を六郷山の刑部入道から取り戻すべく宇佐宮に訴訟を起こし、宇佐宮は使者を形部入道に遣わしたが、応答しないので兼重の訴えを認めている。また、同年三月二十八日の宇佐政所下知状[56]からも、行景なる者が「本領沽却之地」である葛原郷中原畠地と向野郷河嶋畠地を永仁六年の「神領興行之綸旨」によって権太郎守方から取り戻すべく訴訟を起し、河嶋畠地については宇佐宮政所から取り戻しを認められている。このように、このとき問題となった神領は「宇佐宮勅施入已下神領」のうち「非器甲乙人」の知行する沽却地であったとみてよいであろう。この綸旨には「沽却地」の文言が入っていないが、弘安七年の幕府神領興行令の対象となった宇佐宮で

は、当然のごとく沽却地の無償取り戻し令と受け止められたと思われる。

伏見院政となった正安元年（一二九九）七月二十五日、伏見上皇は賀茂社を対象とする神領興行令を発布している。(57)

賀茂社領売買地事、於社司・氏人・神人等知行来之神田者、任格制幷度々宣旨、停止甲乙人之買領、各返領、可全神税之由、（後略）

ここでは明らかに神田の甲乙人への売却が問題となっており、売買地（沽却地）の返領が命じられている。(58)

以上から、伏見親政、院政期の神領興行政策は、伊勢神宮・宇佐八幡宮・賀茂社を対象として個別に興行令が出されたこと、その内容がいずれも沽却地を対象としていたと思われることが指摘できる。亀山院政において大きな問題であった別相伝禁止政策は、伏見親政院政下では政策の中心から外されているといってよいであろう。

おわりに

以上、二節にわたり検討した鎌倉時代中期、後嵯峨院政期から後期の伏見親政期に至る時期の王朝の神社政策についてまとめると、以下のように要約できる。

一、神人強訴を禁ずる政策が継承される一方で、伊勢神宮に関しては「神宮大訴」という特例が認められ、重要案件に関する王朝への直訴が認められた。また、後嵯峨院政では徳政の一環として神宮の訴訟興行が行われた。

二、弘安徳政における神領興行は幕府と王朝がともに協調して行った政策であるが、幕府の伊勢神宮に対する神領興行令は、幕府が神宮に寄進した御厨に限定されていた。また、亀山院政が行った神領興行令は後嵯峨院政期から問題とされていた寺社の別相伝領の否定を趣旨とするものであり、幕府の神領興行令が沽却地を対象としていたことと異なる内容であった。

三、別相伝否定政策によって発生した寺社訴訟を迅速に実施するために、王朝の裁判制度が整備されるなかで、伊勢神宮の訴訟は通常の雑訴沙汰とは区別され、院文殿ではなく記録所が神宮裁判を担当する機関として位置づけられた。

四、伏見親政下では、伊勢神宮と並ぶ国家の宗廟である石清水八幡宮に対する寺内法や裁判制度を中心とする寺内組織改革に積極的に介入したが、一方で後嵯峨・亀山院政期に続いた別相伝禁止政策は後退したと思われる。

五、伏見親政・院政下では伊勢神宮・宇佐八幡宮・賀茂社を対象にそれぞれ個別に神領興行令が出された。その内容は幕府の神領興行令と同じ、沽却地を対象とするものであった。

モンゴル襲来によって加速された徳政の風は、寺社興行と裁判興行を柱として展開した。寺社興行は別相伝禁止と寺社領の沽却地取り戻し政策として表れたが、それは寺院よりも神社に顕著に表れ、とくに伊勢神宮に対して神領興行と神宮裁判の興行という形で実行されたと思われる。この政策が鎌倉末期十四世紀に入るとどのように展開するのか、この点については次章において改めて考えてみたい。

註

（1）笠松宏至「中世の政治社会思想」（『日本中世法史論』東京大学出版会、一九七九年、所収）。初出は『岩波講座日本歴史』中世三（岩波書店、一九七六年）。

（2）海津一朗『中世の変革と徳政—神領興行法の研究—』（吉川弘文館、一九九四年）。

（3）稲葉伸道「鎌倉幕府の寺社政策に関する覚書」（『名古屋大学文学部研究論集』史学四四、一九九九年、本書第Ⅰ部第一章）、同「弘安寺社興行政策の源流について—鎌倉時代前半期における王朝の寺社政策の展開—」（『名古屋大学文学部研究論集』史

学五五、二〇〇九年、本書第Ⅰ部第二章）、同「鎌倉後期の幕府寺社裁判制度について」（『名古屋大学文学部研究論集』史学五七、二〇一一年）。

（4）稲葉伸道「弘安寺社興行政策の源流について―鎌倉時代前半期における王朝の寺社政策の展開―」（前掲）。

（5）村岡薫「伊勢神宮における神人強訴の一考察」（民衆史研究会編『中世の政治的社会と民衆像』三一書房、一九七六年）、黒田俊雄『寺社勢力』（岩波書店、一九八〇年）。

（6）『伊勢二所大神宮御鎮座伝記』紙背文書（『三重県史』資料編中世一下、一九九九年所収）。

（7）『伊勢二所皇大神宮御鎮座伝記』紙背文書（『三重県史』資料編中世一下）

（8）『平安遺文』二三八八号。

（9）国立公文書館内閣文庫所蔵（142―0874）。

（10）『群書類従』補任部所収。

（11）白井克浩「鎌倉時代の「神宮大訴」について」（『神道史研究』四九、二〇〇一年）、同「高野山の旧領回復運動と神領興行法」（『年報中世史研究』二七、二〇〇七年）。白井氏は、弘安九年後十二月七日の外宮禰宜度会貞尚申状（『鎌倉遺文』一六〇九二号）にみえる「承元・建長の制符」の文言を根拠としている。

（12）平泉隆房『中世伊勢神宮使の研究』第一章補論「神宮大訴小考」（吉川弘文館、二〇〇六年、初出一九九八年）。

（13）白井克浩「鎌倉時代の「神宮大訴」について」（前掲）。

（14）天福元年十月十日僧某等連署証状写（『鎌倉遺文』四五六九号）。

（15）岡野浩二「平安末・鎌倉期の神宮上卿」（『年報中世史研究』二五、二〇〇〇年）。

（16）藤原良章「公家庭中の成立と奉行」（『中世的思惟とその社会』一九九七年、初出一九八五年）。この論文では、神宮上卿・神宮奉行について検討がなされ、『勘仲記』の記主藤原兼仲の神宮奉行としての活動、および亀山親政期から登場する神宮伝奏の存在について論究している。

（17）『日本思想大系　中世政治社会思想』下（岩波書店、一九八一年）。

（18）『鎌倉遺文』一一四二一号。

（19）『鎌倉遺文』一三六九〇号。

（20）橋本義彦『平安貴族社会の研究』（吉川弘文館、一九七六年）所収「院評定制について」（初出一九七〇年）、笠松宏至「中

世の政治社会思想」（前掲）、稲葉伸道「中世の訴訟と裁判」（『日本の社会史』五、岩波書店、一九八七年、所収）。
(21) 笠松宏至「中世の政治社会思想」（前掲）。
(22) 上横手雅敬「弘安の神領興行令をめぐって」（『鎌倉時代政治史研究』吉川弘文館、一九九一年、初出一九七六年）、海津一朗『中世の変革と徳政』（前掲）。
(23) 稲本紀昭「斎宮寮領志摩国麻生浦御厨について」（『Mie history』四、一九九二年）、白井克仁「鎌倉時代の「神宮大訴」について」（前掲）。
(24) 『新訂増補国史大系　吾妻鏡』建仁三年三月十日条、正治元年三月二十三日条。
(25) 『鎌倉遺文』一六〇四九号。このほか、遠江国鎌田御厨は『吾妻鏡』建保元年七月二十日条によれば和田義盛の乱によってその妻の所領として幕府によって没収されていたが、外宮禰宜等の訴えによって神宮に返付されたという。幕府によって神宮に寄進された所領としてよいであろう。麻生浦御厨については関東寄進の神領であるということは確認できない。ただ、外宮の「神宮大訴」は地頭田河左衛門尉隆村の地頭職停止を訴えたものであって、沽却地を問題にしたものではなかった。その意味で、沽却質券地の無償回復令である神領興行令の適用を求めて神宮側が幕府（六波羅）に起こした訴訟ではなく、神領興行令発布に便乗して起こされた訴訟とするべきかもしれない。
(26) 正安三年十月二十日関東御教書案（『鏑矢伊勢宮方記』檜垣兵庫家証文旧記案集、櫟木文書、『鎌倉遺文』二〇八八三号）。
(27) 『中世法制史料集』第六巻（公家法三五〇条〜三六九条）、『大日本古文書　石清水文書』一、三一九号。
(28) 『中世法制史料集』第六巻（公家法三七〇条〜三八六条）。『大日本古文書　石清水文書』一、三一九号。
(29) 『中世法制史料集』第六巻（公家法二七六条〜二九一条）。
(30) 笠松宏至「中世の政治社会思想」（前掲）。
(31) 弘安十年正月二十三日亀山上皇院宣（『大日本古文書　石清水文書』一、三二〇号、『中世法制史料集』第六巻（公家法四二五条〜四三〇条）。
(32) 弘長三年十月十七日太政官牒案（前掲）。この寺院法については稲葉伸道『中世寺院の権力構造』（岩波書店、一九九七年）第八章参照。
(33) ここでなぜ弘安七年からの三ヵ年分の用途が問題となっているのか。その理由はわからないが、あるいは亀山院政の徳政が弘安七年から始まっているということかもしれない。弘安七年八月二日付の亀山上皇院宣（『石清水八幡宮史』社領篇宮寺領）

によれば、「寺社領間事」について「相論地者未断之間、止両方之沙汰、可被相待惣　聖断」という。寺社領の訴訟がこの時いったん停止され、亀山上皇の聖断を待つ状況にあったと思われる。何らかの寺社に関する徳政が始まっていたとみるべきかもしれない。

(34)『鎌倉遺文』一六一九二号。

(35)『鎌倉遺文』一五八四三号。

(36) 弘安六年三月二十一日亀山上皇院宣（『鎌倉遺文』一四八〇八号）、元徳二年十二月二十六日官宣旨（『鎌倉遺文』三一三二六号）。

(37)『増補史料大成　勘仲記』弘安十年二月一日条。なお、『中世法制史料集』第六巻公家法に四三一号として収録。

(38) 笠松宏至『日本中世法史論』（前掲）一六五頁。

(39) 弘安十年四月九日後宇多天皇宣旨（『鎌倉遺文』一六二三七号）。

(40) 稲本紀昭「伊勢国益田荘・桑名神戸雑考」（『三重県史研究』七、一九九一年）、海津一朗前掲書。

(41)『増補史料大成　勘仲記』弘安九年十二月二十四日条。

(42) 藤原良章前掲論文。海津一朗前掲書七六頁。

(43)『増補史料大成　勘仲記』弘安九年閏十二月四日条には「参殿下内覧条々事、神宮雑訴於記録所可有沙汰之趣令申入」とある。

(44) 以上の事例はいずれも『増補史料大成　勘仲記』当日条による。

(45)『鎌倉遺文』一五八八七号、一五九〇五号、一五九二三号。

(46)『鎌倉遺文』一七三八〇号。

(47)「田中本制符」（『中世法制史料集』第六巻所収）。

(48)『中世法制史料集』第六巻（公家法四五九条～四七一条）。

(49)『中世法制史料集』第六巻（寺社法四五条「宮寺式条」）、補註六九。

(50)『日本塩業体系』史料編古代中世二（日本専売公社、一九七七年）、光明寺古文書巻二十、二〇号。

(51)『鎌倉遺文』一九三七〇号。

(52) 海津一朗前掲書七九頁。

(53)『宇佐神宮史』史料編七（吉川弘文館）、二八六頁。

(54)川添昭二「鎮西探題と神領興行法」（日本古文書学会編『日本古文書学論集』六、吉川弘文館、一九八七年、初出一九六三年）、村井章介「正和の神領興行法をめぐって」（同上、初出一九七八年、のち同氏『中世の国家と在地社会』校倉書房、二〇〇五年、に収録）。

(55)『鎌倉遺文』二〇〇六七号。

(56)『鎌倉遺文』二〇〇〇二号。

(57)正安元年七月二十五日伏見上皇院宣案（『鎌倉遺文』二〇一七二号）。この院宣は応永六年の祇園社領丹波国波々伯部保雑掌成静申状に支証として副えられたものである（『祇園社記』御神領部三『増補続史料大成　八坂神社記録』三）。

(58)ここにみえる「格制」と「度々宣旨」については不明。これに関連して『祇園社記』には「延喜式曰、神田者抛本地、不須輒改之云々」「戸令古記曰、同《(問カ)》神田聴売買以下、答神田国王奉入者、不得売人云々」の文章を載せている。ここにみえる『延喜式』とは、『新訂増補国史大系　延喜式』巻二二、民部上にみえる「凡位田、功田、賜田及神寺等田者、各抛本地、不須輒改」の文に類似し、「戸令古記」とは戸令ではなく『新訂増補国史大系　令集解』田令六年一班条にみえる古記一云の引用文「問神田寺田聴売買以不、答寺田聴売買也、神田不合」の文に類似する（森哲也氏のご教示による）。

第五章　鎌倉末期の王朝の寺社政策

――正安三年〜元亨元年期について――

はじめに

鎌倉時代の王朝の徳政において、寺社興行政策が裁判興行などと並んで重要な位置を占めていたことについては、鎌倉前期から中後期（後嵯峨院政期）までを見通した第Ⅰ部第二章[1]においておおよその見通しを立て、後嵯峨院政の寺社政策が寺社領の別相伝禁止と俗人領への寺社領の流出の禁止政策を主としていたと結論した。この政策は幕府の寺社政策と呼応する形で、その後の亀山院政期の弘安徳政において継続された。幕府による弘安の神領興行令が宇佐八幡宮や伊勢神宮などの沽却地を対象としていたのに対して、王朝のそれがとくに別相伝地を対象としていたことに両者の差異があった。また王朝においては寺社の訴訟、とくに伊勢神宮の訴訟がもっとも重視され、記録所がその裁判機関として位置づけられた。次いで伏見親政・院政期では伊勢神宮や宇佐八幡宮・賀茂社などに対して個別に沽却地を対象とした神領興行令が出された。これらについては第Ⅰ部第四章[2]において検討したところである。本章では伏見院政の後に誕生した大覚寺統の後宇多院政以降の王朝の寺社政策について、それまでの政策がどのように継承されたか、また、新しい政策が登場したのかについて、引き続き検討しようとするものである。

一　後宇多院政（第一期）の寺社政策――正安三年～徳治三年

後宇多上皇が、後に法皇となって密教興隆政策を展開したことは周知のことであるが、それは徳治二年（一三〇七）に出家し（法名金剛性）大覚寺に居住するようになった頃からのことであり、当初からそれを目指していたとはいえない。正安三年正月、後二条天皇が即位し、後宇多院政が開始されると、後宇多上皇はこれまでの王朝の政策を基本的には継承したものと思われる。王朝の政策は徳政としての新制発布によって知ることができるので、まず後宇多院政期の新制（制符）を検証してみたい。

1　伊勢神宮興行政策

『続史愚抄』（新訂増補国史大系）は正安三年三月の記事として「是月制符アリ」と記すが、代替わりを契機とすると思われるこの制符の内容は不明である。また、この年八月には彗星（ハレー彗星）が出現し、その攘災のために新制が発布されるのが通常であるが、新制を発布すべき王朝側がどのような対応をとったのか、史料の残存の問題もあり、これも不明といわざるを得ない。幕府側は執権北条貞時が出家し、十月には伊勢神宮御厨興行令を発布したが、彗星出現と関連するかもしれない。(3) 後宇多院政期の新制が確認できるのは嘉元二年（一三〇四）三月と徳治三年（一三〇八）三月の新制である。

乾元二年（一三〇三）六月に彗星が出現し、八月に嘉元と元号を改めたが、その年十二月二十八日に再び彗星が出現したことによって、翌嘉元二年三月になって新制（制符）を発布した。(4) 現在口宣案として残されている新制条文は前半部分が欠けており、過差禁制に関する九箇条分のみがわかるにすぎず、過差禁制以外の条文が含まれていたかどうかは不明である。しかし、新制末尾の文章は「弘長・弘安之厳制」を聖代の格言とし、「重加倹素之禁遏」ものであった。この表現からみれば、嘉元二年三月新制は過差禁制条文のみで、他の諸政策は含まれていなかったとみてよいであろう。また、徳治三年三月二十五日の新制も「徳治三年倹約制符」として記録され、「倹約条々」で始まる四十一箇条の条文は「嘉元制符」を前提とする過差禁制であり、そこには他の諸政策はみられない。このように後宇多院政は寺社興行を政権の新しい政策として打ち出すことはなかったといえよう。

新制に掲げられることはなかったが、次の史料は後宇多院政期の寺社政策を窺うことができるものである。吉田隆長の『吉口伝』(5)は蔵人方の故実を記したものであるが、そのなかに兄吉田定房の日記『吉槐記』嘉元三年二月六日条を引用した箇条がある。一つは「神領為寺領事等」、一つは「神宮上卿弁政道事」である。前者はこの日、関白二条兼基・前右大臣西園寺公衡・堀川大納言具守・按察大納言洞院実泰・権大納言藤原師信・坊城前中納言俊定・中院前中納言通時・参議吉田定房が出席して行われた院評定において取り上げられた伊勢神宮に関する議題である。神宮から奏上された解状には①「神宮神事不浄条々事」、②「神領為寺領事」、③「神領寄進権門事」、④「野依御厨事」の四箇条があり、それぞれに対する記主定房の意見や他の評定衆の意見が簡略に記録されている。この時期の伊勢神宮の動向を窺う上で興味深いが、注目すべきは①に対する定房の意見に「幣物事、当時為神事興行之最中、殊可有其沙汰」とあることである。神宮の奉幣物を含む「神事興行」が実施されていたことがわかる。これは後嵯峨院政下の弘長三年（一二六三）八月に発布された新制の第一条に「可興行伊勢幣事」とあることにみられる典型的な王朝の政策がこの時期においても行われていたことを示すものである。また、②条と③条は伊勢神宮が寺領や他の権門領となっている神領の「回復」を積極的に画策していたことを示すものである。②条について定房は神宮の解状には具体的にどの寺領を問題にしているのかを記していないので、神宮側に尋ねるよう述べ、③条についても「往古」のことはいまさら沙汰に及ばないが、「近日」に神領を権門領に寄進することは神用欠如となるのであってはならないことである。このことも神宮に子細を尋ねて、もう一度沙汰すべきであると意見を申し述べている。寺領は神領のなかにあってはならないとする神宮の主張は、おそらく初めて主張される論理であり、公家権門への神領寄進を否定する神宮の主張は、これまでの幕府や王朝の神領興行令の拡大解釈である。弘安以来幕府と王朝両者によって繰り広げられてきた神領興行令が、神宮側のさらなる要求を生み出してきたことを示すもので興味深い。このような要求に対して、定房ら評定衆は直ちに却下せず、神宮にさらに子細を尋ね下す処置をしている。ここに当時の王朝政治が、伏見院政から後宇多院政に交代しても、伊勢神宮興行政策の方針は変化していないことを見出すことができる。

同じく『吉槐記』同日条には、先の院評定が終わった後に後宇多上皇に定房が呼び出されて、六条有房とともに後宇多から「政道事」を問われ、それぞれ意見を述べたことが記されている。またその際に「神宮雑訴」についての「上卿」の設置について諮問を受けて、永久・建久の時に上卿を定めたが、それはまだ「雑訴」がない時代のことであり、「雑訴繁多」の今は、かえって神宮領の訴訟が「無沙汰」となってしまうとして反対している。それすでに弘安二年（一二七九）には神宮伝奏が置かれていて、以後、神宮の事案担当の伝奏がいるところで、それとは別に神宮上卿を置くことは、制度の煩雑化を招き、かえって神宮訴訟が混乱することを招くものと認識されたものと思われる。(6) 後宇多上皇がなぜ鎌倉初期建久期以来なかった神宮上卿を復活させようとしたのか、その理由は不明であるが、神宮雑訴興行政策として提案されたことは確かであろう。なぜなら、院政期の神宮上卿とは神宮の訴訟を専門に取り扱う組織の長であったからである。後宇多院政では院評定とは別に訴訟制度として聴断制が行われていたが、神宮上卿の設置はそれとは別の寄人数人を伴う神宮専門の裁判組織を作ろうとするものであった。神宮訴訟を特別に扱おうとする構想は後嵯峨院政期の弘長三年新制第二条にみられ、亀山院政期には記録所が神宮訴訟を扱う機関とされ、実際に短い期間ではあったが神宮上卿・勾当弁・寄人から構成される記録所が神宮訴訟を裁許した。後宇多上皇は、この先例により神宮上卿を復活させようとしたのではなかったであろうか。(7)この後宇多の諮問が実施され、神宮上卿が記録所を率いて神宮訴訟を専断した事例は存在しない。おそらく、吉田定房の意見にみるように近臣の賛同を得ることはなく、実現しなかったものとみてよいであろう。

ところで、『綸旨抄』(8)には「諸社上卿事」として嘉元二年五月二十日に権大納言藤原（花山院）師信、嘉元三年三月三日に右大臣鷹司冬平を伊勢神宮の上卿に任命した宣旨を伝える三条実躬の上宣が記録されている。これによれば、神宮上卿の補任が後宇多の諮問の前年五月にすでに行われ、また、諮問後の三月三日にも行われていることになる。この史料の存在は後宇多によって神宮訴訟を裁決する機関として記録所が復活し、そのための神宮上卿が補任されたとも考えられるからである。しかし、この上卿は嘉元二年の内宮の遷宮にあたって置かれた遷宮上卿（役夫工上卿）であると思われる。平泉隆房氏は鎌倉後期の遷宮を検討され、遷宮の際に置かれた神宮上卿を検討し、鎌倉後期以降の神宮上卿が鎌倉初期の神宮上卿と異なり、遷宮にあたって置かれた上卿であると指摘している。このことは弘安九年の神宮訴訟を扱う記録所の機能を考慮していないが、基本的に鎌倉後期から南北朝期に至る神宮上卿が遷宮に関わる行事上卿として置かれていた点で、訴訟をも扱う鎌倉初期の神宮上卿とは異なるものであると指摘している点は首肯できよう。すなわち、弘安九年の亀山院政期の改革で記録所が伊勢神宮の訴訟機関としての機能を持ち、神宮上卿も記録所においてその役割を果たしたものの、亀山院政停止後は継承されず、後宇多院政において後宇多は復活の可能性をさぐったものの、実現しなかった。その理由はすでに神宮伝奏が常置されている段階で、改めて神宮上卿にその機能を持たせる必要はなく、かえって訴訟を混乱させることになるためであったと推測してよいであろう。神宮上卿は遷宮に関わる行事上卿としての役割に限定されるものであったと捉えるべきであり、『綸旨抄』にみえる神宮上卿は平泉氏が指摘した遷宮上卿に当たるものと理解すべきものと思われる。(9)

以上のように、第一期後宇多院政期においては前代以来の伊勢神宮興行政策の流れは変わらず、朝廷における神事興行政策も実施されていたが、当初は前代と異なった新しい政策を打ち出しているわけではなかった。ただ、一つ注目しておかねばならない政策がある。笠松宏至氏がすでに指摘しているように、乾元二年の高野山衆徒が阿弖川庄をめぐって「閉門離寺」という強訴に出た際、後宇多は「縦雖為理訴、致嗷々沙汰者、不可有裁許之由、被定其法」として強訴を禁止した(10)。この法について笠松氏は「それが法的に宣言されたことの意義は、小さく評価すべきではあるまい」とし、「この後、ことあるたびに、「嗷訴は禁制」という原則を、一つの拠どころにして事を処することを可能にしたことは事実であった」と述べている。平安以来の長い強訴の歴史において、朝廷が真正面から強訴を否定し、その「法」を定めたことの意義は大きなものがある。もちろん、これ以降も寺社の強訴は頻発し、王朝や幕府がそれを押さえ込むことは容易ではなかったが、後宇多院政が強訴禁圧の法までも定めて強く寺社勢力に対して臨んでいることは、それまでの王朝の寺社政策にはみられなかったものである。後宇多院政が、聴断制という新しい裁判制度のもと、公家・寺社裁判を精力的に遂行していたなかで、裁判制度を否定する強訴は明確に禁止するものであった。

2　真言密教興隆政策

さて、後宇多院政において後宇多の個性的な宗教政策、すなわち、真言密教への傾斜が政権の意志として政策として表れてくるのは、徳治二年（一三〇七）七月に東寺一長者仁和寺真光院禅助を戒師として出家し、翌徳治三年正月に東寺灌頂院において禅助から伝法灌頂を受け、禅助を新たに置いた東寺座主職に任じ、東寺興隆条々（六箇条）を弘法大師の影前に捧げた頃からである。後宇多院政は後二条天皇の突然の死によってこの年八月に終わり、伏見上皇の治世となるから、この密教興隆に特化した政策はきわめて短いものではあったが、当時の顕密体制、権門寺院秩序に混乱をもたらす政策であった。

後宇多院の密教興隆については古くは辻善之助氏、近年では横内裕人氏の研究があり、真言密教の小野流と広沢流の法脈を後宇多院自身が継承することによって「法流一揆」をはかったものと理解されている。(11) 後宇多院の「法流一揆」の意識は、徳治三年二月二十二日に醍醐寺報恩院憲淳に対して出された勅書に明瞭に表れている。(12)「三宝院正流」を自身に伝授することを要求したこの勅書において、後宇多は「列付法正脈者、尤可法流之一揆歟」と述べている。強引な後宇多院の命令に対して、憲淳は小野流を本流とすることなど七箇条の条件を提示し、条件が満たされれば付法伝受をするとの請文を提出し、同年四月二十六日に憲淳は後宇多院に違例の付法状を出した。(13) この後、後宇多院は道順法印に付法伝授し、憲淳は隆勝法印に譲状と付法状を与え、同年八月三日に没したため、以後、道順と隆勝との争いとなり、幕府も巻き込んで次世代まで続くことは辻善之助氏が詳論するところである。

後宇多院が蒔いた混乱の種に、もう一つ益信への本覚大師号授与がある。(14) 先述したようにこの年正月、後宇多は東寺で禅助から広沢流の伝法灌頂を受け、その勧賞として広沢流の祖である益信に本覚大師の諡号を授与した。この決定に対し、延暦寺大衆は根本中堂に閉籠し反対の意思を示した。先述した強訴禁止の法は無視され、以後、本覚大師号をめぐり、延暦寺と東寺との間で争いが続くことになる。ここでも後宇多院の密教興隆政策は顕密体制に混乱をもたらした。

第一期の後宇多院政はこの年八月に停止するので、後宇多院の密教興隆政策は混乱のまま、一旦頓挫することになる。(補註1)

二　伏見院政（第二期）・後伏見院政――延慶元年～文保二年

後宇多院政が混乱のもとに停止し、伏見院政が復活する。正和二年（一三一三）には伏見が出家し後伏見院政となるが、ここでは一括して持明院統による約十年間の寺社政策を検討したい。

1　寺社訴訟手続法

まず、延慶二年（一三〇九）三月八日の院評定において十五箇条の「条々」が定められた(15)。これは、後に「延慶法」と記憶されるものであり、森茂暁氏による紹介がある(16)。この法は基本的に裁判手続きに関する朝廷内の法であって、倹約令を含まず、外部に向かって発布されたものではない。しかし、その条文をみると寺社訴訟についての伏見院政の姿勢をみることができる。寺社関係法は以下の通りである（仮に条文に番号を付した）。

①神宮伝奏可被定置其仁事

②祭主已下祠官等訴訟、閣奉行職事、直付伝奏条、一切可停止事

③諸社諸寺伝奏、可被定置其仁事

⑬諸社諸寺幷使庁成敗事、訴訟出来時、雖被尋下子細、無左右不可有勅裁事(17)

第二期伏見院政の訴訟手続法の最初に伊勢神宮の伝奏について規定し、次いで、他の諸社寺の伝奏を定めたことは、伏見院政における伝奏の重視とともに、伊勢神宮の訴訟を最優先させる姿勢を示している。また、⑬条は寺社と検非違使庁訴訟に関しては訴訟事案について院が院評定や文殿衆に子細を尋ねることがあっても、院が勝手に勅裁してはならないことを定めている。延慶法では院女房や近習が訴訟等に介入することを禁止し、伝奏・

奉行による奏事や訴訟手続き制度を維持する姿勢が明確に打ち出されている。ここには前代の後宇多院政における後宇多院の主導性に対する反省があったのかもしれない。

この延慶法は後伏見院政にも継承されている。文保元年（一三一七）の「政道条々[18]」は訴訟手続き法を定めたものであるが、基本的に延慶法を継承している。第①②③⑰条は延慶法の第①②③⑬条と一部分字句が異なるものの同文である。文保元年法はさらに第④⑤条として次の条文を入れている。

④一、神宮以下諸社諸寺雑訴、日来他人奉行事、可渡其寺社伝奏事、弁官職事　奏事時、急事之外、面々可付其寺社伝　奏事

⑤一、神社仏寺甲乙人訴訟等、伝　奏以下請取訴状者、急事外、十箇日中可奏聞、兼又、弁官職事　奏事等、不遁避之、不顧機嫌、相逢可　奏聞事

①条は伊勢神宮などの神社や寺院をそれぞれ担当する伝奏がその訴訟を担当するという原則を徹底させる条項であり、⑤条は伝奏が訴訟を受け取ったら十箇日以内に院に奏聞すること、伝奏は弁官・職事の奏事を必ず奏聞することを定めている。①条から⑤条までの訴訟手続法は寺社伝奏と奉行の訴訟ルートを確立することを目指し、⑬条はそのルートに院女房や側近が介入することを禁じ、院自身の恣意的解決を制限する内容であったといえよう。このように王朝の裁判制度において寺社裁判の興行が第一に挙げられていることが重要である。鎌倉後期以来、王朝の徳政の最重要課題が雑訴興行であり、その第一が寺社訴訟であった。その政策は後宇多院政から伏見・後伏見院政に代替わりしても、継続されたものと思われる。

2　寺社強訴への対応

後宇多院政において禁止された寺社強訴は、伏見・後伏見院政ではどうなったのか。また、真言密教興行政策

はその後、どう展開していったのか。この点について、引き続き本覚大師号諡号事件を取り上げ検討したい。

徳治三年（一三〇八）正月に益信に授与された本覚大師号は、延暦寺の強硬な反発を引き起こし、八月に根本中堂閉籠、日吉社七重塔焼失という事態を迎える。その全面対決の局面で花園天皇が即位し、伏見院政が開始された。十月二十四日、延暦寺の要求を入れて、益信の本覚大師号が停止された。伏見院政は後宇多院政の決定を翻したのである。しかし、伏見院政は後宇多院政のような寺社権門に対する強硬姿勢をとることはできなかった。延暦寺の強訴に屈した政権は、今度は、仁和寺・東寺・東大寺・醍醐寺・高野山など東密寺院の一同の抗議と、東大寺による東大寺八幡宮神輿を押し立てての強訴入洛によって、翌延慶二年七月二十日、再び大師号を益信に与える決定をした。ところが、それに対して延暦寺が日吉社の神輿を入洛させ強訴に至ると、延慶三年十一月にはまたしても折れて東寺に大師号を辞退させた。以上の事件の経緯については、すでに永村眞氏が詳細に叙述している[19]が、注目すべきは、伏見院政のこの事件に対する対応は、幕府の介入もあって終止一貫せず、延暦寺と東密寺院との対立に振り回されており、延暦寺と東大寺大衆の強訴入洛を受け入れ、その圧力に屈したことである。後宇多院政の強訴禁止政策は継承されることなく、幕府の方針もまた、延慶二年には東寺への大師号の返付を指示したにもかかわらず、翌延慶三年には東寺による大師号の辞退を勧めており、この事件に対する一貫した方針を示すに至っていない。争点となった天台宗と真言宗の権威の優劣について、朝廷が判断できないことを幕府もまた判断することはできなかったのである。後宇多院政において開始された密教興隆政策は、伏見・後伏見院政においては継承されなかったが、後宇多法皇は徳治三年の東寺興隆の「六箇御願」の実現に向けて、応長二年（一三一二）以降実施に向けて動いていく。同年三月には御影堂に三口の供僧を置き、翌正和二年十二月には山城国拝師庄以下十三ヵ所の所領を東寺に寄進し、文保二年にも常陸国信太庄などを寄進した[20]。これらの東寺への寄進は後宇多法皇個人による寄進であって、時の政権が行ったものではない。こうした両統迭立期における政権とは別の側による「私的」行為は、時の政権によって規制できることではなかった。

後宇多院は延慶二年十一月二十二日に醍醐寺座主聖雲法親王に対して、報恩院領内の「甲乙人領地之地」をことごとく報恩院に返付するよう命じている。[21]この個別寺領興行令とでもいうべき命令が、いかなる理由によって出されたのか不明であるが、この命令は醍醐寺の公人によって実行に移され、同年十二月一日には打渡しが修了したことが報告されている。[22]この年にはモンゴル襲来の噂があり、幕府は肥前や長門国の一宮などに対して寺社の修理と祈禱を命じた。[23]幕府の動きに対して伏見院政下の王朝の政策には祈禱命令や神領興行令はみられない。先の報恩院領の寺領興行はこの幕府の政策とは無関係であったと思われる。伏見院は永仁五年から正安元年にかけて個別に伊勢神宮・宇佐八幡宮や賀茂社に対して沽却地を対象とする神領興行令を発布したが、ここではそのような政策をとっていない。周知のように正和元年、幕府による鎮西五社を対象とする神領興行令が出されているが、王朝側がこれに呼応して興行令を発布した形跡はない。第二期伏見院政・後伏見院政は神領興行令を発布しなかったとみてよいであろう。

三　後宇多院政（第二期）――文保二年～元亨元年

第二期の後宇多院政での寺社政策はどのように展開したのか。持明院統の治世との違いはあるのかを検討する。

1　寺社強訴の禁圧

まず、寺社強訴への対応をみておきたい。文保二年（一三一八）十二月、東大寺衆徒は五箇条の訴訟遂行のための起請文を作成し、翌文保三年正月十八日に東大寺八幡宮神輿を入洛させ強訴に及んだ。以後、この神輿が帰座する元亨元年（一三二一）六月に至るまでの強訴の過程については、すでに史料を挙げて検討したことがある。(24)東大寺衆徒が起請文を作成し、一致して強訴に及んだ最大の理由は、伏見院政期に認められた権益が、後宇多院政によって覆されたことにある。延慶元年に伏見院宣によって東大寺八幡宮に寄進されていた兵庫関が没収され大覚寺に寄進されたこと、正和二年（一三一三）に焼失した東大寺東塔造営のために寄進された兵庫・神崎・渡辺三箇津の商船目銭半分が没収されたこと、東大寺大勧進職の人事、備前国久富・三楽名の没収など、東大寺にとっての重要な財源となるべきものが没収されたことに、後宇多院政の伏見・後伏見院政との政策の違いを明確に見出すことができる。(25)

さて、この後宇多の政策に対して東大寺は伏見親政・院政期と同じように強訴に及んだのだが、それに対する後宇多の対応は伏見とは異なって軟弱なものではなかった。(26)この時の神輿は東寺側の拒否にあって蓮華王院に入れられたが、これもまた東大寺と東寺の本末相論を引き起こす原因となった。東大寺は東寺に神輿を入れる先例を東寺が末寺である根拠の一つにしていたからである。

神輿入洛の三ヵ月後、東大寺擬講宗禅は「維摩会精義ニ明用意抄第三」の奥書に「久富・三楽・兵庫関改転歟」と記し、それらの没収の決定が停止され、東大寺に返付されたこと、しかし残りの三箇条の「大訴」の要求はいまだ達せず、武家（六波羅探題）が「公家」に申し入れても東大寺の主張は通らず、ついに六波羅は「関東注進」に及び、東大寺も頼心と玄能を関東に遣わしたことを記録している。宗禅はさらに後宇多院政のもとで延暦寺が園城寺に発向し四月二十五日に合戦に及び、園城寺が焼失した事件、(27)興福寺大乗院御堂が四月十九日に焼失した事件を挙げて、「南都北京四ヶ本寺牢籠非只事歟、此依当法皇之御政断歟、有歎而余者歟」と、これらの混乱の原因が後宇多の「政断」にあると非難している。(28)

この騒然たる京都の状況に対して、幕府は閏七月に関東使二階堂行海と佐々木佐渡入道賢親を京都に派遣し、八月十一日に六箇条の奏聞事書を後宇多に奏聞した。事書には「嗷訴条々」と兵仗禁制を下すべき寺社の目録、延暦寺と園城寺の闘乱首謀者の交名が添えられていた(29)。幕府の方針は、まず、この騒乱状況を収束させることにあり、そのうちの「嗷訴防制事」、すなわち「諸寺・諸社訴訟、雖帯理訴、及嗷訴及合戦・放火等者、永可被棄捐事」が幕府の方針の眼目であった。延暦寺・興福寺・園城寺・東大寺・醍醐寺の「兵仗」が禁止され、延暦寺と園城寺の首謀者は特定され、六波羅に召喚されたものと思われる。幕府は「春日社幷日吉社・興福寺・延暦寺等所領等知行之由緒幷寄付之次第可注給事」を奏聞したが、これはもちろん寺社領寄付を目的としたものではなく、闘乱を起こす寺社に対する所領没収をちらつかせて、闘乱を鎮めるためであった。これらの寺社領注進を幕府や王朝側が実行に移した形跡はみられない。

さて、このように幕府の奏聞は後宇多の政策に添うものであった。後宇多は幕府の武力を背景に同年十一月二十六日に院宣を発して、東大寺神輿帰座を本末問題と切り離し、東寺は東大寺の末寺ではないこと、まず先例にならって東寺に神輿を入れ、その後帰座するよう命じた。この決定は東寺を末寺であると主張する東大寺の受け入れられるべきものではなく、神輿帰座は延引された。この間、後宇多はこの問題を訴訟によって決すること、それに従わない場合は「違勅之御沙汰」に及ぶことを東大寺側に示したと思われる(30)。ここに強訴に対する後宇多の方針がよく示されている。東寺興隆を目指す後宇多にとって東寺側の主張を入れるのは当然であろうが、政権としてまず、強訴という行為そのものを否定する政策をとっていたのである。東大寺の残り三箇条の要求は通らなかったと思われ、強訴は東寺との本末相論に展開し、後宇多はそれに関しては東大寺側の主張を認めることはなかった。結局、後宇多は「曽不及一重御尋、去年（元応元年）十一月廿六日、全無本末儀之由、被下　院宣於彼寺了」のであった(31)。神輿が帰座するのは二年後の元亨元年六月八日、その間東大寺の主張は通ることなく、神輿は蓮華王院に放置されたままであった。

以上のように後宇多院政は、第二期においても強訴という寺社勢力の手段に対して、伏見・後伏見院政と比較して、厳しい態度で臨んでいたことは明らかである。

2　神事興行

次に、強訴禁止以外の寺社政策について検討する。

東大寺八幡宮の神輿が入洛する直前の文保三年（一三一九）正月十三日、後宇多法皇の臨席のもと、この年最初の院評定が行われた。「神事興行条々」を議した評定目録が万里小路宣房によって記録されている。(32)『万一記』同日条に記されている評定目録は次のようなものであった。

文保三年正月十三日評定

神事興行条々

一、祈念祭事

人々申云、幣料厳密可致興行沙汰之由、可被仰下上卿弁等、

一、神宮臨時祭事

同申云、召隆直（大中臣）卿、委被問答定、忩可被遂行、

一、代始勧賞内外宮正権禰宜一階事

同申云、任先例可申沙汰之由、可被仰神宮奉行職事、

此事有勅定、有沙汰

一、八神殿修造事

同申云、任先例可申沙汰之由、可被仰神祇伯、

一、園韓神社修造事
同申云、被付其足、急速可有沙汰、
参仕人
左大臣実泰　日野前大納言俊光
中御門前中納言経継　吉田前中納言定房
宣房

『万一記』には、この評定目録が作成される院評定での万里小路宣房の発言と他の参仕人（評定衆）の意見が記されている。後宇多院政中枢の「神事興行」に対する意見を詳しく知ることができるので、一つ一つの箇条についで宣房の意見を中心に詳しくみておきたい。

①「祈年・月次祭已下年中恒例神事」について、近年は担当の所司が多くの行事官を兼ねていて、行事上卿や内侍の参着を待たずに勝手に行事を執行しているので「法」のごとく行うべきである。

②「諸国役幣料已下事」について、去年沙汰があって、その「課役注文」を蔵人方については大蔵省が注進してきたが、官方については今日まで注進がされていないので、官方分を整えた上で幣料を催促すべきである。

③「神宮条々」をまず優先的に沙汰すべきである。内宮・外宮の正殿と別宮仮殿の遷座を急いで遂行すべきである。すなわち、内宮の心御柱が去年鼠に喰われたこと、外宮の心御柱も「温様」（問題がない状態の意味か）かどうか心配される。また、内宮の別宮である滝原宮の殿舎も「朽損」じ、ご神体が雨露に侵され、外宮の別宮である荒祭宮や月読宮には盗人が入って神宝が盗まれた状態である。したがって、仮殿遷宮をして神宝を奉献すべきである。ところが「先御代」（後伏見院政）も「当代」（後宇多院政）もそのような手当をしていない。これはそのための財源がないためであろうか。

④「神宮領闕所事」について。天慶・天禄以来、「宸筆宣命」や「不易宣旨」によって神領が寄進されてきた。現在知行している「新主」が罪科があって知行を改められたとしても神宮が管領していることには変更はないはずである。ところが、「先御代」は闕所と称し、「朝恩」として「男女」に知行させ、仏閣に寄付している。「当御代」もまたその沙汰に変わりがない。これらの所々を神宮に返付し内宮外宮の正殿、別宮仮殿の御装束、別宮神宝の用途に宛てるべきか。

⑤「神宮臨時祭事」について。推古天皇二十一年に神託があって開始されて以来、絶えることなく続けられてきたが、「公家臨時祭御祈所」益田庄（一乗院僧正知行）と「仙洞臨時祭御祈所」壬生川御厨（大中臣蔭直知行）がその料所である。ところが「公家御分」の臨時祭が益田庄からの用途が無沙汰であるといって行われない。厳密に沙汰して遂行すべきである。

⑥「代初勧賞内外宮正権禰宜一階事」について。代々宣下されてきたのに、今度はまだ行われていない。爵一級を賜うことは「聖代之仁政」である。先例に任せてその沙汰あるべきか。

⑦「諸社造営事」について。松尾社の正殿の造営は完成しているが、まだ遷宮が行われていないので新造の社頭がまた朽ち損ずる恐れがあるか。梅宮社は神体が雨露に侵されているか。大原野社は能登国を寄付するよう関白に尋ねられ、沙汰あるべきか。吉田社は代々料国を付し、あるいは「見用」を下してきた。近いところでは正治年間に甲斐国、建保年間に信濃国、延応年間に三河国、文永年間には「諸国幷武家公事用途」であった。近年は料国を付したりすることはなかったので、社壇が破壊されている状態である。現在、料所がないので「関白と社家」に仰せて「召功」（成功）を関東に仰せて、その沙汰あるべきか。

⑧「園韓神社造営事」について。代々料所を付して沙汰してきたが、近代は無沙汰であり、社壇は荊棘に閉ざされ神体は雨露に侵されている。延暦年中の遷都の時造宮使は園韓神社を他所に移そうとしたが、「なお、

この所にあって帝皇を護り奉るべし」との神託によって宮内省に鎮座したものであるという。すぐに営作の沙汰があるべきか。

以上について宣房は「代始神事可有興行」としている。

このほかに「即位翌年沙汰条々」として、

⑨「公卿勅使事」「両社行幸事」「一代一度大神宝」については、これまでの佳例にまかせて今年、沙汰あるべしとしている。

以上の宣房の発言に対して、前中納言吉田定房はほぼ同意見。祈年祭が近いので奉行弁を定めて興行の沙汰をするようにとの意見であった。前中納言中御門経継は吉田定房と同じ意見。ただ、公卿勅使については諸国が衰微してはならないとの意見であった。前大納言日野俊光は宣房と同意見。左大臣洞院実泰はほぼ同意見。諸国役幣料已下のことについては免除することなく厳密に沙汰すべきである。園韓神社造営のことについては急ぎ沙汰すべきであるとの意見であった。後宇多法皇の勅定は、伊勢神宮の遷宮については当然そうすべきであるが、怪異のことがあるので、今日その沙汰に及ばないとのことであった。

宣房の記した院評定の内容は以上である。宣房は自身の発言を記述することを中心にしているため、他の評定衆の意見の詳細については十分にわからないが、評定の結果はすべてを評定目録に記載せず、①〜⑨の議題のうち「神事興行条々」に関する①⑤⑥⑧と、宣房の記述に登場しない「八神殿修造事」が目録に載せられ、後宇多によって裁可された。「八神殿修造事」は目録の肩書きに宣房が記したように、評定衆の意見を述べるところではなく、とくに後宇多からの「勅定」によって決定されたことであった。

さて、以上の『万一記』の記載から、第一に、後宇多院政の「代始」には、「神事興行」すべきであるという宣房の発言は、院評定始において「神事興行条々」が議題として挙げられていることから、後宇多およびすべての評定衆にとって共通の認識であったことが指摘できる。神事興行は政権が交代しても引き継がれるべき最優先の課題であった。第二に、評定始の儀式として「神事興行」を形式的に取り上げているのではなく、現段階の「神事興行」の具体的な課題が論じられ、そのうちのいくつかが執行すべき政策として決定されていることが注目される。後宇多院政にとって興行すべきは、まず朝廷年中行事としての「神事」であり、そのなかの祈年祭の厳密な実施であった。次に伊勢神宮関係条項が興行すべき対象とされ、具体的に内外宮正殿と別宮仮殿遷座の費用、神宮領闕所のこと、神宮臨時祭のこと、代始めの神宮正権禰宜の一階の昇叙が問題とされ、そのうち臨時祭と禰宜の昇叙が実施に移された。費用調達が問題となる遷宮や神宮領闕所などの条項は目録への執筆が省かれている。ただし神宮臨時祭については祭主大中臣蔭直を召して事情を聞いて遂行すべきこととしている。第三に、松尾社・梅宮社・大原野社・吉田社などの造営については、状況は把握しているものの伊勢神宮と同じく目録に記載されることはなかった。ただし、宮中にあって神祇官が管理する園韓神社については規模が小さいゆえか、費用を調達し急ぎ修造することとしている。第四に、後宇多院の「勅定」として宮中の八神殿の修造について神祇伯に申し入れるよう命じられている。これは園韓神社に対する修造をするので、同じ神祇官が管理する宮中の神殿を修造しようというものであろう。

以上の「神事興行」をみると、全体として朝廷内部の神事興行が中心であったということがいえよう。伊勢神宮に関しては課題を認識してはいるものの必ずしもすべてを優先的に行おうというものではなかった。そこには遷宮や公卿勅使などの費用確保の問題があることは明らかであり、そのことは中御門経継の意見に表れている。また、幕府の召功などに頼らざるを得ない状況では「興行」すると簡単に結論できることではなかったのである。また、伊勢神宮を重視する政策に変更はないものの、かつての伏見親政・院政における沽却地を対象とする神領興行令のようなものは検討されていない。④の神宮領闕所については具体的な事例が不明なため解釈が難しいが、闕所が「朝恩」として俗人の「男女」や「仏閣」に与えられているものを伊勢神宮に返付する政策をとることを宣房が発言したものである。神領興行令の変種ともいえるが、きわめて限定的なものであり、また、この提言が目録に記されることはなかった。

ところで、同じ『万一記』の抄出記事にはこの評定目録に続いて箇条書の事書部分が「同記云」として写されている。政道に関する意見を記したと思われるこの記事について、その日付については詳らかにできないが、おそらく後述する元応二年の徳政記事の前に記されていることから、その前年、文保三年（元応元年）のものとみてよいであろう。また、提言者は記主である万里小路宣房自身であったと推定される。さて、「仙洞評定衆伝奏等可被清撰事」「可被興行文学事」など全八箇条の後半部分の事書には寺社関係の興行に関する条項がみえる。その事書部分を示す。

⑥一、諸社司・諸寺執行可被停　勅役并諸家雑役事
⑦一、恒例神事可有興行沙汰事
⑧一、諸寺別当者、朝家重事也、仍必有僉議、所被定補也、（下略）

⑥は社司や寺務は本社・本寺の修治をするのが本務であるのに、「勅役・雑役之勤仕」に煩わされているので、彼らに対する「勅役」と「諸家雑役」を停止するようにとの提言である。一種の社司・寺務優遇政策であるこの提言が具体的にどのような背景からなされているのか、今のところ明らかにできない[33]。

⑦は朝廷の神事興行に関する提言で、先にみた文保三年正月十三日の評定に関係するものである。担当奉行の上卿や弁の厳重な儀式執行を求めるだけでなく、幣物や供物について「建長・宝治・文永例」に任せて興行するべきであると提言している。このうち建長の例とは建長五年（一二五三）七月十二日宣旨（新制）の第一条「可興行諸社幣物不法事」を指していると思われるが[34]、宝治・文永の例が具体的にどのような政策であったかはわか

らない。

⑧は文保三年正月十三日の評定で議題にならなかった寺院に関する提言である。「諸寺別当」は朝家の重事なので必ず「僉議」によって補任すること。昔は補任する別当の「本寺」を重んじていたが、今ではその人物を重んじて別当としてその寺に給うようになっている。寺院の「興替」はただ「人力」にあって、寺院の盛衰は別当を任命する「朝議」にあるとしている。次に、別当補任の具体的施策として、「南京七大寺」と「北京六勝寺」を引き合いに出し、「南京七大寺」と比べて「北京六勝寺」の「執務之仁」が「寺用」を貪り、寺院の「修治」を忘れているとし、円宗寺・法勝寺の「修治沙汰」が後三条院や白河院の本願にそうものだとしている。ここでは六勝寺に準じる寺院として円宗寺を挙げている。また、転倒した寺院で修造することができない寺院の所領を、東寺・円宗寺・法勝寺の修理に宛てることを提言している。

これらの提言は宣房個人の意見であると思われるが、当時の寺社政策において問題となっていた案件が反映されているとみてよいであろう。とくに、⑧条は王朝が重視するのが円宗寺・六勝寺であり、六勝寺のうち法勝寺の維持を最優先とし、法勝寺以外の維持管理に苦慮している様子が窺える。この⑧条については、遠藤基郎氏が後宇多院政の御願寺政策を検討するなかで言及しており、「円宗寺・六勝寺の修造、仏事興行が後多宇院政の中心的課題であった」がその実効性は低かったと結論している(補註2)。

3　元応二年徳政

文保三年の翌年元応二年（一三二〇）正月九日、院御所である常磐井殿において評定が開かれた。この院評定について、『万一記』(35)の記主万里小路宣房は奉行として参仕し、その模様を記録している。

まずこの評定は「徳政事」を沙汰したものであること、去年の沙汰の時に評定衆が注進した「篇目」に左大臣洞院実泰が書き加え、それを宣房が読み上げ一条ごとに目録を書いていったことがわかる。この日の評定でまず議論されたのは「神事・仏事等篇（目）」であり、そのうち「伊勢太神宮已下諸社祭幣帛・供神物、量神力可有興行事」という篇目についての議論があり、「供神物」については社領で沙汰すべきことで「国力」によってするものではないという意見が通り、「奉幣物」のみの興行とし、「供神物」は興行の対象からはずされたことがわかる。神事興行について具体的に議論をしていたことが窺える。宣房の記録したこの日の評定目録は以下の通りであり、日記に記した議論の中身は全く記されていないため、それがどのような意図のもとに議論された結果なのかはわからない。

元応二年正月九日評定

一、祈年・月次幷諸社祭幣物事
人々申云、行事弁之外、上卿左大臣・伝奏宣房可申沙汰、
一、御斎会・太元真言両法諸国召物事
同申云、行事弁之外、上卿内大臣・伝奏別当可申沙汰、
一、三会四灌頂已下事
同申云、奉行職事・弁之外、上卿内大臣・伝奏別当可奉行、
一、諸国分寺興隆事
同申云、内大臣可申沙汰、
一、六勝寺已下造営事
同申云、各奉行上卿・弁等致厳密沙汰、毎年可注進修造之勤否、
一、陪膳弁七瀬御祓使当番闕怠輩事

同申云、三ヶ度令闕怠輩者可被除仙籍、於彼輩者勅免以前不可被許官位之由、

参仕人

関白（一条内経）　左大臣（洞院実泰）　内大臣帥（花山院師信）　日野前大納言俊光　中御門中納言経継（ママ）　予

この評定目録で注目すべき点は、第一に朝廷内年中行事としての祈念祭や月次祭の神事、朝廷が護持すべき神社への奉幣、同じく朝廷内年中行事としての御斎会・太元真言両法の仏事用途としての諸国召物、朝廷が維持すべき仏事法会としての三会（円宗寺法華会・同最勝会・法勝寺大乗会）四灌頂（尊勝寺・最勝寺・東寺・仁和寺の結縁灌頂）の執行において、院政期以来定められていた行事弁や奉行職事、弁・上卿とは別に伝奏が関与すると定めていることである。とくに上卿だけでなく伝奏も関与するとしている点は、後宇多院政における伝奏重視の政治姿勢がよく表れている。伝奏が権門寺社ごとに設置され、寺社訴訟に携わっていたことは、すでに伏見・後伏見院政下においてみられたことであったが、後宇多院政もこの路線は継承し、さらに訴訟だけではなく神社の幣物、朝廷仏事の用途（諸国召物）、国家的仏事の執行にまで関与させる政策をとったといえる。

第二に注目される点は、諸国の国分寺を興行しようとしていることである。後嵯峨院政下の弘長三年（一二六三）新制第十条[36]では「近来、国分二寺礎石不全者、点便宜之堂舎」て、諸国最勝王経を転読せよとしているように、国分寺を再興する方針は示されていなかった。このように王朝による国分寺興行政策は幕府による弘安徳政下の国分寺・一宮興行令よりも遅れていたといえる。後宇多院政第一期の徳治二～三年（一三〇七～〇八）頃、伊勢国分寺が法勝寺に、伊与・長門国分寺が延勝寺の管領下に組み込まれ（（補註2）参照）、延慶三年（一三一〇）二月に伏見上皇が西大寺第二代長老信空上人の申請を認めて長門国分寺の興行を命じた事例がある[37]が、寺社興行政策の一つの柱とはなっていなかった。後宇多はここで国分寺興行を内大臣花山院師信担当とし、積極的に推進しようとしたと思われる。近世の編纂史料ではあるが、『本朝高僧伝』[38]の信空伝では後宇多院が日本六十余

州の国分寺を西大寺の子院としたと記述している。この記述について、西大寺による国分寺再興を検討された追塩千尋氏は、諸国国分寺のうち十九箇寺が一三三〇年代末までに西大寺の末寺になっていることを確認し、その時期は後宇多院政期ではなかったかとして、『本朝高僧伝』の記述を一概に否定すべきではないとしている。西大寺流の律僧が叡尊以来鎌倉幕府と関係を深め、西大寺末の律宗寺院が関東祈禱所に組織されたことは周知のことであるが、西大寺流の律僧が幕府、そして王朝の国分寺興行政策の担い手となっていったものと思われる。(39)

翌元亨元年（一三二一）七月、薩摩国天満宮国分寺の所司・神官等は連名で天満宮と国分寺の由来と現状を訴え、「御徳政法」により「当宮幷国分寺堂塔」の造営を要求したが、その契機となったのは「幸今如承及者、可被興行諸国々分寺等之由、被御徳政旨風聞」とあるように、諸国国分寺興行の徳政が行われるとの風聞によるものであった。(40)彼らがこの「風聞」をどのようにして得たかはわからないが、中央での国分寺再興の徳政の決定が国司を通して留守所に伝達されるという正式ルートではなかったであろう。その点からみれば国分寺再興の太政官符あるいは官宣旨が諸国宛に下されたとまではいえないが、元応二年か翌元亨元年に国分寺興行令が後宇多の徳政として発布されたとみてよいのではないであろうか。元応二年の徳政評定での国分寺興行政策は実施されたとみるべきである。

第三に六勝寺の造営について毎年修造の実施の有無を注進させるとしていることである。先述した前年の六勝寺修造に関する院評定における議論の延長上にあるものであり、後宇多院政が六勝寺の修造を重要な政策課題として位置づけていることが確認できる。『万一記』元応二年（一三二〇）五月十四日と推定される院評定の記事(41)によれば、「明年辛酉」の攘災のため「徳政篇目」（「四十余条」）を定めたが、その内容は「神事・仏事・任官・文学・雑訴・南都北嶺嗷訴」などであったという。その「四十余条」の条文については残されていないが、寺社興行についてみれば、当然、前年からの徳政政策の一環としての仏神事興行が掲げられていたと思われる。

翌元応三年二月二十三日から二十五日にかけて後宇多は「辛酉仗議」を連日開き、二十三日には元亨に改元している。辛酉攘災のための改元である。[42]改元後の元亨元年四月十七日付の感神院宛六箇条の官宣旨が残されている。これは前年に議論された「四十余条」の徳政条文の一部を、個別法令として感神院に発給したものと思われる。[43]「雑事陸箇条」で始まる官宣旨の事書部分を示すと以下のようである。

①一、応興行伊勢太神宮已下諸社祭幣物事
②一、応有急速沙汰神社訴事
③一、応定訴陳日限事
④一、応停止諸庄園収公寄進本主事
⑤一、応停止以相論地寄進権門事
⑥一、応停止譲不知行地於他人事

祇園社感神院宛であることから、当然のことではあるがこれまで『万一記』の院評定で議論されてきた六勝寺や国分寺興行など寺院興行政策についての条文はない。ここでは、これまでとられてきた神社興行政策が改めて条文として挙げられている。第①条は伊勢神宮以下諸社の祭幣物の興行令であり、基本的には『日本思想大系中世政治社会思想』が頭注で指摘するように建久二年三月二十八日の新制第一条の延長上にある政策であり、国司に対する罰則規定が入っている点以外に目新しさはない。ただ祈念祭・月次祭・新嘗祭などの興行については先述した文保三年正月十三日院評定での「神事興行条々」についての議論や元応二年正月九日の院評定での議論が反映されているかもしれない。

第②条も後嵯峨院政下弘長三年八月十三日新制からの延長上にある政策である。神社訴訟の迅速な手続き、とりわけ伊勢神宮訴訟を一宿を経ず直ちに奏聞せよとする点も、従来からの伊勢神宮を特別に重視する政策の踏襲である。また、感神院（祇園社）も含めた他の神社の訴訟についても十日以内に奏聞せよとしている点も、先述した文保元年の「政道条々」第⑤条の規定と同じである。なお、「南都北嶺訴訟、急速殊可有沙汰、諸社已以被止嗷訴、奉行人更不可存緩怠者」には東大寺や石清水八幡宮の嗷訴（強訴）に悩まされていた当時の状況が反映されており、『日本思想大系　中世政治社会思想』頭注が指摘するように、強訴の禁止と抱き合わせで出された政策であった。

第③条は訴訟手続法であり、神社訴訟に限定されるものではなく、弘安八年以来の雑訴興行政策の継承である。第④条・第⑤条・第⑥条についても神社領固有の政策ではない。それが何故祇園社宛の官宣旨に条文として記されているのか、その点についてはよくわからないが、当時、祇園社などが関わった訴訟のなかに、条文に関係する具体的案件があったのではないかと考えられる。正和五年（一三一六）五月、祇園社感神院別当権少僧都法眼行守は三月三日の節供料所として山階田を社家に寄進し、執行教晴法眼の相伝知行とした。(44)ところが、この寄進に対して問題が生じたようで、文保二年（一三一八）六月十日に当時の別当「法印権大僧都」某が「正和御寄付」に任せて教晴法眼の知行を「元の如く」認め、三月三日の御節供を進めることを命じている。(45)執行教晴法眼の山階田の知行は先別当の寄進にも拘わらず一度停止されたと考えられる。知行停止の理由は明確に記されていないが、同文書中に「於彼地者、自往古為別当得分社領之条、社家文書分明之上者、雖可有勘落沙汰」の文言から、別当得分の社領であるので現在の別当が「勘落沙汰」をしたものと推測される。「勘落」とは没収・収公の意味であり、先別当の寄進行為を現在の別当が認めず、いったん、収公したものと考えられる。このことは、第④条の「忘寄付之本意、動及収公」の文言に相当すると思われ、山階田の寄進田をめぐる現別当と執行教晴の間での争いが、この条文に反映しているのではないだろうか。おそらく別当は「別当得分」である山階田の知行領有を主張し、前別当行守の約束した執行の別相伝を否定して、収公しようとしたのではないだろうか。ここには祇園社領の別相伝を否定する論理が働いていたものと思われる。第④条は、その別相伝を認め、寄進者の本意を尊重して被寄進者である社家の収公を否定するものであり、鎌倉後期の王朝の寺社政策上注目された別相伝否定政策とは正反対のものであった。

以上、感神院（祇園社）宛の法令では、神事興行・神社興行の院評定での議論が、徳政として伊勢神宮以外の「余社」「諸社」である祇園社にとくに大きく反映されているとは思われない。鎌倉末期の徳政としての神社興行・神事興行政策の主たる対象は朝廷内の神事であり、国家の宗廟である伊勢神宮であったと思われる。

おわりに

以上、鎌倉末期、後宇多院政（第一期）から伏見・後伏見院政を経て後宇多院政（第二期）に至る二十年間の王朝による寺社政策について、主として政策担当者の側の史料を中心に検討した。この間の王朝は大覚寺統と持明院統という王権の分裂状況にあり、両者の政策についても一部寺社政策について相違がみられたが、基本的には王朝国家としての寺社興行政策が一貫していたと思われる。本章で検討した寺社政策について、これまでの政策と比較し評価すれば以下のようになる。

一、王朝は寺社興行政策を徳政の一環として継続した。ただし、その内容は政権によって強弱があるものの基本的には前代からの政策の踏襲であり、斬新な政策が実施されることはなかった。社会的混乱をもたらした神領興行令はこの時期、実施されなかったのである。

二、後宇多院政第一期の聴断制にみられるような雑訴興行政策の一つとして寺社裁判の興行が行われたが、そのなかでも伊勢神宮訴訟は特別視され、制度上もっとも重視された。裁判制度を寺社について重視したのと引き替えに、寺社強訴は後宇多院政下では禁止された。しかし、伏見・後伏見院政は後宇多院政とは異なり、寺社強訴にとくに厳しく対応した形跡はみられなかった。この点に、大覚寺統と持明院統の政策の相違がある。

三、寺社興行政策は寺院よりも神社、神事興行が優先された。とくに朝廷内部の神事興行が中心となっていく。これは神領興行令のような直接、社会に大きな影響を与える政策ではなく、王朝の実行可能な政策が次第に朝廷内部の儀礼的世界にしか及ばなくなっていったことを意味している。

四、寺院については後宇多院政による諸国国分寺興行政策がみられるが、西大寺流律宗による興行の詳しい実態、幕府による国分寺興行とどのように連動しているかについてはよくわからない。この点についてはさらなる検討が必要である。また、平安末院政期から顕密体制上重要な位置を占めてきた法勝寺を始めとする六勝寺は、この時期あるいは退転し、あるいは修造を余儀なくされており、その対策が議論されてはいるが有効な対応を打ち出すことはできなかった。

五、後宇多院の密教興隆は本覚大師号事件や東寺興行政策、大覚寺の整備などに及んだが、これらについて政権内部で議論した形跡は見られず、徳政評定の対象とはなっていない。これらは後宇多院のきわめて私的な行為であって、王朝国家の政策とは区別しておかなければならない。

この後、後醍醐天皇の親政が後宇多院政を継続する形で始まる。後醍醐親政から建武新政への過程での寺社政策については、第六章でさらに検討を続けたい。

註

（1）初出「弘安寺社興行政策の源流について」（『名古屋大学文学部研究論集』史学五五号、二〇〇九年）。

（2）初出「鎌倉中・後期における王朝の神社政策と伊勢神宮」（『名古屋大学文学部研究論集』史学五八号、二〇一二年）。

(3) この点については海津一朗『中世の変革と徳政』(吉川弘文館、一九九四年)を参照。
(4) 『柳原家記録砂巌』(『鎌倉遺文』〈二一七七七号〉)。
(5) 『続群書類従』第十一輯公事部。
(6) 神宮上卿については藤原良章「公家庭中の成立と奉行」(『中世的思惟とその社会』一九九七年、初出は一九八五年)、岡野浩二「平安末・鎌倉期の神宮上卿」(『年報中世史研究』二五、二〇〇〇年)、白根靖大「院政期の神宮奉行について」(『中世の王朝社会と院政』吉川弘文館、二〇〇〇年、初出一九九七年)がある。
(7) 稲葉伸道「鎌倉中・後期における王朝の神社政策と伊勢神宮」(前掲、本書第Ⅰ部第四章)。
(8) 『続々群書類従』公事部。
(9) 『大日本古記録　実躬卿記』六、嘉元三年十一月十七日条には前日蔵人頭に補任された記主三条実躬の子息公秀に関する記述がある。この日関白九条師教邸に公秀とともに参じた実躬は関白に蔵人方の「管領」については、先例では位次によって正四位下の公秀が管領となるべきであるが、公秀はまだ「未練」なのでこの年三月八日に蔵人頭に補任された平惟輔(従四位上)が担当するのが適任であることを申し入れている。その際、実躬は「抑近年管領与神宮奉行被分附両貫首、且元惟輔管領、宣房神宮奉行、而宣房管領之時、渡神宮於惟輔、然者神宮事公秀若可申沙汰歟」と申し添えている。この実躬の言は、万里小路宣房と平惟輔が蔵人頭であった嘉元三年三月八日から十一月十六日までのことを先例としてあげて、蔵人方管領と神宮奉行は両蔵人頭がそれぞれ担当することを述べて、公秀を神宮奉行にするよう申し入れたものである。この「近年」がいつ頃からのことを指しているのか、その始まりについてはまだ確認できていないが、伊勢神宮奉行を一方の蔵人頭が担当することが慣例となっていたことは興味深い。ここにも伊勢神宮を重視する政策が表れている。
(10) 後宇多上皇院宣(『大日本古文書　高野山文書』二、六八一号)。笠松宏至『日本中世法史論』(東京大学出版会、一九七九年)一七七頁。
(11) 辻善之助『日本仏教史』第三巻中世篇二(岩波書店、一九四九年)、横内裕人「仁和寺と大覚寺―御流の継承と後宇多院―」(『日本中世の仏教と東アジア』塙書房、二〇〇八年)。
(12) 『大日本古文書　醍醐寺文書』二、三六一号。
(13) 『大日本古文書　醍醐寺文書』二、三六一号。
(14) 本覚大師諡号事件については、辻前掲書の他、永村眞「『真言宗』と東大寺」(中世寺院史研究会編『中世寺院史の研究』

下、法蔵館、一九八八年)、同「寺院と天皇」(石上英一他編『講座前近代の天皇』第三巻、青木書店、一九九三年)、真木隆行「鎌倉末期における東寺最頂の論理」(東寺文書研究会編『東寺文書にみる中世社会』東京堂出版、一九九九年)を参照。

(15)「京都東山御文庫記録」甲二〇八。

(16) 森茂暁「「延慶法」の紹介」(『国書逸文研究』一九号、一九八七年)。

(17) 森茂暁氏の翻刻では「無左右可有勅裁事」とあって、「不」がないが、東京大学史料編纂所架蔵「京都御所東山御文庫記録」甲(勅封)二〇八巻(2001―1―191)を確認したところ「無左右不可有勅裁事」とあって、森氏の翻刻では「不」の一字が脱落していることが確認できる。

(18) 宮内庁書陵部所蔵。『中世法制史料集』第六巻所収。

(19) 永村眞「寺院と天皇」(『講座前近代の天皇』前掲)。

(20) 網野善彦『中世東寺と東寺領荘園』(東京大学出版会、一九七八年)第四章。

(21)(延慶元年)十一月二十二日後宇多上皇院宣案(『鎌倉遺文』二三四六一号)。

(22)(延慶元年)十二月一日醍醐寺座主宮聖雲法親王令旨(『鎌倉遺文』二三四六八号)。

(23) 延慶二年二月二十六日肥前守護北条政顕書下案(『鎌倉遺文』二三六〇四号)、同年月日某書下案(『鎌倉遺文』二三六〇五号)、同年二月二十七日肥前守護代長門左衛門入道施行状案(『鎌倉遺文』二三六〇七号)。

(24) 稲葉伸道「鎌倉後期の東大寺とテクストの形成」(『統合テクスト科学研究』三―二、二〇〇五年)。

(25) 延慶元年十二月二十七日伏見院宣によって兵庫関升米・置石が東大寺八幡宮料所として「永代」寄進されたこと、正和二年東塔焼失後その造営料として兵庫・一洲(神崎)・渡辺三ヶ津商船目銭半分が寄進されたことについては、竹内理三『寺領荘園の研究』(一九四二年)三二三～三二五頁を参照。

(26) 元応二年(一三二〇)の東大寺惣寺記録(東大寺図書館所蔵東大寺文書2―21)には東大寺八幡宮神輿の入洛が康和四年以降「天永、永仁、延慶、正和四ヶ度」であったことを記しているが、鎌倉期の三度の入洛はすべて伏見親政・院政期にあたっている。このことは強訴の圧力に対して伏見の政権がいかに弱かったのかを示している。

(27) この闘乱の原因は園城寺戒壇設立問題にあった(『増補史料大成　花園天皇宸記』文保三年四月十三日・二十五日条)。

(28) 大須観音宝生院真福寺文庫所蔵聖教三十三合。なお、この奥書の全文は前掲稲葉伸道「鎌倉後期の東大寺とテクストの形成」を参照されたい。

(29)『文保元応之記』元応元年八月条（国立公文書館内閣文庫所蔵大乗院文書）。この史料については稲葉伸道「中世の国家と寺社―王朝と幕府の寺社政策―」（『年報中世史研究』二八、二〇〇三年）で紹介した。

(30) 元応二年三月日東大寺群訴目安（大須観音宝生院真福寺文庫所蔵『東大寺記録』所収）。全文は『真福寺善本叢刊古文書集一』（臨川書店、二〇〇〇年）に収録。ただし錯簡があるので注意されたい。

(31) 元応二年三月日東大寺群訴目安（前掲）。

(32) 新田英治「西園寺家所蔵『万一記』」（『学習院大学史料館紀要』八、一九九五年）に紹介されている西園寺家所蔵『万一記』による。

(33) この条項では「社司之財宝悉是神物也、寺務之沙汰無非仏物」とあって、本来、神物・仏物の意味は社司物・僧物と区別されるものであるが、ここでは神物・仏物と社司物・僧物との区別がなく一体化している。笠松宏至氏が指摘した仏物・僧物・人物の界は必ずしも固定的ではなかった（笠松宏至「仏物・僧物・人物」『法と言葉の中世史』平凡社選書、一九八四年、所収）。

(34)『中世法制史料集』第一巻鎌倉幕府法、追加二七七条。

(35)『万一記』柳原本。『皇室制度史料』太上天皇三（吉川弘文館、一九八〇年）。

(36)『中世法制史料集』第六巻、公家法。

(37) 延慶三年二月十五日伏見上皇院宣（東京大学史料編纂所影写本「長門国分寺文書」一）。

(38)『大日本仏教全書』（仏書刊行会、一九七九年）一〇三巻。

(39) 追塩千尋「中世国分寺の再興と西大寺流」（同『国分寺の中世的展開』吉川弘文館、一九九六年、初出一九九三年）。明徳二年（一三九一）九月二十八日「西大寺諸国末寺帳」（奈良国立文化財研究所編『西大寺関係史料』一、所収）には周防・長門・丹後・因幡・讃岐・伊予・伯耆・但馬の国分寺がみえ、年未詳「西大寺諸国末寺帳」（同上）には以上に加えて尾張・加賀・越中・武蔵・陸奥の国分寺がみえる。九州を除く西国に多くみられるのが特徴である。なお、追塩氏は西大寺による国分寺の末寺化を第一期の後宇多院政とみている。『万一記』の記事から本章では第二期後宇多院政期の政策として推測しているが、史料の制約があり確定されたわけではない。

(40) 元亨元年七月日薩摩天満宮国分寺所司神官等申状（『鎌倉遺文』二七八一九号）。

(41)『万一記』には十四日とあって何月かは不明であるが、記事の順序から五月と推測した。また、「明年辛酉」から元応二年と推定した。

（42）『増補史料大成　花園天皇宸記』元亨元年二月二十三、二十四、二十五日条。

（43）『中世法制史料集』第六巻所収。なお、この官宣旨条文の解説については『日本思想大系　中世政治社会思想』下（岩波書店、一九八一年）の笠松宏至氏による解説を参照した。

（44）正和五年八月八日惣目代権少僧都寄進状（『鎌倉遺文』二五八三四号）、同年五月祇園社別当田地寄進状（『鎌倉遺文』二五八五五号）。

（45）文保二年六月十日山城祇園社別当下文（『鎌倉遺文』二六七〇二号）。

（補註1）『天台座主記』（『増補校訂天台座主記』第一書房、一九七三年）無品覚雲親王の項には、嘉元三年（一三〇五）のこととして「禅宗御興行」として洛中に禅宗寺院が建立され「嘉元寺」の寺号が下されることに対して、延暦寺大衆がその停止を要求する奏状を朝廷に捧げたとの記事がある。延暦寺は年号を寺号とするのは延暦寺だけに限られていること、ましてや禅宗の興行があり得ないこととして愁訴しているのであるが、後宇多の朝廷がその愁訴に対して直ちに嘉元寺の寺号授与や建立を停止したかというと、翌年十二月には大衆が「連々愁訴」していることから撤回されている形跡はみられない。しかし、その後嘉元寺は破却されたようである。南北朝期応安元年（一三六八）の南禅寺楼門をめぐる延暦寺と南禅寺の争いの際に、延暦寺大衆は朝廷に対し破却すべきことを訴えるなかで、過去の事例として「後二条院御宇」に嘉元寺が建てられたが、延暦寺の訴訟によって破却されたことを先例として挙げている（『大日本古記録　後愚昧記』応安元年七月二十三日条）。この記事からみれば、嘉元寺建立は事実であり、それに対して延暦寺が反発し愁訴することによって、ついに破却されたことがわかる。南禅寺楼門破却事件の前史に嘉元寺破却事件があり、その背景に八宗体制を維持しようとする延暦寺と、台頭する禅宗との対立があること、後宇多院は真言密教興行だけでなく禅宗も興行の対象としていたことが注目される。

（補註2）遠藤基郎『中世王権と王朝儀礼』（東京大学出版会、二〇〇八年）第十一章。ところで、後宇多院政期（第一期）における法勝寺の事情を示す史料が残されている。『洞院家部類』（国立公文書館内閣文庫所蔵144―476）第十四には、徳治二年（一三〇七）と三年の洞院公賢が後宇多院に奏上した奏事目録が写されている。その一部は東京大学史料編纂所に原本として所蔵されており、『東京大学史料編纂所影印叢書平安鎌倉古文書集』（八木書店、二〇〇九年）に遠藤珠紀氏によって紹介され、他の原本の所在や、奏事目録の記主である洞院公賢が当時延勝寺と法勝寺の担当奉行であったことを指摘している。さて、注目すべきは六勝寺のうちの法勝寺と延勝寺の後宇多院政期の実態がそこに垣間見られることである。徳治二年三月五日奏事目録（『鎌倉遺文』二二一八七号）では紀伊国国分寺領と延勝寺領釜戸郷について、同年五月二十五日奏事目録では、延勝寺領中津南庄と同寺領長門国分寺・紀伊国分寺が、徳治三年六月一日奏事目録では「法勝寺条々」として近江黒速水庄内有恒名と備前黒服部保内鍛冶給をめぐる問題が、同年七月一日の奏事目録では「法勝寺条々」として御八講、常行堂御所・築垣の修理、禅坊築垣のこと、大仏供庄の壇供米未済のこと、伊勢国分寺のことが、同年八月四日の「法勝寺条々」では権都維那の所帯の諸職の弟子への譲渡、法勝寺三綱、山城国香御園、伊予国栗井保のこと、禅宗の訴訟のことが、同年八月十一日奏事目録では、「法勝寺条々」として常行堂供僧と河村保や二保庄のことが伝奏を通じて奏聞され、それらについて後宇多院の仰せがなされている。それらの事項から法勝寺三綱（権都維那）の所持する所職は弟子に譲渡されるが、後宇多院の承認が必要とされていたこと、法勝寺常行堂供僧が衆勘になり、その後任人事がやはり後宇多院の承認が必要であったことなど、僧の人事権を治天の君が掌握していたことがわかる。また、法勝寺・延勝寺の寺領に関する訴訟は、寺領内の名や鍛冶給などの荘園内部の問題まで朝廷に持ち込まれ、後宇多院の裁可を得ている。これらの事例は鎌倉末期においても天皇家の御願寺および御願寺領が王朝国家の直接統治の対象に組み込まれていたことを示している。

第六章　後醍醐天皇親政期の寺社政策

はじめに

元亨元年（一三二一）十二月九日、後宇多院政が停止され後醍醐天皇の親政が開始される。以後、元徳三年（一三三一）八月までの親政期における王朝の寺社政策がどのようなものであったのか。本章はこれまで検討してきた後嵯峨院政以後の王朝の寺社政策、すなわち徳政としての寺社興行政策が、後醍醐天皇親政期において、どのように継承され展開したのかを検討しようとするものである。その際、とくに同じ大覚寺統の政権である後宇多院政期の政策との連続・非連続、建武新政の政策との連続・非連続が問題となる。後醍醐親政期の政策全体については、その革新性について一部言及されることが多いが、多くは鎌倉幕府倒幕過程の政治史一般の叙述において言及されることが多く、ましてや寺社政策について検討した研究はそれほど多くはない。総合的に検討されることはほとんどないといってよいであろう。本章では先の問題点に留意しつつ、後醍醐親政期の寺社政策について総合的に検討したい。

ところで、後醍醐親政期については、倒幕を果たし建武政権を樹立した天皇の強烈な個性が強調されるのが一般的である。とくに、網野善彦氏が清浄光寺所蔵の後醍醐天皇肖像の「異形」性に注目して以来、後醍醐天皇の真言密教への傾倒が強調され、その個性が政権の個性として論じられている(1)。天皇の個性と政権の個性は同じものとして扱われているのが一般的である。しかし、その見方は正しいのであろうか。そもそも後醍醐天皇の「異形性」＝個性を密教傾倒のイメージで捉えてよいのであろうか。政権の政策と後醍醐の個性との関係、また、後醍醐の個性を密教への信仰のみで語ってよいのかを吟味しなくてはならない。

後醍醐天皇を支えた近臣の北畠親房は、その著『神皇正統記』下において後醍醐の個性について次のように記している。

アマサヘモロモロノ道ヲコノミシラセ給コト、アリガタキ程ノ御コトナリケンカシ、仏法ニモ御心ザシフカクシテ、ムネト真言ヲナラハセテ給。ハジメハ法皇ニウケマシマシケルガ、後ニ前大僧正禅助ニ許可マデウケ給ケルトゾ。天子灌頂ノ例ハ唐朝ニモミヘハベリ。（中略）此度ハマコトノ授職トヲボシメシシニヤ。サレド猶許可ニサダマリニキトゾ。ソレナラズ、又諸流ヲモウケサセ給。又諸宗ヲモステタマハズ。本朝異朝禅門ノ僧徒マデモ内ニメシテトブラハセ給キ。スベテ和漢ノ道ニカネアキラカナル御コトハ中比ヨリノ代々ニハコエサセマシマシケルニヤ。（『日本古典文学大系』）

ここで親房は、真言宗を宗とし、父後宇多からだけでなく禅助からも許可灌頂を受けたことを強調しながらも、禅助の法流だけではなく、他の密教の法流も受け、また、他宗も広く受け入れ、禅宗の僧侶からも広く学んだ政治姿勢を高く評価している。これは嵯峨天皇の治世を述べた箇所で「本朝流布ノ宗」の七宗について述べ、「君トシテハイズレノ宗ヲモ大概シロシメシテ捨ラレザランコトゾ国家攘災ノ御ハカリコトナルベキ」「国ノ主トモナリ、輔政ノ人トモナリナバ、諸教ヲステテズ、機ヲモラサズシテ得益ノヒロカランコトヲ思給ベキ也」「且ハ仏教ニカギラズ、儒・道ノ二教内至モロモロノ道、イヤシキ芸マデモオコシモチイルヲ聖代ト云ベキ也」と、天皇の仏教のみならず諸道への関与のあるべきあり方について述べた箇所と併せてみれば、親房にとってあるべき天皇、あるべき「輔政ノ人」とは、真言一宗を「宗」とするのではなく、広く諸宗も保護する者でなければならないという考え方を記していると理解できる。親房にとっては、真言宗一宗に傾倒した後宇多法皇のあり方は王権のあるべき姿ではなく、父と比べて諸宗も「ステタマハ」なかった後醍醐天皇を高く評価した文章と読むことができる。さらにいえば、そこには現実の後醍醐天皇が文観などを重用し、傍流あるいは異端の真言密教に傾倒したにもかかわらず、その側面をあえて記述せず、広く禅僧からも学んだ政治姿勢を記すことによって、あえて後醍醐を聖王とする意図が隠されているのかもしれない。

いずれにせよ、親房の評価とは別に、現実の後醍醐天皇がどのような政治姿勢で寺社に臨んだのか、その個性が、そのまま王朝の政治に反映されるのか、それとも、それまでの王朝の寺社政策を継承しているのかを検証しておかねばならない。後醍醐の個性、とくに「異形性」から直ちに政治を論じる前に、まず後醍醐親政期の王朝の寺社政策が問われるべきであると思う。

一　寺社興行政策

1　摂津国勝尾寺の訴訟

後醍醐親政の開始、すなわち王朝の代替わりにおいて、何らかの徳政が行われ、その一環として寺社興行政策が実施されるものと寺社側が期待した例として、摂津国勝尾寺の訴訟がある。嘉暦三年（一三二八）八月に勝尾寺住侶は、かねて浄土寺門跡と争っていた三ヵ所の荘園の領有をめぐって庭中訴訟に及んだが、その訴状において次のように述べている。(2)

当御代之始、帰仏敬神之善政、継絶興廃之憲章、満耳遮眼之間、依令庶幾傍例、勒寺訴経　奏聞之処、不及

訴陳、不被究淵底、被付庄家於御門跡、可有寺家興行御沙汰之由、被仰下畢、

すなわち、勝尾寺側は後醍醐親政の開始にあたって、後醍醐の「帰仏敬神之善政」を期待して、外院・高山・美河原の三箇庄の領有を訴えたが、王朝側は期待に反して記録所における訴訟に及ばず、三箇庄の領有権を浄土寺門跡に認め、その領有権のもとで勝尾寺の「寺家興行御沙汰」をするよう決定を下した。さらに、勝尾寺の訴状によれば、その後、浄土寺門跡はまったく勝尾寺の「寺家興行御沙汰」をせず、「往古之下行米」を勝尾寺に送ることもなく、勝尾寺僧を「違勅人」として六波羅に命じて「対治」するよう綸旨を申請したという。

ここで問題にされている後醍醐親政当初の勝尾寺の訴訟の詳細は不明である。しかし、代替わりにあたって「善政」（徳政）が行われるとの期待が勝尾寺側にあり、それによって訴訟が提訴されたこと、それに対して王朝側が浄土寺門跡と勝尾寺との裁判とせず、直ちに勝尾寺の「寺家興行」の沙汰を浄土寺に命じたことに注目しなければならない。後醍醐政権側は荘園の領有権は浄土寺門跡に認め、年貢上分の一部を勝尾寺に下行させるという判断をすることによって、「寺家興行」という「善政」への期待に応えたのである。

年月日未詳（おそらく嘉暦三年頃）の勝尾寺目安案によれば、勝尾寺が所持している三箇庄領有の根拠は貞観五年（八六三）の「宣旨案」と寛喜二年（一二三〇）の「官符案」、それに永仁二年（一二九四）の「浄土寺殿御避状案」だけである。(3) そのうち貞観の「宣旨」の正文は紛失しているし、寛喜二年四月二十日の官符案（官宣旨）も勝尾寺の殺生禁断を内容とするものであり、三箇庄領有とは無関係のものであった。(4) また、正中以後の「和睦」の約束がなされたあとも浄土寺門跡の領有は継続し、勝尾寺が三箇庄を現実に知行することはできていない。永仁二年の浄土寺門跡の避状の内容は不明であるが、それが実行に移されたことはなかった。おそらく勝尾寺は現実には下行米さえも十分確保できていない三箇庄について、上分である下行米の件だけでなく、貞観五年の官宣旨までも偽造して三箇庄が勝尾寺領であることを主張したと思われる。(5)

「寺社興行」という徳政への期待は、嘉暦三年に再び庭中という直訴を起こしたことからいえるように、当時の寺社において広く蔓延していたと思われる。その「興行」に期待したのは、政権側が実際に寺社興行を内容として発布した法の有無とは無関係であった。寺社興行を具体的に示す新制などの法の発布がなくても、何らかの寺社興行の徳政が行われており、その恩恵に浴することができると思われていたのである。

2　神領興行令について

後醍醐親政期に徳政が新制（公家新制）の形で法として発布されたか否かについては、条文がわかる史料は残されていないものの、その痕跡が僅かに残っている。建武五年（一三三八）閏七月、清玄以下二十名の興福寺僧は「倹約条々事」と題する起請文を作成し、「児童衣裳事」三箇条、「従僧事」五箇条について「元亨三年之新制」を用いると取り決めている(6)。鎌倉期の公家新制の条文に、過差を禁ずる条文が多く含まれることは周知のことである。ここでの「元亨三年之新制」が公家新制を指すか、それとも公家新制を請けて発布された興福寺の寺家新制を指しているかは確定できないが、「南都新制」あるいは「寺辺新制」などという文言がないことを考えると、興福寺が制定した寺家新制とするよりも公家新制を指しているとみた方がよいであろう。元亨三年に過差禁制を含む公家新制が発布されていたと思われる。さらに、次の常陸国司庁宣案は、元亨三年新制が売買地の無償取り戻しを内容とする徳政条文を含んでいたかもしれないことを示すものである。

庁宣　留守所

補任　□□蓮心子□□□□□買得米吉名内田五段事

清原師幸

右、件田者、停止買主知行、任　綸旨之趣、師幸如元進退領知之、可勤仕神事・国役之状、所宣如件、国宣

承知、敢勿違失、故以宣、

元亨三年正月二十八日(7)

大介藤原朝臣

常陸国司藤原某は、留守所宛に在庁名米吉名内田五段を常陸国惣社神主清原師幸が領知することを認める庁宣を出した。「買主知行」を停止する綸旨に任せて清原師幸が元のごとく進退領知し、「神事国役」を勤仕せよとの文言から、この庁宣が売買された田地の取り戻し令であったことがわかる。網野善彦氏はこの史料が、室町幕府の発した嘉吉元年の「徳政条々」(8)にある「永領地」についての条文に、「元亨例」に任せて、「過廿箇年者、銭主可領知、至未満者、可被返付本主、但為凡下輩者、不依年紀、領主可相計之」とあることに着目し、「元亨例」を元亨三年の庁宣にみえる後醍醐天皇の綸旨と関連させて以下のような推定をしている。(9)

元亨二年、後醍醐親政下に、武家とも呼応した徳政令が発せられている可能性があるといえよう。さきの綸旨が神領に関わるところをみると、少なくとも神領回復令を後醍醐が発していることは推定してまず誤りない。

この推定には、綸旨発給を元亨二年としていること、室町幕府による嘉吉元年の徳政令の前提に元亨二年の鎌倉幕府の徳政令があり、幕府の徳政令と王朝の徳政令が協調していて、同内容の徳政令が王朝によっても発布されたと推測していること、また、常陸国惣社神主の所領である田地に関する徳政令であることから、後醍醐政権による神領興行令であると推測したことなど、確認しておかねばならない点がある。まず、国司庁宣にみえる後醍醐天皇綸旨の発給年を元亨二年としたことには根拠が示されていない。もともと網野氏は元亨元年の後宇多院政下の祇園社感神院宛官宣旨と関連して考えており、それに引きずられた推定であると思われる。元亨三年新制の存在が推定されることから、室町幕府の徳政令に記された「元亨例」とは元亨三年の新制を指しており、それが綸旨で常陸国司に伝えられたと推定したい。次に幕府の徳政令と同時期に王朝の徳政令が出され、それが綸旨で発布されたとする点は、室町幕府法が先行法として引用する法は鎌倉幕府法であって、公家法ではないという前提に立った立論である。倹約令に関しては公家新制を遵守するとの法があり[10]、この前提は必ずしも成り立たないが、このような事例は倹約令に限られるものであり、徳政令は網野氏の推定のごとく幕府法を引用していると思われる。とすれば、元亨三年に徳政令が鎌倉幕府から発布されていたとすべきであるが、幕府の徳政令の発布を示す史料は別に残されていない。元亨三年に幕府と王朝がともに徳政令を出していたとする網野氏の推定は、確定するには至らないので結論は留保したい。

さて、第三点の神領興行令か否かという問題はどうであろうか。網野氏はこの元亨三年国司庁宣案が常陸国惣社神社文書であり、惣社神主に宛てて出されたものであることから、御家人や凡下の輩の売却地を対象とする徳政令ではなく、売却された神社領の無償取り戻し令であると推定した。幕府による正和の神領興行令のような神領興行令であると推定したのである。しかし、そのような神領興行令は伊勢神宮や宇佐八幡宮などにおいて、王朝・幕府ともに確認されていない[11]。また、米吉名が正和五年（一三一六）の清原師幸譲状[12]に惣社神主職に付属する名田畠と区別されて「一、在庁職・同米吉名田畠等」と記載されていることから、常陸国在庁職に付属する在庁名であったことがわかり、この米吉名取り戻し令が国衙在庁名の取り戻し令であった可能性も残る[13]。その後、康永三年（一三四四）の清原師氏目安では「彼米吉名事、為本神領之条、庁宣以下之証文等明鏡之上者、早被経興行御沙汰、自被寄余闕所者、以此米吉名為御寄進、如元被返付于当社」とあって、米吉名を元のごとく惣社の神領に返付することを要求している[14]。ここでは米吉名は神領として認識され、明らかに神領回復を要求している。以上のように米吉名の回復を命ずる綸旨が、鎌倉末期の鎌倉幕府による在庁名の取り戻しを命ずる一種の国衙興行令と同様の法か、それとも神領に限定された神領興行令かは明確にすることができない。在庁名米吉名が惣社神主清原氏の所領に組み込まれ、やがて惣社領と認識されていく過程で、元亨三年の国司庁宣が米吉名をどのような所領とみているのか、明確にできない。網野氏によって後醍醐親政期の神領回復令と推定された常陸国惣社の事例は、国衙興行、国衙在庁名回復令の可能性もあり、これも結論を留保したい。

以上のように、後醍醐親政期における沽却地を対象とする神領の無償回復令の発布の形跡はほとんど認められないが、そのことは寺社領興行を後醍醐政権が政策としてとらなかったということを意味していない。それとは別の神領を神社に取り戻す神領興行政策をとっていたと思われる。次に示す祇園社領近江国成安保の事例は、別相伝否定の神領興行が行われたことを示していると思われる。

3　別相伝否定の神領興行政策

（1）祇園社領近江国成安保・丹波国波々伯部保

元亨二年十月二十四日、記録所は評定の結果として、以下の注進状を上申している。

記録所

　注進左衛門尉頼房越訴申近江国成安保事

右、当保頼房捧建長二年八月十九日平氏女契状、為別相伝之由、雖申之、為蒲生保田内、去承徳二年被寄付感神院領之条、長承・永暦宣旨并養和　院庁御下文等分明歟、為勅施入神領、難聴非族伝領、然者付社務、可致知行之由、去年勅裁無相違矣、仍言上如件、

元亨二年十月二十四日

左衛門尉中原朝臣

（以下六名略）(15)

これによれば、祇園社領近江国成安保をめぐって左衛門尉頼房が朝廷に越訴し、別相伝を認めてほしいと訴えたことに対して、記録所は「為勅施入神領、難聴非族伝領」という理由で、祇園社社務（祇園社執行）に知行を認めた「去年」（元亨元年）の「勅裁」を覆す必要はないとして、越訴を棄却した。元亨元年の「勅裁」とは、元亨元年五月二十八日の後宇多院宣を指していると思われ、「社務当知行不可有相違」であるとして祇園執行教晴の知行を認めたものである。[16]後宇多の院宣では「勅施入神領」であるからとしか理由を示していないが、記録所注進状では勅施入の神領は「非族伝領」が許されないという判断を示している。左衛門尉頼房は建長二年（一二五〇）の「平氏女契状」を根拠に越訴したのであるが、記録所は頼房が「非族」であるとして、たとえ正当な権利文書を有していたとしても知行は認められないと判断している。元亨年間の六月七日付後醍醐天皇綸旨は「祇園社長日神供料所」である成安保を後嵯峨院の聖断に任せて祇園社執行の領掌とし、今後は「非社僧之輩、不可致私知行」としている。[17]「非族」とはここでいう「非社僧之輩」と同義であり、祇園社の執行をも含む紀氏一族で構成される社僧以外の者を意味しているとしてよいであろう。[18]すなわち、記録所は祇園社社僧一族の外部の者である左衛門尉頼房が神領である祇園社領を別相伝することが法に触れると判断し、その結果、元亨三年七月二十三日付で後醍醐天皇綸旨が祇園社執行教晴法眼に出され、教晴の知行が元のごとく認められた。ここでの別相伝の禁止は「非族」である紀氏一族以外への所領の流出を禁止するということであり、紀氏一族内の祇園執行以外の別の紀氏の別相伝を禁止するというものではない。それは俗人への所領の流出を防ぐ鎌倉中期以来の寺社領興行政策につながるものであった。[19]

神領別相伝の否定は、同じく祇園社領丹波国波々伯部保においても見出すことができる。正中二年（一三二五）九月十六日の社務執行顕詮の請文によれば、「去々年元亨三」年に波々伯部保内の「非職甲乙人伝領田畠事」につき「惣保務」に知行させるようにとの後醍醐天皇綸旨が下され、民部卿局が相伝していた新田三町と畠一町が「別相伝」田畠として「去進」られたという。[20] この後醍醐天皇綸旨について、同じ紀氏一族である法眼顕増の正中三年二月十三日の和与状では、「去元亨三年十月十日止非職甲乙人伝領之儀、付保務可有管領之由、就御拝領綸旨」とあって、綸旨の日付が元亨三年十月十日であることがわかる。[21] この時の「惣保務」は時の社務執行教清であろう。[22] このように波々伯部保では元亨三年十月十日の綸旨によって保内の別相伝領停止が命じられ、民部卿局と法眼顕増の別相伝領が惣保務に付された。しかし、この別相伝停止がそのまま問題なく執行できたわけではない。正中二年九月十六日の民部卿局御教書によれば、民部卿局はこの「興行綸旨」にしたがって三分の一は「惣領」(惣保務)の管領とし、三分の二の年貢は助法眼の沙汰する別相伝とし、同日の執行法眼顕詮の請文においてもこの点を了承している。[23] このように、元亨三年の「興行綸旨」によって保内別相伝領に混乱が生じ、正中二年九月十六日になって、祇園社執行顕詮と民部卿局との間で和与が成立した。この和与は同年十月十四日の後醍醐天皇綸旨によって確定されている。[24] 一方、法眼顕増の別相伝分については、先の和与状における顕増自身の言によれば、元亨三年の別相伝停止の綸旨が下された後、「自他之確論」に及び丹波守護のもとで訴訟となったが、「和与之儀」となり上訴を取り下げ、顕増の別相伝分については元亨四年三月十九日の綸旨によって確定した。[25] 和解の内容は、別相伝領のうち田畠三町五反十五代については顕増の別相伝とし、坊垣二段、醤垣二段、中検校垣田畠一段、合計五段については顕増の別相伝を停止するものであった。別相伝否定の「興行綸旨」は波々伯部保内部の複雑な領有形態を「惣保務」である社務に一元化するよう促した。その政策は社家内部に対立と混乱をもたらし、訴訟が発生した。訴訟は当事者間の和与で決着が図られ、その結果、別相伝領の領有は復活したが、すべてではなく、一部の所領は惣保務である社務執行の管領するところとなったのである。

以上のように、元亨二年から三年にかけての後醍醐政権の祇園社に対する政策は、祇園社領の「非族」「非社僧之輩」「非職甲乙人」の伝領、すなわち、左衛門尉頼房のような武士、民部卿局のような女性、[26] 顕増のような社務執行の職を持たない者の別相伝を停止する内容であり、別相伝を禁止する後醍醐天皇綸旨は「興行綸旨」と呼ばれた。この政策により、さまざまな由緒を持ち同族間で分割されてきた別相伝領について、混乱が起こり訴訟となったが、最後は和与によって決着がなされ、結局、別相伝領の一部は祇園社領として祇園社社務執行の管領するところとなった。このように祇園社領では別相伝停止の神領興行は実行に移され、この政策は、結果的には社務執行の社家内部での権限を強化することとなったのである。(27)

（2）　石清水八幡宮領備後国神村庄・丹波国柏原庄・紀伊国野上庄

次に神領別相伝否定政策が他の寺社ではどのように適用されていたかを、石清水八幡宮で検証しておきたい。

八幡宮宝塔院領備後国神村庄事、源氏女就明清之譲、雖申子細、女子別相伝不可然之上者、任承安　宣旨・養和建久庁下文、付院務可令管領者、

天気如此、仍執達如件、

元亨二年六月七日　　大蔵卿（吉田冬方）在判

院主　法印御房(28)

この後醍醐天皇綸旨は、石清水八幡宮領宝塔院領備後国神村庄について、源氏女の譲与安堵申請に対して、後醍醐がその申請を退け「院務」の管領としたものである。後醍醐がそのような決定をした理由は、「女子別相伝不可然」というものであった。すなわち、「明清」の譲与を得た源氏女は、おそらく後醍醐の安堵の綸旨を得るべく申請したが、女子が別相伝することは禁じられているという理由で相伝を認められず、神村庄は宝塔院の「院務」（院主）の管領となった。石清水八幡宮の子院の一つである宝塔院の伝領について、女子の別相伝が否定され、「院務」である宝塔院主法印の管領としたのである。(29)ここでは、祇園社領における社務（執行）の祇園社

領の管領と同じ論理がみえている。祇園社における「非族甲乙人」が、ここでは「女子」に入れ替わっているが、荘園の外部への流出を止め、石清水八幡宮宝塔院に止めるための政策であることは変わりがない。(30)このような石清水八幡宮領における別相伝否定政策は、弘長三年（一二六三）・弘安八年（一二八五）の後嵯峨院政・亀山院政以降に行われた徳政の眼目であり、すでに指摘されてきたところである。(31)近年、徳永健太郎氏は鎌倉期の石清水八幡宮領の別相伝について詳しく分析し、鎌倉後期になると石清水の社殿造営を名目として別相伝領の否定が現実に行われ、正安三年（一三〇一）・延慶二年（一三〇九）の顛倒事例があることを紹介している。(32)

後醍醐政権の石清水八幡宮別相伝領に関する政策を示すもう一つの事例を検討したい。次に掲げる元徳二年（一三三〇）十二月二十六日の官宣旨は、石清水八幡検校陶清に丹波国柏原庄と紀伊国野上庄の別相伝を認めたものである。(33)

左弁官下　石清水八幡宮寺
応且依代代叡願趣、且任度度勅裁旨、令当宮検校法印陶清、為別納門葉相伝丹波国柏原庄・紀伊国野上庄事、
右、得陶清今月日奏状偁、当宮者国家鎮撫之霊社、朝廷擁護之宗廟也、（中略）仍冥鑑之至叡賞之余、以丹波国柏原庄・紀伊国野上庄、可令門葉相伝之旨、亀山院御代弘安年中、両度忝被下不易勅裁畢、鳳詔無朽、亀鏡茲存、況亦去元亨四年依于当宮修造之勧賞、重賜両庄相伝之綸旨也、（中略）其上同正中又追先師之蹤跡、方浴聖主之洪恩、皇猷之慇懃、冥慮垂納受乎、而瀧清法印恣誇社務之権、不恐廟神之鑑、称為社家之衰微、可止祠官之別納之由、元徳元年申賜官符宣之条、希代之濫吹、当時之奇特也、（中略）望請天憐、因准先例、以件両所、任叡賞、可門葉相伝之旨、被降官符、将令安堵者、弥戴聖日之徳化、増祈王道之洪基者、権中納言藤原朝臣藤房宣、奉　勅、依請者、宮寺承知、依宣行之、

元徳二年十二月二十六日　　　大史小槻宿禰（花押）

右中弁藤原朝臣（花押）

この官宣旨に記された経緯、すなわち、元亨四年の「修造之勧賞」による別相伝認定⇒元徳元年の社務瀧清法印の時の別相伝否定⇒元徳二年の社務陶清の申請による別相伝認定の過程について、市沢哲氏は「治天の君による別相伝の認定・否定とは、「勅裁」によって「誰に与えるか」の選択」「治天の君による新しい知行の創造、付与」であるとし、鎌倉末期における「治天の君」への権力集中の事例と意義付けた。これに対し徳永氏は、いったん顚倒されて社務の管領となった別相伝領が、再び元の知行者の手に返付されることは鎌倉末期において例外的ではないとして、「治天の君」の権力の過大評価であると批判した。(34)「治天の君」が「別勅」によって別相伝を恣意的に否定したり、認定することができるということからみれば、市沢氏の指摘は正しい。ただ、そのことは後醍醐が政策もなく勝手に恣意的な権力をふるったことを意味するものではないことに注意しておかなくてはならない。祇園社領に関する別相伝否定政策にみるように、後醍醐政権は基本的に別相伝否定政策をとっていたことは間違いない。問題は何故に個別事例において、その基本政策を覆すような決定をしたのかということである。

詳細は不明であるが、元亨四年に柏原庄と野上庄の別相伝を認める綸旨が出された理由は、「当宮修造之勧賞」による特別措置であり、正中年間におそらく別の「聖主之洪恩」を賜ったのも、まさに「治天の君」である後醍醐による「勧賞」であり「洪恩」であった。この時の別相伝が石清水八幡宮社家内部で異論が出なかったのは、当時の社務が別相伝をしていた田中家の尭清であったからであると思われる。(35)社務として検校尭清は石清水八幡宮の修造を行い、その「勧賞」として後醍醐による一種の恩給として両庄の別相伝が認められた。それが、嘉暦三年に社務検校になった檀家の瀧清法印による訴訟によって、元徳元年に社務に付すとする「官符宣」（官宣旨）が下され、田中家の別相伝が否定された。このことは、綸旨による別相伝の特別認可が、訴訟がなされれば別相伝否定の王朝の基本政策、法によって否定されることを示している。綸旨ではなく「官符宣」（官宣旨）が下されたのも、この法が優越することを示しているのではないだろうか。

それでは、元徳二年に再び社務陶清の別相伝を認める官宣旨が下されたことをどう説明するのか。徳永氏は社務検校の安堵申請であれ、訴訟であれ、時の社務の主張をそのまま認めていたのではないかと推測した。安堵は異論が出されれば訴訟となり、法廷で理非が裁定される。訴訟の判決は安堵に優越する。元徳元年の官宣旨はそのような事例であったが、翌年に何故それが覆され別相伝が認められたのか。元徳二年四月三日に「社務宣下」を請けた陶清は[36]、十二月に朝廷に奏聞し、同月に別相伝を再び認める官宣旨が下された。この官宣旨発給までの時間の短さからみて、記録所など法廷の場での訴訟にはならず、奏聞に対する後醍醐の裁可であったと思われる。ここには後醍醐親政末期の政治情勢が関係しているように思われる。元徳二年という年は元弘の乱の前年にあたり、倒幕の動きを加速させた時期である。この年三月には後醍醐は南都および日吉社・延暦寺に行幸している。これは倒幕に向けての政治的行動であり、そのことと関係させるならば、時の石清水八幡宮社務陶清に対する別相伝認定は、後醍醐による石清水八幡宮取り込み政策の一つであったといえるかもしれない。

さて、後宇多院政の最末期、元亨元年四月十七日に祇園社感神院に下された官宣旨（雑事六箇条）の第四条は、「寄付之本意」を忘れて「収公」することを停止する条文である。この「収公」について、『日本思想大系　中世政治社会思想』下の頭注は、「被寄進者が、寄進者もしくは、その子孫が保有するより下級の職を没収すること」としている。別相伝についてのこれまでの考察を踏まえて、もう少し踏み込んで解釈すれば、祇園社に寄進した本主の子孫が何らかの所職として所持する相伝領について、被寄進者である祇園社（社務）が「収公」することを停止するという意味であると思われる[37]。これは、寄進された社領の場合、寄進した本主の権利が寄進後も続いていることを前提とする条文である。

この条文は『日本思想大系　中世政治社会思想』下の頭注が指摘しているように石清水文書にある弘安八年（一二八五）十一月十三日宣旨第九条と関連する内容である。この宣旨の第二条は「諸社諸寺一旦執務人」の「別相伝」を停止するものであり、ここでは「別相伝」を社務や別当などの「一旦執務人」が、執務期間に管領していた寺社領を、執務を終えても自分の私領として「別相伝」すること（第二条）と、寺社に寄進した所領に対する寄進者（本主）がその寄進領を「相伝」していること（第九条）を明確に区別している。この点を考慮すれば、元亨元年の官宣旨第四条は「別相伝」の概念から外れるものである。後宇多政権は弘安八年宣旨第二条の別相伝禁止条文をここでは条文のなかに入れず、第九条のみを継承した。また、第九条を継承した第四条についても、社領の形態からみれば、寄進の由緒を持っていたとしても社領全体からみれば、社家のなかにおいてさまざまな職として相伝される所領は「別相伝」領である。別相伝禁止政策が続けば、このような寄進の由緒を持つ相伝領も「別相伝」領の概念に組み込まれ、社務による停止の対象になっていったものと思われる。元亨元年の官宣旨第四条はそのような拡大解釈される「別相伝」禁止政策を制限し、改めて寄進した本主の子孫が有する権利を認めるものであった。[38]

このように後宇多院政末期では社領別相伝は容認されていたといえよう。それに対して、後醍醐政権は発足とともに別相伝禁止政策をとり、それは社領「興行綸旨」によって祇園社や石清水八幡宮に対して適用された。ここに両政権の政策上の大きな違いがある。しかし、その政策は一貫しているということはできず、とくに政権末期には、場合によっては別相伝を容認する政策をとった。そこに「治天の君」である後醍醐天皇の専制君主としての恣意性を認めることができる。

二　強訴禁止と権門寺社政策

後宇多院政において打ち出された寺社強訴の禁止政策は、後醍醐親政においても継承された。

嘉暦二年（一三二七）、東大寺は長洲庄・大物浜・尼崎をめぐって鴨社と争い、七月十三日に惣寺集会を行い、大衆蜂起して翌十四日東大寺八幡宮の大菩薩像を大仏殿に入れたが、十七日になって大菩薩像を八幡宮に帰坐させた。貝を鳴らし大衆蜂起し、八幡宮に八幡大菩薩を動坐させることは、入洛してはいないものの、強訴の第一段階である。強訴を中止した理由について、東大寺堂衆覚英は「十四日御動坐ニ付テ公家被驚思食給、但、当御代ニハ強訴禁制ナレハ、先御輿ヲ奉帰坐御裁許アルベキヨシ依被仰出也云々、大衆蜂起シテ僉議ス」と、その日記に記している[39]。後醍醐親政においても強訴が禁制されていて、それを東大寺側は認識していた。強訴という非常手段をとるのではなく、通常の訴訟手段で要求するという自制が権門寺院側に働いたのである。後醍醐親政期においては、それまで繰り返されていた南都北嶺の強訴による神木・神輿の入洛は行われていない。わずかに石清水八幡宮の強訴がみられるのみである。このことは強訴が繰り返された鎌倉末期において、注目すべき事実である。その原因の一つには後述するように興福寺が寺内抗争によって焼亡するという事件があり、強訴という一致団結すべき行動をとれなかったことが大きな要因であったと思われる。本節ではこのような強訴禁制政策の下で後醍醐政権が権門寺院に対してどのような対応をとったのかを、南都の東大寺・興福寺を事例として検討する。

1　東大寺

鎌倉末期の東大寺にとって大きな問題は、黒田庄悪党や茜部庄地頭などによる年貢滞納問題であった。嘉暦元年五月九日の「東大寺衆徒等連署起請文案」は、惣衆集会が煩わしいので、十三名の連判衆がそれに代わって必ず集会に出仕し、元亨三年（一三二三）三月十七日の惣寺衆徒の起請文で定めた「条々篇目」を守り、「寺領大井・茜（部）・黒（田）以下諸庄々興行条々」に当たることを誓約したものである。この惣寺の方針にしたがい、同年七月には美濃国茜部庄の年貢を抑留している地頭長井氏の地頭職を停止する内容の綸旨を関東に下すことを要求している。(40) また、翌嘉暦二年十一月六日には惣寺集会を行い、伊賀国黒田庄や内保庄の悪党問題および茜部庄に関して四箇条の事書を作成し、朝廷から武家（六波羅）に命令することを要求し、(41) 宿老たちはついに直接、六波羅北方に「列参」し、翌嘉暦三年正月には黒田庄悪党追捕を実行しない両使（伊賀国御家人服部持法と守護代平茂常）を罪科に処し、在京御家人や篝屋の武士に悪党追捕させるよう再度六波羅に要求している。(42)

以上の東大寺の行動は後醍醐政権への政治的圧力だけではなく幕府への圧力というべきものであったが、この年七月二十七日、ついに、後醍醐天皇は「勅願料所不足」なので伊賀国を東大寺に宛行うとの綸旨を下し、十月二日にも伊賀国を華厳宗・三論宗の勅願三十講料所とする綸旨を下した。(43) ここに東大寺は周防国だけでなく伊賀国も知行国として獲得することになった。

後醍醐政権が何故に伊賀国を知行国として宛行ったのか、政権側の決定に至る記録は残されていない。先述したように、この間、嘉暦二年七月に東大寺は鴨社と長洲庄などをめぐって争い大仏殿に閉籠強訴しようとし、結局、敗訴している。この訴訟については久野修義氏が京都大学所蔵の『覚英訴訟上洛日記』を翻刻紹介し詳細に内容分析している。(44) 訴訟は東大寺法華堂が関わる長洲庄開発田の訴訟と、惣寺が関わる大物浜・尼崎の訴訟とが共同して展開していたが、開発田については勝訴したものの、大物浜・尼崎については敗訴となった。それから四ヵ月後の十一月になって、東大寺は悪党や地頭など幕府が関与せざるを得ない問題を持ち出し、満寺集会を行い朝廷への列参訴訟を実行に移し、さらに、宿老たちは六波羅探題北方にまで列参訴訟を行った。王朝を媒介としない六波羅への列参訴訟は強訴に準じるものであり、幕府（六波羅）にとってもそれまでの秩序を乱すものであったと思われる。鎌倉末期、伏見親政期に始まった悪党追捕の構造、近藤成一氏によって悪党召し捕りの構造と指摘された構造は[45]、王朝が六波羅探題を畿内近国の治安維持、武力組織として機能させる性質を持つ。王朝と幕府との協調関係をもっとも示す構造であったが、その構造を揺るがしかねないのが、六波羅への一種の列参という直訴であった。後醍醐政権は、この事態に対して何らかの対応、東大寺を慰撫すべき処置を迫られたものと推測する。

もう一つ、後醍醐政権が東大寺に対して慰撫する決定をした理由は、十一月六日の満寺衆議事書において東大寺が主張した論理にある。第一条において東大寺は次のような論理を展開した。

因茲、仏神事之要劇等、一向打止之間、当年八幡宮転害会幷恒例受戒会以下、当時無双之　勅願、忽以令退転畢、此上者当年法花会以下歳末・年始御願等、悉令闕如之条、為　朝、為寺、不可不歎者哉、

東大寺が強調したのは、東大寺八幡宮転害会・受戒会・法花会などの法会が「勅願」の法会すなわち国家法会であり、その用途が滞ることによって法会が執行できない事態に陥っているというものであった。要求が通らない場合、国家法会の維持ができないという主張は、強訴によって大仏殿などの諸堂が閉門され、法会が停止されるのと同じ論理である。東大寺は法会によって国家を護持し、国家は東大寺の法会の維持を保証するという平安時代以来の王法仏法相依の論理が、鎌倉末期においても通用する論理であったのである。この東大寺の主張に対して、後醍醐政権は翌嘉暦三年四月に綸旨を下し転害会の円滑な執行を命じたものと思われる。この綸旨の内容は文字が読み取れない部分が多く、意味を確定しがたいところがあるが[46]、翌元徳元年（一三二九）十二月には嘉暦二年・三年分の転害会勅使供給用途の請取状が東大寺に対して出されていることから、勅使が派遣される勅願法会としての転害会の運営に際して、この後醍醐天皇綸旨が大きな意味を持っていたと推定される。政権にとっ

て勅願法会の円滑な執行の保証は欠くべからざるものであった。

後醍醐天皇が嘉暦元年から元徳元年頃まで中宮禧子の懐妊の祈禱において、実際には倒幕の祈禱を行っていたことは百瀬今朝雄氏によって明らかにされているが、(47)その祈禱には東大寺別当聖尋も参加していた。先述の『覚英訴訟上洛日記』嘉暦二年六月十三日の記事に、長洲開発田については勝訴が決まったので、閉門していた法華堂と中門堂を開門すべきかどうかを、訴訟ため在京していた記主覚英が大蔵卿法橋を通して別当聖尋に問い合わせている。別当聖尋はその時「中宮御産ノ御祈ニ常（盤）井殿ニ御祗候」していた。中宮御産の祈禱に参加していたのである。聖尋は元亨二年に東大寺別当となり、嘉暦二年四月には東寺長者となっている。(48)その拠点は東大寺東南院であり、後に後醍醐が挙兵したさいに東南院に天皇を迎え入れたことは周知のことである。このように後醍醐と東南院聖尋との個人的関係は深く、後醍醐がこの人間関係によって東大寺に対して伊賀国知行国を寄進してもおかしくない。後醍醐は元徳二年一月には周防国美和庄を東大寺東南院に寄進しているが、美和庄は東寺に寄進された最勝光院領であり、それをさらに東南院に寄進したものであった。(49)東寺には替地として備中国新見庄が寄進されている。この時聖尋は東寺長者でもあった。また、嘉暦二年二月には摂津国神崎・渡辺・兵庫関の商船目銭を大仏殿払葺以下の料所として継続し、かつ、そのうち四分の一を元亨元年の決定を根拠に東南院修造料に充てることとしている。(50)東南院に関するこれらの寄進は、いずれも後醍醐と聖尋との個人的関係によるものと思われる。

嘉暦三年十一月、後醍醐は東大寺に対して法勝寺住学生を東大寺僧とする綸旨を下している。(51)このことについて遠藤基郎氏は関東調伏祈禱の時期と重なる点に注目して、法勝寺住学生のポストを与える見返りとして、後醍醐が東大寺に対して忠誠を引きだそうとしたものと推定している。(52)首肯すべき推定であると思われる。後醍醐が倒幕の意志を明確に実行に移していった時期の寺社への何らかの所領寄進や特権付与は、政治的文脈のなかで理解しなければならない。これまでの徳政や寺社興行の文脈だけでは捉えきれないものが正中の変後はあると思われる。先にみた嘉暦以後の東大寺への「慰撫」と理解した後醍醐政権の政策は、後醍醐天皇による倒幕への期待が込められていたのかもしれない。しかし、その意思は一部の側近に知られているだけであり、関東調伏祈禱は、その意味を伏して中宮御産祈禱として実施されていた。それが発覚するのは元徳元年以降のことであり、東大寺においてその意味を知っていたのは祈禱に参加した別当東南院聖尋のみであり、ほとんどすべての東大寺僧は、そのような意図を知るべくもなかったのである。

後醍醐天皇が関東調伏祈禱を通じて東大寺別当聖尋と関係を深めたとしても、その政権が東大寺を特別視して、東大寺に対して全面的に所領寄進や特権を付与したわけではないことは、先にみた東大寺と鴨社とで争った長洲・大物浜・尼崎をめぐる記録所訴訟の判決に表れている。先にみたように政権は堂家が関わる長洲庄開発田については東大寺の勝訴としたが、大物浜・尼崎については嘉暦二年七月三日の議定で東大寺側が勝訴となり綸旨が発給されるとの勅約も得たにもかかわらず、結局、七月八日に訴訟の形勢が逆転し、同十二日の議定で「寺家中旨雖有道理、社家知行久シテ、其間寺家不及沙汰之上、令取間別地子之上者、御沙汰難有」という理由で鴨社側の主張が認められてしまった。七月三日の決定が何故に十二日の議定では覆ってしまうのか、その理由は判然としない。覚英は「社家引汲議定衆」ばかりがこの日の記録所での議定に参加していたからと記している。この日の議定衆は万里小路大納言宣房・吉田中納言冬方・侍従中納言三条公明・洞院右大将公俊であり、三日の議定で「社家之所申、頗無其謂」と「高声」に意見した吉田大納言定房はこの日の議定の場にいない。何故、十二日の議定に吉田定房がいないのか。また、これまでこの訴訟の議定には加わっていなかった定房の弟吉田冬方が議定に加わり、「奉行」として東大寺の主張を退ける旨を東大寺側に伝えたのか、それらの疑問については、この史料からだけではこれ以上追究することはできない。

それまでの東大寺の主張を道理があると認めながら、鴨社の当知行に対して東大寺がこれまで訴訟を起こさなかったことや、鴨社がこれまで間別地子を取っていたことを理由として、東大寺の訴訟を退けたわけであるが、訴訟の過程で、その点が論点とされたことについて、覚英はほとんど記していない。僅かに六月十二日の議定において、万里小路宣房が大物浜・尼崎の知行を東大寺がいつまで知行していたのかを問いただしたことに対して、東大寺側は久安の頃から鴨社に押領されていたと記し、それまで知行してきた証拠として、大仏修理の際の人夫・縄などの送文などがあったことを記しているにすぎない。この間の訴訟の過程を検討してみると、後醍醐天皇の訴訟指揮が重要な局面で表れてくる。すなわち、嘉暦二年六月六日には、長洲開発田について鴨社側の主張をもう一度聞くようにとの「勅答」により裁決が延ばされているし、同月二十一日には、中宮御産の祈禱が行われている常磐井殿において議定が行われ、鴨社側が不参なので、大物浜・尼崎のことは社家不参により東大寺の勝訴とすべきところ、後醍醐天皇の「勅答」によって、またしても裁決を延引している。後醍醐の「勅答」とは、寺家の主張を認めながらも、「寺社相論」が「重事」であること、議定衆の出席者が少ないことにより、さらに議定を延引せよというものであった。伊勢神宮に準ずる権威のある鴨社と東大寺との訴訟はまさに「重事」であった。後醍醐は慎重に訴訟を指揮し、六月十二日の議定では、万里小路宣房による東大寺への尋問を、直接、記録所で聴聞していた。憶測すれば、吉田定房の意見が通らず、万里小路宣房等の意見が採用されたことには、六月十二日の記録所での後醍醐の聴聞によって、天皇自身がこの訴訟に対して鴨社を勝訴とする判断を抱き、その意志が判決に反映しているのかもしれない(53)。

2　興　福　寺

嘉暦二年三月八日、大乗院門跡分裂を原因とする合戦によって興福寺金堂が焼失した。鎌倉末期の興福寺内の分裂抗争についてはかつて検討を試みたことがあるが[54]、ここでは興福寺側の問題ではなく、この抗争に対して後醍醐政権がどのような対応をとったかについて検討しておきたい。

　大乗院門主をめぐっては門主出身母体の家門九条家と一条家の対立が門主の地位に反映される状況が、鎌倉末期においても継続しており、正和四年（一三一五）十一月九日に一条家出身の尋覚が九条家出身の覚尊に門跡を譲ったあとも対立は続き、正和六年三月十二日に尋覚が門主に復帰し、覚尊が龍花院に移り、さらに、同年四月二十四日には再び覚尊が禅定院（大乗院門主の居所）に戻るという混乱がみられた。この対立は文保二年（一三一八）に尋覚が没したことにより解消されたかに思われたが、後醍醐親政下の元亨三年（一三二三）になって急展開をみせることになる。一条家出身の大御所である慈信が門主に復帰してくるのである。その動きは大乗院門跡と並ぶ一乗院門跡の門主の地位をめぐる争いとも連動して、後醍醐天皇の主導によってもたらされたところがある。

　元亨元年十一月六日に興福寺別当に補任された覚尊は翌々年元亨三年四月十七日に別当を辞し、それに代わって慈信が別当に就任する。隠居していた慈信が再び公の場に復帰し、さらに、七月二十八日の後醍醐天皇綸旨によって大乗院門主に復帰した[55]。

大乗院門跡已下事、如元致執務、殊令救寺門衰乱之弊、宜被専真俗興隆之儀者、天気如此、
仍言上如件、藤房恐惶謹言、
　元亨三年七月二十八日　　　中宮亮藤房（藤原）　奉
進上　興福寺別当僧正御房（慈信）　政所
　追言上
　　付門跡管領之所々、同令執行給之趣、被仰下候也、重謹言、

大乗院門跡を元のごとく管領し、興福寺の「衰乱」を救うようにという綸旨が出された経緯についてははっきりしないが、『雑々引付四』によると、この三日前に大乗院と一乗院の管領について興福寺三蔵院範憲と西南院実聡両僧正が「勅定」によって上洛し、二十六日には東北院覚円僧正も上洛している。彼らは二十九日には奈良に下向している。興福寺の最長老の三者が京都に召し出され、大乗院だけではなく一乗院についての後醍醐天皇の決定を呈示され、慈信の大乗院門跡復帰が命じられたものと思われる。慈信は八月十七日に大乗院の院務始を行い、大乗院門跡の経営を始め、慈信と同じ一条家出身の安王（聖信）を入室させ、十月十七日に受戒させた。ここに九条家出身の覚尊を排除し、一条家出身の慈信・聖信の大乗院門跡管領の路線が敷かれた。また、一乗院についても近衛家出身の良覚僧正が菅原に隠居し、鷹司家出身の良信僧正が一乗院門主となったと思われる[56]。

この大乗院門主交代を命じた綸旨について、翌元亨四年四月十四日の慈信置文には慈信自身の言葉として、「彼僧正（覚尊）門主非器之条、神慮通　叡慮、去年七月俄被改門主、愚老（慈信）再可院務之由、蒙厳密之　勅定之間」と記述している[57]。慈信の門主復帰が「俄」なものであり、「叡慮」によるものであることが強調されている。慈信は覚尊が「於寺中張行合戦、及殺害刃傷之条、公家武家厳禁之初門、為朝為寺不忠之至、何事如之哉」として、覚尊が寺中において合戦し殺害刃傷に及んだことを理由にしている。『大乗院日記目録』元亨三年七月十日の記事に「去年天満神事長（張）本」と衆徒が合戦したことがみえる。去年の天満神事における事件とは、天満神事における田楽・猿楽の際に衆徒が猿楽の髻を切った事件であるが（『大乗院日記目録』元亨二年八月十日条）、簡略な記事からは、それが覚尊とどのように関係していたかは不明である。また、慈信が置文で述べたような「於寺中張行合戦」のような大規模な闘争であったかは、事件の原因から推測するかぎり疑問とせざるをえない。それは天満社の祭礼を司る大乗院門跡の問題であり、一乗院門跡の問題ではない[58]。小規模な刃傷殺害事件を契機として、後醍醐が大乗院門跡と一乗院門跡という興福寺の二巨大門跡をめぐる九条家と近衛家、一条家と鷹司家の家門による争奪問題に終止符を打つべく、九条家と近衛家よりも一条家と鷹司家を優遇する政策をとったのではないだろうか。

大乗院門主の地位は、本来、大乗院門跡の問題であり、朝廷が関与するものではない。門主の地位は門主の譲与によるか、門跡を管領する九条家・一条家家門の意向によるものである。その地位に天皇・院が関与するのは、門主が「勅勘」によって罷免される場合のみであった。建長四年（一二五二）に円実が所属する家門九条道家の失脚によって一門の者が後嵯峨院の「勅勘」を蒙り、門主を退いた事件、永仁四年（一二九六）十月四日の伏見天皇綸旨によって、永仁の南都闘乱の責任を問われて慈信が門主の地位を退いた事件、この二例があるのみである。[59]そのような「勅勘」に相当するような事件と比べれば、覚尊が「非器」とされた事件は大きなものではない。覚尊が「勅勘」を蒙ったとの事実も史料の上でみあたらない。後醍醐の大乗院門跡改替の綸旨は、これまでの天皇・院の権限を逸脱する、きわめて政治性の高いものであったのではないだろうか。

さて、慈信の置文は後醍醐天皇の許に提出され、それに基づいて慈信の門跡管領を改めて認める安堵の綸旨が出された。[60]さらに十二月三十日には慈信の後継者として入室した聖信に対して、慈信からの譲与を認める安堵の綸旨が出された。[61]慈信は置文において「一条・九条隔度下向事」、すなわち一条家出身者と九条家出身者が代わる代わる大乗院門主となる約束があることを認めながらも、覚尊のような「門跡衰微之結構」に及ぶ場合は、「時宜」すなわち時の治天の君の意向によってこの原則によらず大乗院入室の人選を行うこととしている。これは安田次男氏が指摘しているように「一条・九条隔度下向」の原則を破って慈信から聖信に門跡を譲ろうとする慈信の弁明である。[62]この置文に基づいて慈信さらに聖信への安堵がなされたわけであるが、結果として大乗院門跡の管領が家門によって決定されず、治天の君である後醍醐天皇の意志によって決定されることになったという歴史的意義は、やはり大きなものであったと思う。[63]

ところで、大乗院・一乗院両門跡をめぐる争いに対して、後醍醐は元亨三年の一年前に「両門跡和与事」について当事者たちから「告文」（起請文）を提出させ混乱を収めようとしていた形跡があり、そのことを関東に伝えていた。[64] 幕府がどのような反応を示したかは残念ながら不明である。また、元亨三年七月の後醍醐の大乗院・一乗院両門跡人事への介入には、事前に幕府に問い合わせた形跡はなく、十二月になって幕府にそのことを伝えた。幕府はそれに対して、京都からの使者に「御書」を携えた使者を同道させ、上洛させたが、途中で山賊のために「御書」を奪い取られたようである。いずれにせよ、興福寺の両門跡問題は王朝主導で行われ、幕府と密接に連絡をとりあって対処しようとしたことはなかった。[65]

後醍醐政権によって生み出された慈信・良信の体制は、正中二年（一三二五）六月二十三日に覚尊が武者三百余騎を引き連れ内山から三蔵院を経て禅定院に入り、大乗院門主聖信が退去させられたことによって破られた。慈信はこの年閏正月二十六日に没していた。一方、九月十六日には一乗院にいた近衛家出身の良覚を門主良信が「誅伐」するとの風聞によって、良覚僧正が南都を逃れて上洛する。武力による争いが始まり、十二月四日には覚尊が禅定院を退去し、古市但馬の許に逃れ、この年七月七日に遷座していた春日神木が帰座し、武家の命令によって城郭が撤去された。春日神木が動座した原因は不明であるが、六波羅が南都に入り、城郭撤去に動いたこと、覚尊が禅定院を退去したことによって元の秩序が戻ったかにみえた。しかし、嘉暦元年（一三二六）五月三日に覚尊が大乗院門主に「宣下」されたことによって、翌嘉暦二年三月八日に合戦があり、金堂が焼失した。[66]

後醍醐は何故に自ら据えた大乗院門主聖信を罷免し、覚尊を門主としたのか、その理由は不明である。聖信側に何らかの非があったのか、それとも一条家側からの働きかけがあったのか。いずれにせよ、後醍醐は自ら秩序を破壊する原因をつくったといえよう。

嘉暦二年七月十九日、聖信は金堂焼失の責任を問われ、隠岐に配流され、翌嘉暦三年正月十三日には金堂造営について律家沙汰とすることが幕府から指示された。また「両門跡合体」が王朝と幕府から示され、両門主と僧綱が「告文」(起請文)作成に及んだ。興福寺伽藍造営に幕府が関わるのは初めてのことである。王朝側から金堂造営の用途について諮問された興福寺は、「五ヶ料足」を以て五ヵ年で造営を成し遂げることを言上している。「五ヶ料足」とは①淀関、②渡部・神崎、③禁野関、④日本国棟別銭、⑤大和国土打段米であった。「西大寺・唐招提寺以下三十二ヶ寺余」の興正菩薩叡尊の「霊場」の僧衆が造営を遂げることになったのである。(67) これは西大寺流律宗が興福寺の造営を担当したことで注目されるが、(68) ここでは「公家・武家」が「両門跡合体」を指示したことに注目したい。度重なる興福寺の騒乱に対して、幕府も後醍醐政権もともに対処し、両門跡の「合体」を指示したのである。この指示は両門主や僧綱らが告文を提出したものの、結局実現されることはなかったが、このような家門の意向を無視し、これまでの門跡の歴史を否定する思い切った政策を、幕府だけでなく後醍醐政権もとったことは注目される。正中の変による倒幕の動きが阻止されたことによって、この時期の後醍醐政権は鎌倉幕府の指示に従わざるをえなかったのかもしれない。

鎌倉末期の興福寺内の騒乱は門跡管領をめぐる門主出身家門の争いだけでなく、大乗院・一乗院に組織された御房人、興福寺内の学侶・六方・衆徒の動向が連関しているが、そのような問題に対して、後醍醐政権は十分な対処をすることができなかった。むしろ先述したように混乱の種を蒔いたと評価してもよいだろう。(69)

3　伊勢神宮

鎌倉末期の寺社興行政策の特徴の一つとして、神領興行政策に代表される神社興行政策の潮流がある。とくに伊勢神宮興行政策はその中心であった。後醍醐政権期において伊勢神宮興行政策はどのように表れているであろうか。それが明確に表れているのは遷宮に伴う伊勢役夫工米の賦課方式の変化である。役夫工米についての先行研究が着目する「一同の法」についてみておきたい(70)。

次の官宣旨は、伊勢神宮（内宮・外宮）の二十年に一度の遷宮費用を「建久宣旨」によって、「三社（石清水八幡宮・鴨・賀茂社）領」や「三代御起請地」（白河・鳥羽・後白河院の時に立荘された荘園）に対しても免除することなく、「諸国一同之勤」として賦課することを宣下したものである。

左弁官下　伊勢太神宮

応任建久　宣旨、為永例、不論庄園幷公田、平均支配諸国、所課二所太神宮廿年一度造替工役夫料米等事、

右、内大臣宣、奉　勅、造二所太神宮役夫工米所課、諸国一同之勤也、而或号三社領、或称三代御起請地、多以免除之間、彼遁此役、是被其責、相似王化之有偏、豈非神慮之難測乎、建久宣旨既垂法於将来、任彼趣、不除一庄、不漏寸歩、為諸国平均勤、毎至彼造替之期、皆悉省宛、宜為永例、同下知諸国既畢、宮宜承知、依宣行之、

元亨二年十二月十四日　　大史小槻宿禰　判

右中弁朝臣判(71)

一国平均役について全体的に検討された小山田義夫氏は、鎌倉期の伊勢神宮役夫工米賦課について以下のように見通し、この官宣旨の歴史的意義について説明している(72)。

伊勢神宮役夫工米を一国平均役として諸国に賦課する方式は院政期から行われていたが、建久四年（一一九三）七月四日官宣旨によって一切の免除の例外をもうけないという基本原則が決められた。しかし、建永度の遷宮の際には後白河院の御起請地・石清水八幡宮領・賀茂社領あるいはその半分の免除という例外が認められ、さらに、弘安六年（一二八三）十月一日の亀山上皇院宣によって建永以後原免状を得ている所領、および三代御起

請地が賦課の対象から除かれ、免除範囲が拡大していった。ところが元亨三年九月の内宮、正中二年の外宮の式年遷宮に当たっての役夫工米賦課については、当初、従来通り後醍醐政権は役夫工米免否の施策をとっていたが、元亨二年十二月十四日のこの官宣旨によって、一切の免除の例外を認めないという建久四年の基本原則に立ち返って賦課するという施策に強化されたとし、「鎌倉期を通して、（中略）一貫して御起請地（建永の後白河起請地、のちには、三代起請地）・三社領賦課免除が基底にあり、それに真っ向から挑戦しようと意図したのが後醍醐天皇の元亨二年の官宣旨であった」と評価した。

後醍醐政権は当初から建久四年の官宣旨に戻る政策をとったのではなく、親政開始の一年後に官宣旨を発布し、賦課方針を転換したとの評価は、果たして妥当であろうか。

元亨二年十二月の官宣旨より半年前の同年閏五月二十六日の後醍醐天皇綸旨は、神護寺領六ヵ所への役夫工米賦課を「一同之法」に任せて命じ、現地での譴責を停止し、「京済」するよう命じた内容である。(73)ここにみえる「一同之法」について、小山田氏は、「一同之法」は「平安後期から「諸国合応之課役」「国内平均之所課」とされ、建久四年の官宣旨によってより明確化された役夫工米賦課の普遍的原則を指している」とし、後醍醐政権によって発布された特定の法を指していないと結論しているが、(74)上杉和彦氏は宇佐八幡宮造営用途の賦課を太宰府に命じた前年八月十日の官宣旨にも、すべての「神社仏寺権門勢家領」に例外なく賦課徴収を命ずる点で同じ政策であるとし、元亨元年に「何らかの普遍的規範」（「一同之法」）が定められたと推定した。(75)

小山田氏の推定は、以下に示す元亨元年十一月十三日の後宇多上皇院宣案の解釈が根拠となっている。

造　太神宮料神護寺領役夫工米事、真光院僧正状副具書如此、就建久配符可有沙汰、其間先可停止地下之譴責之由、可被下知旨、院宣所候也、仍執達如件、

元亨元年

十一月十三日　　　　右中弁行高

造宮使殿

(76)

小山田氏は、「建久の配符によって沙汰するよう命じ、その結果が判明するまで地下の譴責を停止しているのであるから、その時点では未だ「一同之法」は「新たに定められて」いなかった」と解釈した。地下の譴責を停止するという点で、役夫工使による例外なき徴収を認めず、建久の配符による免除審査をしていると評価されているわけである。しかし、この院宣は、「建久配符」を基準としており、建永や弘安の配符を基準としていない。建久段階の役夫工米賦課徴収政策を意識したものであることは明らかである。また、「地下之譴責」をまず停止したことは、建久の方針と何ら矛盾しない。建久四年七月四日の官宣旨は、先に述べたように「不論神社仏寺権門勢家庄園弁公田」「白河・鳥羽・後白河院等御起請」も免除を認めず、平均に賦課することを命じたものであるが、「但、於帯起請先例不勤仕之所々者、停止国使乱入、庄家可致其勤」という規定を最後に示している。(77)一律賦課にあたって「国使」がおそらく神宮の徴収使とともに、これまで免除されてきた荘園に「乱入」し、それによって起こる現地での混乱を避けるため、「国使」による荘園入部による徴収ではなく、荘園の「庄家」が神宮の徴収使に役夫工米を納めることを定めたものと思われる。後宇多の院宣にある「先可停止地下之譴責」とは、とりあえず、賦課徴収における現地で発生した混乱をまず停止することを命じたものであり、役夫工米免除の審査をすることを約束したものではない。元亨元年の後宇多院政最末期において、建久四年官宣旨の一律賦課原則に基づく「一同之法」が出されたと推定し、それによって神護寺領にも神宮の徴収使が入部したことに対して、神護寺が本所である仁和寺真光院禅助僧正を通して後宇多院に訴え、それに対応したのがこの院宣であったと推定する。

このように理解すれば、先に示した上杉氏の指摘と矛盾しない。上杉氏ははっきりと「一同之法」が後宇多院政下で発布されたとはしていないが、宇佐八幡宮遷宮用途賦課方針を示した元亨元年八月十日官宣旨と同じ頃に伊勢神宮役夫工米についても同じ方針、すなわち「一同之法」が発布されたものと考える。

ところで、元亨二年閏五月二十六日の綸旨には、礼紙に追而書があり、そこでは「追申、於地下之譴責者、可被停止候、京済事、差日限、可被召進請文之由、同被仰下候也、可得御意給」とあって、神護寺領荘園への賦課を現地での賦課ではなく、「京済」（京都における賦課徴収）とすることが命じられている。これは、建久四年段階の賦課徴収が現地（庄家）で行われているのに対して、荘園領主の居住する「京都」で行うことが、後宇多院政下の「一同の法」で認められていたことを示している。上杉氏は建久四年の官宣旨についても「京済」を認めたものと解釈したが、「庄家」とはあくまで現地の機関を指しており、京都の荘園領主を指してはいない。この点は訂正されるべきものであるが、鎌倉末期段階では、もはや現地で直接一国平均役を賦課徴収する段階ではなくなっており、上杉氏が指摘するように、都市領主への在京一括型賦課、都市領主への財源依存一元化への政策転換が行われたと評価できる。

さて、「一同之法」による役夫工米賦課徴収は、これまで免除されてきた寺社の反発を招いたと推測され、元亨二年七月十九日の綸旨では、神護寺領について、弘安の先例に任せて免除するという一部免除を容認する政策に後退した(78)。このような弘安配符によって一部免除を認める政策への後退は、同年十月八日の祇園社感神院領近江国山上保に対する綸旨においても確認される(79)。大覚寺領に対する同年十月二十九日の後宇多上皇院宣もこのような後醍醐政権の方針転換によるものであろう(80)。こうした政策の後退が、再度、元に戻されたのが先に示した同年十二月十四日の官宣旨であった。

その後の展開をみると、翌元亨三年八月に神護寺三綱大法師らは、去年七月に免除の綸旨が下されたにもかかわらず、神宮使である神部らが元亨二年十二月十四日の官宣旨を根拠に、現地において役夫工米を賦課徴収する行為に対して、停止するよう訴えている。[81] 上杉氏は免除の証跡のある寺領への賦課をあえて神護寺が容認しているとし、ここでは京済か現地での賦課徴収かは問題となっていないが、京済の方式が官宣旨では前提となっていたとしている。[82] また、この神護寺の主張では「南北両京、未及遵行歟」として、興福寺や延暦寺などの南都北嶺の権門寺院が、いまだ役夫工米賦課に応じないことを理由に、賦課免除を要求していることから、おそらく、それまで免除特権を与えられていた寺社は、南都北嶺の寺社だけでなく、ほとんどが賦課徴収に抵抗したと思われる。神護寺の主張には後醍醐天皇の「勅命」である「天下一同御沙汰」「諸寺諸社一同御沙汰」に正面から抵抗することはしないものの、できれば賦課に応じたくない神護寺の苦渋が表れている。この神護寺の訴えに対して、元亨三年九月二十一日の綸旨は神宮使による「地下譴責」を停止するよう命じているが、神護寺領への京済による賦課徴収は変更されなかったと思われる。[83]

小山田氏は後醍醐政権の役夫工米賦課政策が「神護寺領の場合でみるかぎり、きわめて一貫性に欠けていた」とするが、以上の検討により、さまざまな寺社側からの抵抗にもかかわらず、後宇多院政最末期の「一同之法」を継承し、元亨二年七月にはいったん先例による免除を容認するものの、十二月の官宣旨によって再度、「一同の法」は「天下一同御沙汰」として確認され、以後は一貫していたと評価すべきであろう。後醍醐政権による伊勢神宮役夫工米賦課徴収政策の基本方針は、第一に、鎌倉期を通じて容認されてきた三社領、三代御起請地などの免除特権を否定し、すべての荘園・公領に一国平均役として賦課するという原則に立ち戻ることであり、第二に「地下譴責」ではなく「京済」とすることであった。この政策基調は元亨二年十二月官宣旨以降、一貫していたものと思われる。

三　密教興行・御願寺興行・国分寺興行政策

1　東寺興行

後醍醐天皇が父後宇多院の密教興隆政策を継承し、とくに東寺領興行政策をとったことは、東寺についての先行研究がすでに指摘しているところである。網野善彦氏は東寺学衆方荘園の成立を論ずるなかで、後醍醐天皇が父後宇多院の六箇御願の実現をはかるべく正中二年（一三二五）正月一日、東寺講堂新供僧六口と灌頂院護摩堂供僧三口を新たに置き、その経済的基盤として最勝光院執務職を東寺に寄進し、次いで、翌正中三年三月には最勝光院領周防国美和庄を寄進したこと。また、後宇多院が設置した勧学会を興隆するため元徳二年（一三三〇）正月、宝荘厳院を寄進し、同じく美和庄替え地として最勝光院領備中国新見庄を寄進したことを指摘している。(84)

このように東寺興行を推進した後醍醐の政策であるが、寄進されたのがまず御願寺最勝光院の「執務職」であり、宝荘厳院であることに着目しておかねばならない。このことは東寺興隆の意味だけではなく、建春門院・高倉院御願の最勝光院、鳥羽上皇御願の宝荘厳院という御願寺の維持管理を東寺に委ねた寄進であるとも理解できる。後醍醐天皇は維持管理に苦慮する六勝寺をはじめとする御願寺対策のために、最勝光院「執務職」や宝荘厳院を東寺に付したと理解すれば、「執務職」という「職」をまず美和庄の寄進に先立って東寺に「寄附」したことの意味もわかるのではないだろうか。正月一日に東寺講堂六口供僧・同護摩堂供僧を置き、そのために最勝光院「執務職」を初めて置いて東寺に「寄附」し、(85)同月に年中行事次第注進状を作成、(86)三月に最勝光院領荘園の目録を作成し、(87)三月十八日に太政官牒で最勝光院領美和庄を寄進した手続きからみれば、(88)東寺興行のためだけではなく最勝光院の復興をもともに図ろうとした寄進であった。「執務職」とはもともとあった職ではなく、後醍醐天皇が寄進に際して創出した職名であって、東寺の管領下において最勝光院という御願寺の存続を図ることを意味していると思われる。最勝光院は正安三年（一三〇一）に焼失し、嘉元元年（一三〇三）には最勝光院別当に前大僧正道玄が補任されていることから、組織としては存続しているものの、全体の伽藍復興はなされていない状態にあったと思われる(89)。この点について、先の太政官牒では「抑最勝光院者、仏閣礎残、修御願於何処、寺役跡断、受法施於誰人」と記されているように伽藍は復興されておらず、年中行事も断絶した状態であった。後醍醐政権が「諸人拝領之地」である美和庄を最勝光院に返付し、それを東寺に寄進したのは、「於被興断絶之勤行、奉餝本願之追福乎」とあるように、仏事を復興し本願建春門院・高倉院の追福という御願寺としての機能を復興させるためであった。これは太政官牒の東寺奏状を引用した部分であるが、後醍醐政権側の意志を汲んだ文言であろう。

以上、後醍醐天皇の東寺興隆政策が後宇多院の意志を継承した政策だけではなく、最勝光院という王家御願寺の伽藍復興ができないなかでの東寺への仏事委託の意味を持っていたことを強調しておきたい。

2　醍醐寺報恩院流の「法流一揆」

正中三年三月十七日、後醍醐天皇は二通の綸旨を宰相法印隆舜に下した(90)。

a　報恩院事、宮当寺無御住持之上、道祐僧都相共令管領、宜令致興隆沙汰者、依
天気、執達如件、
正中三年三月十七日　　左少弁（花押）
謹上　宰相法印御房

逐申

門流事、停確執之義、令一揆之条可宜、両人一期之後、勝深可管領、可被存其旨、兼又宮有御住持者、両人相共、可被扶持申之由、同被仰下候也、

b

法流事、隆勝僧正瀉瓶之旨、被聞食了之由、天気所候也、仍執達如件、

「正中三」

三月十七日　左少弁季房

謹上　宰相法印御房

辻善之助氏以降の先行研究が指摘しているように(91)、鎌倉末期、後宇多院が小野・広沢両流の真言密教の自身への伝法を意図するなかで、醍醐寺報恩院流の法脈伝授を憲淳から受け、それを契機に「関東護持之門跡」である報恩院の法脈伝授に介入し、その結果、関東および持明院統の支持を受ける水本法印隆勝と後宇多院の支持する道淳（道順）が報恩院の管領をめぐって争っていた。この対立はさらに道順から付法伝授された道祐と、隆勝から付法伝授された隆舜に継承されていた。この対立に終止符を打つべく後醍醐が宰相法印隆舜に与えたのがａｂの綸旨である。ｂで隆勝から隆舜への法流伝授を認めた上で、ａにおいて隆舜と道祐とが報恩院を共同で管領すること、「門流」（報恩院流）については確執をやめ「一揆」すること、報恩院については隆俊と道祐の共同管理の後は勝深が管領すること、後宇多院の皇子「宮」（性円法親王）が醍醐寺に住持することになれば、隆舜と道祐がともに扶持することを伝えたものである。

後宇多院が認めなかった隆舜―隆勝の法脈を認め、対立する両者の報恩院共同管領とし、両者の一期の後は隆勝の法脈を継承する勝深の管領としたことは、性円の醍醐寺への入寺がないとの条件の下でのこととはいえ、後

宇多院政とは大きく異なる決定であったといえよう。後宇多院は自身が小野・広沢両流の伝授をうけて「法流一揆」をはかったが、後醍醐天皇は後宇多院が否定した隆舜—隆勝の法脈を認め、さらに、一期の後は隆勝の法脈が報恩院を管領し、「一揆」することで決着を図った。ここに後宇多院とは異なる後醍醐天皇の政治姿勢をみることができよう。[92] ちなみに、共同管理の後に後継者として認められた勝深とは、元応三年（一三二一）正月二十八日には権少僧都隆舜とともに関東八幡宮の供料興行などを願う立願文に連署している「大法師勝深」のことであり、年未詳尾張国立石御厨文書写には「釈迦院僧都勝深」とみえる人物である。[93] 応安五年の伝法灌頂職衆請定案[94]の書写奥書によると、嘉暦四年（一三二九）に大阿闍梨報恩院僧正隆舜から伝授を受けた受者として「左衛門督僧都勝深」があり、そこには「長井縫殿頭子」と注記がされている。勝深は鎌倉幕府の評定衆や六波羅探題評定衆など多く出した長井氏の一族であった。「長井縫殿頭」は六波羅評定衆長井貞重が該当するとも思われる[95]が、幕府有力御家人の子弟が関東護持の院家と位置づけられている報恩院の次期院主に想定されていることは、後宇多院政時代には考えられないことである。ここには密教に傾倒した「異形の王権」である後醍醐天皇像とは別の、混乱する報恩院流の法脈を統一しようとする統治者としての後醍醐天皇の一面が表れているといえよう。

3　御願寺政策と国分寺興行

天皇家御願寺である最勝光院や宝荘厳院が東寺に寄進されたことが、東寺興行政策であるとともに御願寺政策でもあることについては、先に指摘したところである。ここでは、法勝寺など他の御願寺についても検討しておきたい。

後宇多院政期において円宗寺・六勝寺の修造と仏事興行が重要な政治課題であり、退転した他の御願寺領を円宗寺・法勝寺・東寺などに付属させることが院評定において提案されていたことについては、すでに遠藤基郎氏が指摘しており、また、第五章でも指摘したところである。[96]後醍醐政権が最勝光院・宝荘厳院を東寺に寄進し、最勝寺を青蓮院に寄進したことは、後宇多院政期からの政策の継承である。また、最勝寺の寄進が倒幕のための政治戦略の意味を持つと推測される点については遠藤氏が指摘しているところである。遠藤氏は法勝寺について、嘉暦二年十月二十四日の法勝寺大乗会に後醍醐天皇が行幸したこと、翌嘉暦三年十一月に法勝寺住学生に延暦寺・園城寺・興福寺に加えて東大寺僧十口を追加したこと、および嘉暦二年に法勝寺大勧進に円観（慧鎮）を補任したことなどの事実を指摘し、これらの点から後醍醐天皇は退転する御願寺のなかでも法勝寺のみは興行すべき御願寺であったとしている。

法勝寺大乗会は院政期に北京三会の一つとして国家法会の最重要仏事として位置づけられたものであり、[97]鎌倉期に入ってからも寛喜三年新制において厳重に執行すべき国家法会として位置づけられているものであった。後醍醐天皇が自ら法勝寺大乗会に臨み、法会を興行しようとしたことは、院政・鎌倉期に一貫して存在している法勝寺の王朝国家における位置づけを後醍醐が変更することなく、その維持を政策の課題としていたことを意味している。後醍醐天皇はけっして真言密教にのみ傾倒したのではなく、これまでの王朝の政策を堅持していたことを強調しておきたい。[98]

次に御願寺興行政策とも関連する国分寺興行政策について検討しておきたい。

後宇多院政（第一期）では六勝寺修造を目的として、六勝寺領に国分寺を組み込む政策を実施している。第五章で述べたように徳治二年（一三〇七）五月二十五日の洞院公賢奏事目録[99]には、奉行左中弁洞院公賢が後宇多院の伝奏であった左大弁万里小路宣房を通じて後宇多院に奏上した目録に、「延勝寺領長門国分寺」「同寺領紀伊国分寺」がみえ、同年七月一日の洞院公賢奏事目録[100]にも法勝寺領伊勢国分寺がみえる。六勝寺の管轄下に国分寺を置いて、ともに合わせて復興させようとする政策が、後宇多院政下において行われていたことが窺える史料である。この政策がその後、後醍醐親政期に継承されたかどうかは確認できない。しかし、後宇多院政期（第二期）には積極的に西大寺流律僧を担い手として国分寺興行がなされ、院政最末期の元応二年か元亨元年（一三二一）に徳政としての国分寺興行政策が打ち出されたことは確実であろう。[101]

後醍醐政権が国分寺興行政策を継承したことは、長門・周防・丹後国の国分寺興行が積極的に行われたことに表れている。[102]

西大寺流律僧は幕府・王朝の国分寺興行政策の担い手となったが、この三ヵ国においては後醍醐天皇の綸旨を得て国分寺興行が実行された。丹後国国分寺にみられるように、国衙在庁と律僧の勧進活動が嘉暦二年の後醍醐天皇の興行の綸旨によって保証され、翌年から再建が始まり、建武元年四月に金堂供養がなされている。この時の国司は洞院公賢であった。[103]長門国国分寺は西大寺第二代長老信空の弟子であった寂遍（思寂）によって伏見院政期に再興が始まり、後宇多院政期にも院宣によって国分寺築垣四面内の農業と殺生が禁止されるなど、寺域の確定と保護がなされた。後醍醐親政期においては、寂遍に再び国分寺再興の「土木之功」を遂げるよう綸旨が下され、その後、寂遍の後任と思われる興律上人に対して国分寺を祈願所とする綸旨が下されている。また、周防国の場合も、正中二年十二月二十六日の留守所下文によれば、国分寺と国分尼寺が関東極楽寺住持善願上人（順仁）が東大寺大勧進職として周防国を知行した時に、目代覚順によって再興されたという。善願上人順任が東大寺大勧進であったのは後醍醐親政期の元亨二年十一月十三日から嘉暦元年十二月までのことであった。[104]

このように、後醍醐政権は国分寺興行政策を継続していた。この政策は後宇多院政だけでなく伏見院政の政策でもあり、鎌倉幕府の政策とも共通するものであった。倒幕の意志を持つ後醍醐天皇も国分寺興行政策においては、これまでの王朝と幕府の共通政策を継承していたといえる。

おわりに

以上、後醍醐親政期における寺社政策について、徳政としての寺社興行政策が寺社側から期待されるなか、後醍醐政権が実施した寺社領興行政策と権門寺社政策について考察した。その結果、寺社領興行政策としては、売買地を対象とする神領興行令は発布していないが、寺社外部への所領流出を禁止する別相伝否定政策が実施されており、祇園社や石清水八幡宮において確認できた。別相伝否定政策は後宇多院政の政策とは異なるものであったが、場合によっては容認される場合があり、そこに後醍醐天皇の「治天の君」としての恣意性を見出すことができる。後醍醐の専制君主としての側面は東大寺や興福寺という権門寺院への政策にも表れ、記録所における東大寺と鴨社間の相論に対する議定への関わり方や、興福寺内部の混乱への関与にも見出すことができる。権門寺社政策という点でいえば、強訴禁圧という点に表れているように、後醍醐天皇は後宇多院政と同じく、どちらかといえば抑圧的態度で臨んだように思われる。

一方で鎌倉時代後半以降王朝の基本政策としての寺社興行政策を継続し、一方で寺社勢力を有する権門寺院に対して抑圧的政策をとったこと、この二つの政策の違いは、時に寺社側を混乱させた。こうした政策の違いが後醍醐天皇の個性、あるいは天皇とその側近および記録所などの「官僚」で構成された政権の政策の継続性とどのように関係するのか、あるいは対興福寺政策で垣間見られた幕府の政策とどのように関係していたのか、さらに考察すべき課題は多い。後者についていえば、後醍醐が早くから倒幕の意志を持ち、やがて建武政権を樹立した結果からみれば、後嵯峨院政以降の王朝と幕府の協調政策など考えられないのであるが、興福寺の混乱をとどめ、伽藍を再建するという点では両者の間に大きな政策上の違いはない。

後醍醐天皇は父後宇多院から許可灌頂を受け、東寺への所領寄進を行ったが、父後宇多のように自ら出家し法皇として密教の法流を統一しようという試みはしなかった。「天子灌頂」の画像からイメージされる「異形性」は、親政期においては顕在化していないし、密教だけに傾倒したとは思われない。後宇多院は「治天の君」として報恩院流法脈の対立を解消する施策をとっており、それは興福寺大乗院門跡内の対立解消への施策と同じ「専制君主」としての対応であった。親政期の後醍醐天皇をことさら「異形の王権」として、その特異性・宗教性を強調することは後醍醐の専制君主としての側面を見誤るのではないだろうか。

こうした課題を含めて、鎌倉幕府崩壊後の建武政権の寺社政策がどうであったのか、次章で追究したいと思う。

註

(1)　網野善彦『異形の王権』(平凡社、一九八六年)。
(2)　嘉暦三年八月日摂津勝尾寺住侶等訴状案(『鎌倉遺文』三〇三六八号)。
(3)　年月日未詳勝尾寺領目安案(『箕面市史』史料編二、六〇一号)。
(4)　永仁二年正月日勝尾寺住侶等申状案(『箕面市史』史料編二、三五九号、『鎌倉遺文』一八四六七号)によれば、その内容は「可停止当寺殺生伐木由事」であった。また、貞観五年の宣旨について『箕面市史』の編者はこの時の訴訟にあたって作成された偽文書であるとしている(『箕面市史』史料編一、二号)。ここでは当時まだ使用されていない官宣旨の様式だけでなく、「知行」の語を文中で用いるなど偽文書であることは明白であり、首肯できる見解である。
(5)　美河原庄の仏聖米下行が滞っているとして文永五年・正応元年に勝尾寺は浄土寺に対して雑掌の非法を訴えている(『箕面市史』史料編一、二四七号・三二四号、『鎌倉遺文』一〇二四九号・一六七七四号)。荘務権は浄土寺にあり、雑掌は浄土寺が補任していた。
(6)　「貞治六年維摩会講師日記」(興福寺所蔵典籍文書九函五号)。奈良国立文化財研究所写真帳による。
(7)　元亨三年正月二十八日常陸国庁宣案(『鎌倉遺文』二八三一三号、『茨城県史料　中世Ⅰ』総社宮文書二四号)。清原師幸が惣社神主職であることは文保二年五月四日小田貞宗請文(『茨城県史料　中世Ⅰ』総社宮文書二〇号、『鎌倉遺文』二六六六七号)による。

（8）『中世法制史料集』第二巻室町幕府法、追加二一三条。
（9）網野善彦「元亨の神人公事停止令について」（『網野善彦著作集』第十三巻、岩波書店、二〇〇七年、初出一九七七年）。
（10）『中世法制史料集』第二巻室町幕府法、追加法四八条。
（11）ただし、元徳元年に宇佐宮において本家である近衛家（家平）が「本物返地」について甲乙人の知行を停止し、本主に返付せよという内容の神領興行令を出していた形跡がある。元徳二年十一月二十四日の宇佐宮政所下知状（『鎌倉遺文』三一二八六号）によれば、元徳元年十月二十五日の本物返地返付の神領興行を命ずる「本家（近衛家）御教書」によって、「本所御使親阿」が宇佐宮政所に派遣され、おそらくその指示の許で宇佐宮検校宇佐宿禰（益永宇輔）は宇佐弥勒寺供僧栄賢の訴えた「本物返神領」豊前国江島別符藤崎村古園畠地についての案件について、使節江上三郎盛勝を論所に派遣し、その請文によって訴人栄賢の主張を認めて、本主である栄賢への返付を命ずる下知がなされている。これは近衛家による神領興行令とでもいうべきものであり、王朝や幕府の本物返地を対象とした神領興行令は発布されていない。また、この事例以外に宇佐宮領において広くこの命令が施行されたことを示す史料は今のところ見あたらない。このことから後醍醐政権期において神領興行令が発布されていなかったとするここでの論旨を変える必要はないと考える。
（12）正和五年十月七日清原師幸譲状（『茨城県史料　中世Ⅰ』総社宮文書一六号、『鎌倉遺文』二五九四八号）。
（13）総社宮文書には永仁五年四月一日常陸国留守所下文（『茨城県史料　中世Ⅰ』総社宮文書八号、『鎌倉遺文』一九三三一号）が残されている。それによれば、永仁五年の「関東御徳政」により、常陸国留守所が「府中田畠等者、国衙一円進止之条、関東度々御成敗・留守所裁許、何有与儀哉」として清原師幸の売買地の取り戻しが命じられている。また、弘安九年二月日の常陸国留守所下文案（『茨城県史料　中世Ⅰ』総社宮文書六号、『鎌倉遺文』一五八三〇号）でも、弘安八年七月の院宣によって「在庁公人供僧名田畠」の沽却流出が問題とされ、本主への取り戻しが命じられている。これらをみれば鎌倉後期から末期にかけての常陸国在庁名の公田流出が問題になり、その無償回復令が幕府から出されていた。なお、鎌倉後期の国衙興行については稲葉伸道「鎌倉後期の国衙興行・国衙「勘落」について」（『名古屋大学文学部研究論集』史学三七、一九九一年）を参照されたい。
（14）康永三年正月日清原師氏目安案（『茨城県史料　中世Ⅰ』総社宮文書二八号）。
（15）元亨二年十月二十四日記録所注進状案（『鎌倉遺文』二八二〇八号）。
（16）元亨元年五月二十八日後宇多上皇院宣案（『鎌倉遺文』二七七九七号）。

(17)　(元亨)六月七日後醍醐天皇綸旨案(『鎌倉遺文』二八四二七号)。本文書は『祇園社記』御神領部第四に写された案文で、「元亨」と押紙(?)があったようである。『鎌倉遺文』は元亨三年として収録しているが、根拠は不明。ここで示された「後嵯峨院聖断」となる院宣は残されていない。おそらく建長二年の「平氏女契状」と関係すると思われるが、後嵯峨院政下での成安保をめぐる訴訟内容については不明である。

(18)　祇園社の組織については野地英俊「「社僧」再考—中世祇園社における門閥形成—」(『仏教大学大学院紀要』二六、一九九八年)参照。

(19)　俗人たる甲乙人への所領流出を禁止する法は、早くは文永二年には出されていた(『校訂増補天台座主記』前大僧正澄覚文永二年三月二十五日記事)にみえる。

(20)　正中二年九月十六日祇園執行顕詮請文案(『鎌倉遺文』二九一九八号)、同年月日民部卿局御教書(『鎌倉遺文』二九一九七号)。

(21)　正中三年二月十三日顕増和与状(『鎌倉遺文』二九三五一号)。

(22)　川島敏郎「祇園社領「四ヵ保」の形成と相伝について」(『古文書研究』一四、一九七九年)によれば、波々部保は承徳二年(一〇九八)に成立し、祇園社大別当行円の時に成立し、以後、保司職は行円の子孫である執行一族(紀氏)に相伝され、鎌倉中期弘安年間に顕尊・顕舜の兄弟に分割され、顕尊の系統は顕円、顕詮と相伝され、顕舜の系統は顕増・顕恵の兄弟にさらに分割されたという。「惣保務」あるいは「惣領」とは紀氏一族のなかの保務職を所持している人物で、時の祇園社社務(執行職)であった教清ではないかと思われる。

(23)　正中二年九月十六日民部卿局御教書(『鎌倉遺文』二九一九七号)。なお、助法眼に年貢を沙汰させることとした分について、『鎌倉遺文』は「三分一」としているが、「三分二」の誤り。『増補八坂神社文書』下巻一、一七〇四号(臨川書店)では「三分二」としている。

(24)　正中二年十月十四日後醍醐天皇綸旨案(『鎌倉遺文』二九二二九号)。

(25)　正中三年二月十三日顕増和与状(『鎌倉遺文』二九三五一号)。元亨四年三月十九日後醍醐天皇綸旨案(『鎌倉遺文』二八七〇三号)。この時、何故、別相伝領について丹波国守護のもとで訴訟となったかはわからない。別相伝領に何らかのかたちで御家人が関与していたのかもしれない。

(26)　民部卿局は先の正中二年九月十六日の御教書の写しでは「吉田大納言家継母」とあり、後宇多上皇・後醍醐天皇の伝奏大納言吉田定房の継母である。吉田定房が関係する所領で自身の継母の別相伝を否定する政策を推進する側に定房がいたことは、この政権が推進しようとしていた政策が、推進者の個別利害を超えたところにあることを示している点で興味深い。

(27)　このように神領興行の政策が、神社の社家組織にとって社務の地位にある者の権限を強化することに結果することは、海津一朗氏が宇佐八幡宮の神領興行令において指摘しているところである（同氏『中世の変革と徳政—神領興行法の研究—』吉川弘文館、一九九四年）。

(28)　元亨元年六月七日後醍醐天皇綸旨案（『鎌倉遺文』二八〇五四号）。なお、この綸旨の写しが「当宮縁事抄」（『石清水八幡宮史』第六巻所収）にある。この写しでは「東宝塔院領備後国神村庄」とある。

(29)　註(28)に示したように六月七日の綸旨は「東宝塔院」の院主宛である可能性もある。ところで、「当宮縁事抄」所収の綸旨写では宛所の「院主法印」の箇所に朱筆で「瀧清」と注記がある。

(30)　元亨二年六月七日後醍醐天皇綸旨案（『鎌倉遺文』二八〇五四号）。ところで紀氏一族であった女性がなぜ「源氏女」と名乗っているのか。本来ならば「紀氏女」と名乗っているべきではないか。婚姻制度の社会的変動をここに見出すことができるかもしれない。なお、同年七月二十一日の後醍醐天皇綸旨（『大日本古文書　石清水文書』三巻八二六号）で後醍醐は西宝塔院院主職に石清水八幡検校堯清法印を補任している。宝塔院「院務」に神村庄を管領させるとは、結局のところ八幡検校（社務）に管領させるということであった。なお、ここで八幡宮内の院家の院主職を後醍醐が直接補任していることも注目されるところである。本来ならば院家の内部人事に天皇が直接関わることはない。

(31)　笠松宏至「中世の政治社会思想」（同氏『日本中世法史論』東京大学出版会、一九七九年、初出一九七六年）。稲葉伸道「鎌倉中・後期における王朝の神社政策と伊勢神宮」（『名古屋大学文学部研究論集』史学五八号、二〇一二年）、本書第Ⅰ部第四章。

(32)　徳永健太郎「神社領荘園における別相伝の展開—鎌倉期の石清水八幡宮領をめぐって—」（『鎌倉遺文研究』九、二〇〇二年）。

(33)　元徳二年十二月二十六日官宣旨（『鎌倉遺文』三一三二六号）。

(34)　市沢哲「鎌倉後期の公家政権の構造と展開—建武政権への一展望—」（『日本中世公家政治史の研究』校倉書房、二〇一一年、第五章、初出一九九二年）。徳永健太郎註(27)論文。なお、市沢氏は初出論文に対する徳永氏の批判に対して著書において公家政権が別相伝を認める事例があることに同意するものの、なお、「当該期における安堵の特殊性を認めざるをえない」として、自説を堅持している。

(35)「石清水八幡宮寺略補任」(東京大学史料編纂所謄写本)。

(36)「石清水八幡宮寺略補任」(前掲)

(37)『中世法制史料集』第六巻(岩波書店、二〇〇五年)所収。『日本思想大系　中世政治社会思想』下(岩波書店、一九八一年)は第四条の事書部分「応停止諸庄園収公寄進本主事」を「まさに諸庄園寄進の本主を収公するを停止すべき事」と読み下している。この読み下しは無理がある。『中世法制史料集』第六巻は返り点をつけ「応レ停ニ止諸庄園収公一寄進本主事」と読んでいる。この読みに従い、「まさに諸庄園の収公を停止すべし、寄進本主事」と読み下したい。

(38)『中世法制史料集』第六巻(前掲)

(39)京都大学所蔵東大寺宝珠院文書。久野修義「嘉暦年間における長洲訴訟記録について—「覚英訴訟上洛日記」の紹介—」(勝山清次『中世寺院における内部集団史料の調査・研究』科学研究費報告書、平成十八年三月)に「覚英訴訟上洛日記」として翻刻紹介されている(勝山清次編『南都寺院文書の世界』思文閣出版、二〇〇七年に再録)。

(40)嘉暦元年五月九日東大寺衆徒連署起請文案(『鎌倉遺文』二九五〇三号)。ここで東大寺は幕府が「武運長久」のために「寺社崇重」の初めに所領を寄進するのは「古今之流例」であると主張し、地頭職を停止することが寺社への所領寄進であり、「寺社崇重」のためであるとしている。

(41)嘉暦二年十一月六日東大寺満寺衆議事書案(『鎌倉遺文』三〇〇六七号)。

(42)嘉暦二年十一月十日東大寺申状案(『鎌倉遺文』三〇〇七〇号)では「今度人数多在京候、被向北方、先日寺官列参申子細」とみえ、東大寺の三綱などの「寺官」が六波羅北方(常葉範貞)において列参し訴えたことがわかる。また、嘉暦三年正月日「東大寺衆徒等申状案」(『鎌倉遺文』三〇一二七号)にも「去年十一月之比、為申披寺門之所存、宿老企列参」とみえる。列参した宿老は「両使者今度於無沙汰者、無是非、忽可被処罪科之上者、定無子細歟」との六波羅探題北方常葉範貞の言葉を得、十一月中に両使が庄家に入部するべく六波羅御教書が出されたが、実行されなかったという。ここに東大寺は再度、両使ではなく在京人と篝屋の武士の武力の発動を要求した。

(43)『鎌倉遺文』三〇三二四号。十月二日にも綸旨が下されたことは、元弘三年八月日の東大寺訴訟土代(『鎌倉遺文』三二五一六号)に「一、伊賀国吏務職者、嘉暦年中為　当御代之新御願、永可為花厳・三論両宗三十講料所之旨、被下鄭重之　綸旨」とあり、また、元弘二年三月十一日の東大寺衆徒重申状案(『鎌倉遺文』三一七〇七号)によれば、綸旨が嘉暦三年七月二十七日と十月二日の二度出されたことがわかる。

(44) 久野修義註(39)論文。

(45) 近藤成一「悪党召し捕りの構造」(永原慶二編『中世の発見』吉川弘文館、一九九三年、所収、のち同氏『鎌倉時代政治構造の研究』校倉書房、二〇一六年に収録)。この構造において、武家(六波羅)は権門体制国家における軍事・警察部門を担当する権門として機能する。

(46) 某年(『鎌倉遺文』は嘉暦三年と推定)卯月一日「後醍醐天皇綸旨」(『鎌倉遺文』三〇二一五号)。

(47) 百瀬今朝雄「元徳元年の「中宮御懐妊」」(『金沢文庫研究』二七四、のち同氏『弘安書札礼の研究』東京大学出版会、二〇〇〇年に収録)。

(48)「東大寺別当次第」(『続群書類従』補任部)、「東寺長者補任」(『続々群書類従』史伝部)。

(49) 元徳二年正月二十八日備中新見庄綸旨事書(『鎌倉遺文』三〇八八二号)。

(50) 嘉暦二年二月十二日後醍醐天皇綸旨案(『鎌倉遺文』二九七四六号)。

(51) 嘉暦三年十一月十四日東大寺別当聖尋仰詞事書(『鎌倉遺文』三〇四四九号)。

(52) 遠藤基郎『中世王権と王朝儀礼』東京大学出版会、二〇〇八年、第十一章「鎌倉後期の天皇家御願寺」。

(53) 後醍醐天皇親政期の朝廷裁判制度については、森茂暁氏の『南北朝期公武関係史の研究』(文献出版、一九八四年)第一章第二節「後醍醐天皇前期親政期の記録所」が検討を加えている。久野氏が紹介した「覚英訴訟上洛日記」は、久野氏が指摘されるように嘉暦元年から二年にかけての記録所での訴訟のあり方を知る上で貴重な事実を追加するものである。まず、後醍醐親政期には伏見天皇親政期に確立した王朝裁判制度が継続しており、議定・庭中・越訴の制度が機能していたことがわかる。このうち議定について指摘できることは基本的に禁裏の議定所で行われること(臨時の場として常磐井殿)、議定衆は久野氏が指摘しているように関白二条道平・前太政大臣久我通雄・前左大臣洞院実泰・前左大臣洞院実泰・前大納言吉田定房・「右大将」(?)洞院公敏(公俊)(「右大将」を採れば洞院公賢、公敏は前権大納言按察使であり右大将ではない。記主覚英の誤認があると思われる。久野氏は「洞院父子」を公守と公敏としたが、実泰・公敏父子であろう。実泰は嘉暦二年八月十五日に死去している)・前権大納言万里小路宣房・侍従権中納言三条公明・前権中納言吉田冬方・検非違使別当権中納言九条光経などであり(このほかに「二条中納言」の名前もみえるが『公卿補任』にはみえない)、現任・散官の公卿から構成されている。議定の際には記録所寄人(開闔小槻匡遠・中原章房・中原章香・中原章敦・中原師梁・坂上明成・坂上明清・清原頼元など)

が記録所に祗候していて、議定に先だって行われた議定衆による訴論人への尋問に同席している。また、議定の開催、後醍醐天皇との連絡役には蔵人頭左大弁清閑寺資房が従事している。議定衆と寄人は番に編成されていたと推測されるが、詳細は追究できない。東大寺と鴨社の訴訟における議定衆はおそらく同一の番の者が携わっていたと思われ、吉田定房・万里小路宣房・三条公明・洞院公敏などは明らかに同一の番にいたと思われるが、二条道平や久我通雄などは必ず出席しているわけではなく、同一の番に編成されていたかどうか、明確ではない。議定の式日は延引の日も考慮すると嘉暦二年四月十七日・二十一日・六月一日・六月七日・六月十二日・六月二十一日・六月二十七日・七月三日・七月八日・七月十一日・七月十二日・十月八日・十月十一日、嘉暦三年四月二十一日がみえ、一日・七日・十一日・十七日・二十七日が式日であったことは間違いないであろう。すなわち毎月一と七の付く日が式日であった。このほか、三日・八日・十二日も式日であったかもしれないが、三日は庭中日であることが記されてあり、庭中に併せて議定を開いたものかもしれない。十二日は七月十二日の場合、十一日の分として開かれたと記している。また六月十二日の場合は十一日の式日を一日延引したのではないであろうか。八日は七月八日と十月八日がみえるが、七日と間隔がないことから確定できない。以上の式日については、嘉暦二年三月七日・三月十一日・九月七日の議定が他史料から確認できる（『鎌倉遺文』二九七六〇号・二九七六四号、『史料纂集　師守記』康永四年四月二十二日条）。このほか『新訂増補国史大系　続史愚抄』には正中元年正月九日（議定始）・正月十三日・五月十六日・八月十九日・十二月二十一日、正中二年正月十六日（議定始）、嘉暦二年正月二十六日、嘉暦三年正月十七日（議定始）がみえ、期日が定まっていなかった議定始の日を除くと、三・六・九の付く日も議定の式日の可能性がある。ただし、これらの式日すべてに同じ議定衆が出席することは考えられないので、やはり議定衆は番を組んでいたと思われる。蛇足ではあるが、庭中日が三の付く日であったことは七月三日だけでなく、嘉暦二年六月十三日に東大寺側が記録所に参向して「庭中ス」るのは庭中式日だったからであろう。そのように考えると毎月三のつく三日・十三日・二十三日は庭中式日ではなかったか。

なお、議定・庭中以外に越訴がみえ、この訴訟の場合、越訴奉行「尹大納言」師賢（花山院師賢）の名前がみえる（嘉暦二年十月九日条）。嘉暦二年八月二十四日条には東大寺が越訴状を提出し、越訴が受理されていることが記されている。ところで嘉暦元年八月二十四日条には東大寺側が越訴状を捧げて、それが「被召置」た、すなわち受理されたことが記されている。以後の東大寺と鴨社との訴訟は越訴議定であったと考えられる。とすれば、越訴は特定の式日があったわけではなく、受理されたあとは通常の議定として審議されたとも考えられる。この点については、検討すべき参考史料がないので結論を出さずに、問題点として残しておきたい。

(54) 稲葉伸道『中世寺院の権力構造』（岩波書店、一九九七年）第六章「鎌倉末期の興福寺大乗院門主」。
(55) 『雑々引付四』（内閣文庫大乗院文書）、『三箇御願等指事』（内閣文庫大乗院文書）、『鎌倉遺文』二八四六六号。
(56) 『大乗院日記目録』（『増補続史料大成　大乗院寺社雑事記』巻十二）。
(57) 元亨四年四月日「慈信置文」（『三箇御願等指事』（前掲））。
(58) 『元亨二年記』（内閣文庫大乗院文書）八月十日条にこの事件についての詳しい記事がみえる。それによれば、八月十日の天満祭に参加する宇治猿楽に対して大和国猿楽が訴訟を起こして「他国猿楽」の参加を停止するよう要求したことが原因となって、八月九日夜に衆徒が猿楽一人を殺害、数輩が手負い、見物の児童・中童子等が手負い、猿楽三人の髻が切られる事件が発生し、それに対して、「寺家」（興福寺別当良信）が衆徒に「向背」したことがわかる。ことの原因は大和猿楽と宇治猿楽との天満社祭礼への参加権をめぐる争いであるが、衆徒による殺害刃傷に及んだことによって別当と衆徒の間の争いにも発展したと思われる。記事にはこの「衆徒」が「南座衆徒」の「三位房」「若狭房」「舜忍」らの所行であり、六方の一つ龍花院方が六方に牒送したが、戌亥方・未申方・辰巳方が反対して蜂起に及ばなかったことが記されている。この事件には鎌倉末期の興福寺における検断権や猿楽の興行権の問題が関係しているが、ここでは触れない。
(59) 註(54)稲葉伸道著二六二頁、二六四頁参照。
(60) 「三箇御願料所等指事」（『鎌倉遺文』二八八七三号・二八八七七号）。
(61) 「三箇御願料所等指事」（『鎌倉遺文』二八九三八号）。
(62) 安田次郎『中世の興福寺と大和』（山川出版社、二〇〇一年）第三章第二節。
(63) 稲葉伸道『中世寺院の権力構造』（前掲）第六章において、この点について言及した。
(64) 『雑々引付四』元亨二年四月二十二日条。
(65) 「内山御所毎日抄」（内閣文庫大乗院文書）元亨四年六月十一日条に次のように記されている。

　去年十二月歟窮冬、両院家事、為仏法興隆被仰付菩提山殿（慈信）、菅原殿（良信）両僧正御房之由、被下綸旨□関東之処、不申御返事、仍被勧仰了、則被仰下之趣承了之由、申之、□（六カ）波羅使者加賀守、両門跡・寺門事可有御沙汰之次第、被申京都御使、令同道上洛之処、於小幡奪取御書、結句打擲云々、山賊所為歟、珍事々々、

解釈が難しい部分があるが、その内容は、以下の通り。大乗院家・一乗院家の門主を菩提山殿と菅原殿に仰せ付けるとの後醍醐天皇の綸旨を、去年（元亨二年）十二月に関東に了解をうるべく下したが返事がなかったので、「勧仰」た（そのように

南都に命じた)。その後、了承するとの返事を得て、加賀守某が「両門跡・寺門事」の御沙汰の次第を京都からの使者に伝え、自ら上洛に同道したところ、小幡(近江国か?)において山賊によって幕府の「御書」を奪い取られ、打擲されたという。

(66)『史料纂集　花園天皇宸記』正中二年六月二十三日条、九月十六日条、十二月十五日条。『春日若宮神主中臣祐臣記』(内閣文庫所蔵)正中二年六月二十二日~二十五日・同晦日、七月十二日・十三日・二十五日、八月十日、九月十六日、十月七日~九日、十二月一日・四日・八日・十五日条。『大乗院日記目録』嘉暦二年三月八日条。「大乗院御門主代々相承次第」(成簣堂文庫大乗院文書)。この間の経緯については、前掲註(54)稲葉伸道著第六章五を参照。

(67)『嘉暦三年毎日抄』(内閣文庫大乗院文書)嘉暦三年正月十三日条。

(68)安田次郎前掲著書第二章第二節。『奈良市史』通史編一。

(69)『内山御所毎日抄』(前掲)元亨四年(正中元年)九月十九日条には、正中の変に関する風聞として、この「主上御謀反」に山門と南都の輩が与力していたことを記している。後の元弘の乱における南都北嶺の動きは、すでに正中の変段階にすでにあったようである。

(70)小山田義夫『一国平均役と中世社会』(岩田書店、二〇〇八年)所収「鎌倉期役夫工米政策について」。上杉和彦「鎌倉期役夫工米の賦課と免除—中世前期国家財政の一側面—」(『史学雑誌』一〇四—一〇、一九九五年、のち同氏『鎌倉幕府統治構造の研究』校倉書房、二〇一五年に収録)。

(71)『鎌倉遺文』二八二七七号。国文学研究資料館画像データベースの画像によって文字を訂正した。

(72)註(70)小山田氏前掲論文。

(73)『鎌倉遺文』二八〇五二号。

(74)『鎌倉遺文』二七八三一号。

(75)註(70)上杉氏前掲論文。

(76)『鎌倉遺文』二七九〇一号。

(77)『鎌倉遺文』六七七号。

(78)『鎌倉遺文』二八一〇〇号。

(79)『鎌倉遺文』二八一九八号。

(80)元亨二年十月二十九日後宇多上皇院宣案(『鎌倉遺文』二八二一一号)。この院宣では長講堂領の例に任せて大覚寺領への役夫工米賦課の法を定めるとしており、長講堂領が免除の対象とされていたことが推測される。
(81)　元亨三年八月日神護寺三綱大法師等解状（『鎌倉遺文』二八五〇三号）。
(82)　小山田氏は建久四年の官宣旨には「京済」の文言があったが、元亨二年官宣旨にはなかったと指摘しているが、元亨二年官宣旨は在地賦課か京済かが問題ではなく、これまで免除を認められていた寺社領に対しても一律賦課する法であり、その際には京済が前提となっていたとする上杉氏の理解に従いたい。
(83)　『鎌倉遺文』二八五三〇号。
(84)　網野善彦『中世東寺と東寺領荘園』（東京大学出版会、一九七八年）第四章第三節。ところで、網野氏は「宝荘厳院執務職」の寄進としているが、元徳二年正月二十八日の綸旨には「宝荘厳院為寺家興隆、所被付東寺」（『鎌倉遺文』三〇八七九号）とあり「執務職」の文字はない。
(85)　『東宝記』（『続々群書類従』宗教部）第七（後醍醐院新補供僧）。
(86)　『鎌倉遺文』二八九六四号。
(87)　『鎌倉遺文』二九〇六九号。
(88)　『鎌倉遺文』二九四四〇号。
(89)　『新訂増補国史大系　帝王編年記』。『華頂要略門主伝』（『大日本仏教全書』）道玄の項。
(90)　aは『大日本古文書　醍醐寺文書』一四、三一六八号。bは『大日本古文書　醍醐寺文書』四、八六八（八）号。『鎌倉遺文』二九四三七号。
(91)　辻善之助『日本仏教史』第三巻第七章一四（岩波書店、一九四九年）、永村眞「「院家」と「法流」―おもに醍醐寺報恩院を通して―」（稲垣栄三編『醍醐寺の密教と社会』山喜房仏書林、一九九一年）。藤井雅子『中世醍醐寺と真言密教』（勉誠出版、二〇〇八年）第Ⅱ部第二章。横内裕人『日本中世の仏教と東アジア』（塙書房、二〇〇八年）第二章。
(92)　横内裕人氏はこの綸旨から、後醍醐は「大覚寺門主を醍醐寺に住寺させ、政治構想で分裂した法流の一揆を行おうとした」と評価したが（横内前掲註(90)論文）、性円を醍醐寺に入寺させるかどうかはまだ決定されておらず、その可能性を残したことはいえるものの、ここでは勝深への報恩院管領の道筋をつけたことに意味があると考えたい。その後、性円が醍醐寺に入寺することはなかった。
(93)　『大日本古文書　醍醐寺文書』二、三六五・三七〇号。

(94)『大日本古文書　醍醐寺文書』一三、三〇五二号。
(95)『新訂増補国史大系　尊卑分脈』第四篇一〇二頁。
(96)遠藤基郎『中世王権と王朝儀礼』(東京大学出版会、二〇〇八年)第十一章「鎌倉後期の天皇家御願寺」、稲葉伸道「鎌倉末期の王朝の寺社政策―正安三年～元亨元年期について―」(『名古屋大学文学部研究論集』史学六〇、二〇一四年。本書第Ⅰ部第五章所収)。
(97)平岡定海『日本寺院史の研究』(吉川弘文館、一九八一年)所収「六勝寺の成立について」、山岸常人「法勝寺の評価をめぐって」(『日本史研究』四二六、一九九八年、のち同氏『中世寺院の僧団・法会・文書』東京大学出版会、二〇〇四年に収録)、管真城「北京三会の成立」(『史学研究』二〇六、一九九四年)。
(98)上島享「中世国家と寺社」(『日本史講座』三中世の形成、東京大学出版会、二〇〇四年、のち同氏『日本中世社会の形成と王権』名古屋大学出版会、二〇一〇年、第二部第二章に収録)は、後醍醐天皇が御願寺や法会を通して顕密権門寺院の統制を目指すという政策を放棄したとしたが、少なくとも親政期にあってはそのようなことはなかったといえよう。
(99)東京大学史料編纂所所蔵「洞院公賢奏事目録」(『東京大学史料編纂所影印叢書　平安鎌倉古文書集』八木書店、二〇〇九年)。遠藤珠紀氏による翻刻と解説がある。
(100)東京大学史料編纂所所蔵写真帳「東山御文庫所蔵史料」(勅封50乙)6170―67―1。
(101)前掲稲葉伸道註(96)を参照。
(102)追塩千尋『国分寺の中世的展開』(吉川弘文館、一九九六年)第二章「中世国分寺の再興と西大寺流」。森茂明『後醍醐天皇』(中公新書、二〇〇〇年)第四章「後醍醐天皇と国分寺」。
(103)永井規男「丹後国分寺建武再建金堂の成立過程」(橿原考古学研究所編『橿原考古学研究所論集創立三十五周年記念』吉川弘文館、一九七五年)、石川登志雄「丹後国分寺建武再興縁起について」(『丹後郷土資料館報』五、一九八四年)。
(104)東京大学史料編纂所所蔵影写本『周防国分寺文書』(3071・77―25―1)、『周防国吏務代々過現名帳』(『山口県史史料編中世一』)。

第七章　建武政権の寺社政策について

はじめに

建武政権については、その組織形態や本領安堵政策を中心に論じられてきた。そのなかで寺社を対象とする宗教政策についての研究は多いとはいえない。辻善之助氏や黒田俊雄氏の研究(1)がまず挙げられるが、辻善之助氏の研究は日本仏教史の研究であり、鎌倉末期の神領興行令に象徴されるような神社興行政策については視野の外にある。また、仏教史としての論述としても、その内容は後醍醐天皇の密教や禅への個人的信仰として論述され、寺社領や政治勢力としての寺社権門に対する政策は論じられない。戦後の研究者を代表する一人である黒田俊雄氏の研究は、顕密体制論や権門体制論を提唱した論者であるにもかかわらず、諸国一宮・二宮の本所停止政策についての検討に止まり、寺社権門全体に対する政策を論じるまでには至っていない。また、黒田氏以後も神領興行や国分寺興行との関連で建武政権期が論じられるが、それらが全体としてどのような意味を持っているのかは、まだ十分に論じられているとは思われない。

このように、今日においても、建武政権の寺社政策全般が、まだ十分に検討されていない理由は、政権が三年ほどしかもたず短命であったこと、政策全体が構想で終わり実現したものが少ないこと、政権の基本問題は公家と武家との対抗関係にあり、寺社勢力の問題は重要ではないと見なされていることなどが原因であると考えられる。本章では鎌倉時代の王朝の寺社政策が、建武政権においてどのように継承されているのか、それとも、継承されなかったのかを確認しつつ、建武政権の寺社政策、とりわけ東大寺や興福寺などの権門寺院政策を中心に検討しようとするものである。

一　寺社の長官人事

『太平記』巻十五「賀茂神主改補事」は「賀茂ノ社ノ神主職ハ神職ノ中ノ重職トシテ恩補次第アル事ナレバ、咎無シテハ改動ノ沙汰モ難有事ナルヲ、（中略）此事今度ノ改動ノミナラズ、両院ノ御治世替ル毎ニ転変スル事、掌ヲ反スガ如シ」と、賀茂社神主職について両統の治世の交替するごとに転変してきたことを記している。建武政権の寺社政策を論じるにあたり、まず寺社の座主・別当・長者・検校・祭主・神主など王朝によって補任される「長官」の人事について検討しておきたい。とくに、後醍醐天皇が倒幕を企て失敗した元弘元年の乱後、ごく短期間ではあるが持明院統の政権（後伏見院政）が誕生したが、その政権下で行われた人事が再び建武政権誕生とともに覆されたこと、政権期間中においても人事交替が行われたことについて指摘したい。

1　東寺長者

『東寺長者補任』(2)によれば、元弘元年（一三三一）から建武四年（一三三七）までの東寺一長者の補任は以下の通りである。

元弘元年（一三三一）　東寺一長者前大僧正道意
同二年（一三三二）一月二日　僧正益守

同年十二月二十三日　　　　　　　　　僧正成助
正慶二年（元弘三年〈一三三三〉）　道意
建武元年（一三三四）十二月三十日　益守
建武二年（一三三五）三月十五日　僧正弘真
建武三年（一三三六）九月十六日　僧正成助

以上にみるように、元弘二年に道意から益守への交替があり、建武政権誕生後は道意が復帰、政権崩壊後の建武三年には後伏見政権下において長者であった成助が復帰している。元弘三年の記事には五月七日の六波羅陥落の記事の後に「毎事元弘元年風儀ニ相同ス、仍先御代元弘以来官符宣旨、任官叙位等一切不可用之由、被成御事書之間、如此所職以下如根本也」と記し、先代後伏見院政期の任官・叙位をすべて白紙にし、後醍醐親政期に戻す「御事書」が出されたことが記されている。また、成助については「先御代偽主之時、補任之間、如元第二退畢」と記し、東寺二者に戻されたこと、成助に替わって道意が復帰したことについて「此条、現任公卿僧俗幷諸職以下、可為元弘之分旨、御事書炳焉之間、如元可為寺務之由、被仰下歟、仍可為寺務之由披露畢」と記している。建武政権の人事方針が六波羅陥落後に「事書」の形態、おそらく箇条書きの法として発布され、それに基づいて太政官符や宣旨で任命された寺社の「長官」人事が行われたこと、東寺にあっては成助から道意への交替であったことがわかる。仁和寺成就院益守は元弘元年の乱後、後伏見政権下で一長者となっており、この人事も建武政権によって認められることはなかった。東寺長者の人事は元弘元年の乱以前に戻されたのである。

仁和寺勝宝院僧正道意は、西園寺家出身ではあるが、嘉暦元年（一三二六）に後醍醐天皇親政下で一長者となり、同年七月からの中宮御産御祈では大北斗法を勤仕している。この祈禱が関東調伏祈禱であったことは、すでによく知られた事実であり、道意はそれに参加していた(3)。また、道意は後に正平一統の際に一時的に南朝側から一長者に補任されており、南朝との関係が深い。

ところで、建武政権下で一長者が道意から益守に交替している。この交替は、建武元年九月二十三日の後醍醐天皇東寺行幸の賞として道意を東寺座主に補任したことによる交替である。道意の座主補任は建武元年十二月二十六日、益守は十二月三十日の僧事除目で東寺一長者に宣下された(4)。仁和寺成就院益守は洞院実泰の子で、兄弟には公賢・公敏・公泰・実守等がいた。洞院公賢は建武政権の中核にあり、公泰・実守も後に南朝方公卿となっている。このような環境が益守の復帰に寄与したものと推測する。

東寺座主は真木隆行氏の研究によれば後宇多法皇がその密教（広沢流）の師である仁和寺真光院禅助を補任したことに始まり、その就任は徳治三年（一三〇八）三月二十三日であったという。後宇多は自身に伝法灌頂を授与した禅助に対する勧賞として、東寺座主という新しい地位を当時一長者であった禅助に与えた。この座主職授与は仁和寺御室が真言密教界の権威の頂点にあり、持明院統出身者に独占されていたことに対する後宇多の対抗措置であった。たんなる権威の称号に止まらず、東寺供僧や高野山に対し御室と似た位置を占めたようである(5)。真木氏は禅助が持明院統の時期も含めて元徳二年に没するまで終身、座主の地位にあったと推測している(6)。後醍醐は後宇多の先例に基づいて、建武元年になって座主職を復活させ、東寺一長者の上に置いたものと思われる。

座主以上に異例な人事は、東寺大勧進職にあった文観（弘真）を益守の後の一長者としたことである。文観が後醍醐天皇の側近として関東調伏祈禱に関与し、元徳三年に硫黄島に配流され、建武政権成立によって京都に戻り、東寺長者や醍醐寺座主に補任され、権勢を恣にしたことは、『太平記』に叙述されているところであるが、網野善彦氏の「異形の王権」論が呈示されたことにより注目されることとなり、西大寺流律僧であり、また、真言密教僧である文観の姿が、新たに発見されてきた聖教によって次第に明らかにされてきている(7)。文観が東寺一長者に補任されたのは建武二年三月十五日、この人事に対して高野山の検校以下衆徒が反対し、文観を「異人非

器之体」として長者職を停止することを要求する置文を「満衆一同之評定」において決定したのは同年五月のことであった。(8)

文観が東寺大勧進職に就いていたことは、すでに元徳二年（一三三〇）五月に確認できる。(9)鎌倉末期になると律僧が法勝寺などの大勧進職に任命され、伽藍造営を請け負っていたが、(10)そのような律僧が真言宗の最高位に位置する東寺一長者になることは違例中の違例であり、高野山衆徒が異を唱えるのも当然であった。「東寺長者補任」によれば、文観は建武元年九月二十三日の東寺塔供養に先立って九月十日に権僧正道我とともに三長者に補任されていたが、この月に二長者成助が長者を辞し、また、三長者権僧正亮禅も辞しており、それに替わる人事であったと思われる。(11)それより先、建武元年三月十八日には後醍醐と関係のある権僧正道祐も東寺長者に補任されていることから、建武元年には東寺長者がすべて後醍醐と関係の深い僧によって占められたことになる。

2　東大寺別当

『東大寺別当次第』にみる鎌倉末期から建武政権期に至る東大寺別当の補任については以下の通りである。(12)

元亨二年（一三二二）　法務前大僧正聖尋（東南院）
元弘元年（一三三一）　大僧正教寛（勧修寺）
建武元年（一三三四）　法親王聖珍（東南院）
建武三年　　　　　　　権僧正良性（西南院）

聖尋が元亨二年に補任されたのは、前年末の後醍醐親政発足に伴っての人事であったことは間違いないであろう。聖尋と後醍醐との関係については、『太平記』の叙述によってよく知られている。すなわち、元弘元年において後醍醐が倒幕のため南都に向かった先が聖尋のいる東大寺東南院であり、その試みが失敗し後醍醐以下が幕府軍に捕縛されたなかに「東南院僧正聖尋」があり、翌年六月に下総国に配流されている[13]。勧修寺大僧正教寛が東大寺別当に補任されたのは、聖尋の直前の東大寺別当であったことによる再任であった。後伏見院政期の人事が元弘三年の建武政権発足によって直ちに白紙に戻されなかった理由は不明である。聖尋が配流先で存命であれば、直ちに東大寺に戻り別当に返り咲いたはずであるが、そのような形跡はみられない。おそらく、配流先で没したものと推定される。教寛は嘉暦元年七月の中宮御産祈禱に参加していたと思われ、その賞として同年八月には東寺長者に補任されていることから[14]、後醍醐との関係は聖尋ほどではないとしても、対立しているわけではなかった。このことが教寛を東大寺別当として留任させた理由ではないだろうか。

ところで、『東大寺別当次第』は建武元年に聖珍法親王が別当に補任されたとしているが、元弘三年十一月九日の後醍醐天皇綸旨では美濃国茜部庄地頭職を東大寺に与えることを「別当法親王」に伝えている[15]。すでに元弘三年十一月に聖珍は別当であり、『東大寺別当次第』の記述は訂正されなければならない。聖珍法親王は伏見天皇の子である。後醍醐が持明院統の法親王を東大寺別当に補任する人事をした理由は不明であるが、聖珍は聖尋の後を継ぐべき者として元亨二年に東南院に入室したものであり、東南院流の密教の法流を嗣ぐべき人物であった[16]。東南院主として初めての法親王であり、聖兼—聖忠—聖尋—聖珍と継承された東南院流の法脈を後醍醐天皇といえども無視することができなかったためと推測される。しかし、この人事も建武政権崩壊後に否定され、良性が別当に就任している。ただし、その後、聖珍は康永二年（一三四三）・文和元年（一三五二）の二度にわたり別当に再任された。

3　興福寺別当

『興福寺別当次第』『興福寺三綱補任』にみえる鎌倉末期から建武政権期の興福寺別当は以下の通りである。

嘉暦四年（一三二九）三月二十八日～元徳元年（一三二九）十二月二十日
大僧正覚尊（大乗院）（第二度）
元徳二年二月三日～正慶元年（一三三二）八月十一日
法務大僧正良覚（一乗院）（第五度）
正慶元年八月十八日～正慶二年六月十日
権僧正乗円（竹林院）
元弘三年（一三三三）六月十四日～建武三年（一三三六）十一月十四日
僧正覚実（一乗院）
建武三年十二月三日～建武四年六月
前法務大僧正覚円（東北院）（第二度）(17)

興福寺の場合、元弘元年の乱による別当交替は認められない。良覚から乗円への交替は、正慶元年八月十四日に良覚が没したことから、その死没直前の上表であった。建武政権発足により「先御代持明院殿僧俗官途改御沙汰」（『興福寺三綱補任』）によって、乗円は別当を罷免され、別当就任以前の権別当に降格される処置が下された。その後、『興福寺別当次第』は「但建武元年被下先寺務之綸旨、前官治定了」と記し、『興福寺三綱補任』は「建武元年五月五日宣下、乗円僧正権別当事、為寺務既執行、仍神事出之上者、以前明暦《（歴カ）》不可有相違、仍被止権別当職之由、被下綸旨長者宣了」と記している。文意が不明な部分があるが、建武元年（おそらく五月五日）に、寺務を執行してきた乗円の別当としての経歴を「先寺務」として認め、権別当職を止める綸旨と藤氏長者宣が出されたようである。(18)同年五月十六日、権僧正能寛が権別当に補任されている。建武二年四月十二日に後醍醐天皇の皇子玄円法親王が覚実大僧正の弟子として南都に下向し、翌十三日に一乗院に入室している。摂関家（近衛家）

の子弟が入室する門跡である一乗院に、後醍醐が初めて子弟を入室させていることは注目すべきことであり、いずれ玄円は一乗院門跡を継承し、興福寺別当にもなるべく人物として予定されていたであろう。しかし、建武政権崩壊後は、一乗院覚実が罷免され、東北院覚円が別当に補任されている。[19]

4　天台座主

『天台座主記』[20]にみる当該時期の天台座主は以下の通りである。

元徳二年（一三三〇）十二月十四日～元弘元年（一三三一）九月
　　尊澄法親王（妙法院）
元弘元年十月二十五日～正慶元年（一三三二）十月十二日
　　尊円法親王（青蓮院）
正慶二年正月十四日～元弘三年六月
　　尊胤法親王（円融房）
元弘三年六月五日～建武三年（一三三六）九月
　　尊澄法親王
建武三年十月十三日～暦応元年（一三三八）
　　尊胤法親王

尊澄は後醍醐天皇第八皇子で、元弘元年の乱に際し後醍醐に同行し、企てが失敗に終わった後、六波羅に捕縛され座主職を解かれ、讃岐国に配流された人物である。[21]建武政権発足後、直ちに座主に復活した。『天台座主記』は「元弘三年六月、自讃州御上洛、山務毎事不可違元弘元年之儀云々」と記している。この間、後伏見院政期に座主に補任されたのが伏見天皇第六皇子の尊円であり、後伏見天皇第四皇子である尊胤であった。尊円から尊胤への交替の理由は定かでない。建武政権崩壊後は直ちに尊胤が座主に復帰した。このように、天台座主の地位は大覚寺統と持明院統の皇子が法親王として門跡に入っていることによって、政治の影響を直接受け、元弘元年の乱と鎌倉幕府滅亡・建武政権発足という政治変動の影響を、もっとも受けているといってよいであろう。

5　青蓮院門跡・梶井門跡

『門葉紀』『華頂要略門主伝』[22]により青蓮院門跡について確認すれば、以下の通りである。

嘉暦四年（一三二九）正月十八日～元弘三年（一三三三）五月

尊円入道親王（伏見院皇子）

元弘三年六月一日～

慈道法親王（亀山院皇子）

建武二年（一三三五）十月一日～延文元年（一三五六）八月二十八日

尊円入道親王

鎌倉後期の青蓮院門主をめぐって熾烈な争いがなされたことは、かつて論じたところである（本書第Ⅱ部第一章）。嘉暦四年正月に慈道法親王から尊円法親王に門主が交替したのは、幕府の推挙によった後伏見院の院宣によるものであった。したがって、尊円の地位は元弘元年の乱で失われることはなかったが、建武政権発足により尊円は門主を逐われ、対立する慈道が再び青蓮院を管領した。注目されるのは建武二年十月に慈道と尊円の確執が後醍醐の綸旨によって尊円の門跡管領という形で決着がなされたことである。後醍醐による勅裁によって九月二十一日に尊円が慈道の所に入室、「師資之礼」をとり、九月二十九日に慈道が青蓮院門跡と無動寺・三昧院両寺検校職を尊円に譲り、尊円は十月一日に後醍醐天皇綸旨によって門主に補任されている。この間の青蓮院をめぐっての尊円・慈道と後醍醐との関係については、平雅行氏が先の事実に基づいた上でさらに深く考察している。(23)平氏の考察によれば、慈道は後醍醐と密接な関係があり、後醍醐に台密の許可灌頂・熾盛光法を伝授し、中宮御産祈禱に名を借りた幕府調伏祈禱にも参加し、その恩賞として嘉暦二年に四天王寺検校職への補任、天台座主への還補が行われたという。元弘元年の乱においては側近の仲円僧正が逮捕されたが、直接関係しなかったため慈道は処罰を免れ常寿院別当・四天王寺検校職はそのままであった。建武政権成立後、青蓮院門主は尊円から慈道に交替させられたが、尊円は常寿院別当を与えられ、建武二年には中宮御産祈禱のための薬師法を勤仕し、青蓮院門主に復帰し、ついで如法仏眼法を内裏で修した。建武政権発足後の後醍醐による融和策について平氏は「門跡統一の実現は、貴族社会を後醍醐のもとに統合しようとする意欲の表れ」であり、「慈道と尊円の関係が軟化していた結果」と評価している。

次に青蓮院門跡と並ぶ延暦寺の門跡である梶井門跡についても確認しておく。(24)

正中二年（一三二五）～　尊雲法親王
正慶元年（一三三二）～元弘三年（一三三三）六月五日　尊胤法親王
元弘三年六月二十二日～　尊澄法親王
建武三年（一三三六）十月～　尊胤法親王

このうち尊雲から尊胤への交替については日付を明確にすることはできない。周知の通り尊雲は後醍醐の笠置行幸に同行し、笠置山落城後は行方を眩まし、還俗して護良親王として倒幕活動を続けた。この他、妙法院門跡も門主尊澄法親王（還俗して宗良親王）が倒幕に直接関わり、讃岐に配流されたこと、建武政権発足後直ちに京都に戻り、本来なら尊雲が還補されるべき梶井門跡を継承したことについては『太平記』や『天台座主記』が記

しているところである。(25)

6　伊勢神宮祭主

伊勢神宮祭主の補任にも元弘の乱による祭主交替がみられる。『祭主補任』による神宮祭主の補任は以下のようである。(26)

文保三年（一三一九）二月十九日〜元徳三年（一三三一）
　大中臣隆実
元徳三年三月十一日〜元弘三年（一三三三）
　大中臣親忠
元弘三年四月九日〜建武二年（一三三五）正月二十三日
　大中臣隆実
建武二年正月二十八日〜建武三年六月
　大中臣蔭直
建武三年六月二十六日〜貞和四年（一三四八）六月十八日
　大中臣親忠

親忠を罷免し隆実を祭主としたのが、帰洛後ではなく、元弘三年四月九日という伯耆国船上山にまだ後醍醐がいた段階であることから、後醍醐は他の寺社長官人事に先行して伊勢神宮祭主の人事を命じたと思われる。(27)隆実が建武二年正月に没した後は、隆実の兄隆直の子である蔭直が補任され、建武政権の崩壊後は、再び北朝により親忠が補任されている。(28)

以上のように、後醍醐による元弘元年の倒幕の失敗は、主要な寺社の長官人事に影響を与え、寺社長官の交替がみられたが、元弘三年の倒幕の成功、建武政権の誕生はそれらの人事を元弘元年以前に戻す基本政策が採られた。持明院統の息のかかった有力寺社の長官は一掃されたが、なかには東大寺の聖珍法親王や青蓮院の尊円入道親王のように、融和を図るべく東大寺別当に就任したり、青蓮院門主に復帰する場合も例外的にあった。しかし、建武政権崩壊後は再びその人事は覆され、元弘元年の持明院統後伏見院政期の人事が復活している。建武政権誕生時の後醍醐の人事刷新の前に、元弘元年の後伏見院政、幕府による人事刷新があったことに注意しておかねばならない。

二　東大寺・興福寺の動向と建武政権の対応

権門寺社に対して建武政権が長官人事以外にどのような政策をとっていたのか。この点について比較的その動向がわかる東大寺と興福寺について検討したい。

1　東　大　寺

元弘三年（一三三三）八月日に東大寺が建武政権に対して訴えた東大寺事書の草案が残されている。(29) 建武政権に対する全七箇条にわたる訴状は最後に「先度雖捧委細事書、定難備　叡覧歟、仍恐繁重肝要粗注進若斯矣」と結んでいるように、これ以前に東大寺は建武政権に対して自己の利益を追求すべく事書を提出していた。第一回の要求が通らないため東大寺は再度、全七箇条の事書を提出したのである。第一回の事書をそのまま引用し、次にそれに対する建武政権側の返答を示し、さらに再度の要求を記す体裁をとるこの事書は、建武新政当初の権門寺院と政権との駆け引き、政権の寺社政策の基本方針を知る上で、絶好の史料である。全七箇条の要求項目は以下の通りである。

①一万町の水田、五千戸の御封の要求
②倒幕に寄与したことに対する恩賞要求
③兵庫嶋升米・置石の復活要求
④伊賀国吏務職の復活要求
⑤美濃国茜部庄地頭職の没収要求
⑥東大寺造営料国周防・肥前両国の返付要求
⑦三箇津（神崎・渡辺・兵庫）商船目銭の復活要求

これらの要求の内、①②条は、倒幕が成った後の後醍醐に対する恩賞要求である。その根拠は、後醍醐が元弘元年八月に笠置に籠もって倒幕の乱を起こした時に、東大寺に対して発した「御願書」にある。この「御願書」は残されていないが、①条に引用されている文章に「一万町水田・五千戸御封、任　本願之叡念、可有興行之旨、自笠置寺被下慇懃之御願書」とあるように、「御願書」には本願聖武天皇の勅願に任せて一万町の水田と五千戸の封戸を「興行」（復活）するとの文言が記されていたと思われる。天平勝宝元年の「封五千戸、水田一万町」勅施入の太上天皇勝満（聖武）願文は『東大寺要録』封戸水田章に「金銅銘」として載せられているもので[30]、東大寺においては東大寺の起源において寄進された経済基盤として記憶されている事実であった[31]。東大寺はそれらが「中古以来大略皆倒失」しているとし、後醍醐に対して「国郡庄園等」の「一円之地」を施入し、惣田数が一万町となるよう要求したのである。

この東大寺の非現実的とも思われる要求[32]に対して、後醍醐の勅答は「追可有御沙汰」というものであった。この返答に対して東大寺は再度の事書において「天平　勅施入」は「金銅之銘文」に明らかであるとし、さらに、武士に対する恩賞がすでに行われているのに東大寺に対する恩賞が成されないことを歎き、②条で恩賞要求を行っている。

元弘元年八月に後醍醐が笠置に立て籠もり倒幕の烽火を揚げたことについては、先に述べたように『太平記』が叙述しているところである。岡見正雄氏はその校注において『興福寺略年代記』や『法隆寺別当次第』に基づき八月二十四日に京都を出て翌二十五日に東大寺東南院に入るが、二十六日には和束の鷲峯山金胎寺に、さらに二十七日に笠置寺に入ったとしている(33)。南都の動向により詳しい『笠置寺縁起』は東南院へ行幸した後、「東南院殿（東大寺別当聖尋）の山道摂嶺院」を皇居としたと記す(34)。「山道摂嶺院」の場所は不明(35)。後醍醐が聖尋が門主である東南院に留まれなかったのは、東大寺が後醍醐支持派と幕府支持派に分裂していたことによる。『笠置寺縁起』は二十五日夕に東大寺衆徒が蜂起して後醍醐に「合力」すべきか「僉議」したと記述している。その後、後醍醐は東大寺に入ることができず鷲峯山を経て笠置に入ったことは、この時の「僉議」が幕府支持派が多数を占めたことを意味している。その中心人物は西室院の「顕宝徳（得）業」であった。顕宝は『笠置寺縁起』によると九月六日に六波羅の軍勢が笠置寺を攻撃した際に手の者を案内者として派遣している。顕宝について岡見氏は『太平記』（神田本・毛利本・天正本）により「尊勝院西室の院主で関東の一族であった」としているが、西室は鎌倉末期、東南院や尊勝院と並ぶ東大寺の有力院家で、三面僧房西室（大井坊）が院家として独立したものであり、西室と尊勝院はそれぞれ別の院家である。鎌倉期において西室の代々の院主は藤原氏勧修寺家葉室流から出ているが(36)、『太平記』巻二「天下怪異事」に「西室顕実（宝）僧正は関東の一族にて、権勢の門主」とみえるように、鎌倉末期には「関東の一族」である顕宝が西室院主であった。顕宝は嘉暦四年七月九日の金沢貞顕書状に「西室得業」として登場する人物で、北条（金沢）貞顕の甥（常葉時雄の子）と目される人物である(37)。また、当時、顕宝と並んで注目される人物に時宝がいる。時宝は、正和四年（一三一五）に東大寺別当信忠から灌頂を受け、元弘元年の乱後、東大寺別当に勧修寺教寛が就任した際、その「寺務代」となった人物で、尊勝院院主であったと推定される(38)。尊勝院時宝は北条（赤橋）久時の子で、執権北条守時の兄弟と推測される人物である(39)。このように鎌倉末期の東大寺において、有力三院家のうち尊勝院と西室院は北条氏出身の院主であり、東大寺別当が東南院聖尋であっても、惣寺集会において後醍醐の東大寺への逗留が拒否されたのも当然であったといえよう(40)。

このように、元弘元年の乱において東大寺は別当聖尋のもとに親後醍醐で統一されていたのではなく、むしろ反後醍醐で惣寺の意志が統一された。そうであるにもかかわらず、東大寺はこのときの後醍醐の「御願書」を持ち出し、恩賞を要求したのである。②条にみられるように「朝敵之滅亡、自初至終、莫不依当寺・当社之霊効」という東大寺の主張を後醍醐がたやすく受け入れることはなく、①②条ともに返答が「追可有御沙汰」とあったのも当然の処置であった。否、直ちに却下すべきものであったが、そうせずに返答を延ばす処置をとったのは、一つには別当東南院聖尋の功績にあり、より大きな理由として東大寺の国家に占める位置づけにあったと思われる。②条の恩賞要求における再度の事書部分の以下の文章が東大寺側の国家における位置づけをよく表している。

（前略）抑於当社大菩薩者、百王之宗廟、八宗之鎮将、不能始而啓矣、至伽藍本尊者、天平之昔草創之古、勅使橘右丞相与知識行基菩薩、被奉仰冥助於伊勢大神宮之処、行基▨懇誠之時、真如日輪之唱、新受神託、勅使帰参之日、盧舎那仏之告親達　叡聞、因茲、奉顕本願□祖之内証、被安惣国分寺之本仏（中略）舎那三尊之妙体者、天平草創之古、以天照太神之御本地、可奉顕于当寺之本仏之旨、依　叡願、行基菩薩・左大弁諸兄卿等、為　勅使被伺申神慮、依神託、則被奉顕盧舎那仏・観音・虚空蔵之三尊、是天照太神・小屋根・太玉三神之御本地也、委細見旧記（後略）

東大寺八幡宮の八幡大菩薩が百王の宗廟（宗廟）であるとは、石清水八幡宮と同じく東大寺八幡宮が王家の宗廟であること、八宗の鎮将であるとは、鎮護国家を担う国家によって公認された八宗の守り神であることを主張したものである。また、勅使橘諸兄と行基の伊勢神宮への発遣とその神託受託は、盧舎那仏・観音菩薩・虚空蔵菩薩の三尊が伊勢神宮の天照太神・天小屋根命・太玉明神の本地であることを証明するものとの主張である。東大寺と伊勢神宮を一体的に考える思想は十一世紀後半から形成され始め、鎌倉初期の重源の伊勢参宮の時代を経て、鎌倉末期には強く主張される。元応二年（一三二〇）頃成立の『東大寺記録』（『東大寺縁起』）にはその思想が強く表れており、そこには橘諸兄や行基の伊勢神宮への発遣と神託の説話が叙述されている。[41] 事書②条にみえる「委細見旧記」の「旧記」とは『東大寺記録』のことも考えられる。

このように、東大寺は伊勢神宮と一体化することにより国家の始原から国家を鎮護するものと位置づけられている。この政治イデオロギーは、鎌倉末期における東大寺のたび重なる強訴での主張であり、建武政権発足にあたり恩賞を要求した論理もここに帰結している。

次に③条・⑦条は、兵庫嶋升米・置石、三箇津（神崎・渡辺・兵庫関）の復活を要求する条文である。[42]

第一回の事書において、東大寺はまず「延慶以来、為当寺八幡宮十箇条　勅願之料所、永代御寄進之趣、度々院宣・綸旨等分明也」と記し、東大寺の兵庫関升米・置石が延慶年間に東大寺八幡宮に寄進された由緒を示している。これは延慶元年（一三〇八）十二月二十七日の伏見上皇院宣による寄進と同三年四月二十九日関東御教書によって認められたことを指している。[43] その「勅願料所」が元弘元年の乱によって「土民等」が「押申」すことによって「是非」なく所務が「召放」れたことに対して、東大寺は新政権に復活を要求したものである。この訴えに対して、政権側は「升米一年分」を政権に申請すれば、「代所」を与えると返答している。

兵庫関が停止された理由について、第二回目の事書では「去六月十五日宣旨」によって「諸関」が停止されたこと、「頃年以降在々所々、或号津料・関米、或称率分・駄賃、租税多責、顚漕有煩、事背旧章已為新儀、宜従停止」との宣旨の一節から、停止令の対象が「新関」であり、「古関」が対象となったのではないとし、兵庫関が天平年中に行基菩薩が建立し、貞観年中の賢和大徳、建久年中の重源和尚の時に修築したことを挙げて、延慶元年に「永代　勅施」に及んだと訴えている。

また、三箇津（神崎・渡辺・兵庫関）商船目銭についても、東大寺の食堂・西塔等の「大事」のために年紀を限って寄附されているとし、造営がまだ完成していないにもかかわらず没収されるのは耐えがたいと第一回事書で訴えたが、勅答は兵庫関升米と同じく「代所」を付けるとのことであった。

以上の内容から、周知の通り建武政権は政権発足後の六月十五日の宣旨によって諸関停止令を発布し、これまで認められていたすべての「諸関」を停止した。東大寺は「古関」は対象外と訴えているが、「天下一同之法」[44]によって「新関」「古関」の区別なくすべての関所が停止され、東大寺には「代所」として周防国富田庄地頭職が与えられた[45]。しかし、東大寺は代所に満足せず、建武元年十二月になっても兵庫関升米と三箇津商船目銭の復活を訴えている[46]。

諸関停止令については、すでに徳田釼一・竹内理三・相田二郎・豊田武・網野善彦氏等が言及している通り、後醍醐親政下に発せられた元徳二年（一三三〇）六月十五日の綸旨によって、飢饉、穀物価格の騰貴を理由に二ヵ月間の時限立法として「諸関升米幷兵庫関目銭」が停止された先例があり、建武政権はその政策を継承し、さらに恒久的な「天下一同の法」[47]として発布し、東大寺など関所を有力財源とした権門寺社の抗議を政権発足時には受け入れなかった[48]。このことは、建武政権にとって寺社興行政策より流通経済政策が優越していたことを意味しているといえよう。

次に、④条・⑥条の伊賀国吏務職、周防国・肥前国の復活要求について検討する。

④条では嘉暦年中に後醍醐天皇によって「花厳・三論両宗三十講料所」として寄進されたにもかかわらず没収

されたこと、⑥条では造営料国としての肥前国・周防国について、肥前国は地頭御家人によって国務ができていない現状を述べ、周防国については東大寺再建にあたって充てられた諸国のうち、周防国が大仏殿造営後も東大寺伽藍修造のために造営料国として充てられていたことを述べて、東大寺知行国の没収を停止するよう要求している。これに対しての勅答は「凡諸国平均被停止永代之国司」として、建武政権の政策が周防国だけではなく「諸国平均」の法であり、東大寺のみを例外とするものではないとするものであった。東大寺は第二回の事書では興福寺の大和国知行が認められていることを述べ、秋の収穫以前に返付されることを再度訴えている。

建武政権が永代の知行国制度を廃止する政策をとったことは、すでに、指摘されていることである。[49] それでは、その永代の知行国廃止の「諸国平均」の法はいつ発布されたであろうか。その時点を知る上で注目すべき史料がある。福島金治氏が注目されたように佐藤進一氏は鎌倉期の佐渡国守護を検討したなかで、元弘三年七月の佐渡国国務を要求する東大寺衆徒申状の存在を指摘している。[50] 東大寺衆徒の申状によれば、東大寺は、鎌倉末期に佐渡国の守護・国務をしていた大仏貞通の跡を没収した建武政権に対して、恩賞として佐渡国の国務を要求した。この佐渡国国務の要求が、知行国制廃止の「諸国平均」の法が発布される前になされたとすると、知行国制廃止の法は元弘三年七月某日以後八月某日までの間に発布されたということになる。東大寺の第二回目の事書は八月某日であり、知行国肥前国・周防国・伊賀国等の復活を要求した第一回目の事書の作成時点は七月某日の佐渡国要求以降のきわめて短い間になされ、七月某日から八月某日の間とすることができよう。

東大寺の肥前・周防・伊賀国の継続要求に対して建武政権は「追可有御沙汰」と回答を保留したが、周防国については十月になって文観とならぶ後醍醐天皇の側近である法勝寺長老恵鎮（円観）を東大寺大勧進職に補任した。

松尾剛次氏によって指摘されているように、恵鎮の周防国国務は東大寺の期待するものではなく、早くも翌建武元年には周防国の「正税雑物」のほとんどが淀津から京都に運ばれてしまい、東大寺にはわずかな残りの「雑穀」が届けられるだけであった。東大寺の主張には誇張があると思われるが、恵鎮が大勧進としてわずかに「大講堂北軒廊柱二本」の修理をしたほかは、三面僧房などの伽藍修造にほとんど手を付けなかったという東大寺の主張は事実と思われる。[51]東大寺は恵鎮の大勧進職改補を要求したが、建武政権がこの要求を受け入れることはなかった。恵鎮が解職され戒壇院長老である十達上人俊才が大勧進職に補任されるのは建武三年六月九日であり、北朝の光明天皇が即位した後、北朝によって補任されたものであった。[52]

畠山聡氏は、恵鎮の周防国経営を論ずるなかで、周防国阿弥陀寺についての後醍醐天皇綸旨を受けた造東大寺長官三条実治の国宣が、直接目代に対して出されるのと並行して大勧進経由で出されたことを指摘し、大勧進恵鎮の立場が、鎌倉期において国務上の最上位であったのと異なり、造東大寺長官であり周防国の国宣を発給する立場にあった三条実治の下にあったことを指摘している。[53]このことから考えれば、東大寺は周防国を知行国として鎌倉期と同じように復活できたのではなく、周防国の国務を行う造東大寺司三条実治の下で大勧進恵鎮が国務を行うことになったということになる。周防国の正税のすべてを東大寺造営料として得ることができると考える東大寺の認識は、「永代の国司」を否定する建武政権の意図が十分理解できていなかったものといえよう。建武政権は東大寺大勧進に恵鎮を任命したが、それは東大寺の要求にある「永代」の造営料国（知行国）としての周防国を認めたものではなく、「周防国司」の下で国務を請け負う大勧進の補任であった。畠山氏が指摘したように、建武元年正月の大内裏造営計画において周防・安芸両国の正税が造営料に充てられた。しかし、この決定によって東大寺大勧進恵鎮が罷免されることはなく、周防国正税が年貢としてわずかではあれ、東大寺に納められている。氏が指摘するように恵鎮は周防国正税を私的に流用したのではなく、大内裏造営用途として淀津から京都に送ったのである。周防国の国務は国司の下で東大寺大勧進恵鎮によって請負われたが、それは東大寺造営料国としてこれまで通り「永代の知行」を認めるものではなく、東大寺造営以外の用途にも正税（年貢）を充てることができるものであった。大勧進恵鎮の任命は、「諸国平均」の法としての知行国停止政策が、東大寺側からの強い復活要求によって妥協を余儀なくされたとも評価できるが、それは東大寺が独占する造営料国の復活を意味するものではなかったのである。(54)

ところで、④条で東大寺は伊賀国「吏務職」復活を要求している。伊賀国は周防や肥前と異なり造営料国ではなく、後醍醐天皇によって嘉暦三年に華厳・三論両宗の三十講料所として東大寺に寄進されたものである。(55)④条では後醍醐天皇による寄進であることを強調し、それが同じ後醍醐天皇によって「召放」れたことを嘆いているが、建武政権による収公以前に、すでに伊賀国は後伏見院政下で東大寺の手から離れている。

元弘二年三月十一日の東大寺衆徒重申状（第三度の申状）は伊賀国の国務の由来を述べ、後醍醐親政期に寄進された「伊州一国之吏務」が後伏見院政への代替りによって「召放」れたことに抗議し、院宣によって返付されることを要求したものである。(56)これに関連する年未詳十一月十九日の「西室殿」（顕宝と推定される）の書状案は、「大礼御訪用途」、すなわち光厳天皇践祚大嘗会用途の費用を兵庫関の「関方」沙汰から「伊州国務」に充てられたが、「先年御寄進之地」（後醍醐天皇による寄進地）を「召改」ることは「(去年)五月以後之制法」に適用されるものであり、伊賀国の寄進はその対象にはならないとして、伊州国務を返還されたいと伝えている。(57)この書状案には一部文意が解釈しづらい点があるが、伊賀国務を召し大嘗会御訪用途に充てる決定は「関東」（幕府）の指示によるものであったらしい。

東大寺は前政権による伊賀国務収公を回復することなく建武政権発足を迎えたが、結局、国務は返還されることはなかったのである。

さて、最後に第⑤条の美濃国茜部庄地頭職についての東大寺の要求について触れておく。(58)東大寺は茜部庄の由来を述べ、鎌倉期において地頭長井氏の地頭請によって年貢が抑留されてきたこと、その未進年貢が四十万疋に累積し、訴訟によってついに去年（正慶元年）正地頭長井高冬が地頭代の年貢未進を認めたことを挙げ、長井氏が地頭職を去ることを要求した。この要求に対する勅答は、これも「追可有御沙汰」という回答を保留するものであった。東大寺は第二回の事書で長井高冬が建武政権に「当参」しているので子細を問うて急ぎ沙汰してほしいと要求している。地頭長井氏は鎌倉幕府や六波羅探題の評定衆を勤めた幕府有力御家人であったが、「当参」とあるように高冬は建武政権に参加し、この後、雑訴決断所の構成員となっている。(59) 東大寺は鎌倉中期以降、地頭の年貢抑留を幕府・六波羅に訴えていたが、幕府滅亡によってここにようやく長年の案件を解決する機会が訪れた。地頭長井高冬が建武政権の一員に加わったことによって、地頭職は北条氏所領のように直ちに没収されることはなく、東大寺は鎌倉末期の幕府の裁許を根拠に政権に対して改めて地頭職の停止を要求したものと思われる。この訴えの結果、元弘三年十一月九日の綸旨によって地頭職が東大寺に与えられ、翌建武元年に茜部庄の「御事書」と「興行目録」が東大寺に下され、年貢の半分を百口学生供料などに、半分を華厳・三論両宗御談義料足などに充てること、学侶の一二三臈が管領することが定められている。(60)

ここで注目されるのは、政権側が地頭職を与えるだけでなく、その後の茜部庄の荘務について事書を与えて、年貢の半分を百口学生供料、春転読大般若経、秋被読金剛般若経に充て、半分を花厳・三論両宗御談義料足、春秋二季各打集琬磨宗義に充てることを規定し、所務を東大寺に住寺する学侶の一二三臈が管領することと定めたことである。このような東大寺に対する年貢の使途と所務担当者を規定することは、これまでにはみられないことであった。ここに建武政権の特殊性を見出すことができる。(61)

以上のように、東大寺は建武政権発足後まもなく政権に対して二度にわたって要求を繰り返した。それに対して、雑訴決断所などの組織が成立する前段階の政権は、後醍醐天皇の「勅答」として多くの要求を「追可有御沙汰」として回答を留保した。その後、建武政権は永代の知行国否定の政策を修正し、周防国については造東大寺司の下に国務を請負う大勧進職を置き、後醍醐の側近である律僧恵鎮（円観）を補任した。また、雑訴決断所の構成員長井高冬の茜部庄地頭職を停止し、東大寺の一円支配を認めた。兵庫関などの関所については当初、代所を与える対応をし、さらに建武二年になって置石を東大寺に返還したが、升米・目銭については返還に応じなかった。(62)

2　興福寺

まず元弘元年に倒幕のため後醍醐天皇が笠置寺に立て籠もった際、興福寺はどのような対応をしたか、確認しておきたい。『笠置寺縁起』によれば元弘元年の後醍醐天皇の笠置潜幸と倒幕の挙兵にあたって、興福寺は八月二十六日に衆徒が蜂起し「この内裏日来当寺御哀憐の儀なし。いかでか合力し奉るべきとて、京都の落人入おらん輩においては罪科をくはゆべきのよし、七郷ならびに両院家の御領内悉相触畢」とあるように、後醍醐に与することはなかった。九月五日には大乗院門主（考覚）に対して武家（六波羅）から使者（真性・家景）が「笠置寺凶徒対治」の要請を行い、大乗院はその要請に応じ、また、衆徒も金堂で僉議を行い東西両金堂衆や国民にその旨を下知している。この時興福寺における動員兵力には「衆徒若徒党」「両院家の御房人」があったが、とくにその中心には大乗院方の武者（御房人）があったようである（九月九日・十一日条）。

このように興福寺が反後醍醐の立場に立ったのは、嘉暦の南都合戦における後醍醐の介入に原因があると思われる。

元弘元年の乱の後、幕府は興福寺に対し、おそらく恩賞として平田庄地頭職を寄進した。(63)

『笠置寺縁起』によれば、元弘三年の後醍醐の挙兵にあたって、興福寺は護良親王の軍勢（大将中院少将定平）

によって占領され、大乗院（禅定院）に隣接する西方院に本陣が置かれ、六月五日に着到を受けている。『笠置寺縁起』は、笠置寺の衆徒と興福寺衆徒との間で三月二十三日に奈良の野田口において合戦があり、東大寺・興福寺に隣接する野田郷の在家が焼き払われたことを記している。同じく『笠置寺縁起』は、敗北した幕府軍の将、長崎四郎左衛門高貞や二階堂出羽入道道蘊らが出家入道して「招提寺、西大寺、般若寺、白毫寺等之長老」に伴われて、一乗院から西方院に移ったことを記している。律宗寺院の長老が果たした役割も興味深いが、幕府方の武将が当初一乗院にいたことに注目する必要がある。大乗院が反後醍醐の先頭に立ったのに対して、一乗院はその行動と一線を画したようである。幕府方の武将は幕府方に与同した大乗院ではなく一乗院において出家して降参した。一乗院門主覚実は、その後建武政権によって興福寺別当に補任されたことは先に述べた通りである。

以上の元弘の乱における興福寺の動向は、建武政権の発足によってどうなったであろうか。まず、大乗院門主に対しては元弘三年六月二十七日の綸旨で「大乗院門跡幷御領検断職管領不可有相違」として、これまでの権限を安堵した。(64)建武政権は南都の中心である興福寺の秩序を保つことを優先し、幕府方に与した大乗院門跡に対する所領没収などの処分はなされなかったようである。(65)興福寺の政治的中心は、別当に就任した一乗院に移った。

建武元年五月には金峯山寺吉水院院主真遍の寺領文書紛失に対する紛失状作成にあたり、大和国の所領分についての当知行を証する金峯山寺衆徒の請文を添えて興福寺別当一乗院僧正覚実が建武政権に申し入れ、九月四日には使庁の官人による紛失証判を得ている。(66)

興福寺別当は大和一国の国主として金峯山寺の紛失状作成にあたり、建武政権への仲介をしている。(67)

同年七月には嘉暦二年（一三二七）の興福寺合戦によって焼亡した伽藍の造営を命ずる七月十七日の後醍醐天皇綸旨と事書が出され、近衛経忠の長者宣によって別当に充てて施行されている。(68)建武政権が示した事書は以下のようであった。

興福寺造営条々

一、造寺長官被仰右大弁宰相清忠卿事

一、明年十月以前造畢之様、被付合期之料足、可有其沙汰事

一、大和国段米所寄造営料足也、不論権門勢家神社仏寺領、為平均之課役、可致其沙汰、其子細所被仰西大・招提両寺也、且可令存知事

一、当寺造営之時、寺僧等毎度令合力歟、今度殊可被終速疾之功上者、両院家・僧綱・学侶以下尤超先規可致贔〔屓〕〔脱カ〕事

一、就造営事、可有　奏聞之篇目、帯寺務挙状、付長官可申入事

造興福寺長官に右大弁坊門清忠を補任し(69)、来年までに造営を終わること、その料足として大和国段米を充て、その沙汰を西大寺と唐招提寺の両律宗寺院に担当させること、造営にあたり寺僧の協力を求め、大乗院と一乗院の両院家や僧綱・学侶には「贔屓」（なんらかの恩賞）を与えること、造営についての奏聞は興福寺別当の挙状を得て造興福寺長官に対して付けることを定めている。興福寺造営は鎌倉後期以来、西大寺と唐招提寺の両律家が奉行する大和国の一国平均役である土打段米・土打段銭でまかなわれるのが慣例となっていた(70)。その体制を建武政権も踏襲している。注目すべきは政権と興福寺との命令伝達経路に氏長者を介さないと定めたことであり、造興福寺長官が直接、興福寺造営を指揮する方式であった。

このように建武政権は興福寺造営に本格的に乗り出そうとしたが、翌年には興福寺は政権に対して強訴を行うことになる。

建武二年六月二十日、興福寺衆徒は春日神木を木津に移した(71)。原因は楠正成が興福寺領の井水に対して「違乱悪行」したからという(72)。興福寺は強訴に与同することを東大寺に求めたが、東大寺は同意しなかった。同年六月

二十三日には「強訴与同」を禁ずる「御事書」を伝える後醍醐天皇の綸旨が東大寺別当聖珍に下されている(73)。六月二十五日の東大寺年預五師顕寛の書状によれば、この「御事書」には「興福寺衆徒等背厳制、嗷訴狼戻之余、有牒送当寺子細之由、有其聞、両寺嗷訴、縦雖及神輿・神木之遷座、於有相互与同之企者、狼藉超常篇者歟」という文言が含まれていた。強訴禁止は後宇多院政・後醍醐親政期からの基本政策であり、建武政権はその政策を継承していたことがわかる(74)。東大寺惣寺は「満寺衆議」によって興福寺の依頼に与同しないことを決定し、この決定を別当聖珍を通して奏聞するよう聖珍の坊官庁務法眼に依頼している。

興福寺は東大寺を強訴に参加させることに失敗したが、建武政権に対して敵対する行動をとり続けた。同年七月三日法勝寺において白河法皇の冥福を祈るための法華八講が修され、四箇大寺（東大寺・興福寺・延暦寺・園城寺）の僧が参加を要請されたが、ひとり興福寺のみは強訴の件によって要請に応じなかった(75)。

その後、強訴に与同せず、法勝寺に参勤した東大寺に対して、興福寺は東大寺への「発向」という軍事的行動に出た。東大寺文書にはいくつかこの「興福寺発向」に関する史料が残されている。以下に東大寺側からみた事件の様相についてまとめておく。

同年七月二十日、興福寺は東大寺を襲撃し、東南院・西南院・西室以下の諸院・諸坊を破却し、放火した(76)。東大寺はそれ以前から興福寺発向にたいして警戒し、末寺である笠置寺や光明山寺に連絡していたが、二十日の発向を阻止することができなかった。翌二十一日辰刻には興福寺衆徒が東大寺を襲ったが、その軍勢は一乗院僧正（覚実）の命令によって動員された「楢原・吐田以下之国民」「一乗院被官之坊人」「六方衆」であった。度重なる興福寺衆徒の襲来によって、東大寺は政権に武士の奈良派遣を要請し、「老若」が「山林に交わる」すなわち、東大寺を放棄して逃散するという行動を余儀なくされている(77)。

その後、建武政権がこの事件に対して両寺に対しどのような対応をしたのか、詳細は不明である。翌延元元年

(建武三年)の東大寺衆徒申状では政権が「当寺一類之衆徒、聊有不義」とし東大寺側の主張を受け付けず「当寺乍含鬱陶、所令送旬月」ったと記していることから、東大寺に対して厳しい処置をしたと思われる。(78)東大寺に対する処置が厳しかった理由は、興福寺発向事件だけでなく、西室をめぐるもう一つの事件が絡んでいたと思われる。

建武二年九月十六日の綸旨により東大寺西室院領を「方々之濫妨」を停止し、元のごとく管領するよう「左衛門督僧都」に安堵している。また、同日付の綸旨では聖秀得業・賢幸得業・春宝の召喚命令を別当聖珍法親王に伝えている。(79)しかし、十月十五日にも綸旨で催促したにもかかわらず、東大寺側は彼らの召喚に応じなかった。(80)十月二十一日には東大寺八幡宮の三所の神輿を大仏殿に遷座し、閉門するという行動をとった。(81)この東大寺の強訴は東大寺内部の分裂行動、すなわち信聴僧都が東大寺衆徒の京都への列参訴訟に対して、「自科」を塞ぐために衆徒の主張を「一類別心之骨頂」「朝家陰謀之所存」であると「掠申」したことに対しての対抗措置であったらしい。この信聴僧都とは、先に西室院領の管領を安堵された「左衛門督僧都」のことと考えられる。(82)大仏殿閉籠の強訴を行った衆徒は、信聴僧都の西室管領を支持せず、信聴と対立した聖秀・賢幸を支持した。建武政権は東大寺衆徒の行動を「朝家陰謀」とし、再び召符を東大寺に下したが、満寺の衆徒は信聴僧都を「停廃」し遠島にすることを誓約し「一朱之神水」に及んだ。(83)翌月閏十月二日、雑訴決断所は西室領の伊賀国薦生庄・出作庄が聖秀・賢幸によって濫妨されているとして、西室雑掌を現地に沙汰付けし、決断所で糺決するため彼らを召し出すよう伊賀国に命じている。(84)

東大寺西室院主は元弘の乱以前、顕宝であり、その後、顕宝は没落し、(85)その後を信聴僧都が継承したと思われる。しかし、東大寺惣寺内部では信聴への安堵を認めない勢力が多数を占めていたと思われ、ついに衆徒の強訴、大仏殿閉籠に事態は進行した。興福寺の強訴への与同問題、興福寺による東大寺襲撃から事態は進行し、東大寺内部の分裂・強訴に発展したのである。強訴は先に指摘したように政権が禁止しているものであり、結果的に東大寺は興福寺とともに政権と敵対することとなった。

以上、検討したように建武二年には興福寺、そして東大寺の強訴が続けて発生し、南都の混乱は極まったといえよう。南都に対して北嶺の延暦寺および園城寺に対する政策がどのようであったかを論ずるべきであるが、両寺の動向は史料的制約により論ずることができない。

ところで、建武二年の東大寺の一連の事件に関する史料では、建武政権・東大寺別当・年預五師間での文書の授受から、文書授受のルートについて興味深い事実がみられる。

表1は一連の文書の文書名・差出者・宛所などについて表にしたものである。この表からは以下の文書伝達経路が指摘できる。

(イ)　後醍醐天皇→造東大寺長官三条実治→東大寺別当の房官→東大寺別当聖珍法親王

建武政権の命令は後醍醐天皇の意志として綸旨で行われる。綸旨の奉者は造東大寺長官三条実治がなるのが基本である。綸旨を東大寺別当に下す場合、その側近である房官・庁務に宛てて下される。①⑬⑮⑯がその事例である。別当聖珍の房官には①の左衛門督僧都と⑬⑯の大納言阿闍梨がみえる。左衛門督僧都は⑮にもみえるが、ここでは西室院領の管領を綸旨によって安堵される者として登場しており、別当聖珍の房官としてではない。先の考察の通り、左衛門督僧都とは西室院主信聴僧都のことと考える。もう一人の房官である大納言僧都とは⑭により永教と判明する。⑭によれば永教はさらに輔法眼なる者に別当聖珍の御教書（政所御教書）を発給していることから、聖珍の側近には二種類あり、聖珍の側近の者と、その命を請ける者がいたことがわかる。

①の綸旨は政権の強訴を禁ずる「御事書」を東大寺に伝えるべく発給されたものであり、②の年預五師顕寛の書状はその請文である。①の綸旨は最終的には「御事書」とともに年預五師に下され、惣寺（満寺）集会に披露

表1　東大寺の文書伝達経路

	年月日	文書名	差出者	宛所	内容	端裏書にみる文書名等	東大寺文書番号	伝達先
①	(建武2)6月23日	後醍醐天皇綸旨案	参議実治	左衛門督僧都御房	興福寺嗷訴のこと	「綸旨案」	2003/1/23	東大寺別当法親王聖珍
②	(建武2)6月25日	年預五師顕寛書状案	年預五師顕寛	庁務法眼御房	興福寺嗷訴に与同しないこと	「寺請文」	大日本古文書東大寺文書三、844	後醍醐天皇
③	(建武2)7月8日	信重書状	信重	年預五師御房	興福寺発向のこと	「越後阿闍梨」「綸旨」	1-25-264	
④	(建武2)7月18日	信重書状	信重	なし	興福寺発向につき交名を注進せよ	「信重」	4-131	
⑤	(建武2)7月21日	年預五師顕寛書状案	年預五師顕寛	樋口殿人々御中	興福寺発向のことを奏聞されたい	「付長官書上」	4-145	後醍醐天皇
⑥	(建武2)7月21日	年預五師顕寛書状案	年預五師顕寛	樋口殿人々御中	興福寺発向のことを奏聞されたい	「遣長官状土代」	4-90	後醍醐天皇
⑦	(建武2)7月21日	年預五師顕寛言上状案	年預五師顕寛	樋口殿人々御中	興福寺発向の詳細	「付長官書上土代」	大日本史料六編一建武2年7月21日	後醍醐天皇
⑧	(建武2)7月22日	年預五師顕寛書状案	年預五師顕寛	樋口殿人々御中	興福寺発向につき武士の派遣を要請	「付長官」	3-12-93	
⑨	(建武2)8月4日	年預五師顕寛書状案	年預五師顕寛	なし	朝廷追討祈禱のこと興福寺発向のこと	「朝敵追討御祈禱請文土代」	4-149	
⑩	(建武2)8月10日	寺官等書状案	寺官等	庁務法眼御房	朝廷追討祈禱のこと興福寺発向のこと	「寺官等請文土代」	3-1-79	東大寺別当法親王聖珍
⑪	(建武2)8月24日	年預五師顕寛書状案	年預五師顕寛	越後阿闍梨御房	東大寺が城郭を構えるとのこと	「有御尋西室云々」「年預請文土代」	4-117	西室　後醍醐天皇
⑫	(建武2)9月15日	年預五師顕寛書状案	年預五師顕寛	庁法眼御房	朝敵追討祈禱に対する法華堂禅徒の料所寄進の要求	「年預状案」	1-12-105	後醍醐天皇
⑬	(建武2)9月16日	後醍醐天皇綸旨案	参議実治	大納言僧都御房	聖秀得業、賢幸得業、春宝の召喚	「綸旨案」	2003/1/30	東大寺別当法親王聖珍
⑭	(建武2)9月17日	東大寺政所御教書	永教	輔法眼御房	綸旨の施行	「政所御教書」	2003/1/30	
⑮	建武2年9月16日	後醍醐天皇綸旨案	大膳大夫	左衛門督僧都御房	西室院領の管領	「綸旨案文」	3-1-43	
⑯	(建武2)10月15日	後醍醐天皇綸旨案	参議実治	大納言僧都御房	聖秀得業らの召喚	「綸旨」	大日本古文書東大寺文書三、789	東大寺別当法親王聖珍
⑰	(建武2)10月21日	年預五師顕寛書状案	年預五師顕寛	刑部卿法橋御房	三所神輿動座のこと	「書上案」	4-161	東大寺別当法親王聖珍

されたと思われる。

(ロ)　年預五師顕寛→庁務法眼（②⑫）　年預五師顕寛→刑部卿法橋（⑰）　年預五師顕寛→樋口殿人々（⑤⑥⑦⑧）　年預五師顕寛→越後阿闍梨（⑪）　寺官→庁務法眼（⑩）

東大寺惣寺およびその代表者である年預五師が集会の意志を伝える相手は庁務法眼や刑部卿法橋のように別当の房官と考えられる人物、樋口殿人々、越後阿闍梨である。このうち「樋口殿」とは端裏書に記されているように「長官」すなわち造東大寺長官三条実治を指している。⑥⑦⑧にみるように造東大寺長官から後醍醐天皇に奏聞することが予定されている。(イ)の綸旨の奉者でもある三条実治は後醍醐天皇と東大寺との間に位置している。造東大寺長官は東大寺に対する政権側の窓口であった。もう一つのルートは東大寺別当を通しての奏聞ルートで、別当の房官である庁務法眼某や刑部卿法眼が、別当に年預五師からの書状を披露する立場であった。「庁務法眼」（「庁法眼」）の「庁」とは別当聖珍が東大寺東南院主であったことから、東南院に置かれた法親王庁を指していると思われる。(イ)でみた⑭の「輔法眼」は「庁務法眼」であったと推測する。⑪の「越後阿闍梨」は③の信重書状の端裏書にみえる「越後阿闍梨」のことであり、そこから「越後阿闍梨」＝信重ということになる。この越後阿闍梨信重とはどのような立場の人物であろうか。

③では興福寺発向に関する綸旨が下されたことを請けて、「両院家」（大乗院と一乗院を指すか）に公人を使者としてこの旨を注進すること、もし両院家が綸旨の旨に従わなかったならば、年預五師の事書で重ねて中沙汰するよう伝えたものである。信重は綸旨の旨を年預五師に直接伝える立場にある。④では興福寺の発向について奏聞し、それに対して「厳密御沙汰」をせよとの仰せがあったことを伝えている。⑪でも年預五師は越後阿闍梨信重に、官使を下され実検をするよう奏聞することを要請している。越後阿闍梨信重は建武政権と東大寺年預五師との間を仲介する人物として、造東大寺長官や東大寺別当とは異なるルート上にいる人物である。⑪の端裏書に

は「有御尋西室云々」とあって西室が関係していることが示されている。西室とは西室院主信聴僧都のことであるが、この年預五師の書状の内容とどう関係するかは、もう一つよくわからない。あるいは東大寺が城郭を構えたか否かについて西室に「御尋」（後醍醐天皇か）があり、西室から年預五師にその旨が伝えられ、それに対する返答として年預五師の請文が越後阿闍梨に出されたことを意味しているのかもしれない。年未詳二月二十六日付東大寺西室院主御教書案は「西室僧都御房」の意向を奉じて「信重」が「大輔得業」に宛てて出したものである。(86)これにより信重は西室院主「西室僧都」の房官であることがわかる。越後阿闍梨信重は西室院主信聴僧都の房官として、直接、建武政権との間に立っていた。

『大日本古文書　東大寺文書』三、八四五号文書は差出者・宛所も記されていないが文書名を「信重（？）書状」とされたものである。(87)

（端裏書）
「両度　他寺襲来事　建武二七、」

他寺発向何様候哉、心苦候、両度　綸旨・符案進之候、縦雖襲来候、無力次第候、必不可有驚御沙汰候、近日被定置条々法儀候、可有厳密御沙汰候歟、若真実襲来候者、忩可被馳申候、恐々謹言

七月十七日

もし、信重の書状であるとすれば、二度の綸旨や「符案」を東大寺（おそらく年預五師）に直接伝えることができることがわかる。近日、「条々法儀」が定められることについても情報を知る立場にあり、単なる西室院主の房官の立場を越えて活動している。年預五師とのやりとりにおいても、いちいち西室院主の意志を確認している形跡はみられない。これ以上、越後阿闍梨信重が建武政権との関係でどのような立場にあった人物であるかは確認できないが、造東大寺長官―東大寺別当の正規のルートとは別のルートの存在があったことを指摘しておきたい。

三　寺社本所の停廃政策

建武政権による神社政策については、諸国の有力な神社に対する本所（本家・領家）停止令とでもいうべき法の発布がなされたことが指摘されている。すなわち、『建武記』[88]に記された建武元年五月七日の諸国一・二宮に対する法に、「本家幷領家職事、可停止其号之由、以前治定了」とあって、すでにこの段階以前に諸国一・二宮に対する本家職・領家職が停止されたことが知られる。黒田俊雄氏はこうした神社の本所停廃政策には二段階あって、第一段階が宇佐宮・阿蘇社・杵築社などの有力な地方神社に対する個別的本所停廃策で、第二段階が全国的一般的な一・二宮政策であったと指摘したが[89]、第二段階もさらに二段階あって、建武元年五月七日以前の本家・領家職停廃令と、この日の「社敷地幷神職収公地頭跡」についての地頭職停止令の二段階あったといえる。

さて、建武政権は発足当初から神社の本所（本家・領家）停廃を目指していたと思われる。尾張国熱田社は持明院統の所領であったが、元弘三年（一三三三）六月七日付後醍醐天皇綸旨による持明院統の所領安堵においては、播磨国衙とならんで熱田社が安堵の対象から除外されている[90]。播磨国の除外は知行国制の否定政策によるものであり、熱田社の除外は神社の本所停廃の方針に基づくものと思われる。建武三年（一三三六）八月三十日に足利尊氏が光厳上皇に奏上した書状によれば、熱田社を「元の如く」管領するという光厳上皇の意向を尊氏が了承していることから、持明院統の熱田社管領がそれまで停止させられていたことがわかる[91]。元弘三年六月の建武政権発足直後から政権の崩壊までの間、熱田社は持明院統の所領ではなくなっていた。本所の管領が停止された熱田社を、後に洞院公賢はその日記『園太暦』観応二年（一三五一）十二月十八日条に、北畠親房の書状を引用して「元弘一統之初、被定官社了」と記している。「官社」の用語について黒田氏は否定的に捉えているが、政権発足の初めに本所を停止し朝廷に直属させる政策を「官社を定めた」と表現したと捉えればよいであろう。「官社」と定めたことは、二十二社に準ずる朝廷直結の「大社」とすることを意味するとまでは史料からは確認することはできない。この点で黒田氏が「従来いわれたように一括して大社を上代の姿に復せしめるなどということではな」いとされたことは首肯できる。政権が熱田社などの有力神社の本所を否定して、直接、神社に対して命令を下し、管轄下においたこと、これが「官社」としたということの意味であった。それが『延喜式』にみえる古代の朝廷による神社統制の復活を目指したものかどうかはわからない。

さて、第一段階における本所停廃の事例は、元弘三年九月六日の豊前国宇佐宮に対して近衛家の「本所の号」を止め、「牢籠の総神領」を宇佐宮に返付し、宇佐宿禰公連を大宮司とした例や、同年十二月十日の出雲国杵築社についての「本所の号」を止めて、杵築大社国造が神領を一円に管領することを認めた事例が知られている。[92]これらの個別政策は黒田氏の指摘したように一種の恩賞給与でもあったことは、宇佐宮の神領興行について検討された海津一朗氏も指摘しているところである。[93]建武元年十月十一日には筑前国宗像社に対して「八条院御領之地」を停止し、本家年貢を沙汰しなくてよいとの命令を下している。[94]八条院領は大覚寺統の伝領する天皇家領であり、建武政権がその本家職を停止する政策をとったことに注目しておかねばならない。熱田社に対する持明院統の管領を停止したことだけをみると、持明院統に対する抑圧策のように思われるが、宗像社の事例は後醍醐の大覚寺統の所領にも及ぶ、例外を認めない政策であったことを示している。

この本所停廃政策は仁和寺御室が本所である神社に及んでいる。備中国一宮吉備津宮は仁和寺御室の所領であったが、建武三年十一月十二日の光厳上皇の院宣によって「元のごとく」管領が認められている。[95]つまり、建武政権によって、本所仁和寺御室による吉備津宮管領は停止されていたと思われる。

以上のように建武政権の地方有力神社の本所停廃政策は、政権発足直後からの基本政策で、政権崩壊まで維持されたと考えられる。そこには例外はなく、天下一同の法として発布されたとみてよいであろう。

ところで、宇佐宮の場合、本所停廃政策は神領興行政策とともに出されている。先述の元弘三年九月六日太政官牒では「牢籠総神領、悉所被返付也」とあり、九月十三日の宇佐八幡神官等起請文では後醍醐天皇の綸旨によって「被付牢籠神領於社家、可有興行沙汰」との命令が、新たに宇佐宮大宮司に補任された公連に下されたことが記されている。(96) 鎌倉末期に幕府や王朝が実施した神領興行令が建武政権によっても継承されていることを示しているが、その興行が「非器甲乙人」の沽却地を含む神領知行の停止令を意味していたかどうかを具体的に知ることはできない。また、それが全国の有力神社に対しても適用されたか否かもよくわからない。ただ、下総国香取社では建武元年八月頃に建武政権の「御事書」が香取社に伝わり、それが「沽却田畠」を元のごとく本主に返付する内容の「御徳政」令であったことがわかる。いわゆる徳政令としての神領興行令が香取社に出されていたこと、それが「御事書」という箇条書きの法としてあったことが推測されるが、それ以上のことは不明である。(97)

おわりに

以上、建武政権の寺社政策について、まず権門寺社の長官人事について検討し、次に権門寺院である南都東大寺と興福寺に対する政策、さらに、地方有力神社に対する本所停廃政策について検討した。

建武政権は元弘元年の乱を経て誕生した政権であり、その影響は政策に強く及んでいた。寺社長官人事について後伏見院政下の人事を覆したことは、乱の直接的影響である。ただ、注意しておかなくてはならない点は、その前段階の後伏見院政においても元弘元年の乱に対する処置として同様の政策がとられていたことである。次に東大寺に対しては恩賞要求をそのまま受け入れることはなく、どちらかというと厳しい処置が執られたことを指摘した。後醍醐天皇の願書は無視され、関所撤廃政策や知行国停止政策が優先されたこと、部分的に替所が与えられ、周防国大勧進職が認められたりしたが、それは鎌倉時代と同様の知行国支配とはならなかったと推測した。東南院主聖尋は後醍醐天皇の側近であり、後醍醐の挙兵にあたって後醍醐を東大寺に入れようとしたが、西室院・尊勝院は院主が北条氏出身であり、後醍醐を入れず笠置寺に追いやったことが、政権発足後の東大寺に対する政策に影響したものであろう。一方、興福寺は東大寺と同じく後醍醐の挙兵に対して呼応せず、幕府側に立ったが、政権成立後はむしろ興福寺の造営を推進する政策がとられた。しかし、楠正成との用水相論をきっかけに興福寺は強訴に転じ、東大寺も西室問題をきっかけに興福寺と同じく強訴に転じた。建武政権末期には東大寺・興福寺はともに政権に反旗を翻したといえよう。

第三に検討した地方有力神社に対する本所停廃令は、知行国制度廃止政策とあいまって本所となりうる天皇家・摂関家・その他の公家に対して甚大な影響を与えたと思われる。この点については別の機会にさらに追究してみたい。

以上の他にも、乱後の寺社および寺社領の安堵、祈願所の認定、国分寺興行、京都における法会や祈禱など検討すべき課題は多い。それらについても別に考えてみたいと思う。

註

(1) 辻善之助『日本仏教史』第四巻（岩波書店、一九四七年）、黒田俊雄「建武政権の宗教政策—諸国一宮・二宮本所停廃に関連して—」（『日本中世の社会と宗教』岩波書店、一九九〇年、初出一九七五年）。

(2) 『続々群書類従』補任部。

(3) 道意が参加していたこと、『東寺長者補任』による。「中宮御産祈禱」については、岡見正雄校注『太平記　一』（角川文庫、一九七五年）、百瀬今朝雄「元徳元年の「中宮御懐妊」」（同氏『弘安書札礼の研究』東京大学出版会、二〇〇〇年所収）を参照。

（4）『東寺長者補任』および『続史愚抄』（『大日本史料』六編二、建武元年十二月三十日条）。道意が東寺座主に補任されたこと、『大日本史料』六編二、建武元年十二月二十六日条による。

（5）真木隆行「東寺座主構想の歴史的変遷」（『仏教史学研究』四一―二、一九九九年）。

（6）もっとも真木氏の挙げた事例は、いずれも後宇多院政・後醍醐親政期のものであり、持明院統の政権が東寺座主職を認めていたとは思われない。つまり、東寺座主職は恒常的な職として設置されたものではなく、本質的には多分に名誉職的な称号と推測される。

（7）『太平記』巻一「中宮御産御祈之事」、巻二「僧徒六波羅召捕事」「三人僧徒関東下向事」、巻十二「千種殿幷文観僧正奢侈事」。網野善彦『異形の王権』（平凡社、一九八六年）（『網野善彦著作集』第六巻）、内田啓一『後醍醐天皇と密教』（法蔵館、二〇一〇年）、阿部泰郎『中世日本の宗教テクスト体系』（名古屋大学出版会、二〇一三年）など。

（8）『大日本古文書　高野山文書』一、宝簡集三七。

（9）「東寺執行日記一」元徳二年五月七日条（国立公文書館内閣文庫所蔵）。この日「文観上人」は東寺宝蔵に納められた道具唐櫃を検知し、十二天屛風を修補するために竹林寺に借り出している。

（10）円観（恵鎮）が嘉暦元年に法勝寺大勧進に就任したことについては、松尾剛次「恵鎮円観を中心とした戒律の復興―北嶺系新義律僧の成立―」（『三浦古文化』四七、一九九〇年、のち同氏『勧進と破戒の中世史』吉川弘文館、一九九五年に収録）に指摘がある。東大寺大勧進に忍性以来関東極楽寺の律僧がたびたび補任されたことについては、永村眞『中世東大寺の組織と経営』（塙書房、一九八九年）第二章第一節を参照。

（11）成助・亮禅ともに建武政権崩壊後に東寺長者に復帰していることから、彼らが長者職を辞したのは、後醍醐による解任であった。

（12）『続群書類従』補任部。なお『東大寺別当次第』の諸本については永村眞『中世東大寺の組織と経営』（前掲）に詳しい（第一章第一節）。永村氏の諸本検討によれば、当該期の東大寺別当の補任時期に異同はみられない。補任年は記されるものの、月日が記されていないのが共通する。

（13）『太平記』巻二、巻三、巻四。聖尋の配流先について『太平記』は下総国としているが、『増補史料大成　花園天皇宸記』元弘二年四月十日条は「聖尋僧正、俊雅僧正、文観、可遣遠嶋」とあり、『増補続史料大成　武家年代記』元弘二年三月八日条では「東南院硫黄嶋、各配流」とあり、『東南院務次第』（『大日本仏教全書』東大寺叢書二、第一書房、一九七八年）では

「元弘二年六月十九日依高時入道下知、配流聖尋大僧正長州焉」とあり、定かでない。岡見正雄校注『太平記　一』（前掲）一三一頁参照。

(14)『東寺長者補任』（『続々群書類従』補任部）。

(15)『大日本古文書　東大寺文書』一三、五二九号。

(16)『東南院務次第』（前掲）。聖珍が東南院に入室したのは元亨二年二月八日であった（『花園天皇宸記』）。

(17)『興福寺別当次第』（『続々群書類従』史伝部）、『興福寺三綱補任』（『続群書類従』補任部）。『興福寺三綱補任』では『興福寺別当次第』と補任の月日に若干の異同がある。良覚の補任は二月五日、乗円の補任は八月十六日、上表は六月十日、覚円の補任は十一月二十八日としている。

(18)『大乗院日記目録』（『増補続史料大成　大乗院寺社雑事記』十二）には、建武元年五月十六日の記事として乗円僧正を「先寺務」とする宣下がなされたことを記している。

(19)『大乗院日記目録』（『増補続史料大成　大乗院寺社雑事記』十二）所収。

(20)渋谷慈鎧編『校訂増補天台座主記』（第一書房、一九七三年）。

(21)『校訂増補天台座主記』、『太平記』巻四。

(22)『華頂要略門主伝』（鈴木学術財団編『大日本仏教全書』講談社、一九七二年）。

(23)平雅行「青蓮院の門跡相論と鎌倉幕府」（河音能平・福田榮次郎編『延暦寺と中世社会』法藏館、二〇〇四年）。

(24)梶井（梨本）門跡の系譜については、「諸門跡譜」（『群書類従』系譜部）・「梨本系譜」（『門葉記』雑決三、『大正新修大蔵経』図像第十二巻、大蔵出版、一九八九年所収）によったが、これらは系譜を示すのみで、門主継承の年月を記述していない。門主就任年月は『校訂増補天台座主記』による。

(25)『校訂増補天台座主記』（尊澄親王）は尊澄の門跡管領を建武元年六月二十二日のこととしているが、これは『続史愚抄』が訂正するように、明らかに元弘三年六月二十二日の誤りである（渋谷慈鎧編『校訂増補天台座主記』（前掲）の校注による）。

(26)『神道大系　神宮編太神宮補任集成（上）』所収。東京大学史料編纂所所蔵影写本『祭主補任』（3012―7）。

(27)東京大学史料編纂所所蔵影写本『大中臣系図』（彰考館所蔵3071―11）。

(28)鎌倉末期の神宮祭主の補任について検討された平泉隆房氏は、隆実とその子隆基について、後醍醐天皇との関係が深いことを指摘されているが、鎌倉末期の祭主交替を持明院統と大覚寺統との皇統分裂と結びつけることに否定的である（「鎌倉期の神宮祭主についての一、二」国学院大学日本文化研究所編『大中臣祭主藤波家の研究』続群書類従完成会、二〇〇〇年所収)。

(29)　元弘三年八月日東大寺訴状土代(『鎌倉遺文』三二五一六号)。

(30)　筒井英俊校訂『東大寺要録』(国書刊行会、一九八一年)封戸水田章第八。

(31)　鎌倉末期の『東大寺記録』(『東大寺縁起』)にも天平勝宝元年の「金銅御記文」が引用されている(『真福寺善本叢刊　古文書集一』臨川書店、二〇〇〇年)。また、永仁六年三月東大寺衆徒等重訴状案にも「本願聖武皇帝御記文案」が訴状具書として提出され、五千戸の封米、一万町の水田の寄進が強調されている(『大日本古文書　東大寺文書』一三、四二九号)。

(32)　東大寺が創建時の所領の復活を要求したことは、これが初めてではない。幕府・朝廷による弘安七年・八年の徳政において、東大寺は「本朝惣国分寺兼和州国分寺東大寺御封水田」の復興のための注進状を作成している(遠藤基郎「史料紹介『筒井寛秀氏所蔵文書』所収の弘安徳政関連文書」『南都仏教』七六、一九九九年)。

(33)　岡見正雄校訂『太平記　一』(前掲)。

(34)　『大日本仏教全書　寺誌叢書二』(第一書房、一九七八年)所収。

(35)　岡見氏は『太平記』の異本に「北山松嶺寺」を御所としたとあることを紹介している。『笠置寺縁起』は「山道摂嶺院」としているがその場所は不明。「松嶺院」と「摂嶺院」は同じ寺とすべきで、「松嶺院」は書写の誤りと思われる。

(36)　『東大寺記録』(前掲)では嘉応年中顕恵法印以後の院主が記され、顕宝阿闍梨の名が最後に記されている。西室が東大寺の有力院家であったことは、正応四年に東大寺領美濃国大井庄下司職を隆実が争った際に、隆実が東南院などの「三方判形」を望み、それに対して西室院主が安堵状を出していることに示されている(正応四年九月西室院大井荘下司職安堵状案、『鎌倉遺文』一七七〇七号)。なお、西室院については稲葉伸道『中世寺院の権力構造』(岩波書店、一九九七年)第Ⅰ部第三章、遠藤基郎「鎌倉中期の東大寺」(『ザ・グレイトブッダ・シンポジウム論集』五、法蔵館、二〇〇七年)を参照。

(37)　『鎌倉遺文』三〇六五七号。永井晋・角田朋彦・野村朋弘編『金沢北条氏編年資料集』(八木書店、二〇一三年)八三八号註。

(38)　勧修寺所蔵の「勧修寺別当長吏補任等古記録」(『勧修寺論輯』二、二〇〇五年、所収)。

(39)　「勧修寺別当長吏補任等古記録」(前掲)に、「時宝者赤橋相模守武蔵入道平朝臣元時男」とある。北条氏の系図では赤橋元時という人物は知られていない。「元時」は「久時」の誤写と推測する。

(40)　『東大寺別当次第』(『群書類従』補任部)は「寺《(時)》宝法印」と記している。『笠置寺縁起』(前掲)の元弘三年の記事に笠置寺の衆徒が笠置寺に帰山し、「東大寺尊勝院時宝僧都」の代官を追い払ったことがみえている。この時宝と寺務代時宝とは同一人物と考えられる。岡見正雄氏の『太平記　一』（前掲）（補注二―五〇）によれば、顕宝について異本には「慈宝顕宝」ともあるという。時宝（慈宝・寺宝）については、『正和記』（東京大学史料編纂所謄写本、原蔵者不詳）に正和四年九月七日の勧修寺前大僧正が権大僧都時宝に行った伝法灌頂の記録があり、そこには「故武蔵入道文（久の誤写か）時息」とある。また、東寺観智院聖教（東京大学史料編纂所影写本）にある「東寺門下東大寺別当経歴先例」（応永二十三年正月晦日に権僧正興継が記した記録）に「勧修寺門弟経歴先例」として尊勝院主宗性以下の院主と目される人物が記され、そのなかに「時宝」が「信注（忠）僧正灌頂弟子、非別当」「受印可於聖済僧正、又受栄海僧正、住勧修寺仏光院、対教寛受小嶋流」と注記されている。これらの史料によれば、時宝は「故武蔵入道久時」の子で勧修寺信忠僧正の弟子であった。「久時」は、『新訂増補国史大系　尊卑分脈』（第四）にみえる赤橋久時のことと思われ、六波羅探題北方であった人物である。子の守時は鎌倉幕府の最後の執権であり、時宝はその兄弟ということになる。

ところで、『東大寺雑集録』（『大日本仏教全書』）巻十二には「寛宝法眼記写」として「元弘日記」の一部分を引用している。そこには後醍醐の元弘元年南都下向を元弘三年八月のこととしている点で、史料としての信頼性に欠けるものがあるが、元弘三年を元弘元年の書写の誤りとすれば、他の記事は興味深い。そこには「西室院門主関東縁□也」とあり、元弘元年八月二十四日に「巳刻執行法眼寛宝、奉行寛祐法眼、家従三百騎幷御門徒内衆三十人引率而、於泉河参間、主上御感」と記し、その後、寛宝らが守護して東大寺に入ったとしている。次いで、二十五日のこととして東南院聖尋僧正が「寺門一統」を図ったが、西室と尊勝院が同意しなかったため、聖尋は後醍醐天皇を「鷲峯」に移し、鷲峯山別当であり東大寺西南院主であった信覚大僧都の坊室に入れ、寛宝（薬師院）と実祐（正法院）はその一行に供奉したことが記されている。この記事は東大寺執行寛宝の記録の一部分の引用であるが、東大寺で後醍醐を受け入れるか否かの集会があったこと、惣寺の同意が得られず、やむなく退去したこと、反後醍醐勢力が尊勝院と西室であったことなど、『笠置寺縁起』との事実関係の一致点がいくつかあることから、『元弘日記』が執行寛宝の日記であり、利用できるものではないかと考える。ただし、当時の執行が三百騎の軍勢を動員できたかという点では、誇張した記述であり、そのまま受け取ることはできない。薬師院や正法院は執行職を継承する家としてあり、東大寺政所系列にある院家である。惣寺系列の学侶・衆徒・堂衆が軍事力を有する集団に対して、執行は法会や寺内の運営に携わる家である。その執行が軍事力を所持していたかのような記述は不自然である。この史料については今後さらに検討したいと思う。

(41)　『東大寺記録』（前掲）解説を参照。また、鎌倉末期における東大寺の密教の本所、八宗の本所、伊勢神宮との一体化の政治イデオロギーについては、稲葉伸道「鎌倉後期の東大寺とテクストの形成」（『統合テクスト科学研究』三―二、二〇〇五年）において検討したところである。

(42)　この条文については畠山聡「中世東大寺による兵庫関の経営とその組織―関務権の所在を中心として―」（『日本史研究』四九四、二〇〇三年）、および『新修神戸市史　歴史編Ⅱ古代中世』が言及している。

(43)　『大日本古文書　東大寺文書』五、七二号。『鎌倉遺文』二三九七八号。

(44)　『坪江郷雑々引付』（国立公文書館内閣文庫大乗院文書）（『北国庄園史料』福井県立図書館、一九六五年、所収）。

(45)　建武元年十一月二十七日東大寺別当政所披露事書（『兵庫県史』史料編中世五、兵庫関九一号）。

(46)　建武元年十二月八日年預五師慶顕書状（『兵庫県史』史料編中世五、兵庫関一三一号）。

(47)　国立公文書館内閣文庫所蔵「建武元年記」（『北国庄園史料』前掲所収）に「諸国津料已下、悉為天下一同之法、被停止候」とみえる。

(48)　徳田釼一『中世に於ける水運の発達』（巌南堂再刊、一九六六年、初版一九三六年）、竹内理三『寺領荘園の研究』（吉川弘文館、一九八三年再刊、初版一九四二年）、豊田武『中世の商人と交通』（『豊田武著作集』第三巻、一九八三年、初出一九六〇年）、相田二郎『中世の関所』（有峰書店、一九八二年再刊、初版一九四三年）、網野善彦「文永以後新関停止令について」（『網野善彦著作集』第六巻、岩波書店、二〇〇七年、初出一九八四年）。

(49)　佐藤進一『日本の中世国家』（岩波書店、一九八三年）第三章。

(50)　福島金治「建武政権期東大寺の東国所領獲得交渉―真福寺所蔵『八生一生得菩提事』紙背文書を通して―」（『国立歴史民俗博物館研究報告』一〇四、二〇〇三年）。元弘三年七月日東大寺衆徒申状案（醍醐寺文書九十函）。

(51)　建武元年大勧進職条々事書案（東大寺文書第四回採訪九三、5/26）。この文書は「就寺門興隆可被経御沙汰篇目事」で始まる「条々」事書の第一条の土代である。松尾剛次「恵鎮円観を中心とした戒律の復興―北嶺系新儀律僧の成立―」（前掲）。

(52)　畠山聡「建武新政期における東大寺と大勧進」（山本信吉・東四柳史明編『社寺造営の政治史』思文閣出版、二〇〇〇年、のち同氏『中世東大寺の国衙経営と寺院社会』勉誠出版、二〇一七年に収録）が詳しく考察している。ところで、福島金治前掲註(50)論文によれば、恵鎮は大勧進職在職中に東大寺による佐渡国国務要求に関係していたようである。一方で恵鎮の罷免を要求し、一方で政権への働きかけの窓口として期待するという相反する恵鎮の位置づけについては、短い期間ではあるが、時期の違いによることもあるのかもしれない。

(53) 畠山聡「建武新政期における東大寺大勧進」(前掲)。畠山氏は建武元年八月三日の大勧進恵鎮施行状写(阿弥陀寺文書、『南北朝遺文　中国四国編』五五)にみえる「国宣」が八月二日の国宣(同五四)とは別に恵鎮に対して出されたものと考えているが、そうであれば、恵鎮はその国宣の写しを目代に対して与えているはずである。その国宣が残されていないことを考えると、恵鎮施行状にみえる国宣とは、八月二日の国宣そのものであったとみるべきではないか。八月二日の国宣は周防国目代宛になっているが、実際には恵鎮に対して渡され、七月二十五日の綸旨(同五〇)とともに国宣を目代に対して伝達したものと思われる。そのように綸旨の伝達経路を考えれば、周防国目代に対する二系列の経路を想定する必要はない。

(54) 畠山氏は建武元年八月二日の周防国国宣写の袖判の人物を三条実治であると推定する。この推定は同年七月二十五日の後醍醐天皇綸旨が「左大弁宰相」三条実治宛であり、この綸旨を施行する形で国宣が出されていることから導かれたものである。鎌倉期の国宣の袖判は知行国主またはその家来であり、その点を考えれば袖判は知行国主三条実治またはその家来ということになる。ところが、知行国制を否定しようとした建武政権下では、袖判の人物を知行国主とすることは難しい。畠山氏は三条実治の立場を「三条実治が目代豊宗に宛てた国宣は、まさに天皇が興行した国司制度によるものであり」として、明言していないが周防国司(国守)として考えている。ただ、三条実治が周防守を名乗っている事例はみつからないので、「周防守」と断定することはできない。ここでは造東大寺長官が周防国の国務を管掌していたとするに止めておきたい。

(55) 嘉暦三年七月二十七日後醍醐天皇綸旨案(『三重県史』資料編古代・中世(下)東大寺領その他一一七号)。元弘二年三月十一日東大寺衆徒重申状(『鎌倉遺文』三一七〇七号)。

(56) 『鎌倉遺文』三一七〇七号。

(57) 『三重県史』資料編古代・中世(下)東大寺領その他一二五号。

(58) 鎌倉末期の茜部庄地頭職をめぐる訴訟については、網野善彦『日本中世土地制度史の研究』(塙書房、一九九一年、初出一九六九年)、および稲葉伸道「鎌倉後期の幕府寺社裁判制度について」(『名古屋大学文学部研究論集』史学五七、二〇一一年)を参照。地頭長井氏については小泉宜右「御家人長井氏について」(高橋隆三先生喜寿記念論集『古記録の研究』続群書類従完成会、一九七〇年)、森幸夫『六波羅探題の研究』(続群書類従完成会、二〇〇七年)第二章第三節を参照されたい。

(59) 雑訴決断所の構成員に長井氏がみられること、森茂暁『南北朝公武関係史の研究』(文献出版、一九八四年)九五〜九八頁の決断所交名を参照。四番制の第三番にみえる「長井挙冬」が東大寺の事書にみえる「長井右馬助高冬」と同一人物であると思われる。

(60) 元弘三年十一月九日後醍醐天皇綸旨案（『岐阜県史』茜部庄史料三七四号）、年月日未詳東大寺事書案（同三八二号）。
(61) もっとも、この東大寺内部の実情を無視した命令は、円滑な年貢収納の阻害となり、建武二年九月に学侶は荘務を行う学侶の納所職三名（某大僧都・頼心僧都・永俊律師）を改替し寺門の直領とすべきことを取り決めている（建武二年九月五日東大寺学侶等起請文案『岐阜県史』史料編古代・中世三、茜部庄史料三八八号）。
(62) 『兵庫県史』史料編中世五、「摂津国兵庫関」一二一号。
(63) 正慶二年二月日東大寺申状案（東大寺図書館所蔵東大寺文書1―4―27）（『岐阜県史』史料編古代中世三、茜部庄史料三六九号）に興福寺領平田庄地頭職を春日社に寄付し法相宗の「依怙」としたことがみえる。
(64) 『福智院文書』（花園大学福智院文書研究会）五七号。ここにみえる「御領検断職」はそれまでにみられない言葉であるが、大乗院領の不入権を表す言葉として理解しておく。新しく建武政権によって設置された職名とも考えられるが、それによって大乗院に新しい権限が生じたとは思われない。
(65) ただし、大乗院門跡を安堵する綸旨は「大乗院僧正御房」（覚尊か）にあてて下されており、元弘元年の時点での「大乗院禅師御房」（考覚）から交替している。大乗院門主の交替は元弘元年の乱後の後醍醐の人事によるものであろう。これ以外に大乗院方の御房人に何らかの処分がなされたのか否かについては、依拠すべき史料を見出していない。
(66) 吉水院真遍坊領紛失状（永島福太郎編『大和古文書聚英』二〇五・二〇六・二〇七号、吉水神社文書）。
(67) 京都の土地証文の紛失状作成に使庁があたった事例は鎌倉末期にいくつか存在するが、京都以外の大和国の事例はこれが初めてであり、また、これより後にもみられない。建武政権は使庁の機能を京都以外に拡大させようとしていたのであろうか。
(68) 『春日大社文書』第一巻（吉川弘文館、一九八一年）一九号。
(69) 『公卿補任』によれば、右大弁坊門清忠が造興福寺長官に補任されたのは元弘三年九月二十三日である。ここでは補任の事実を確認している。坊門清忠は嘉暦二年の伽藍焼亡後の閏九月に造興福寺長官に補任されているので、元弘三年九月の補任は再任である。
(70) 安田次郎『中世の興福寺と大和』（山川出版社、二〇〇一年）第二章第二節「勧進の体制化と『百姓』」（初出一九八三年）参照。
(71) 「建武二年六月記」（『大日本史料』六編一、同日条）。
(72) 「春日神主祐賢記」（同上）。春日若宮神主中臣祐賢は鎌倉前期の人物であり、この日記の記主を祐賢とするのは誤りと考えられるが、今のところこの日記の出典を確認できていないので、『大日本史料』の引用のままとする。

(73)（建武二年）六月二十三日後醍醐天皇綸旨（東大寺図書館所蔵東大寺文書3―1―23）。なおこの綸旨の奉者は造東大寺長官参議三条実治である。

(74)後宇多院政期・後醍醐親政期の強訴禁止政策については稲葉伸道「鎌倉末期の王朝の寺社政策」（『名古屋大学文学部研究論集』史学六〇、二〇一四年、本書第Ⅰ部第五章）、「後醍醐天皇親政期における王朝の寺社政策」（『年報中世史研究』四〇、二〇一五年、本書第Ⅰ部第六章）を参照。

(75)『園太暦』貞和三年七月三日条（『大日本史料』六編二、建武二年七月三日条）。

(76)建武三年三月日東大寺衆徒申状土代（東大寺図書館所蔵東大寺文書4―16）。この申状によれば、興福寺は東大寺に参勤しないように牒送したが、東大寺は参勤要請に応じ、隆恵法印と信聴僧都が参勤したのが興福寺発向の直接の原因であった。

(77)建武二年と推定される七月二十一日年預五師顕寛書状（東大寺文書4―145、4―90、4―91）、同七月二十二日年預五師顕寛書状（3―12―93）、建武二年七月二十五日東大寺寺官大衆等連署起請文（『大日本古文書　東大寺文書』五、一四六号）、同八月十日東大寺寺官等請文案（3―1―79）、同八月二十四日年預五師顕寛書状（4―117）。

(78)東大寺図書館所蔵東大寺文書4―16。

(79)九月十六日後醍醐天皇綸旨、九月十七日東大寺別当聖珍御教書（東大寺図書館所蔵東大寺文書3―1―30、3―1―43）。

(80)十月十五日後醍醐天皇綸旨（『大日本古文書　東大寺文書』三、七八九号）。

(81)十月二十一日年預五師顕寛書状案（東大寺文書4―161）。

(82)信聴僧都が顕宝得業の跡に西室院務に就いたことは、延元元年三月日東大寺衆徒等申状案（東大寺文書1―1―299）にみえる。この申状によれば信聴は建武元年に東大寺領伊賀国黒田庄出作の庄務をめぐって惣寺と争っていた。

(83)建武二年十月二十二日満寺衆徒事書（東大寺文書4―108）。

(84)建武二年閏十月二日雑訴決断所牒案、同年閏十月十八日伊賀国宣案、同年十一月十三日邦政・行慶連署打渡状案（『三重県史』資料編古代・中世（上）一二四七・一二四八・一二五〇号）。

(85)顕宝は建武政権発足後、河内国飯盛山に「河内国の賊徒」に担がれて城郭を構えたが、楠正成によって鎮圧されたことが、『太平記』巻十二にみえる（ここでは「佐々目顕宝僧正」と記されている）。

(86)『大日本古文書　東大寺文書』、二二、一八七〇号。

(87) 七月八日と七月十八日の信重書状は年預五師宛の自筆書状であることから、この七月十七日書状の筆跡と比較すると、同筆の可能性が高い。
(88) 『日本思想大系　中世政治社会思想』下（岩波書店、一九八一年）。
(89) 黒田俊雄「建武政権の宗教政策―諸国一宮・二宮本所停廃に関連して―」（前掲）。
(90) 『史料纂集　園太暦』観応二年十一月二十六日条。
(91) 東山御文庫文書（『大日本史料』六編三、六四七頁）。
(92) 元弘三年九月六日太政官牒（到津文書）（『鎌倉遺文』三二五五〇号）、元弘三年十二月十日後醍醐天皇綸旨（壬生文書）（『鎌倉遺文』三二七五六号）。
(93) 海津一朗『神風と悪党の世紀』（講談社現代新書、一九九五年）。
(94) 建武元年十月十一日後醍醐天皇綸旨（『南北朝遺文　九州編一』一四〇号）。
(95) 建武三年十一月十二日光厳上皇院宣（藤井学・山崎浩之編『改定増補吉備津神社文書』中世篇一三号）。
(96) 元弘三年九月十三日宇佐宮神官等連署起請文（『鎌倉遺文』三二五六一号）。
(97) 鈴木哲雄『香取文書と中世の東国』（同成社、二〇〇九年）、第六章「建武徳政令と田所文書」参照。

第Ⅱ部　権門寺院と王朝・幕府

第一章　青蓮院門跡の成立と展開

はじめに

中世寺院社会において寺院大衆（惣寺集団）とは異質の権力組織である院家・門跡について、黒田俊雄氏はその著『寺社勢力』（岩波新書、一九八〇年）において、青蓮院・三千院・妙法院・一乗院・大乗院を事例として次のように定義した。

門跡という語は、本来は「一門の祖跡」つまり祖師の法灯を継ぐ者という言葉であった。それが貴種継承の院家の称号として一般に用いられるようになるのは、十三世紀初頭であるが、その実質は以上のように十二世紀の中頃から見られるのである。

その後、上川通夫氏は勧修寺を例に中世寺院社会における師資相承原理とそれによって発生する門流の寺院における存在意義を強調した。(1) また、大石雅章氏は、中世寺院の「貴種僧の支配組織としての機能に注目すれば、その画期は巨大な大衆勢力を形成した権門寺院内での貴種僧による門跡独占体制の確立である」とし、青蓮院門跡は行玄、梶井門跡は最雲、興福寺一乗院は覚信、同大乗院は尋範の時、すなわち平安末院政期に門跡が確立したとし、こうして確立した門跡は大衆の一部を門徒として組織し門流支配を形成し、師資相承原理によって正統化されたとした。(2)

以上の寺院史研究において、門跡の成立は十二世紀院政期であるとする見解が共通認識としてあるが、最近、永村眞氏は論文『門跡』と門跡」において「門跡」の語義の検討を行い、「門跡」の語義の確立を南北朝期とした。(3) すなわち、門跡の語義の変遷に関する考察を行い、その意味を(A)法流、(B)門徒、(C)院家・院家主、(D)貴種住持の院家とし、「門跡」は平安時代が(A)(B)の意味で用いられ、鎌倉時代に(C)の意味が発生し、やがて鎌倉後期に(D)の語義が派生し、南北朝期に(D)の語義が確立したと分析し、「(C)から(D)が派生する背景には、鎌倉前・中期に皇族・公卿の子弟がその世俗的立場を保持しながら貴種として院家に入室する現象の拡大と、寺院社会側も権貴「一門」との媒介となる貴種を積極的に受容しようとする意識」があったとする。永村氏の考察は多様な語義とその変遷を史料に基づいてはじめて明確にしたものであり、今後の門跡を論ずる際の基礎となるものである。ただ、これまでの研究との関連を考えると、(i)門跡成立の画期をどこに置くか、平安末期と鎌倉中期の違いについて、とくに平安末期に門跡の実質的な組織ができたという黒田説との関係について述べられていないこと、鎌倉中期から後期に貴種門跡が成立してくる理由が問われていないこと、(ii)「青蓮院門跡」「大乗院門跡」「梶井門跡」など○○院門跡あるいは○○門跡という組織名称はいつ成立したのか、それが貴種を示すようになったのはいつからか、なぜそうなったのかが問われていないことなど、まだ検討の余地は残されている。

以上の門跡全体の定義、あるいは位置づけとは別に、近年の寺院史研究において個別の門跡についての事例研究が蓄積されてきた。例えば、延暦寺の門跡については青蓮院門跡を中心に伊藤俊一・下坂守・衣川仁各氏の研究があり、興福寺の門跡については大乗院門跡に関する安田次郎氏、および著者の研究、一乗院門跡に関する大山喬平氏の研究がある。また、園城寺の円満院門跡に関する酒井彰子氏の研究、仁和寺御室に関する横内裕人氏の研究、大覚寺門跡に関する大田壮一郎氏の研究、東大寺東南院門跡に関する永村眞氏の研究などがある。これらは扱う時代も平安後期から室町期までと広範囲にわたり、組織・所領・組織の継承、国家との関係などさまざまな問題を扱っている。ただ、現状では一部の例外を除いて、先の門跡論一般との関係では個別研究の段階にあるといえよう。(4)

このほか、近世の門跡については杣田善雄氏の研究があり、(5)それを踏まえた中世から近世への門跡の歴史を解明することも課題として残されている。

本章では個別事例として青蓮院門跡を取り上げ、鎌倉期に展開する門跡継承をめぐる争いの分析から、中世における門跡継承の論理と国家（王朝・幕府）との関係について検討したい。

一　青蓮院門跡の成立と展開

1　青蓮院門跡の成立

青蓮院門跡の成立については尾上寛仲氏の先駆的な研究(6)と、それを出発点とした伊藤俊一・下坂守・衣川仁各氏の研究（前掲）がある。これらの研究で青蓮院門跡の成立過程について詳細に検討した衣川論文は、成立過程について以下のような結論を導いている。

①『華頂要略門主伝』をはじめとする後世の門跡系譜が初代とした行玄の時に門跡として成立した。

②「師弟集団が居住所・宗教施設として所有する房・院家などの空間の御願寺化・阿闍梨設置による宗教的機能充実、及び経済基盤としての所領集積、そしてそれら総体を師資相承し、且つその「門跡相承」を世俗権力によって認定されることが、権力機構としての門跡成立の大きな契機になったと考えられ、その時期は十二世紀中葉以降の鳥羽・後白河院政期におくことがで」きる。

③師からの法脈伝授（三昧流＝皇慶の法脈）が門跡継承の絶対条件である。

以上の衣川論文の指摘を踏まえて、改めて青蓮院門跡の成立について確認してみたい。

まず、組織の形態から検討すると、鎌倉時代の青蓮院門跡は青蓮院・無動寺・三昧院など複数の院家・寺院・坊などの集合した複合組織として存在している。この複合組織としての門跡の家政機関（政所）が活動を始めるのは、伊藤俊一氏の指摘によれば元久二年（一二〇五）の大懺法院上棟段階である。この大懺法院は多賀宗隼氏の研究によれば顕教堂と真言堂、さらに熾盛光堂を有する御願寺で、顕密の修法の道場であり、慈円を頂点にいただく門徒の結集の場であった(7)。これ以前、建久六年（一一九五）に慈円が設立した勧学講も国家的法会につながる学僧養成の場であり、門徒結集の場であった(8)。組織、およびそれに結集する門徒僧の統合の場という観点からみれば、青蓮院門跡の成立は慈円の段階といえる。

次に、「青蓮院門跡」という呼称の成立から、門跡の成立を考えてみよう。「青蓮院門跡」の史料上の初見は宝治二年（一二四八）閏十二月二十九日後嵯峨上皇院宣である(9)。ただし、この院宣が道覚に出される原因となった相論においては、葉室定嗣の『葉黄記』（『史料纂集』）では「無動寺門跡事」として記されており（宝治二年十一月二十六日・十二月二日条）、「青蓮院門跡」の呼称は当時の王朝内部で必ずしも固定した呼称ではなかった。それ以前は、承元四年（一二一〇）十月の慈円譲状(10)や嘉禄元年（一二二五）五月二十三日の慈円譲状(11)では「師跡」と表記している。また、宝治以後の門跡譲状をみると、弘長元年（一二六一）十二月十二日の天台座主阿闍梨親王尊助譲状では「青蓮院門跡聖教庄園房舎等事」とあり、弘安元年（一二七八）十一月二十四日の尊助の付属状では「青蓮院門跡事」とみえている(12)。これらの用例からみれば十三世紀中頃鎌倉中期には「青蓮院門跡」の呼称が成立したものと考えられる。

以上のように青蓮院門跡の呼称は鎌倉中期に確立したが、政所を有する複合組織体としての門跡は鎌倉初期の慈円が門主であった時期に成立したといえる。それでは、なぜ他でもなく「青蓮院門跡」の名称が慈円の所持する複合組織の名称として採用されたのか。その理由は、おそらく門跡の原形がすでに平安末期、青蓮院行玄の時に成立しており、それが強くその門流に意識されていたことによるであろう。「青蓮院門跡」とは青蓮院行玄の門流であり、その意味で後世作成された青蓮院系図がその第一祖を行玄とするのは当然なのである。(13)

この行玄は最初、理智坊に入って良実と名乗ったが、三昧院検校や無動寺別当に就いた元永元年（一一一八）頃には「青蓮房」において「金剛界私記」「観自在王如来儀軌」などの三昧阿闍梨本の聖教を書写している。(14)「青蓮房」は久安六年（一一五〇）十月四日に美福門院の御願として阿闍梨五口が置かれ、「青蓮院」と号することになった。(15)「青蓮院」は行玄の時に成立しているのである。承久の乱頃成立した慈円の『愚管抄』巻第七では、天台座主行玄を「青蓮院座主」と表現しており、(16)慈円の頃には行玄は青蓮院をもって通称されていた。また、鎌倉末期、正和元年（一三一二）四月以前に成立したとされる『青蓮院門流』(17)では、第一祖行玄大僧正について「青蓮院、行玄僧正事也」と記されている。青蓮院といえば行玄だったのである。「青蓮院門跡」の名称は行玄を意識したものであった。前掲の衣川論文では「青蓮院門主慈円の特権的地位とその権力は三昧流の相承によって保証されていた」として、青蓮院門跡における三昧流（行玄の師である三昧阿闍梨良祐に伝わった皇慶の法流）の継承の意義を述べているが、門跡の名称に良祐の住房である桂林院の名称を付けることはなかった。また、行玄以前に青蓮房に居住した勝豪などは門跡の始祖とは考えられなかったのである。門跡の初代と見なされたのは、摂政藤原師実の子で、三昧院・無動寺・法性寺などを複数管領する行玄でなければならなかったと考えられる。

このように青蓮院門跡の原形が行玄の時にできたが、門跡が成立する慈円に至るまで、すなわち後に第二代覚快から第三代慈円と記憶される時期は、いまだ門跡の継承は不安定であった。この問題は行玄から覚快への継承においては表面化しない。(18)それが表に現れるのは覚快から慈円への継承段階である。この点については、すでに衣川論文が指摘しているところであるが、師資相承の問題を考える上で重要であるので、再度検討してみたい。

慈円が覚快の三条白河坊に入室し出家・受戒をしたのは十一歳、仁安二年（一一六七）、以後、治承二年（一一七八）に二十四歳で法性寺座主になるまで、青蓮院「門跡」の一部を継承した形跡はない。しかし、その後、無動寺検校職継承において実寛権僧正と慈円の争いが発生した。衣川氏は相論の過程で主張された両者の相承論理に注目し、「この段階が門跡内部での﨟次によらない弟子の選定と、それによって特殊化された師資間での一系相承の確立期であった」と指摘した。この相論が青蓮院門跡継承における一系相承の確立において重要な契機となったのは間違いない。ただ、注目すべきは、門跡を摂関家出身である慈円に相承させようとする藤原兼実の意志、それとは別に自らの意志で門跡を譲ろうとする覚快の意志の対立、そして、無動寺僧実寛の論理と後白河院の意志が複雑に絡み合い、この時期の門跡相承問題がすべて露呈していることである。すでに法性寺座主職の継承においても覚快は前太政大臣藤原忠雅の子である忠雲法眼に譲ろうとしたが、「長者之一族、有可然之人時、多以補来事也」として慈円を推す藤原兼実の反対論に圧されて、その後慈円に譲った経緯がある。[19]無動寺検校職の場合も、すでに衣川論文が指摘するように、覚快は治承四年十二月に行玄の「門跡」（門流）と関係しない「他人」に譲ろうとしたが、兼実の意向によって慈円への継承を予定された全玄が継承した。しかし、この継承には行玄の門徒である実寛が異を唱え、その結果、翌年六月覚快が再び検校職に還補されている。[20]覚快は入滅の前に「処分」、すなわち、門跡の譲渡を図ったらしいが、実現していない。[21]結局、養和元年（一一八一）十一月の入滅後、「七宮（覚快）門跡」のうち三昧院・成就院は慈円に継承すべく「宣下」がなされたが、無動寺については実寛と慈円との間で相論となった。覚快は自らの意志で無動寺検校職を含む「門跡」の譲与を行うことができなかったのである。この覚快の門主としてのあり方は後述する慈円とは大きく異なる。天皇家の子弟であり、貴種として申し分のない覚快でも、自らの意志で次期「門跡」継承ができなかったのである。覚快の自由な「門跡」譲与を阻害したものは、一つには慈円を推す兼実であり、もう一つは、慈円に対抗する門徒僧実寛であった。実寛は自分こそが「行玄門跡」の上﨟であること、「一和尚」であることを訴訟において主張した。これは、覚快の代においてもまだ、行玄の門徒集団が無動寺に存在することを示していると思われる。実寛の背後には行玄の門徒・門流と意識する僧侶集団があり、その集団の論理、すなわち門徒集団のなかで﨟次が多い僧こそ集団の長であるという論理に乗って実寛は訴訟を起こしたのではないだろうか。(22) 後白河院は実寛側を勝訴とし、実寛を「別恩」により検校職に補任した。後白河院は無動寺における僧の﨟次の秩序を壊すことはできなかったと考えられる。結果的に実寛が没して慈円が検校職に補任され、決着がなされるが、平安末期段階では、まだ、門徒僧の門跡継承の主張も大きな意味を持っていたのである。

2　慈円以後の門跡継承

慈円の時に門跡の組織・所領が整えられた青蓮院門跡は、鎌倉期を通じて門主継承をめぐって複雑な歴史をたどる。この慈円以後の門主継承の過程についての詳細は、複雑なので別稿にまとめた。(23) ここでは行論の必要上、関連系図を図、門主の交替を表2で示し、段階ごとにごく簡略に叙述するに止める。したがって、典拠史料等叙述の根拠については別稿を参照されたい。

さて、鎌倉期以降の青蓮院門主の転変を全体に見通すと、以下の通り時期区分することができる。

第一段階　慈円の悔返し――〈慈円→良尋・真性・道覚・良快〉

慈円から次期門主への門跡継承において、悔返しが行われた段階である。慈円が最初に門跡継承者としたのは、藤原兼実の子良尋である。この良尋に対して慈円は正治元年（一一九九）に門跡を譲ったが、良尋は建仁二年（一二〇二）、「逐電」してしまう。師弟間の不仲が原因であった。良尋逐電のあと慈円の室に入ったのは以仁王の子の真性である。しかし、これも建保二年（一二一四）「師資不和」により門跡を去る。「離房」の原因は後鳥羽院の子息朝仁が承元二年（一二〇八）に慈円の吉水坊に入室し、その後、慈円から門跡相承の譲状を得たことによる。承元四年、慈円は朝仁親王への譲状を後鳥羽院に上申した。譲状によれば朝仁親王は後鳥羽院の意志によって青蓮院に入室したことがわかる。建保四年、朝仁親王は無動寺南山坊にて出家、受戒した（法名道覚）。七月一日には「庁政事始」も行われ、道覚への門跡継承は問題なく進行するはずであった。ところが、承久の乱は事態を思わぬ方向に動かす。道覚の父後鳥羽院は隠岐に配流され、道覚も承久三年（一二二一）七月に西山に移り「籠居」せざるを得なくなった。

貞応二年（一二二三）、慈円は「所帯之諸門跡」を法性寺座主権僧正良快法印に譲った。良快は藤原兼実の子である。

第二段階　二つの門流の形成――〈良快→慈源→慈禅〉と〈道覚→（最守）→尊助〉

文暦元年（一二三四）に良快は両寺検校を慈源に譲り、十月、横河飯室谷に「籠居」した。この時、青蓮院門跡に加えて妙香院も含めて九条道家の子慈源に譲っている。仁治元年（一二四〇）、慈源は西山に隠遁していた

図　青蓮院「当門系図」（「青蓮院文書」）(24)

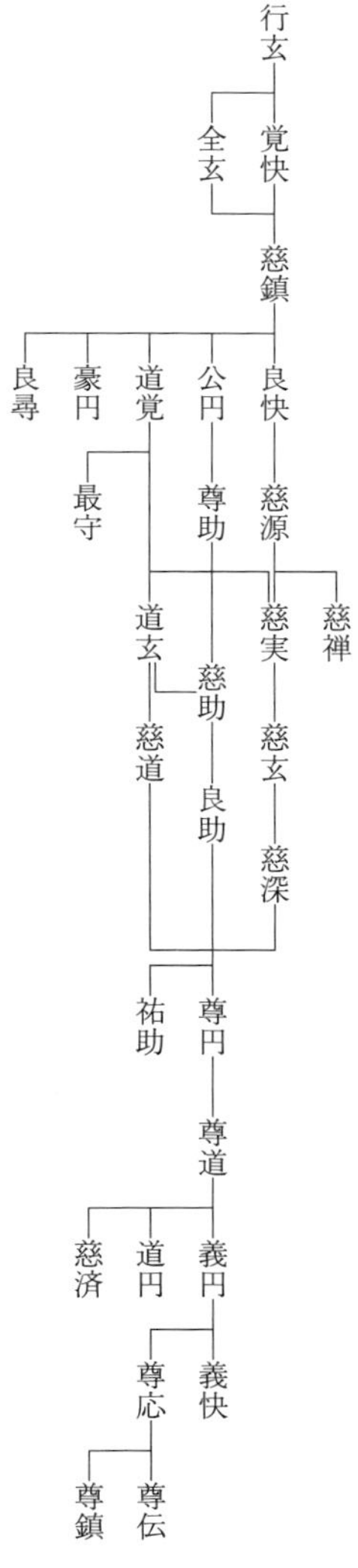

表2　鎌倉・南北朝期の青蓮院門主

門主および門主予定者	出身家(父)	入室坊	受戒年・戒師	灌頂年・灌頂師	門跡管領・門跡改替理由	その他
慈円	藤原忠通	一一六五年覚快室 白河坊	一一六七年座主明雲	一一八二年全玄	一一八二年無動寺検校職補任	
良尋	九条兼実	一一八七年慈円室	一一八七年座主全玄	一一九六年慈円	一一九九年門跡の譲状を慈円から得る。慈円との不仲により、一二〇二年「逐電」	
真性	以仁王	一一八三年昌雲室 一二〇二年慈円室	一一八三年座主明雲	契仲 一二〇三年慈円	慈円との不和により一二一四年、「離房」	
朝仁親王（道覚）	後鳥羽院	一二〇八年慈円室 吉水坊	一二一六年座主承円	一二一八年慈円	一二一〇年慈円譲状 一二一六年「庁政事始」 一二二一年「籠居」	一二二一年承久の乱
慈円					一二二一年、再び門跡管領か	一二二五年入滅
良快	九条兼実	一一九七年尊忠室 本覚院	一一九七年座主弁雅	一二〇八年慈円	一二二三年慈円の譲り	一二四二年入滅
慈源	九条道家	一二二八年良快室 吉水坊	一二三〇年座主良快	一二三六年慈賢	一二三四年良快の譲り 一二四〇年道覚と子弟関係を結ぶ 一二四八年後嵯峨院宣により、無動寺・三昧院検校職停止	一二三三年妙光院相伝
道覚					一二四八年青蓮院門跡管領をめぐる訴訟に勝ち、後嵯峨院により門跡管領 一二四九年置文を作り、最守を中継者として最尋(道玄)に門跡を継承させることとする	一二五〇年入滅
慈源					一二五〇年後嵯峨院宣により無動寺・三昧院検校職に補任、門跡管領	一二五二年妙光院検校以下を慈禅に

					一二五二年九条道家一門「籠居」により、両寺検校職停止。門跡管領停止	譲る（青蓮院・桂林院経蔵を含む）
最守	藤原基房	一二二四年尊性室 綾小路坊 一二四五年道覚室	一二二四年座主円基	一二二九年仁聖	一二五二年後嵯峨院宣により門跡管領 一二五四年後嵯峨院宣により門跡管領停止	一二三九年十楽院門跡相伝
尊助	土御門院	一二三二年尊性室 一二五二年最守室	一二三二年座主尊性	一二三三年公円	一二五四年門跡管領 一二六一年慈助入室。尊助、道玄（最尋）への譲状を書き、後嵯峨院に提出。同日、道玄、慈助への譲状を作成し、後嵯峨院に提出 一二六八年「一山闘乱」により門跡没収。いったん天台座主慈禅、門跡管領するも大衆蜂起	一二三六年仰木門跡相伝
道玄	二条良実	一二四一年尊覚親王室 一二四八年最守室 一二五八年尊助室	一二四九年座主道覚	一二五三年最守	一二六九年後嵯峨院宣により門跡管領 一二七一年門跡管領を辞し、愛宕坊に移る	一二五五年十楽院門跡管領
慈助？	後嵯峨院	一二六一年尊助室 三条白河坊 一二六九年道玄室 一二七〇年尊助室 一二八〇年道玄室	一二六五年座主澄覚	一二六八年尊助 一二八六年道玄	一二七一年三条白河坊に戻る	
道玄					一二七八年以前に再び門跡管領。一二七八年門跡管領停止。前年の青蓮院門跡と梨本門跡との合戦が原因か	一二七七年幕府評定 一三〇四年入滅
尊助					一二七八年再び門跡管領。三条白河坊に移る。同年付属状を作成し、門跡を慈実に譲ることとする	

					一二六一年の道玄・慈助への譲状を破棄 一二八六年亀山院宣により、無動寺・三昧院検校職を慈実に譲与	
慈実	九条道家	一二四三年慈源室 白河坊 一二七七年尊助室 北嵯峨坊	一二四九年座主尊覚	一二五六年成源 一二七八年尊助	一二八六年無動寺・三昧院検校職に補任。門跡管領か 一二八九年両寺検校解職	
慈助					一二八九年無動寺・三昧院検校職に補任	
慈実					一二九〇年無動寺・三昧院検校職に再任。禅空の口入によるか	
慈助					一二九一年無動寺・三昧院検校職補任。慈実との訴訟による 一二九五年七月二十四日門跡を良助に譲る	一二九五年七月二十七日入滅
慈実					一二九五年八月十日無動寺・三昧院検校職に再任。幕府の推挙による 一二九七年一月慈玄に譲るべく付属状と置文を作成	一三〇〇年五月九日入滅
慈玄	一条実経	一二六九年慈禅室 浄土寺 一二七七年尊助室 北嵯峨坊	一二七〇年座主慈禅	一二八〇年尊助	一二九七年六月二十八日無動寺・三昧院検校職に補任。良助と門跡管領をめぐり訴訟 一三〇一年一月八日門跡を慈深に譲る	一三〇一年一月二十六日入滅
慈深	一条実経	一二九四年慈玄室 槇野坊	一三〇七年座主覚雲	一三〇八年澄尋、公什	一三〇一年、門跡管領。良助と門跡管領をめぐり訴訟。同年十二月十六日院評定。慈深敗訴	
良助	亀山院（宗尊親王猶子）	一二七九年尊助室 三条白河坊	一二八四年座主尊助	一二八五年尊助	一三〇一年十二月十九日後宇多院宣により門跡管領 一三〇三年三月二十日門跡管領停止。幕府	一三〇〇年妙法院門跡管領

					による処断か	
慈深					一三〇三年門跡管領。幕府の推挙による 一三一〇年無動寺・三昧院検校職補任 一三一一年七月一日、門跡を尊円に譲り近江に遁世	
尊円	伏見院	一三〇八年慈深室	一三一九年座主慈勝	一三一九年桓守	一三一一年門跡管領 慈道と門跡管領をめぐり訴訟	
慈道	亀山院	一二九五年道玄室 愛宕坊	一三〇一年座主良助	一三〇一年道玄	一三一四年尊円と和解し、尊円は慈道の資となる。慈道、これまでの門跡継承の契約を破棄し、尊円および「新院宮」への譲渡を約束 一三二三年頃門跡管領をめぐり訴訟 一三二九年門跡管領停止	
尊円					一三二九年一月十八日幕府の推挙により門跡管領 一三三三年六月一日無動寺・三昧院検校職停止	一三三三年五月鎌倉幕府滅亡
慈道					一三三三年六月門跡管領	
尊円					一三三五年後醍醐天皇の勅裁により慈道と和解し、十月一日綸旨により門跡管領 一三五二年将軍足利義詮から門跡領を安堵される 一三五六年八月二十六日門跡を尊道に譲る	『門葉記』の編纂 一三五六年入滅
尊道	後伏見院	一三三八年岡崎坊 一三四〇年十楽院	一三四〇年座主尊円	尊円	一三五六年九月十日の後光厳天皇勅書により門跡継承を認められ、同年十一月十二日の綸旨により安堵される	一三六二年妙香院門跡を慈済に譲与
道円	後光厳院	一三七二年尊道室	一三七五年座主尊道	一三七九年尊道	一三八一年門跡継承	一三八五年入滅

		十楽院				
尊道					一三八五年再び門跡管領 一三九二年足利義満息尊満入室 一四〇三年足利義満息義円入室	一四〇三年尊満遁世 一四〇三年入滅
義円	足利義満	一四〇三年尊道室 十楽院	一四一一年座主尭仁	桓教	一四一二年将軍足利義持から門跡領を安堵される 一四二八年還俗(足利義宣、後義教と改名)	

道覚の室に参じて、嘉禄元年（一二二五）の慈円の譲状に任せて道覚と「師資の礼約」をした。慈源が道覚と師弟関係を結んだのは、慈円の悔返しによって二つの門流が生じていたものを一つに統一するためであった。しかし、宝治二年（一二四八）、道覚は訴訟を起こし、後嵯峨上皇院宣によって慈源の無動寺・三昧院検校職は止められ、青蓮院門跡は道覚に付けられることになった。

この結果、慈源は翌建長元年（一二四九）に三条白河坊より浄土寺の住房に移住した。しかし、その一年後の建長二年、道覚は三条（白河）坊において入滅してしまい、門跡を再び慈源僧正に付ける後嵯峨院宣が下された。正月十七日、慈源は両寺検校に還補され、二月四日に還住した。慈円の遺言がもたらした二つの門流の対立は、ここに慈源に統一されたかにみえたが、政治の動向が再び門跡の混乱を生み出すことになる。建長四年二月、慈源の父九条道家が没し、四月には将軍藤原頼嗣が京都に送還され、六月二十六日には「彼（慈源）一門籠居」によって、慈源の両寺執務を止められたのである。七月十八日、慈源は良快から継承した「師跡」を慈禅僧正・慈実僧都に譲る付属状を作成した。妙香院検校・元慶寺主・慈徳寺検校・観音堂・吉水坊地・日吉新宮社壇・八条烏丸坊地・本尊道具顕密聖教桂林蔵・青蓮蔵・目録および末寺・荘園を権僧正慈禅に譲り、その後慈実僧都に譲ることを申し置いている。ここには青蓮院・無動寺・三昧院・成就院など青蓮院門跡は含まれていないが、青蓮蔵・桂林蔵の聖教が含まれていることに注意しておかねばならない。

道覚は入滅する前の建長元年十二月二十七日、最守僧正を中継ぎとして最尋僧都（道玄）に門跡を継承させるべく置文を作成している。最守はこの道覚置文および慈源の思わぬ没落により、建長四年六月二十六日、後嵯峨院宣により青蓮院門跡を管領することとなった。土御門院の子二品親王尊助を「附弟」として門跡継承者にする条件であったと思われる。建長六年、最守は後嵯峨院宣によって青蓮院門跡管領を止められ、門跡は尊助親王に付せられた。『華頂要略門主伝』の異本では、山徒の訴によって管領を止められたとする。

第三段階　尊助の悔返し――〈尊助→道玄→慈助〉と〈尊助→慈助・慈実〉

弘長元年（一二六一）、後嵯峨院の皇子慈助が門跡継承予定者として尊助のもとに入室する。十二月十二日、尊助は慈助への門跡継承、および自身の一期の間の門跡管領を条件に、道玄（最尋）への譲状を作成し、さらに、同日付で道玄による慈助への譲状も作成され、これらは後嵯峨院の許に提出されている。その後、尊助の門跡管領は続いたが、文永五年（一二六八）、梨本（梶井）門跡と青蓮院門跡の不和により「一山闘乱」となり、両門跡が没収された。天台座主慈禅が両門跡を管領することとなったが、この処置に対して延暦寺大衆が蜂起し、翌文永六年、慈禅の門跡管領は停止され、後嵯峨院宣により十楽院前大僧正道玄が管領することとなり、三月道玄は三条白河坊に移った。先の弘長元年に定めた通り門跡継承がなされたのである。

文永八年、道玄は自ら院に参じ門跡管領を辞し、愛宕坊に移った。前年に尊助の大原北嵯峨坊に移っていた慈助は、再び三条白河坊に戻った。道玄のあと青蓮院門主となった者は不明であるが、これまでの経緯を考えれば、慈助の可能性が高い。しかし、道玄は弘安元年（一二七八）以前に門主に復帰している。同年四月、道玄は青蓮院門跡管領を停止され、尊助が門主に復帰した。道玄の管領停止の理由は詳らかでないが、天台座主職停止とともになされたことから考えると、前年（建治三年）の梨本・青蓮院門跡の合戦が原因かと思われる。再び門主となった尊助は弘安元年十一月二十四日、九条道家の子息である慈実に青蓮院門跡を付属した。尊助は慈円の先例にならい、自らに敵対した道玄・慈助に対する弘長元年の「契状」を破棄し、慈実に付属したのである。また、自身が所持する慈源から譲与された「代々正流本尊道具等」と「池上十九箱以下秘決」も同時に付属した。ただし、将来、尊助の許に入室予定の「当院若宮」（亀山院皇子、良助）への譲進と、尊助一期の間の管領を条件として付けている。弘安九年、尊助は両寺検校（無動寺・三昧院）を慈実に譲った。亀山院宣による行動であったという。

第四段階　慈助と慈実、良助と慈玄・慈深の相論

正応二年（一二八九）から青蓮院門跡をめぐり熾烈な争いが繰り返されるようになる。一年ごとにめまぐるしく門主の交替がなされたのである。正応二年、慈実から慈助に門主が交替し、翌年には再び慈実が門主となり、さらに翌正応四年には慈助が還補された。平雅行氏は、正応四年の青蓮院門主の交替が当時幕府政治を主導した平頼綱と密接な関係があった禅空と関連することを指摘している。(25) 伏見天皇親政の開始によって、それまでの後深草院政とも密着した禅空の介入した訴訟・人事が逆転したのである。そのように考えると、正応三年の慈実の門主補任は禅空の口入によるものであることは確実であろう。『青蓮院門流』によれば、幕府が慈実の門跡管領を認める裁許を行っていたことがわかる。

正応四年に両寺検校に還補された慈助は、入滅の前の永仁三年（一二九五）七月二十四日に門跡を良助に譲った。ただし、良助の後は「禁裏」（伏見天皇）の「若宮」（後の尊円）に相承するのが条件であった。ところが伏見天皇の安堵を期待したこの譲与は実現せず、八月十日には慈実がまた両寺検校に補任された。

永仁五年正月、慈実は門跡を一条実経の子である慈玄に譲る付属状を作成した。この付属状では、「青蓮院門跡本尊聖教」を慈玄に譲ること、ただし、「禁裏若宮」（伏見天皇皇子尊円）が慈玄の許に入室し受法灌頂を遂げ

たら、若宮に譲ること、また、一期の間は慈実が門跡を進退することなどが記されている。同日に記され慈玄に渡されたであろう「前天台座主慈実置文」（『華頂要略』巻五十五）には、良助親王に対して「先年」（弘安元年か）に門跡継承の「契約」（尊助の付属状の内容を指すか）をしたが、その後良助は慈実との「師弟の儀」を変じ、慈助親王許に入室したこと、慈実の下部《しもべ》を刃傷し、その原因が慈実にあると「都鄙の訴訟」（朝廷と幕府での訴訟）に及んだことを記し、良助がもはや慈実の弟子でもなく、門跡継承者でもないことが述べられている。さらに、同年三月十八日の慈玄宛「前大僧正慈実書状」（『華頂要略』巻五十五）によれば、慈実は良助への継承を破棄し慈玄に譲与することを、過去の慈円や尊助の悔返しの事例になぞらえて正当化し、正応四年に「不慮依違」があったが「根本相承之証文等」を提示して幕府に子細を申し、その結果、幕府の「御返事」を得て「聖断」に預かったと、幕府・朝廷の裁許を得ていることを強調している。また、慈実は慈玄への譲与を確実にするため、慈玄に伏見天皇の「勅許」を受けるよう指示している。慈玄は同年六月二十八日、両寺検校職に補任され、青蓮院門跡継承を認められた。

一方、良助はその後、朝廷に訴訟を起こしたらしい。『門葉記』（雑決補四）には正安元年（一二九九）七月の良助の訴状と推定される文書が収載されている。それによれば、この段階ですでに朝廷において「三問三答訴陳」がなされており、良助は慈玄僧正が「第三度事書」を受け取りながら返答せず、三ヵ月間そのままにしていることの非を訴えている。翌正安二年、慈玄は長大な陳状を書いている。『華頂要略』（巻五十五）に収載されている「本尊聖教幷青蓮院門跡等事」で始まる無年号無署名の文書は、本文中で引用する「永仁五年正月日先師僧正（慈実）遺誡」「当年四月（慈実）重遺誡」が、同じ『華頂要略』（巻五十五）に全文が収載されており、それによって慈玄が正安二年に作成したものであることが判明する。慈玄は自分に至る門跡継承の正当性を建長六年（一二五四）正月十四日の「慈源僧正遺状」や「先師僧正」慈実の付属状等を根拠に主張し、良助が弘安元年（一二七八）十一月二十四日の尊助付属状を根拠にして門跡継承を主張したことに反論している。

訴訟の最中の正安二年四月、槇野坊に退去していた前門主慈実は門跡をめぐって良助と訴訟になったことを嘆き、本尊聖教について万一良助の側から「微望之企」があっても、たとい灰燼にしても承諾してはならないと、慈玄に強く申し置き、翌月入滅した。

訴訟が決着をみないまま正安三年正月二十六日、今度は慈玄が四十二歳で入滅してしまう。入滅前の正月八日、慈玄は青蓮院門跡を一条家出身の慈深に譲った。慈玄から慈深への継承に対して良助がいかなる対応をしたのかよくわからないが、訴訟は継続したものと思われる。吉田経長の日記『吉続記』（『増補史料大成』）の正安三年十二月十一日条には後宇多院の評定で「青蓮院門跡事」が議されたことが記されている。その結果十二月十九日に良助を青蓮院門主とする後宇多院の院宣が出された。しかし、嘉元元年（一三〇三）三月二十日に良助は門跡管領を停止された。良助のあと門跡を管領した慈深について『門葉記』（門主行状二）は「関東推挙」によるとしている。

第五段階　慈深・尊円と慈道の争いから尊円一統へ

嘉元元年（一三〇三）、慈深は「関東推挙」によって青蓮院門跡を継承した。『青蓮院門流』によると、若宮（尊円）が成人に達するまでの門主として「都鄙」（王朝と幕府）から認められたものであった。ただし、慈深はまだ受戒をしておらず、青蓮院門主が必ず就任する無動寺と三昧院検校の職に補任されたのは延慶三年（一三一〇）になってからであった。応長元年（一三一一）七月一日、慈深は「祖師先師遺戒」によって、門跡を入道尊円親王に譲り遁世した。この時尊円は十四歳で、先月に出家したばかりであった。この間、道玄の跡を継いで十楽院門跡を継承していた亀山院の子息慈道は、嘉元四年十一月二十四日、遊義門院の猶子である「宮御方」が愛宕坊の自坊に入室する際に、「青蓮院門跡山洛寺院房舎庄園本尊聖教等」を「宮御方」に譲与することを約束している。慈道は何らかの訴訟を慈深あるいはその跡を継いだ尊円に対して起こしていた。正和三年（一三一四）尊円と慈道は「和与」し、尊円と慈道は師弟関係となった。同年四月八日の慈道奏状によると「門跡和談事」につき後伏見院の「安堵院宣」を求めている。同十三日、慈道は尊円親王との師弟の儀が成り、尊円が慈道の門下に入ったら、嘉元四年の「遊義門院御猶子宮」への譲与を改変し、「当門跡幷桂林院師跡本尊聖教等」を慈道が管領した後、尊円そして「新院宮」への後日の譲渡を約束している。この「新院宮」とは後伏見院の皇子としてこの年に生まれた尊実（慈真）であろうか。慈道の門跡管領はその後も続いたが、元亨三年（一三二三）には再び訴訟となっていたらしい。その後、元徳元年（一三二九）、後醍醐天皇の綸旨によって慈道の青蓮院門跡管領が停止され尊円が門主となる。「関東推挙」による決定であったという（『門葉記』門主行状三）。元弘三年（一三三三）鎌倉幕府が滅亡すると、同年六月一日、尊円の両寺執務は停止され、慈道が再び補任されて、青蓮院門跡は慈道の管領するところとなった（『門葉記』門主行状三）。

建武二年（一三三五）九月二十一日、慈道と尊円は後醍醐天皇の「勅裁」により「和睦」し、「師資之礼」をとるため尊円は慈道の室に入り、十月一日慈道の譲与により尊円の門跡管領を認める綸旨が出された。後醍醐天皇が吉野に移った建武三年十二月二十七日には慈道が本来管領していた十楽院・桂林院も尊円が管領した（『門葉記』門主行状三）。

二　鎌倉時代における門跡相論の特徴

1　家の相続論理と師資相承論理

前節で概略を示したように、鎌倉時代における青蓮院門跡の継承は混乱を極めたといってよいだろう。その原因はどこにあるのか。本節では門跡継承論理に内在する問題から、まずその原因を検討してみたい。

かつて、上川通夫氏は中世寺院社会を特徴づける編成原理として師資相承論理を大衆の僧伽の論理と並べて強調した[26]。中世寺院社会における師弟間の法脈継承論理、とくに密教におけるそれについて重視するのは当然であるが、氏が勧修寺を例に挙げて主張された点には、平安後期という時代的限定を付ける必要があるように思われる。すなわち、氏は寛信という勧修寺流藤原氏出身の僧を起点とする勧修寺流という法脈と、勧修寺流藤原氏という貴族の家の成立とが関連していることを指摘しながらも、師弟間の師資相承原理の成立の意味を強調し、勧修寺別当が勧修寺流という藤原氏の家の出身者で固められていくことを重視していないのである。これはそれ以前の勧修寺が勧修寺家出身以外の僧が別当であったこと、また、勧修寺家の氏長者が勧修寺西堂長者として直接寺院を管理していたこととの違いから導き出された見解であった。古代寺院の中世的寺院への転換という点で、この見解は正しいと思うが、中世寺院が師資相承原理、それも純粋に非世俗的な法脈の伝授で継承されていったかというと、決してそうではない。むしろ、法脈伝授の形式をとりつつも、実際は世俗的な家の継承論理が優越していったとみるべきである。鎌倉時代の青蓮院門跡の継承をみると、師資相承論理（法脈の継承）よりも世俗的な家相続論理が優越するように思えるのである。

この問題を考える手がかりになるのは、慈円や尊助が行った次期門主候補の悔返しの事実である。慈円による良尋・真性の廃嫡、尊助による道玄・慈助から慈実への門主継承の変更の事実に注目しなければならない。先にみたように尊助による慈実への門主継承は道玄・慈助の尊助に対する「違背敵対」が原因であった。(27)このような師弟間の争いは、他にも宝治二年（一二四八）からの道覚と慈源の「師弟相論」により、道覚による慈源の「義絶」が成された事例(28)や、良助の尊助の許からの離脱と慈助の許への入室の事例を指摘することができる。最初の師弟関係は門跡・院家への入室段階で決まっており、出家・受戒後の灌頂で決定されるが、それは未来にわたって永久的絶対的なものではなく、師の許を去り、別の師の許に入れば、その段階で新たにその師から灌頂を受けるのである。例えば、真性のはじめの灌頂の師は契仲阿闍梨であったが、慈円の許に移った後、新たに慈円から灌頂を受けた。(29)慈実の最初の灌頂の師は成源であるが、尊助の許に入室した後は、尊助から灌頂を受けている。(30)慈助は尊助の三条白河坊に入室し、尊助から灌頂を受けるが、尊助と離反し道玄の許に移ったあとは道玄から灌頂を受けている。(31)こうした「重灌頂」は決して珍しいことではないのである。

変更可能な師弟関係、師資相承原理よりも重要なものは家の相続原理である。門跡を継承する僧の場合、出家・受戒・灌頂より前に門跡への「入室」の儀があることが重要である。門跡という僧の「家」に「入室」することが、次期門跡を約束するものなのである。門跡への「入室」は基本的には幼児段階であり、「入室」する個人の意志は関係しない。ここではその出身母体の「家」（「家門」）と「入室」先の門主の意向がすべてである。

「入室」し、門主と同宿することはまさにその家の家族となることを意味する。出家・受戒・灌頂という出世間の論理より、「入室」という世俗の論理が優越していることに注目しなくてはならない。

鎌倉後期の青蓮院門跡について検討した澤博勝氏は、青蓮院をめぐる抗争と両統迭立の関係を論じ、「青蓮院の内部抗争の本質は、このように聖教類の相承をめぐる抗争であり、その意味でまさに寺院権門独自の論理によって生じ拡大した抗争であると言えよう」と結論した。池上十九箱の相承と桂林院（桂林蔵）をめぐって抗争が起こったこと、『青蓮院門流』（南渓蔵本）が池上十九箱と桂林蔵の相承を重視していることを証左としている。[32]しかし、桂林蔵・青蓮蔵の聖教の所持を相論において自己の正当性の根拠としたのは、慈実・慈玄の側である。敵対する慈助・良助側ではない。なぜなら、慈源が建長四年（一二五二）に後嵯峨院の勅勘によって門跡を停止された時、彼は妙香院などとともに青蓮蔵・桂林蔵の聖教を慈禅、そして慈実に譲っている。以後、青蓮院門跡は最守—尊助—道玄に継承されるが、その間、聖教は尊助—慈実—慈玄の系列に相伝されるのである。聖教所持を門跡継承の正当性主張の根拠とする論理は、慈助・良助との相論において、現実に門跡を管領していなかった慈実・慈玄側の正当性の論理であって、現実の門跡継承において重要ではあるが、必ず必要なものではなかったのである。また、『青蓮院門流』の記主が慈深の可能性があることから、[33]この記録が聖教を重視するのは当然であろう。繰り返すが、鎌倉末期の相論は門跡継承をめぐる抗争であって、門跡の聖教をめぐる争いは主要なものではない。聖教の所持によって門跡の管領が決定されたわけではなく、あくまでも一つの要素にすぎないのである。「聖教類の帰属をはじめとした寺院権門独自の論理による抗争」との評価は誤っていると考える。師資相承原理による門跡継承が優越したのは、覚快からの門跡相承において、慈円と実寛とが争った段階が最後であって、以後、門跡継承論理として師資相承論理が世俗の家相続論理に勝ることはなかったといえよう。

このことは別の観点からも証明できる。すなわち、門跡の継承を証明する文書の種類の問題である。門跡継承にとって重要なのは、本尊・聖教・堂舎・所領などを含む「家」を相続するための譲状であり、未来の門主を指定するための置文であって、三昧院流の付法伝授のための印信ではない。歴代門主たちは門跡を自分の意にかなった人物に相続するために、譲状や置文を作成し、未来の門主を指定する場合が多いのである。例えば、後の門跡継承に大きな影響を与えた嘉禄元年（一二二五）の慈円譲状（遺戒）[34]では「以此子細関東将軍御成人之後、慈円遺言如此之由被申、更不可有御抑留歟、其後則又、将軍御兄弟令受継給、不可有相違者也」として、未来の門跡継承者を慈円の属する九条家の鎌倉将軍藤原頼経の兄弟、すなわち九条道家の子どもに限定している。譲状の作成は慈円の段階から行われており、まさにこの段階で青蓮院門跡が一つの「家」として確立し、貴族や武士の家と同じく譲与の対象となったことを示している。

2　家相続論理と国家（王朝・幕府）の関与

（1）家相続論理と「家門」

青蓮院門跡継承にみえる「家」相続の論理について、具体的にみておこう。嘉禄元年（一二二五）の慈円譲状にみたように、慈円は青蓮院門跡が九条家出身者によって相続されることを意図していた。良快から九条道家の子の慈源への継承がそうである。この慈円の意図は、鎌倉幕府における摂家将軍の没落に連動した九条道家の政治的没落によっていったんは崩れるが、道家の子の慈実が門跡を継承して復活する。〈慈実―慈玄―慈深〉の相伝は九条家そしてその分流である一条家の有する門跡としての相伝である。しかし、結果的にはこの三代において青蓮院門跡を九条家または、その分流である一条家「家門」[35]の寺院として位置づけることはできなかった。その理由は、第一に度重なる訴訟にある。第四段階における大覚寺統の〈良助―慈道〉との相論の過程で訴訟で優位に立つために、持明院統の尊円への譲与を約束せざるを得なくなったことが考えられる。永仁五年（一二九七）の慈実付属状の頃から伏見院皇子尊円の入室が確実視され、慈深の門跡継承も尊円へのつなぎと位置づけざるを得なくなったのである。このことは大覚寺統との対立のなかで、一条家は持明院統の皇子を門跡に推戴せざるを得なくなったことを示している。先述したような応長元年（一三一一）の慈深の籠居・遁世は慈深の意志によるものではなく、政治的圧力によるものであったと推測されるのである。もう一つの理由は、九条家と一条家の対立により一条家の家門としての自立が十分でなかったと思われることである。この点は、南都興福寺大乗院門跡の状況から説明できる。鎌倉末期、大乗院門主は慈信・尋覚・聖信という一条家出身の門主と九条家出身の覚尊とが対立・抗争する構図ができていた(36)。これは、一条家と九条家が家門として一体化しているのではなく、天皇家における大覚寺統と持明院統の対立と同じように分裂し対立していることを示している。一条家は九条家出身の大乗院門主を受け入れざるを得ないのであり、ここに一条家の家門としての未熟をみることができるのである。大乗院門跡に対する管領も確立できなかった一条家は、ましてや天皇家との相論をかかえる青蓮院門跡を家門管領の門跡にすることはできなかった。

九条家家門管領寺院には九条道家創建の東福寺のように道家の処分状(37)に挙げられる寺院と、大乗院門跡のような門主に九条家出身者を据えることができる寺院とがある。青蓮院門跡は後者であり、九条家・一条家や天皇家から門主が出るが、それらの家門が建立した氏寺・御願寺のごとき寺院ではないために、九条家における東福寺、天皇家における長講堂のような支配の対象ではない。したがって、家門による門跡への関与は門主の選任が主要なものであり、門跡組織・門跡領を含む門跡総体に及ぶものではない。青蓮院門跡の場合、一つの家門による支配が確立せず、鎌倉末期まで常に訴訟が引き起こされていたため、家門による門跡支配管領は確立しなかったといえよう。

(2)　国家の介入

なぜ私的な青蓮院門跡の相続問題に王朝や幕府という国家権力が干渉できるのか、この点について考えてみたい。鎌倉後期においては国家の介入が門跡継承をより複雑化させせたからである。

①無動寺・三昧院・成就院検校職と法性寺座主補任権

まず考えられるのは、青蓮院門跡の中核をなす無動寺・三昧院・成就院の検校職の補任権が王朝にあり、検校職が王朝国家から「補任」されるものであったことを挙げることができる。補任状は残っていないが、『玉葉』養和元年十一月八日条に「七宮（覚快）門跡事之内、三昧院・成就院且可被宣下無動寺事」とあり、同二十三日条に「実寛僧正被補無動寺検校了」とあることが証明となろう。また、法性寺座主も藤氏長者の推挙によって補任（「宣下」）されるものである。(38)『華頂要略』の記述において「補」「補任」と表記されていることは、その職が王朝による補任であることを考慮していることを示している。青蓮院門跡全体を管領する門主の補任は本来あり得ないが、門跡のなかの個々の寺院・院家に対する補任権を王朝が有している場合があるのである。

②門跡相論の裁許

門跡の継承をめぐる争いは王朝の法廷に持ち込まれ裁判となる。とくに後嵯峨院政以降の鎌倉後期において、王朝裁判は徳政の一環として制度の整備が進められる。その時代状況のなかで門跡相論は王朝で裁許されることになる。宝治二年（一二四八）の後嵯峨院宣は、道覚と慈源の相論が同年十一月二十六日の院評定で議され、それに基づいて出された裁許の院宣であった。(39)また、正応・永仁・正安段階の門跡相論が王朝に持ち込まれ、正安三年（一三〇一）には後宇多院政下の院評定で裁許されたことは先にみたところである。さらに、正和三年（一三一四）の慈道と尊円の和談も後伏見院政下での一種の裁許である。

　幕府は王朝の政策に関してさまざまな介入（「関東の計」）を行ったが、訴訟に関してもそうであった。宝治二年の訴訟においても六波羅探題北条長時の関与が指摘でき、永仁五年（一二九七）正月の慈実の置文や同年三月十八日の書状には、良助が下部の刃傷事件を理由に「都鄙（京都と鎌倉）の訴訟」に及んだことが記され、永仁段階では幕府に直接訴訟が持ち込まれたことが指摘されている。しかし、基本的には門跡相論の裁許は幕府では行わず、幕府は王朝に指示を出すことに止め、裁許の院宣や綸旨が出されたものと思われる。門跡裁判は王朝の裁判管轄下にあったといえるであろう。

この王朝裁判において、公平が保たれていたかどうかは疑問である。正安元年の訴訟において、伏見院が訴訟の裁許を遅らせたと推定されること、その後、後宇多院が良助を勝訴としたことなどは、王朝裁判の一方の当事者が王家と関係がある場合、王家の側が有利であったことを示すものであり、王朝裁判の限界を示すものである。

③門跡安堵

訴訟と並んで、王朝が門跡継承に関与した事例として安堵がある。承元四年（一二一〇）、慈円は門跡を朝仁親王（道覚）に譲ることを約束した譲状を後鳥羽院に提出した。[40] 弘長元年（一二六一）十二月十二日の尊助の門跡譲状も後嵯峨院の許に提出されている。これも後嵯峨院の子慈助が尊助の許に入室した際に作成されたものであり、将来、門跡を慈助に継承させることを約束したものであった。王家の子息が門跡継承予定者として入室する際、王家の側はその保証を譲状作成という形で求めたものといえる。この二つの事例においては譲状は一種の契約状の機能を果たしており、それが作成されたからといって、その日付で門跡が譲渡されるものではない。あくまでも未来の譲渡を約束するものなのである。幕府の譲状安堵のようなシステムはできておらず、この場合も安堵の院宣が出された形跡はない。

永仁五年正月、慈実は付属状と置文を作成し、慈玄への譲与と、未来における伏見天皇皇子（後の尊円）への門跡譲与を記し、同年三月十八日には慈玄に伏見天皇の「勅許」を得るよう指示している。この場合、まだ尊円の入室はなされておらず（尊円入室は延慶元年）、良助との対立状況のなかで慈玄への譲与を治天の君である伏見天皇から安堵してもらうために作成されたものと思われる。ただ、この場合も安堵の綸旨が出された形跡はなく、同年六月二十八日に「両寺検校」への補任というかたちで門跡継承が認められた。正和三年に慈道と尊円の「和与」がなされた際、慈道は未来における尊円、そして後伏見院皇子への門跡譲渡を約束し、後伏見院の「安堵院宣」を要求している。この場合も治天である後伏見院の院宣が出された形跡はないが、はじめて「安堵院宣」という言葉が使われていることは注目される。確証はないが、この頃から院政・親政の主導者である治天（院・天皇）の「安堵」が制度化されたのかもしれない。興福寺大乗院門跡の場合、元亨四年（一三二四）十一月に門主慈信の置文が後醍醐天皇の王朝に提出され、それに対して対立する覚尊の門跡管領を停止し、慈信の門跡管領を認める綸旨が下された。ついで、同年十二月三十日には改めて慈信の聖信への門跡譲与を認める綸旨が出されている。二度の後醍醐天皇綸旨のうち後者の綸旨こそ譲与安堵の綸旨といえるものであろう。(41)

青蓮院門跡の安堵がいつから行われていたのかを問題にするためには、一般的に王朝の公家家門安堵がどの段階から行われていたのかをみておく必要がある。金井静香氏は、建武政権下の後醍醐天皇による近衛家や西園寺家の家門安堵の事例を挙げ、さらに、久我家に対して鎌倉末期に「家門管領」の後醍醐天皇綸旨が出された事例を紹介している。(42)王朝による公家家門安堵がいつから始まったのかは、いまだ結論が出ていないが、鎌倉末期であることはほぼ認められるであろう。久我家に関して久我通雄と長通の「和睦」を受け、綸旨が発給されたことは、青蓮院門跡における「和与」後の後伏見院「安堵院宣」の請求というあり方と類似しており、後醍醐親政以前にすでに家門安堵が行われていた可能性は残る。ただ、注意しておかねばならないのは、鎌倉末期の安堵はいずれも家門相続に関して相論が起こっている状況のなかでの安堵である点である。安堵は一種の裁許としてあり、家門の継目相続にあたって行われた譲与安堵とはその性格に違いがみられる。(43)

④門主改替

鎌倉期の青蓮院門跡に関して相論が絶えなかった原因は、門跡相続において門主の意向だけではなく、門主の出身母胎である家門の意向が大きく影響したことに加えて、門主の地位が内乱や政変などの政治的理由によって王朝や幕府により改替されたことにある。例えば、承久の乱の結果、後鳥羽院の子息である道覚法親王の門主改替と、西山「籠居」が幕府の指示の下でなされたこと、また、九条道家の没落に伴う政変では、九条「一門」が「籠居」し、そのなかに道家子息の青蓮院門主慈源も含まれ、慈源の門主改替がなされたことを挙げることができよう。承久の乱以降、こうした王朝による門主の「解職」が幕府の指示の下で行われたのである。「解職」の後の門主については、王朝による「補任」がなされた。慈源の「解職」後、最守が尊助までの中継ぎの門主として後嵯峨院による「朝恩」として院宣により「補任」された。もちろん「青蓮院門跡職」や「青蓮院門主職」などという天台座主職のような王朝によって補任される「職」があったわけではないが、複合家産組織である門跡が成立している段階において、門跡全体を管領する門主の改替が、王朝によってなされたのである。こうした改替は延暦寺全体を巻き込んだ闘乱・合戦状況の場合にも幕府主導で闘乱鎮圧の手段として行われた。文永五年（一二六八）に青蓮院門跡と梨本門跡の抗争による「一山闘乱」に対して幕府が介入し、翌年、後嵯峨院によって両門跡を天台座主慈禅が管領する処置がなされた。さらに、建治三年（一二七七）の両門跡の抗争が原因となって、翌弘安元年に道玄の門跡管領停止が幕府の指示のもとに亀山院によってなされている。門跡内部に王朝によって補任される「職」を有する寺院・院家を含むとはいえ、全体としては私的存在である門跡に対して、非常事態においては王朝は当然のごとく門主に対する支配権者として立ち現れ、幕府は国家の治安維持を目的として、王朝にその指示をするのである。

むすびにかえて——南北朝期・室町期の青蓮院門跡

鎌倉時代に門跡管領をめぐって熾烈な争いを繰り返した青蓮院門跡は、建武政権下の統一以後安定化する。建武二年（一三三五）九月二十一日の後醍醐天皇による勅裁によって、大覚寺統出身の慈道が持明院統出身の尊円に門跡を譲与した。この時の和談の条件ははっきりしないが、正和三年（一三一四）の和談を引き継いだとすれば、尊円以後の門主は大覚寺統から出すことが条件であったかもしれない。しかし、建武政権が三年で崩壊したあとはその条件は不要になり、以後、尊円と争う者はいなくなり門跡相論が消滅する。大覚寺統の吉野への没落によって、青蓮院門跡の家門である王家の分裂要因がほとんど消滅したのである。南北朝期、門跡領に対しては室町将軍によって安堵が行われた。文和元年（一三五二）三月十八日、足利義詮は青蓮院門跡領全体を尊円に安堵している。一方、延文元年（一三五六）の尊円から後伏見院の子尊道への譲与にあたっては、後光厳天皇の綸旨によって安堵が行われた。ここに、門跡全体の安堵は王朝、門跡領については幕府による安堵という方式が出現した。鎌倉末期にみられた門跡の安堵が南北朝期の後光厳親政において譲与安堵として制度化したものといえよう。当該期の公家家門安堵については水野智之氏の研究(44)があることを指摘するに止め、ここではこれ以上触れないが、治天および室町殿の安堵によって門跡相論が消滅したことは注意しておかねばならない。この時期には門跡をめぐる訴訟も発生していないのである。

その後、室町殿義満の段階になり王朝権力が幕府に吸収されていくと、義満は青蓮院門跡に自身の子息尊満を入室させ、その器量に問題があると遁世させ、同じく子息の義円を入室させた。摂関家・天皇家に限定されていた門跡の継承者に、武家の室町将軍家の出身者が加わったのである。そのことの意味は第Ⅱ部第二章で検討したい。

註

（1）上川通夫「中世寺院の構造と国家」（『日本史研究』三四四、一九九一年、のち同氏『日本中世仏教形成史論』校倉書房、二〇〇七年に収録）。

（2）大石雅章「寺院と中世社会」（『岩波講座日本通史』中世2、岩波書店、一九九四年、のち同氏『日本中世社会と寺院』清文堂出版、二〇〇四年に収録）。

（3）大隅和雄編『中世の仏教と社会』（吉川弘文館、二〇〇〇年）。
（4）伊藤俊一「青蓮院門跡の形成と坊政所」（『古文書研究』三五、一九九一年）、衣川仁「中世延暦寺の門跡と門徒」（『日本史研究』四五五、二〇〇〇年、のち同氏『中世寺院勢力論』吉川弘文館、二〇〇七年に収録）、下坂守『中世寺院社会の研究』（思文閣出版、二〇〇一年）第四篇、安田次郎『中世の興福寺と大和』（山川出版社、二〇〇一年）第三章、稲葉伸道『中世寺院の権力構造』（岩波書店、一九九七年）第六章・第七章、大山喬平「近衛家と南都一乗院—簡要類聚鈔考—」（岸俊男教授退官記念会編『日本政治社会史研究』下、塙書房、一九八五年、のち同氏『ゆるやかなカースト社会・中世日本』校倉書房、二〇〇三年に収録）、酒井彰子「園城寺円満院門跡の形成」（『文化史学』五二、一九九六年）、横内裕人「仁和寺御室考」（『史林』七九—四、一九九六年、のち同氏『日本中世の仏教と東アジア』塙書房、二〇〇八年に収録）、大田壮一郎「大覚寺門跡と室町幕府」（『日本史研究』四四三、一九九九年、のち同氏『室町幕府の政治と宗教』塙書房、二〇一四年に収録）、永村眞「中世東大寺の『門跡』とその周辺—東南院『門跡錯乱』をめぐって—」（『史艸』四二、二〇〇二年）。
（5）杣田善雄「近世の門跡」（『岩波講座日本通史』一一、近世1、一九九三年、のち同氏『幕藩権力と寺院・門跡』思文閣出版、二〇〇三年に収録）。
（6）尾上寛仲「天台宗三門跡の成立」（『印度学仏教学研究』二一—一、一九七二年）。
（7）多賀宗隼『慈圓の研究』（吉川弘文館、一九八〇年）。
（8）田中文英「慈円と勧学講」（大阪大学日本史研究室編『古代・中世の社会と国家』清文堂出版、一九九九年）。
（9）『華頂要略門主伝』（鈴木学術財団編『大日本仏教全書』第六十六巻、史伝部五、講談社、一九七二年）門主伝第六。「青蓮院門跡事、任慈鎮和尚之契状、可令伝領給（後略）」の文言で始まる。同文書は『華頂要略』巻五十五上（『天台宗全書』第十六巻、華頂要略第三、第一書房、一九七四年）にも所載されている。
（10）『華頂要略門主伝』。慈円から朝仁親王（後の道覚）への譲状。
（11）『門葉記』（『大正新脩大蔵経』図像第十二巻、大蔵出版、一九八九年普及版）。『華頂要略』巻五十五上にも所載されている。本文書は京都大学文学部所蔵「慈鎮和尚建暦目録」にもみえる。この目録については『京都大学文学部博物館の古文書』第九緝（思文閣出版、一九九二年）の解説を参照されたい。
（12）いずれも東京大学史料編纂所所蔵写真帳「青蓮院文書」一に所収。
（13）東京大学史料編纂所所蔵写真帳「青蓮院文書」五所収「当門系図」。同影写本「青蓮院系図」。

(14)『青蓮院門跡吉水蔵聖教目録』汲古書院、一九九九年。なお、同書所収、山本信吉「青蓮院門跡吉水蔵聖教について」を参照。

(15)『華頂要略門主伝』第一。ところで、「房」から「院」へ名称変更するのは阿闍梨などが設置され、天皇・院・女院の御願寺とならねばならなかったかと推定される。衣川論文では、青蓮院・本覚院・妙法院が「房」から「院」に名称変更し御願寺化する事例を挙げている。『華頂要略』には他にも金剛寿院・勝蓮華院・大乗院・浄戒院・桂林院などが同様の事例としてみられる。金剛寿院の場合、東塔にある明寂・覚尋らの住房が後三条院の御願によって御祈願所となり造営が開始され、白河院に引き継がれて、承保三年に金剛寿院として創建されたという。その創建供養の際、勧賞として阿闍梨三口が認められたという。勝蓮華院・大乗院の場合、西塔北谷にあった覚慶の住房である東陽坊の地に一条院の御願によって勝蓮華院・大乗院が建立され、長保三年に勝蓮華院に阿闍梨五口が寄せられたという。飯室谷の浄戒院の場合、文暦元年に了快が籠居のため新造した浄戒房が、その後慈慶に伝領されて「公家御祈願所」となり浄戒院と改号したものである。東塔北谷の桂林院の場合、建久元年に後白河院の御祈願所となり、阿闍梨三口が寄進され、桂林院と改号したものである。以上の事例から延暦寺の院家の場合、房号から院号に呼称が変わるのは御願寺化が契機であったようにも推定できるが、他寺の場合も含めて検証する必要がある。

(16)『日本古典文学大系　愚管抄』(岩波書店、一九七一年)巻七注57。

(17)多賀宗隼「青蓮院門流(叡山南渓蔵本)」(『金沢文庫研究』一三―七、一九六七年)。

(18)覚快が行玄の後継者とされたのは、行玄が鳥羽法皇の護持僧であり、かつ、法皇受戒の際の戒師をつとめるなど、行玄と鳥羽法皇との個人的な関係によるところが大きかったと思われる。覚快は鳥羽院第七皇子で七宮と呼ばれた。ただ、もし摂関家の藤原師通の子に忠実・家政・家隆、さらに藤原忠実の子に忠通・頼長の他に男子があれば、あるいは事態は異なっていたかもしれない。行玄は摂関家の嫡流の子弟に「門跡」を継承させたかもしれないのである。行玄の兄弟である尋範は興福寺に入り、大乗院門跡の基礎を作り、その後、代々摂関家の子弟が入寺する門跡となっていく。摂関家の氏寺である興福寺と延暦寺との違いがあるが、慈円以後の青蓮院門跡をみると行玄以後摂関家に門跡が継承される可能性はあったと思われる。

(19)『玉葉』(国書刊行会編、名著刊行会、一九七九年)安元三年五月十日条、同治承二年閏六月二十八日条。

(20)『玉葉』治承四年十二月二十三日条、同治承五年六月十五日条。『増補史料大成　吉記』養和元年十一月二十二日条。『門葉記』門主行状一によれば、全玄が実寛を「超越」したことに対して実寛が異を唱えたという。

(21)『玉葉』治承五年九月八日、同二十七日条。

(22) 伊藤俊一前掲註(4)論文や福眞睦城「近江国葛川にみる青蓮院・無動寺の支配機構」(鎌倉遺文研究会編『鎌倉時代の政治と経済』東京堂出版、一九九九年)が指摘するように、慈円以前の無動寺は「天台別院」としての寺格を与えられ、三綱から構成される政所組織を有し、山岳修験の中核寺院として比叡山で特別な存在であった。鎌倉初期には東塔無動寺谷に多くの坊舎を有し、「無動寺衆徒」をかかえる寺院であり、他の院家とは性格が異なる。実寛の背後にある「無動寺衆徒」の存在を見逃してはならない。
(23) 稲葉伸道「鎌倉期における青蓮院門跡の展開」(『名古屋大学文学部研究論集』史学四九、二〇〇三年)。
(24) 東京大学史料編纂所所蔵写真帳「青蓮院文書」五所収。系図の成立時期は明確ではないが、系図の最後に記されている尊鎮の入滅した天文十九年以後それほど時期を経ていない頃の成立と推定される。
(25) 平雅行「鎌倉山門派の成立と展開」(『大阪大学大学院文学研究科紀要』四〇、二〇〇〇年)。
(26) 上川通夫前掲註(1)論文。
(27) 『門葉記』(雑決補四)、東京大学史料編纂所所蔵写真帳「青蓮院文書」一所収、弘安元年十一月二十四日尊助付属状案。
(28) 『大日本古記録　岡屋関白記』建長元年正月二十六日条に「座主(道覚)与無道寺僧正(慈源)師弟有相論事、子細難尽紙上、師弟之上、雖不可及論敵、於此事者別段也、依之頗有喧嘩事」とみえる。また、建長元年十二月二十七日の道覚譲状案(『華頂要略』巻五十五上)には「抑至慈源僧正者、年来雖存師弟之儀、不守先師之遺戒、不随愚老之教訓、終以令義絶畢」とみえる。
(29) 『華頂要略門主伝』(真性)。
(30) 『華頂要略門主伝』(慈実)。
(31) 『華頂要略門主伝』(慈助)。
(32) 澤博勝「両統迭立期の王権と仏教―青蓮院と醍醐寺を中心に―」(『歴史学研究』六四八、一九九三年)。
(33) 稲葉伸道前掲註(23)論文の注34参照。
(34) 京都大学文学部所蔵「慈鎮和尚建暦目録」。同文書は『門葉記』目録、および『華頂要略門主伝』第六にもみえる。京都大学の目録については、部分ではあるが京都大学文学部『博物館の古文書』第九輯に参考資料として掲げられている(なお、大山喬平氏の解説を参照)。原本調査では京都大学文学研究科助手(当時)野田泰三氏のお世話になった。記して感謝したい。
(35) 「家門」の意味については、とりあえず金井静香氏の定義、すなわち「家督人をその管領者とし、家記・寺院・家屋などを共有する親族集団」を挙げておく（金井静香『中世公家領の研究』思文閣出版、一九九九年、第一章「公家領安堵の変遷」）。

(36) 稲葉伸道『中世寺院の権力構造』（岩波書店、一九九七年）第六章参照。

(37)『九条家文書一』（図書寮叢刊）五、九条道家初度惣処分状等。

(38)『玉葉』安元三年五月七日、治承二年閏六月二十八日条。

(39)『史料纂集　葉黄記』宝治二年十一月二十六日条。

(40) 稲葉伸道前掲註(23)論文参照。

(41) 稲葉伸道註(36)前掲書参照。

(42) 金井静香註(35)前掲書。

(43)『久我家文書』（続群書類従完成会）第一巻、三八号、七月二日後醍醐天皇綸旨。

(44) 水野智之「室町将軍による公家衆の家門安堵」（『史学雑誌』一〇六―一〇、一九九七年、のち同氏『室町時代公武関係の研究』吉川弘文館、二〇〇五年に収録）。

（追記）本章は、もとは河音能平・福田榮次郎編『延暦寺と中世社会』（法蔵館、二〇〇四年）に掲載されたものである。この書には平雅行「青蓮院の門跡相論と鎌倉幕府」が収載されており、本章とほぼ同時期の青蓮院門跡を扱っている。内容上、重複する箇処があるが、本章に収録するにあたっては元のままとし、平論文との違いは言及しなかった。平論文は青蓮院を取り巻く延暦寺全体の状況や、個々の門主の活動を詳細に分析しているので参照されたい。

第二章　南北朝・室町期の門跡継承と安堵

――延暦寺三門跡を中心に――

はじめに

鎌倉時代以降、天皇家や摂関家の子弟（貴種）が院主となっていった院家のことを門跡と称し、院主のことを門跡とも称するようになる。本章では、僧位僧官とは別に血筋（家）によって僧の身分の最上位に位置づけられた門跡が、出身母体である家（家門）とどのような関係を持ち、それが国家（朝廷・幕府）によってどのように安堵されたかを南北朝・室町期において検討しようとするものである。なお、本章では門跡領や門跡構成員等を含む門跡の総体を門跡と呼び、個人としての門跡を門主と呼ぶことにして区別して表現することとする。

門跡の寺格、門主の身分がほぼ確立するのは南北朝期であるが[1]、それ以前の段階、鎌倉後期の段階では、門主の出身母体である家が分裂し自立化していく。すなわち王家における持明院統と大覚寺統の分化、摂関家における九条家・一条家・二条家・近衛家・鷹司家の分立である。それぞれの家門はその子弟を特定の院家に入室させ、その院家を間接的に自己の所領のごとく所有しようと図り、その所有をめぐって熾烈な争いが門跡に起こることは、興福寺大乗院・一乗院の事例で検証したことがある[2]。そこで確認されることは、家門の争いが門跡継承の原因だけではなく、朝廷の分裂、すなわち持明院統と大覚寺統の分裂が門跡安堵に大きな影響を与えたことである。

鎌倉末期、公家の家（家門）継承において王権（天皇・院）が安堵を行うようになったことはすでに指摘されているが[3]、この公家の場合と同じように王権による門跡安堵が行われ、安堵主体である王権の分裂が門跡継承にも大きな影響を与えたのである。このような状況は南北朝期においてどのようになっていくのか。室町幕府下、とくに朝廷権力を吸収していく足利義満期において、門跡継承がどのように行われ安堵されていくのかを検討する必要がある。この課題は、すでに醍醐寺三宝院門跡の研究や、興福寺大乗院門跡の研究において、また、公家家門の安堵についての研究で触れられているところであるが[4]、本章では延暦寺の門跡を中心に考察したいと思う[補註]。

一　青蓮院門跡

建武政権期から応仁の乱後までの期間における、延暦寺青蓮院門跡の継承について、『華頂要略』門主伝[5]によって歴代を示すと以下のようになる。

尊円（伏見院子）—尊道（後伏見院子）—慈済（一条経通子）—道円（後光厳院子）—尊道—義円（足利義満子）—義快（二条持基子、足利義教猶子）—尊応（二条持基子）—尊伝（後土御門院子）—（以下略）

出身の家門は天皇家（持明院統）・室町将軍家であり、二条家の場合は室町将軍家の猶子として入室している。門主の経歴からは、彼らが入室、出家、受戒、門跡継承・安堵、門跡譲与の過程をたどるのが通例であったことがわかる（以下の歴代門主の事績はとくにことわらない限り『華頂要略』門主伝に依拠している）。この過程について尊円の跡を継承した尊道から確認しておこう。

尊道は暦応元年（一三三八）十二月に次期青蓮院門主候補として尊円の住居である岡崎坊に入室した（七歳）。暦応四年三月には尊円とともに十楽院に移住し、親王宣下を受け、出家得度、受戒している（十歳）。延文元年

（一三五六）八月二十八日、尊円から「門跡与奪」され、青蓮院門跡を継承した（二十五歳）。九月十日には後光厳天皇の「勅書」を賜り「四箇門跡」と「真俗所帯」（真諦と俗諦の所持）を認められた。十月十一日には無動寺と三昧院の両寺検校職補任の綸旨を下され、十一月十二日には諸門跡安堵の綸旨が下された。応安七年（一三七四）西山青龍院に閑居し、四月十五日に門跡を妙香院門主慈済僧正に譲与した。ただし、譲与は新宮（道円）が成人するまでの期間という限定付きであった。後光厳院の子久尊親王（道円）は門跡継承候補として応安五年に尊道の許に入室し（九歳）、翌年出家得度していたが、尊道は道円へ直接継承するのではなく、慈済に道円への後見を依頼する意図で中継ぎの門主として門跡を譲与しようとしたのである。この尊道の意図は、慈済によって拒否され、結局、永徳元年（一三八一）四月になって尊道は道円に門跡を譲与した。その前年（康暦二年）の尊道の道円に対する譲状が残されている。(7)

門跡真俗券契本尊聖教坊舎庄園、不胎一事悉所令付属道円親王也、為入室付法写瓶相続之嫡弟之上者、敢不可有異論者也、去応安四年後光厳天皇御在任之時、依有存旨、勒委細状進置御前訖、早被申此子細於禁裏、於正文者可被申給哉、条々遺状等、愚存之趣連々随臆念任端書置了、就中、先年応安七載巨細之篇目、令進座主御坊畢、其内少々時分相違事雖在之、大途不可有依違歟、於十楽院者一瞬之間、且為称号且為活計、慥可愚老之所分也、凡厄年寿限其期到来之間、世事弥飽満抛却許也、不及遁世、隠居之儀にて、公私大要真俗重事出来之時、更不可存如在遊見儀、勿論、今年相当　旧院七廻候上、宜為酬彼皇恩、且為憚重誓、故令譲与之状、如件、

康暦二年正月二十九日　（尊道花押）記之

応安四年における後光厳天皇に奏上した書状の内容は記されていないが、翌年の久尊親王の青蓮院入室であろう。門跡を将来道円法親王に継承する件については、応安七年の座主慈済に「巨細之篇目」を記していったん譲

与しようとしたことを指している。その後、おおむね状況は変わりなく、尊道は、後光厳天皇の没後七回忌の年にあたり、ここに自身の一期分として十楽院を残し、道円に門跡を譲与すべく譲状を作成したのである。実際に門跡譲与がなされたのは翌年四月ということになろうか。

しかし、道円は至徳二年（一三八五）に二十二歳で入滅してしまい、その後、再び尊道が門主に復帰する。明徳三年（一三九二）八月、室町将軍義満の子（尊満）が入室し（十二歳）、翌年に出家得度する。この間に尊道が門跡としてのふさわしい家格である天皇家か摂関家の子弟を入室させる努力をしたか、あるいは、門跡の門徒がそのような画策をしたかは残念ながら史料上確認できない。尊満の入室は当然、義満の意向によるものであったと思われるが、なお、門跡継承への課題が残ったものか、その後、尊満への門跡の譲与はなされないまま、応永十年（一四〇三）七月五日に尊道は七十二歳で入滅する。入滅直前の六月二十一日に、義満の三男（義円）が入室し（十歳）、次期門主候補であった尊満は遁世させられてしまう。[8] 同じ室町殿義満の子でありながら、次期門主が何故に尊満ではなく義円であったのか。尊満の遁世がこの決定に対する尊満自身の不満から来るのか、それとも義満による何らかの命令なのかは不明である。広橋兼宣の日記『兼宣公記』[9]は、この入室が義円の乳父である前大納言日野重光によって執り行われたことを記すのみで、尊満については全く触れていない。

義円は応永十八年七月に十八歳で受戒し、翌年の六月八日に室町殿義持から青蓮院の敷地と門跡領を「安堵」する「御書」（御内書）が出された。[10]

河東職（敷）地事、任　勅裁之旨、可令管領給候也、敬白

六月八日　　御判

青蓮院殿

御門跡領等事、被任御意、御成敗可然候、如此御沙汰、殊可目出候也、

六月八日　　御判

青蓮院殿

「河東敷地」とは青蓮院のある鴨川東の寺域を指すものと思われる。義持は青蓮院敷地については後小松天皇の「勅裁」を請ける形でその管領を認め、門跡領については門主である義円の「成敗」を認めた。ここには門跡継承の安堵の文言はない。この点をどのように評価すべきであろうか。義円は青蓮院に入室した際には、まだ出家得度をしておらず、次期門主候補ではあっても尊道から付法を受け、正式に門主となることはできなかった。したがって、その段階では門主として門跡継承の安堵を受けることはなかった。十八歳で受戒し、正式に僧となった段階で門跡を継承する資格ができ、翌年、門跡を継承した。したがって、義円は前門主から譲与されることなく門主となったのであり、門跡継承を安堵されることはなかったのである。それに代わって後小松天皇が「勅書」を下して、青蓮院の「敷地」を管領することを認め、それを室町殿義持が追認する形をとったのではないだろうか。門跡領についても通常であれば門跡を譲与された段階で安堵されるべきものであるが、ここではそれがないために門主になった時点で門跡領の「成敗」を認める形で義持が「御書」（御内書）を出したと考えられる。「御書」により門跡領「成敗」を認められた義円は早速、同年七月二日には門跡領近江国富永十七・十八条の預所職を妙泉坊に安堵する御教書を、七月十八日には山城国元慶寺の奉行を越中法橋に命ずる御教書を発給している(11)。いずれも門跡領の給主に関する安堵・補任に関するものであり、門主就任にあたっての人事の一環であった。義円が入室してから室町殿義持の「御書」を受けるまでの九年の間、青蓮院は門主不在の状況が続いたが、義満の子弟であり将軍義持の弟である義円の地位を脅かす存在、すなわち、天皇家や摂関家の政治力はなかったといえよう。

義円は応永三十五年正月に還俗し（義宣、その後、義教）、空席となった門主には義宣（義教）の猶子として、関白二条持基の次男（義快）が七歳で入室し、永享三年（一四三一）七月に出家した。『満済准后日記』応永三十五年正月晦日条には、醍醐寺三宝院満済の推挙によって入室が成されたこと、二条家の「家門」が「歓喜千万」であったことが記されている。『建内記』同年三月七日条裏書にも「青蓮院新門主」の選出が満済准后によること、入室が三月二十日であること、安居院良宣僧都が「門跡執事職」に補任されたことが記されている。(12)注目すべきは七歳の義快がすでに「門主」として認識されていたことであり、ここには門跡継承の資格である僧である必要はまったく問題とされず、また、門跡の安堵も受けていない。入室したことが、すなわち門跡の門主就任を意味しており、門跡を運営する「門跡執事職」も同時に補任されたのである。義快は出家以前の永享元年三月十七日には諸門跡の一人として、将軍となった室町殿義教に参賀している。このことを記した『建内記』は「青蓮院門主御童体也、御半尻」と記している。(13)もはや門跡の門主の地位は僧でなくてもよいものとなっていたことがわかる。前門主の付法の弟子である必要もなく、門跡譲与も必要条件ではなく、門跡安堵もなされず、入室した時点で門主であった。

永享九年十二月二十七日、突如、十楽院に二条持基の子息（出家後、尊応）が入室し、青蓮院門主となり、嘉吉二年（一四四二）十二月に出家した。尊応の入室は六歳、義快はその時、まだ十六歳であった。『看聞日記』にはこの交替について、

関白息今日青蓮院入室、以前門主関白息　非法器之間、被返云々、

と記されている。(14)義快は「非法器」と評価されたことによる一種の解任であった。もはや門跡の門主の地位は簡単にすげ替えることができる「職」となっている。また、六歳の子は入室時点で俗人のまま「門主」と認識され、義快は「以前門主」であった。

尊応は入室から五年後の嘉吉二年十二月に出家得度する。この得度について『華頂要略』門主伝は「泰忍法印記」[15]を引用し、次のように記している。

凡今度御得度事、従関白二条殿被押申之御使及数箇度云々、雖然門跡評定衆不承引申之、遂其節了、仍無着座公卿脂燭殿上人等、先規邂逅之例歟、

尊応の得度に際して、家門の関白二条持基は反対し、数箇度にわたって使者を下したが、青蓮院門跡の「評定衆」が承引せず、得度を強行したこと。それによって得度式には公卿や殿上人が参加しなかった。また、「公武」への得度の御礼に対して、持基は義快を「御儀絶」したことにより、尊応の御礼に際して「御出」しなかった。この点から考えれば、義快の門主解任には家門である二条持基は必ずしも同意しておらず、尊応の得度にも反対していたのである。義快の解任と尊応の入室得度には家門の意向に反対する「門跡評定衆」の動向があったことも窺えるが、この点は詳しくはわからない。これまで門跡の門徒・坊官等構成員の動向はまったくみえていなかったが、ここに初めて家門の意向に抵抗する門跡構成員が現れている。門主は家門や室町殿、天皇（院）だけでは決定できなくなっている。

文安元年（一四四四）六月になって、ようやく三宝院義賢のはからいによって家門二条持基と尊応との「合体」が成り、尊応は家門である二条家に参上している。尊応は以後明応二年（一四九三）に後土御門天皇の第二皇子尊伝親王が受戒し新門主となるまで、門主の地位にあり、永正十一年（一五一四）に八十三歳で入滅した。

以上、尊道から尊応に至るまでの門跡継承について概観した。これまでの考察から青蓮院門跡について以下の点が指摘できる。

①門主の出自（家門）は天皇家→室町将軍家→二条家→天皇家と推移した。

②門主継承方法は鎌倉時代以来、基本的には、

次期門主後継者の入室→現門主による譲与→治天の君（天皇または上皇）による安堵の方式であったが、後光厳親政・院政期に北朝の政権が安定し、かつ室町将軍家の子弟が入室するようになると、門跡をめぐる家門の争奪は収束する。

次期門主後継者の入室＝門跡継承となり、譲状の作成はなされず、譲与に対する治天の君による安堵は行われなくなる。

③門主は出家受戒した僧である必要はなく、子供でもよいものであった。したがって門主からの付法伝受も必要条件ではなくなった。

④門跡領については室町殿から安堵が行われた。

二　梶井門跡

梶井（梨本）門跡の継承について、『諸門跡譜』『天台正嫡梶井門跡略系譜』『門葉紀』（雑決三、梨本系譜）等に基づき確認しておく。(16)

建武三年（一三三六）九月に妙法院と梶井両門跡を兼帯していた尊澄法親王（宗良親王）が退去し、十月には元弘三年（一三三三）六月に退去させられていた尊胤法親王（後伏見院皇子）が梶井門跡に復帰する。尊胤は延文四年（一三五九）五月に入滅するが、後継者である承胤法親王（後伏見院皇子）への門跡継承の子細は不明である。承胤はすでに元徳三年（一三三一）七月に十五歳で得度しており、建武三年には尊胤とともに梶井に復帰していたと思われる。承胤は康永三年（一三四四）には天台座主に補任されているが、梶井門跡の門主には尊胤が入滅する頃までに門跡を継承した形跡がみられない。正平六年（一三五一）に一時、大塔忠雲僧正が京都を占拠した南朝によって妙法院・無量寿院とともに梶井門跡の管領をしたが、南朝勢力退去後は直ちに尊胤が門主に復帰した。(17)尊胤が文和元年（一三五二）十月に四度目の天台座主に幕府の推挙によって就任した際の『祇園執行日記』には、「座主梨子本門主二品親王尊胤、文和元年十月十日武家申入、十四日宣下」とあり、梶井門跡の門主として認識されていた。(18)延文二年（一三五七）七月の尊胤の小六条寄進状には被寄進者の手で端裏書に「小六条寄進状　梶井二品親王」と記されている。(19)この端裏書からこの寄進状を受け取った側が寄進状発給者を梶井二品親王尊胤と認識していたことはいえるであろう。これだけでは尊胤が当時の梶井門主であるとは断言できないが、尊胤が入滅するまでの承胤の門主としての活動はみられないことから、尊胤は入滅する延文四年直前まで梶井門跡の門主としての地位にあったと考える。尊胤は、門跡後継者であり天台座主にもなった承胤に、少なくとも延文二年頃までは門跡を譲与していなかったと推定しておきたい。門跡と門跡領の安堵がなされたか否かも痕跡を残していない。

尊胤の跡を継いだ承胤は、貞治三年（一三六四）七月の光厳上皇の入滅を契機として遁世し「禅僧」となり、門跡を退去してしまう。(20)その跡を継いだのが恒明親王の子恒鎮法親王である。恒鎮は貞治元年九月に天台座主になっている。『迎陽記』同年九月二十三日の記事には「先有天台座主宣下事、梶井新宮無品恒鎮親王御補任」とあり、(21)恒鎮を「梶井新宮」と表記している。この時点で恒鎮は梶井門跡を継承していた。承胤と恒鎮の両者が梶井門跡の門主としてあったとも考えることができるが、承胤が禅僧として退去できたのは門主の地位を恒鎮に譲っていたからと推定しておきたい。この恒鎮は応安五年（一三七二）正月に梶井門跡の青侍によって殺害されてしまう。三条公忠はその日記『後愚昧記』に「今暁梶井宮無品法親王恒鎮、故一品式部卿恒明子、入滅云々、梶井宮事、青侍法師但馬上座云々奉殺害之由、有其説等、言語道断也」と記録している。(22)この事態に対して「梨本門徒」は隠遁し禅僧となっていた前門主承胤の門主復帰を後光厳上皇に奏聞し、上皇は門主復帰を命ずる院宣を

下した。(23)

再び梶井門跡を継承した承胤は、次期門主候補として翌年（応安六年）十一月二十四日、後光厳上皇の皇子（覚叡）を入室させ、永和三年（一三七七）四月に入滅する。ところが、その三ヵ月後の七月に覚叡は十七歳で入滅してしまう。『後愚昧記』同年七月四日条には「梶井宮旧院御子、正親丁前内府養君入滅、御年十七歳云々、屍病故云々、前師二品親王承胤去四月薨去、弟子宮又如此、言語道断事也」と記し、近衛道嗣の日記『愚管記』同日条は「梶井覚叡法親王円寂、門跡衰微歟」と記す。連続した門主の死は梶井門跡にとってまさに「門跡衰微」の危機であった。この危機に際し梶井門跡の門徒が連署して後円融天皇に提出した奏状が残されている。(24)

（端裏書）「連署状案」

当門跡者、叡山第一之師迹、慈覚正嫡之門室也、七条座主最雲親王従有入室以降、竹園貴種之相続、天性法器之統領也、爰前門主覚叡親王稟先師之属累、掌一門之規矩、明敏之美誉避邇所推也、而先師承胤親王入滅之後、不経幾居諸、令帰寂給之間、悉是山洛之門徒、皆失真俗之所依者也、然而莅最後終焉之席、聊被示置之旨在之、所詮、於相続之伝器者、宜在御連枝内、就其伝持之可否、有誰可奉鑑機乎、於今者縦為一算、只以成長可為御器用之条、其理在暗者乎、早以斯趣被忩申御入室之様、可有洩御　奏達矣、

永和三年七月四日　法眼任潤

権大僧都明円

承光

円秀

法印権大僧都経意

憲尋

梶井門徒たちは後円融天皇の弟で一歳の宮の入室を希望した。しかし、門徒の希望とは異なり、入室したのは十一歳の帥養君宮（明承法親王）であった。この間の人選については『後愚昧記』永和三年七月二十日条が詳しく記している。後円融天皇は当初、自身と母親が同じである「伯卿養君」宮を入室させようとしたが、年齢が上である十一歳の「帥養君宮、知繁卿息女少納言内侍腹」を入室させることになったという。この人選には前門主覚叡の執事であった明円僧都が前内大臣正親町三条実継と計略をめぐらしたという。三条実継は覚叡の養君であり、明円（毘沙門堂門主）は実継の子である。『後愚昧記』の記主三条公忠はこの計略に対して「可謂不可説」と批判的に記している。七月四日の門徒の連署状には「権大僧都明円」の名前がみえている。明円は連署状とは別人を入室させることに尽力したことになる。なお、明承は養君である帥卿橘知繁が勅勘の身であったので、三条実継が養君となり三条亭で出家し、その後入室したという。

以上の明承の入室経緯から、後円融天皇の意向が無視されていたこと、三条実継と子の毘沙門堂門主であり梶井門跡の執事であった明円の計略があったことがわかる。なお、この人選には将軍義満の干渉はみられない。

明承は応永三年（一三九六）四月二日に三十歳で入滅する。[25]『諸門跡譜』や『梶井門跡略系譜』は明承の跡を義承が継いだとしているが、室町殿義満の子の義承が七歳で梶井の円融坊に入室し門跡を継承したのは応永十九年三月十日のことであり、この間十六年の門主は不在ということになる。[26]しかし、この間応永十五年まで、門跡の歴代には記されないが、門主であったのは義満の晩年の子で、応永二十五年に謀反により義持によって殺害される義嗣である。伏見宮貞成親王の『椿葉記』は「鹿苑院殿の若君、梶井の門跡へ入室ありしを、愛子にてとり返し」と記し、義嗣がいったん梶井門跡に入室したが、義満の寵愛する子供であったため門跡から取り返したこ

承範
権僧正実厳

とを記している。[27] 応永十四年八月に十五歳の山科賀安丸（嗣教）が梶井門主義嗣の侍童となったことを記した『教言卿記』同年八月十八日条には、「門主十四歳、未無得度也」とあり、義嗣が梶井門主でありながら出家得度していないことを記している。[28] 義嗣は翌年三月四日には従五位下に叙せられ、その後元服し門跡を離れているので、梶井門跡にあったのは応永十五年までである。義嗣が梶井門跡に入室した時期は不明であるが、明承の入滅の後に入室したと推定しておきたい。いずれにせよ、入室後も出家得度せず門主として位置づけられたのである。

応永十五年から義承が入室する応永十九年までの四年間は梶井門主の空白期間である。義承は応仁元年（一四六七）六月に六十二歳で入滅した。義承のあと門主となったのは室町将軍義教の子義堯であるが、この人物については『諸門跡譜』にはみえず、『梶井門跡略系譜』にのみみえる。義堯は康正二年（一四五六）頃には梶井門跡を継承したらしいが、同年八月十八日に病のため十七歳で入滅してしまう。その後は、再び義承が応仁元年まで門主としてあった。義承の跡を継承したのは伏見宮貞常親王の子尭胤で後花園天皇の猶子となっていた。[29] その後も、彦胤法親王・応胤法親王と続くことになる。

以上、梶井門跡の継承について検討した結果を要約しておく。

①門主の出身家門は、天皇家→室町将軍家→天皇家と推移した。

②門主継承は、若年の門主の病気や殺害による突然の死、門主の遁世による退去などが続き、梶井門跡は混乱を極めた。そのような事態に対して、門跡の門徒、すなわち梶井門跡に属する僧綱や学侶・坊官たちは、家門である後円融天皇に門主後継者の入室を依頼するという行動をとった。家門だけでなく門徒の動向が門主決定に影響を与えたといえる。

③義満期に室町将軍義満の子息が門主となったが、門主不在の時期や門主が俗人のまま出家しない時期があった。門跡にとって門主はもはや僧である必要はなく、また、不在でもよかったのである。

④門主が生前に譲状によって門跡を譲与することがみられないことから、門跡および門跡領安堵が梶井門跡の場合はなかったと思われる。

三　妙法院門跡

妙法院門跡（新日吉門跡）の南北朝・室町期の歴代について『諸門跡譜』（前掲）、『門葉記』（雑決三、妙法院）、「宝幡院検校職相承次第」「恵光院相承次第」「新日吉社別当相続次第」などを参照して示す。(30)

後醍醐天皇の子、尊澄法親王（還俗して宗良親王）が退去したあと、建武三年（一三三六）に門主となったのは後伏見院の子の亮性法親王である。(31) 観応二年（正平六年〈一三五一〉）十一月のいわゆる正平一統によって一時期南朝に制圧された時期に、妙法院門跡は梶井門跡・無量寿院門跡とともに大塔僧正忠雲が南朝によって妙法院門主とされたが、(32) 南朝勢力の京都からの退去により亮性が直ちに門主に復帰した。観応三年三月、京都を奪還した将軍義詮は亮性に門跡と門跡領の回復を保証している。

御門跡幷御坊領以下事、如元御管領不可有相違之由、可令申入妙法院宮給候、恐々謹言、

観応三

三月十八日　　義詮

大納言法印御房(33)

義詮の入京は三月十五日であったから、南朝によって交替させられた門跡の人事が直ちに行われ、門跡領ともども安堵されたことがわかる。

翌文和二年（一三五三）十月になって後光厳天皇は妙法院門跡領目録を提出させ、十二月二十一日に目録の裏

を封じ、門跡を安堵する旨の綸旨を下した[34]。

妙法院・仰木・恵光院等門跡御管領、不可有相違者、
天気如此、以此旨可令洩申妙法院宮給、仍執達如件、
　　文和二年十二月二十一日　　　　左衛門権佐（花押）
謹上　大納言僧都御房
遂申
　門跡領等目録一通、封裏所返就（献）候也、

この門跡領の実態調査と門跡安堵が、この時期に妙法院だけに行われたのか、それとも他の延暦寺の門跡に及んでいたかは不明である[35]。

亮性は貞治二年（一三六三）正月三十日に入滅するが、前年の十二月十三日に置文を作成し[36]、自身の没後の葬儀、墳墓、追善供養、亮縉僧都のこと、尾張国一楊余田方のこと、尊寿丸のことなど七箇条にわたって没後のことを定めている。また、同日付で越前国大忠社預所職・公文職などについても書き置いている[37]。これら両通の置文は門跡領全体についてではなく、亮性個人に関わるものであり、門跡および門跡領全体の譲状ではない。門跡および門跡領全体についての譲状は残されていないが、貞治二年五月二十四日の親王（亮仁）に充てた後光厳天皇綸旨[38]が「故二品親王御譲」に任せて「妙法院・仰木・恵光院等門跡領」の管領を認める安堵状であることから、「故二品親王」亮性の譲状があり、それに基づいて妙法院門跡領安堵がなされていたことがわかる。亮性は入滅前に亮仁に対して譲状を与えていたと推定する。亮仁はこの時九歳と推定され、まだ受戒していない。亮仁の受戒は応安二年（一三六九）十二月である[39]。

亮性の後、妙法院門主となったのは、後光厳天皇の皇子亮仁法親王である。亮仁の入室の年は不明。この亮仁

は応安二年に受戒を遂げた翌応安三年十月に早世してしまう(40)。その前月九月二十六日、無品親王亮仁は「妙法院・仰木・恵光院門跡」を「若宮」に譲る譲状を作成し、同月二十九日には自身の葬儀について遺言状をしためている(41)。この「若宮」とは後光厳天皇皇子で後の堯仁法親王のことである。

堯仁が妙法院に入室するのは、翌応安四年七月二日（九歳）、出家得度するのは応安六年十一月二十四日である(42)。堯仁の入室は応安四年三月八日の延暦寺三塔衆徒集会で仰木庄を青蓮院から妙法院へ還付し、後光厳皇子（堯仁）の入室を要請する決定を受けてのことであった(43)。亮仁の譲状時点ではまだ堯仁は妙法院への入室さえしていない。応安五年九月の亮仁三回忌にあたっては、願文と諷誦文を「童躰人」である「新院宮」（堯仁）に代わって妙法院の執事法印慈俊が加署したようである(44)。二代にわたって早世が続いた妙法院門跡は堯仁の代になってようやく安定し、堯仁は至徳元年（一三八四）、応永十八年（一四一一）には天台座主に就任、永享二年（一四三〇）四月二十一日に六十六歳で入滅した(45)。この間、堯仁は永徳三年（一三八三）八月二十七日に入室した後光厳の皇子堯性に門跡を譲ったが、堯性は嘉慶二年（一三八八）正月二十六日に自害してしまう(46)。広橋兼宣は「妙法院新門主今朝有御自害」と記すが、その理由は記されていない。「新門主」とあることから堯仁が健在の時点で、嘉慶二年にほど近い年に堯仁は堯性に門跡を譲与していたのかもしれない。しかし、妙法院門主が管領する宝幡院や恵光院の相承次第には堯性を歴代に入れていない(47)。

『諸門跡譜』は堯性の後の門主として明仁を挙げ、「二品、号木寺宮、早世」と注記する(48)。明仁は世平王の子で後小松天皇の猶子として応永二十六年十月十九日に十一歳で入室、同年十二月二十一日には法親王となった(49)。その後、永享六年四月に突然、妙法院から逐電し、仁和寺辺を徘徊したという(50)。その理由について伏見宮貞成親王は「其身不義之間、上意依不快逐電云々」と記している(51)。室町殿義教の「不快」の原因である「不義」はわからないが、義教の公家・僧中の粛正の一環であった(52)。その後、六月二十一日には徳大寺実盛の子で、公有の弟である十一歳の教覚が義教の猶子として妙法院門跡に入室している[53]。明仁は応永二十六年の入室後、堯仁の入滅する永享二年まで堯仁とともにあって、「妙法院新宮」と呼ばれている。堯仁は「妙法院宮」と呼ばれていたことから、堯仁は明仁に入滅直前まで妙法院を譲渡しなかったのかもしれない[54]。

明仁の逐電後に門主となった教覚は、康正元年（一四五五）五月六日に天台座主に任じられ、長享二年（一四八八）までは門主として確認できる[55]。教覚が門主の地位にあった文明十四年（一四八二）十一月に次期門主として得度したのが、式部卿貞常親王息で後土御門天皇の猶子となり、長享二年八月に親王宣下を受けた覚胤である。覚胤は文明十六年十二月の歳末の御参に「めうほう院」（教覚）とともに「しんもんしゅ」として『御湯殿上日記』[56]にみえることから、妙法院准后教覚と行動をともにしていたと思われる。教覚入滅後は天文十年（一五四一）まで一時期を除いて門主の地位にあった[57]。

以上、妙法院門主の歴代について確認した。妙法院門跡の継承についてまとめると以下のようになる。

①門主の出身家門は、天皇家→室町将軍家（猶子）→天皇家と推移した。

②門主継承は前門主による譲状作成、新門主の入室、出家、受戒という経過をたどるが、新門主は必ずしも門跡に入室している必要はない。前門主が早世の場合は、亮仁のように入滅直前に新門主となるべき候補者に入室以前に譲状を作成し、門跡を譲与している。早世でない堯仁は在任中に次期門主を入室させ、両者が並立している段階があるが、譲状を作成し門跡を譲渡しているかどうかは不明である。このような段階をたどるのは教覚においても確認できる。

③門主は幕府への謀反に与したと嫌疑をうけた場合に、室町殿によって門跡を追放された。明仁と覚胤がその例である。

④南北朝内乱の初期には門跡および門跡領の安堵が室町将軍義詮によって行われたことがあるが、それは正平

一統時の一時的南朝支配後の幕府の対応であり、例外とすべきである。その後は室町殿による門跡安堵の形跡はみられない。

おわりに

延暦寺の三門跡（青蓮院・梶井・妙法院）について、その門跡継承を歴代門主について検討した。南北朝内乱期、門主には天皇家（持明院統）子弟が就任するが、後光厳院後は室町将軍家子弟あるいはその猶子が門主となる。義満・義教期においてその方針は貫かれている。しかし、義持期にはその事例はみられず、また、義政期以降もみえず、天皇家子弟が門主となっている。これは朝廷権威の再浮上といえる現象の一つの現れである。義持が子弟を三門跡に入室させていないのは、外交儀礼における義持の政治姿勢と同じであろう。義持・義政は三門跡の寺格を天皇家子弟の入室する寺格と位置づけ、室町将軍家が家門となり、子弟を入室させる政策をとらなかったといえるだろう。

鎌倉後期の両統迭立時代には、公家家門の分裂に王権の分裂が拍車をかけて、門跡の継承をめぐって家門が熾烈に争う事態が生じたが、南北朝期には南朝勢力の衰滅によって不安定要素は解消していった。治天の君の交替による門跡の不安定化は解消されたのである。後光厳の治世下では門跡に自身の皇子を多く入室させ、門跡の権威を寺格のうえで確立させ、門跡を有する権門寺院への影響力を確保した。しかし、このいったん安定した支配構造を揺るがし、その構造をそっくり室町幕府権力下に取り込んだのが室町殿義満であった。義満の権力確立期に相次ぐ門主の早世や遁世、殺害事件の発生は、そのような不安な情勢とおそらく無関係ではないであろう。もはや門主の地位に対する天皇家の意向は無視され、新門主は門跡入室以前に決定され、出家受戒した僧でなく子供でもつとまる存在になった。そこでは僧としての師資相承による法流継承は形式的な意味しか持たなくなっている。

門跡安堵は、現在の門主が生前に門跡に入室した次期門主候補者に譲状によって譲与し、その門跡譲渡継承を時の朝廷の政務、治天の君（天皇・上皇）によって安堵してもらう行為である。南北朝期においても基本的には後光厳院まではこのシステムは変わらない。しかし、義満期に将軍家子弟が門跡に強引に入室するようになると、現在の門主の譲与は未来の門主決定を保証するものではなくなり、譲状の作成はなされなくなる。次期門主は室町殿によって決定され、その決定は新門主の「補任」の意味を持つようになる。そうなると、門跡の安堵はもはや不要になる。鎌倉期に形成された門跡安堵システム（譲与安堵システム）は義満期に解体したといえよう。

ところで、門跡安堵システムと併存していた門跡領安堵システムは、室町殿による安堵が義政期まで継続していたことが確認できる。妙法院門跡領は後光厳天皇による門跡（妙法院・仰木・恵光院等）安堵とともになされていたが[58]、義満の安堵には門跡領の安堵状のみが残されている。

妙法院・仰木・恵光院等門跡領事、任文和年中目六、御管領不可有相違候也、誠恐謹言、

四月廿一日　（義満花押）

妙法院殿[59]

文和二年（一三五三）に後光厳天皇による門跡安堵時点で作成され確認された門跡領目録が、義満によって門跡領の安堵の対象となっている。ここにみられる安堵の文言は、応永十六年（一四〇九）十月二日の義持による門跡領安堵、年未詳の義政による門跡領安堵においても登場し、義満による安堵状の様式（御内書）を踏襲している[60]。義持の安堵状には「応永十六」の付年号が記されている。これは前年に室町殿義満が没したことにより、義持の治世が始まったことによる代始めの安堵と考えられる。義教については安堵状は残っていないが、義政の

九月十一日付の安堵状も、おそらく門主の交替に対する安堵状ではなく義政の治世の代始め安堵ではないだろうか。義持は先述したように義円の青蓮院門主継承後の応永十八年にも青蓮院門跡の敷地と門跡領の「成敗」を認める御内書を出している。必要に応じて門跡領の知行安堵を行っており、すべて代始め安堵とはいえないが、基本的には代始め安堵と考えたい。このように室町殿による安堵は基本的には門跡領安堵であった(61)。

以上のような門跡および門跡領安堵の方式についての見通しは、水野智之氏が検討した室町殿による公家家門と公家領安堵についての見通しと一致する部分がある(62)。すなわち、氏は公家家門安堵と家領安堵が義持〜義政期において分かれており、室町将軍による安堵は家領の安堵にあり、家門安堵は天皇あるいは上皇によってなされたとした。門跡領の安堵は室町将軍によって行われていたという結論はこれと一致する。しかし、家門安堵については門跡安堵が行われなかったとする本章の結論とは一致しない。公家家門と門跡とを同じものとして扱うことはできないので、その相違については今後の課題としたい。また、三宝院門跡の場合、義教・義政（義成）の代始めに門跡と門跡領総体の安堵が行われている(63)。これを賢俊以降将軍家との関係が深く「将軍門跡」と称された三宝院の特別な事例とするかどうか、問題が残るが、これも今後の課題としたい。

註

（1）永村眞「「門跡」と門跡」（大隅和雄編『中世の仏教と社会』吉川弘文館、二〇〇一年所収）。

（2）稲葉伸道『中世寺院の権力構造』（岩波書店、一九九七年）第六章（初出一九九五年）、同「後醍醐天皇親政期における王朝の寺社政策」（『年報中世史研究』四〇、二〇一五年、本書第Ⅰ部第六章）。

（3）金井静香『中世公家領の研究』（思文閣出版、一九九九年）。

（4）南北朝期の醍醐寺三宝院については、藤井雅子『中世醍醐寺と真言密教』（勉誠出版、二〇〇八年）、興福寺大乗院門跡については稲葉伸道「南北朝期の興福寺と国家」（『名古屋大学文学部研究論集』史学四四、一九九八年、本書第Ⅱ部第三章）、公家家門安堵については、水野智之『室町時代公武関係の研究』（吉川弘文館、二〇〇五年）などがある。

（5）『華頂要略』門主伝（鈴木学術財団編『大日本仏教全書』第六十六巻史伝部所収）一〇。
（6）ここでいう「四箇門跡」とは青蓮院・十楽院・妙香院・常寿院等を指すか。
（7）京都大学博物館所蔵『古文書集』（名古屋大学文学部日本史研究室架蔵写真帳）所収。
（8）遁世後、禅僧となり、友山周師と名乗る。『大日本古記録　建内記』嘉吉元年六月二十六日条には「香厳院」として梶井門跡義承などとともにその名がみえる。「天龍宗派」には建長寺の青山慈永の弟子として相国寺の僧としてみえ、「香厳院、仏興禅師」の注記がなされている。
（9）『史料纂集　兼宣公記』応永十年六月二十一日条。
（10）『華頂要略』門主伝一〇（義円の項）には二通の六月八日付の義持の「御書」が写されている。このうち門跡領を安堵した「御書」は『古今令旨』（『大日本史料』七編十五）にも写されている。
（11）『華頂要略』門主伝一〇（義円の項）。『古今令旨』（『大日本史料』七編十五、応永十九年七月十八日条）。
（12）『満済准后日記』（『続群書類従』補遺）応永三十五年正月晦日条、『大日本古記録　建内記』応永三十五年三月七日条裏書。
（13）『大日本古記録　建内記』永享元年三月十七日条。
（14）『看聞御記』（『続群書類従』補遺）永享九年十二月二十七日条。
（15）青蓮院の坊官泰忍の日記か。近世に加賀守為善によって編纂された『青蓮院殿庁務補任』（宮内庁書陵部所蔵、東京大学史料編纂所所蔵写真帳６１２５－１０１）は初代増円から四十五代為純に至る青蓮院門跡の庁務の補任記であるが、第二十一代に大谷伊予法印泰任（本名泰忍）がみえ、応永三十四年八月に庁務に補任されている。
（16）『諸門跡譜』（『群書類従』補任部）、『天台正嫡梶井門跡略系譜』（『続群書類従』補任部）、『門葉記』（『大正新修大蔵経』図像第十二巻）。
（17）『史料纂集　園太暦』正平六年十一月十九日条。『祇園執行日記』（『増補史料大成　八坂神社記録』）正平七年閏二月二十八日条。
（18）『大日本史料』六編十七、文和元年十月十四日条。
（19）鹿王院文書研究会編『鹿王院文書の研究』（思文閣出版、二〇〇〇年）文書編八三号。
（20）『増補校訂天台座主記』（第一書房、一九七三年、以下、『天台座主記』と略記）無品恒鎮親王の項に「光厳院法皇崩御、仍前座主承胤親王観世為禅僧、資善提」とある。

(21)『大日本史料』六編二十六。
(22)『大日本古記録　後愚昧記』応安五年正月四日条。
(23)『増補史料大成　愚管記』応安五年二月七日条。
(24)永和三年七月四日「梶井門徒奏状案」(東山御文庫所蔵文書勅封五〇甲八、名古屋大学架蔵写真帳)。
(25)『荒暦』応永三年四月三日条(『大日本史料』七編二)。
(26)『天台座主記』堯仁親王の項。
(27)『大日本史料』七編三十。
(28)『大日本史料』七編三十。
(29)『天台座主記』。
(30)『諸門跡譜』(『群書類従』補任部)、「宝幡院検校職相承次第」「恵光院相承次第」(『妙法院史料』第五巻五二号、吉川弘文館、一九八〇年)。なお、村山修一『皇族寺院変革史』(塙書房、二〇〇〇年)は南北朝・室町期の妙法院門主について簡略な記述がなされている。
(31)観応二年十二月十九日「亮性法親王発願条々」(『妙法院史料』第五巻二九号)に亮性自身が「十六ヶ年之間門務」と記していることから、亮性の門跡継承は建武三年である。
(32)『史料纂集　園太暦』正平六年十一月十九日条。
(33)『妙法院史料』第五巻六六号。
(34)『妙法院史料』第五巻六九号・七〇号。
(35)青蓮院門跡の記録である尊円法親王の『門葉記』が同時期に撰述されていることも、あるいは関連しているかもしれない。
(36)貞治元年十二月十三日亮性法親王遺告状(『妙法院史料』第五巻二八号)。
(37)貞治元年十二月十三日亮性法親王譲状案(『妙法院史料』第五巻三〇号)。
(38)『妙法院史料』第五巻七三号。
(39)『大日本古記録　後愚昧記』応安五年九月二十八日条は、亮仁が「去々年」に十六歳で薨去したと記している。応安二年(一三六九)十二月二十七日に受戒したことは『天台座主記』座主尊道親王の項にみえる。
(40)『大日本史料』六編三十二、応安三年十月条。

(41)『妙法院史料』第五巻三一号・三二号。
(42)『大日本史料』六編三十四、応安四年七月二日条、同応安六年十一月二十四日条。
(43)『大日本史料』六編三十三、応安四年三月八日条所引『含英集抜萃』。妙法院は門跡の地である仰木庄の領有をめぐって青蓮院と争い、青蓮院は同年二月十九日に後光厳天皇の綸旨を獲得している。当時の天台座主は青蓮院尊道であり、三塔集会はその決定に対する抗議であった。堯仁の入室が遅れたことは、仰木庄の紛争を妙法院が抱えていたためである。後光厳院が三塔集会の奏請を受け入れ、堯仁を妙法院に入室させた二日後、仰木庄に青蓮院の円明房兼慶らが攻め入って合戦となっている。
(44)『大日本古記録　後愚昧記』応安五年九月二十八日条。
(45)『天台座主記』堯仁の項。
(46)『新訂増補国史大系　続史愚抄』、『史料纂集　兼宣公記』嘉慶二年正月二十六日条。
(47)「宝幢院検校職相承次第」（前掲）。
(48)『群書類従』系譜部所収。「早世」は誤り。
(49)『看聞御記』（『続群書類従』補遺）応永二十六年十月十九日条、同十二月二十一日条。『大日本古記録　薩戒記』応永二十六年十月二十六日条。
(50)『満済准后日記』（『続群書類従』補遺）永享六年四月二十二日、同年七月四日条。
(51)『看聞御記』永享六年五月十六日条。
(52)『大日本古記録　薩戒記』永享六年六月十二日条。
(53)『満済准后日記』永享六年四月二十二日、同七月四日条。『看聞御記』永享六年五月十六日条。『増補続史料大成　大乗院寺社雑事記』享徳四年六月十四日条。なお、『看聞御記』によれば義教は教覚入室前に伏見宮貞成に子弟の入室を打診したが、該当者がいないことで教覚に決定したようである。
(54)『大日本古記録　薩戒記』応永三十二年三月十三日条。
(55)『天台座主記』、『御湯殿上日記』（『続群書類従』補遺）長享二年九月二十四日。
(56)『御湯殿上日記』（『続群書類従』補遺）。
(57)覚胤は文亀元年五月に足利義尹に内通した嫌疑で妙法院を闕所処分され、永正六年閏八月に伊勢より復帰するまで、その消息を知ることができない（『増補史料大成　後法興院記』文亀元年五月二十三日条、『厳助往年記』（『大日本史料』九編一）永正六年閏八月十八日条。

(58) 文和二年十二月二十一日後光厳天皇綸旨（『妙法院史料』第五巻七〇号）。

(59) 年未詳四月二十一日足利義満御内書（『妙法院史料』第五巻七六号）。

(60) 応永十六年十月二日足利義持御内書（『妙法院史料』第五巻七八号）、九月十一日足利義政御判御教書（『妙法院史料』第五巻八七号）。

(61) 年未詳九月二十日付の足利義政御判御教書（『妙法院史料』第五巻八八号）は妙法院門跡と「領地」を元のごとく安堵する内容である。ここでは門跡領だけでなく門跡そのものも安堵の対象となっている。これは「如元」とあるように明仁や覚胤のような何らかの門跡の「闕所」のような事態が前提としてあったことと推測するが、後考を期したい。

(62) 水野智之『室町時代公武関係の研究』（前掲）第一部第一章「室町将軍による公家衆への家門安堵」（初出一九九七年）。

(63) 年月日未詳醍醐寺方管領諸門跡等所領目録、文安六年四月十一日三宝院門跡所領幷所職等目録（『新編一宮市史六』四二六号・四三二号、醍醐寺文書）。

（補註）延暦寺の「脇門跡」に位置づけされる曼殊院門跡について検討した大塚紀弘氏は、その成立が鎌倉末期であり、その後の門主が洞院家・西園寺家→二条家・一条家→天皇家の出身者によって継承されたことを詳細に明らかにしている（「曼殊院門跡の成立と相承」五味文彦・菊地大樹編『中世の寺院と都市・権力』山川出版社、二〇〇七年）。延暦寺三門跡の下に位置づけられた「脇門跡」の地位が門主の出身家門の家格によって規定されていくものであることを明らかにしたものである。本章ではこうした「脇門跡」も含めた延暦寺全体を視野に収めた考察に至っていないが、今後の課題としたい。

第三章　南北朝期の興福寺と国家

はじめに

これまでのいわゆる寺院史研究の主流は平安末から鎌倉時代の研究に主点があり、南北朝・室町時代の研究は大きく遅れているといってよい。今日の寺院史研究を規定している黒田俊雄氏の顕密体制論や寺社勢力論では室町時代への言及はほとんどなされておらず、ただ、禅宗の密教的性格とその顕密体制での位置づけが指摘されているのみである。[1] 室町時代の仏教史あるいは寺院史は、禅宗の五山派あるいは浄土真宗の本願寺派で述べられており、その分野では優れた成果が蓄積されてはいるものの、寺院史研究の現在の水準においてこれらの寺院がどのように全体に位置しているかは、必ずしも明確ではない。この時代のいわゆる顕密の大寺院、権門寺院の解明は学界全体の追究するべき課題となっている。[2]

本章は中世後期の権門寺院を国家（幕府と王朝）との関連で捉えていこうとするものである。これまで、主に室町幕府による禅宗寺院統制、とりわけ五山・十刹制度を中心に研究が進められ、幕府や王朝によるいわゆる権門寺院、顕密寺院政策はほとんど問題にされてこなかった。延暦寺・興福寺・園城寺・東大寺・東寺・石清水八幡宮などの権門寺院が幕府や王朝にとってどのような位置を占めていたのか。新興の禅宗寺院とどのような関係にあったのか、などが詳しく問われて行かなければならないと考える。[3] 本章では著者がこれまで検討してきた興福寺を取り上げ、室町時代の国家と寺院の関係について検討してみたい。

ところで、『大乗院寺社雑事記』以前の室町時代前半の興福寺研究は、永島福太郎氏の概説的叙述(4)があるものの、その本格的研究はまだなされていないように思われる。相次ぐ寺内の武力衝突・内紛がなぜ起こるのか、その根本原因は何か、それに幕府や王朝はどのように対応したのか、政治体制にどのような影響を与えたか等々が十分説明されていないと思われる。ここでは、至徳から明徳年間頃を画期として、それ以前の強訴頻発の時代と、それ以後の幕府による権門寺院興福寺に対する統制の時代について考察したい。

一　興福寺の強訴と国家の対応

興福寺が春日社の神木を押し立てて強訴し、ついに京都に入洛する事件が南北朝期に続出する。表3はその入洛の年と原因についてまとめたものである。

これらの強訴の原因と経過を検討することによって、興福寺が抱えていた問題と幕府や王朝の政策を検証することができる。強訴の経過については省略し、四回にわたって引き起こされた強訴やその前後の寺内の争乱の分析から、当時の興福寺の抱えていた諸問題をまず、指摘しておきたい。

1　興福寺の強訴と争乱の原因

（1）九条家・近衛家「家門」と大乗院・一乗院門跡

興福寺の大乗院・一乗院両門跡の門主は鎌倉末期から九条家・一条家・近衛家から選出されるようになり、両門跡がこれらの摂関家の「家門」(5)の一部となっており、門跡の管領をめぐって争奪が繰り広げられ、興福寺全体

表3　南北朝期の興福寺強訴入洛年表

年号(西暦)	事件の経過	原因
暦応3(一三四〇)	11・23 木津 12・13 平等院 12・19 入洛、長講堂	国民戒重西阿による興福寺領の押妨
暦応4(一三四一)	2・29 幕府軍、戒重西阿の居城を落とす 8・19 神木帰座	
貞治3(一三六四)	12・20 入洛、斯波道朝宿所、長講堂	越前国河口庄を守護斯波氏が押領 春日社造替の遅滞
貞治4(一三六五)	2・5 春日社造替の棟別銭を九州を除く諸国の守護に賦課	五箇関通過の過所の停止
貞治5(一三六六)	8・3 五箇関過所の停止 8・8 斯波道朝（高経）ら自焼没落、越前退去 8・12 神木帰座	
応安4(一三七一)	12・2 入洛、長講堂 12・5 後光厳院宣 12・13 六方衆、両門跡を攻め、両門主没落 12・15 六方衆事書	応安3・6・21 大乗院門主孝信の門跡管領以来の内紛により、大乗院・一乗院両門跡と学侶・六方衆との対立 大乗院孝信と一乗院実玄の改替要求 光済・宋縁両僧正の流罪要求
応安5(一三七二)	1・22 両門主以下七名配流 10・7 七大寺閉門 12・17 後光厳院宣	
応安6(一三七三)	1・18 南都事書七箇条 5・13 春日社住京神人の課役免除 8・6 前関白二条良基放氏 11・13 赤松性準・範顕配流	「条々」 日吉社段銭停止の事 大乗院孝信配流の実の事 清水寺敷地替の事 光済・宋縁の勅勘の事 摂津神人殺害の赤松性準・範顕の罪科の事 諸関の事 諸国寺社領の事
応安7(一三七四)	1・13 大乗院孝尊没 1・29 後光厳上皇没	

	11・5 三宝院光済、覚王院宋縁配流	
	12・17 神木帰座	
康暦元（一三七九）	8・14 神木入洛、六条殿	南都訴訟不遵行（国民十市遠康追討）、摂津国寺社領違乱
康暦2（一三八〇）	12・3 一乗院前門主実玄戌亥脇衆徒方として寺内へ乱入、六方衆菩提山へ退去	
	12・15 神木帰座	

を巻き込んだ激しい内紛の結果、嘉暦二年（一三二七）には金堂焼失に至ったことは以前考察したところである。(6)この内紛の構図は、この南北朝期にも継続され、強訴のもっとも大きな原因となっている。歴代の門主交替時期に九条家・近衛家という「家門」の干渉があり、それが原因となって興福寺全体が争乱状況になり激しい戦闘が繰り広げられたのである。

a　一乗院門主の継承と近衛家

「家門」の干渉はまず一乗院門跡に現れた。観応二年（一三五一）五月十八日、一乗院門主大僧正覚実の死が契機となる。『園太暦』(7)同年五月二十日・二十九日条によれば、生前、覚実大僧正は南朝方に走った前関白近衛経忠の子息実忠（実玄）の入室を決めていたが、その遺志に従い、一乗院門跡の門徒頼乗法印らは実忠の入室を実行した。それに対して北朝方の近衛家家督前関白近衛基嗣は反発し、「当家」の「管領」を認める光厳上皇の院宣を要求した。頼乗を中心とする一乗院方の門徒は、一致団結して起請文に連署したという。この事件は六月中頃に発生した斎恩寺庄における一乗院方箸尾兵衛尉為英による神人打擲刃傷事件を契機とする両門跡の合戦によって未解決のまま問題を残すこととなった。(補註1)

延文二年（一三五七）、近衛家家督の近衛道嗣は一乗院門主実玄の追放を計り、大乗院門主孝覚を味方につけ、三月四日道嗣の子息某を観禅院に入れた。五日両門跡間の合戦があり、六日某方は没落、近衛道嗣のもくろみは実現しなかった（『園太暦』同年三月五日条）。その後、六月二十七日、南朝の中務卿親王尊良の子息良玄（後醍醐天皇の孫）が関白二条良基の猶子として一乗院に入室。実玄は良玄を弟子とし、九月四日には簀川に隠遁した（「大乗院日記目録」）[(8)]。しかし、九月二十八日帰寺。十月十四日再び実玄は良玄を伴い没落。十月二十二日再び帰寺。同二十五日一乗院門主実玄方の越智伊豆守・吐田兵衛尉・綺春定らが、禅定院・宝積院等数百ヵ所を焼き払い、その結果、大乗院門主孝覚は没落。十一月二十五日、再び三蔵院以下大乗院方の坊舎が破却、放火された。十二月二十一日、幕府は実玄・良玄方の南都への「乱入」と放火を断罪することを後光厳天皇に奏聞、翌延文三年八月二十五日、再び奏聞した。九月十二日、幕府は関白二条良基の罷免を要求し、十二月二十九日に王朝はその要請を受けて関白二条良基を辞任させた。結局、幕府側の再三の奏聞にもかかわらず、一乗院門主実玄や良玄の処罰、一乗院門徒の印覚・隆円・頼乗らの処罰、越智・吐田らの京都召喚は実施されず、良玄の一乗院入室に関わった関白二条良基の辞任のみに終わったのである。その後、一乗院門跡は実玄による占拠が続き、貞治六年（一三六七）九月二日に近衛道嗣の子息良昭が一乗院門主実玄の弟子として入室することによって、実玄の一乗院入室以来続いた一乗院門主をめぐる家門との対立関係は一応落着したと推測される（以上、『園太暦』延文二年十月十四日・二十五日・二十七日・十一月五日、延文三年八月二十五日・八月二十八日・九月十一日条等。『愚管記』[(9)]貞治六年九月二日条）。

b　大乗院門主の継承と九条家

応安元年（一三六八）九月十九日、一乗院門跡と合戦を繰り返した大乗院門主孝覚僧正が入滅した（「興福寺別当次第」）[(10)]。一ヵ月前、孝覚は大乗院門跡を自身の置文にしたがって[(11)]、すでに康永二年（一三四三）に後継者として大乗院に入室していた九条通教の子孝尊（教尊）僧都に譲与したと思われ、九月十八日に後光厳天皇の安堵の綸旨が「大乗院僧都御房」孝尊に対して発給されている[(12)]。しかし、実質的に大乗院門跡を管領したのは、九条家家門の家督九条経教である。

孝覚入滅の一ヵ月前の応安元年八月日の大乗院門跡規式は、大乗院の門徒僧綱や坊官等十名の署判する十箇条の規式であるが、文書の袖に「右条々、守此旨不可違犯之状、如件」と書き、「従一位（花押）」と署判を加えたのは、前関白九条経教であった[13]。すでにここでは門主孝覚や門主候補者孝尊の署判はみられない。「一、寺社役幷諸供事、任旧例可被致慇懃沙汰事」以下門跡において守るべき規式を定めたのは、家門の側であり、門徒僧綱や坊官の遵守すべき事柄を定め、彼等にこの規式に従うことを誓約させているのである。その後、九条経教は大乗院門跡の院家・家領や末寺の諸職に対する補任権を行使していく。応安三年二月六日、大乗院門跡の下にあった松林院の遺跡を長懐得業に安堵し、楠本庄・小矢部庄・龍花院御所御留守職・向淵十講奉行・南円堂新供大般若奉行の管領を認めた（「寺院細々引付[14]」）。同年三月一日には越前国河口庄給主職を法雲院僧正実遍に、長谷寺別当職を禅光院僧都覚成に宛行った。これらはいずれも九条経教の御教書が大乗院門跡の奉行少納言法眼泰尊に出され、泰尊がその意を奉じた御教書の形式で補任状が出されたと思われる（「寺院細々引付[15]」）。

応安三年六月二十一日、突如門主孝尊は改替され、菩提山に隠居し、新門主に九条経教の子息孝信[補註2]（教信）が「勅裁」（後光厳天皇綸旨）によって補任された（「大乗院日記目録」「寺院細々引付」）。この突然の決定の詳細は不明であるが、後に『吉田家日次記』応安四年十二月二日条では孝尊は「狂気」によって改替されたと伝えている。同年九月二十日、九条経教は南都に下向し、十月二日にまず大乗院門跡の家政を担当する泰尊・清覚・覚成・実遍の四名と新門主孝信（教信）の起請文を書かせ、「門主之厳命」であっても「理致」に背いている場合は諫言することを誓約させている。さらに同日、大乗院門跡の主たる構成員二十九名の起請文を徴し、「凡そ御家門といい御門跡といい、貴命に背き不義不忠あるべからず」と、九条経教の命令への服従を誓約させている（「寺院細々引付」）。

応安四年十二月二日、春日神木が入洛し、興福寺の学侶・六方衆徒は大乗院門主教信（孝信）と一乗院門主実玄の流罪を要求した。この強訴の原因について、『吉田家日次記』は狂気によって門主を改替された孝尊（教尊）の「御労」が「平減」したので、「御家門」（九条経教）は孝尊（教尊）を元のごとく門主として、孝信（教信）をその弟子、すなわち門主後継者とすると命じたが、今度は孝信（教信）が納得せず、九条経教は孝信（教信）を義絶したこと、九条家家門は一乗院門主実玄に「扶持」を依頼したことから両門跡間で一瞬触発の対立が生じ、こうした両門主の「不和」を「仏法の滅亡」「衆徒の衰微」と認識した「六方衆徒」と「学侶」は合同して両門主の改替を「公家・武家」に要求することを集会で決定し、「国民」も「一同」して神木を押し立てて強訴に及んだ、と記している（応安四年十二月二日条）。

九条家家門の統制に対する大乗院門跡の反発、それに一乗院門跡と大乗院門跡の積年の対立が絡んで、再び熾烈な争乱が発生することを恐れた、学侶・六方衆を中核とする興福寺の「惣寺集団」が結集して、「家門」を統括する王朝に圧力をかけたのである。この強訴に対し、後光厳上皇は直ちに院宣によって両門主の改替を「家門」に命じ、また、直ちに神木を帰座させるよう幕府に命じている（『吉田家日次記』十二月五日条）。また、寺内では六方衆が軍事行動に出て、十二月十三日に両門主を攻め、一乗院実玄は後継者良昭を伴い、平群郡に没落、大乗院孝信（教信）もまた没落した（『吉田家日次記』十二月十三日条、『愚管記』十二月十三日条）。

以上のように応安四年の強訴の直接原因に、九条家家門による大乗院門跡の「管領」（統制）の問題があったのである。

（2）学侶・六方衆など興福寺の「惣寺集団」の動向

学侶・六方・衆徒など興福寺の寺僧集団は、両門跡間の争乱において、門跡の門徒や御坊人として門跡の主従制論理に拘束されている者も多かったが、一方、彼等の本来の姿である寺僧集団の論理で結集していこうとする者も大きな力を有した。先にみた応安四年の強訴は、門跡対立によって分裂する興福寺に対する惣寺集団の結集と考えてよい。この惣寺集団の行動には、大和や南山城の国人領主である「国民」も同調している。表3にみるようにこの時の強訴は応安七年まで続き、その間、学侶・六方衆らは両門主の改替のみならず七箇条の要求を突きつけた。

応安六年（一三七三）正月の「南都事書」といわれた七箇条の要求は『愚管記』と「寺訴引付日記」[16]（内閣文庫所蔵）に記録されているが、ここでは後者の記録を引用しておく。

条々

一、日吉社段銭停止事
　武家施行六ヶ国分賜訖、

一、前大乗院《孝信》如先度申可有配流実事

一、清水寺敷地替所可奉見実儀事

一、両僧正勅勘幷所職改替、新補躰可被注下事

一、摂州神人刃傷殺害肥前入道・兵庫助悪行事、早可有施行事

一、諸関事
　天龍寺船八幡綱曳関料遁避不可然事
　高内半関先年暫被借渡賀茂社、早可返付事
　広瀬関可被返付事

一、諸国寺社領、任目録南都雑掌如申請、有施行実儀之様、可被仰武家事

以上の要求の内、両門主等の配流はすでに応安五年正月二十二日に「流人宣下」が行われており（『後愚昧記』同日条）[17]、この要求が出された後の応安七年六月十二日には大乗院前門主孝信は土佐国の配流先を讃岐に変え、この日に出京している（『花営三代記』「大乗院日記目録」）[18]。新門主の補任も九条家に適当な男子がいなかったため人選に難行したものの、応安七年三月二十三日に鷹司前関白冬通の子孝尋が九条経教の猶子として大乗院に入室した（『愚管記』）。また、一乗院の新門主として応安七年十二月二十三日に良昭が受戒している（『愚管記』）。幕府側に立ち活動した前関白二条良基の放氏も応安六年八月六日に行われた。この放氏について「摂関之臣放氏、前代未聞之珍事也」と近衛道嗣はその日記に記している（『愚管記』同年八月七日条）。神人殺害刃傷事件の犯人、摂津国の守護代赤松範顕らの配流も応安六年十一月十三日に実施された（『愚管記』）。幕府側が最後まで実行を拒んだ幕府僧三宝院光済・覚王院宋縁等の配流も応安七年十一月五日になされた（『愚管記』『師守記』）[19]。この間の興福寺・春日社に関するさまざまな課税免除や寺社領の武士の押領排除の事例を表4に示しておく。

以上のように興福寺の強訴が貫かれた背景には、後光厳上皇の病死や後述する幕府による「応安徳政」[20]があったにせよ、応安七年まで四年間強訴を継続する学侶・六方衆等、興福寺惣寺集団の団結力が働いていたといってよいのではないだろうか[21]。

このような惣寺集団の論理は、貞治三年（一三六四）の強訴においてもみることができる。この時の強訴の要求は、興福寺全体の利害に関わる、春日社の造替と越前国河口庄（春日社一切経料所）の守護斯波氏による押領の停止であった。興福寺全体の課題に対して惣寺集団が団結し、強訴に及び、越前守護であり当時の事実上の幕府「執事」斯波高経・執事斯波義将・侍所斯波義種父子等を越前に没落させることに成功するのである（『吉田家日次記』貞治五年八月八日条等）。

ところで、貞治三年と応安四年の強訴はもっとも大きな成果を興福寺に与えたが、逆に、惣寺集団の分裂によ

表4　応安五～七年頃の王朝・幕府による興福寺・春日社への関与

年月日	課税免除・下地遵行・その他	文書名	出典史料
応安5・1・20	「神訴」によって大和国金力と福井庄を興福寺修南院に返付	後光厳上皇院宣	一乗院文書
応安5・12・17	山城国葛原新庄菊末・貞宗名に対する塩屋入道の押妨を停止し下地の沙汰付を幕府に命ずる	後光厳上皇院宣	東寺百合文書ホ
応安6・5・13	院宣によって春日社住京神人の酒麹以下の課役を免除する	足利義満御内書	古文書集
応安6・10・5	摂津国宮原北庄内の春日田一九町七反六〇歩を今月二日の守護の書下によって打渡す	摂津国守護代(?)沙弥現光打渡状	春日神社文書
応安7・4・3	幕府、院宣・西園寺右大臣家御消息に任せて、春日社領山城国葛原新庄菊末・貞宗名に対する塩屋入道等の押妨を停止し、下地を沙汰付することを侍所頭人細川頼基に命ずる	室町幕府御教書	東寺百合文書ホ
応安7・4・3	幕府、興福寺衆徒の訴えに任せて興福寺領摂津国宮原北保領家職に対する長良孫三郎の押妨を停止し、細川頼基に沙汰付を命じる	室町幕府御教書	春日神社文書
応安7・11・28	後円融天皇、春日社領山城国葛原新庄菊末・貞宗名の沙汰付を幕府に命ずる	後円融天皇綸旨	東寺百合文書ホ

って、強訴が失敗した事例もみられる。延文元年（一三五六）七月十三日、越前国坪江・河口庄が守護斯波氏によって押領されたことを理由に、春日社の神木が興福寺金堂に遷座し翌年に及んだことがある（『愚管記』）。この強訴は入洛にまで至らなかったが、延文二年三月四日突如帰座した。その理由は先述したように一乗院門主の地位をめぐる近衛家家門の画策とそれによって引き起こされた、両門跡の合戦が原因であった（『園太暦』）。また、康暦元年（一三七九）八月十四日の神木入洛は国民十市遠康追討と摂津国寺社領押領停止を要求するものであったが、ほとんど要求を満たすことなく、翌年十二月十五日に帰座している（『愚管記』『花営三代記』）。帰座の命令は、戊亥脇衆徒の龍田英舜・山田重英・管田盛弘らによるものであった。あくまで強訴を貫徹しようとす

る六方衆と衆徒の間で対立が起こり、六方衆は菩提山に立て籠もり、一乗院新門主良昭と大乗院新門主孝尋を取り込み、衆徒は応安の強訴によって改替され流罪となった前一乗院門主実玄と前大乗院門主孝信を味方として、翌永徳元年（一三八一）両者の間で合戦が行われた（「大乗院日記目録」）。このように、惣寺集団も六方衆と衆徒との間で、あるいは両門跡間、新旧門主間で常に分裂する危険をはらんでいたのである。

この間の強訴の経過をみると、強訴の主体は六方衆であり、学侶はその同調者あるいは内部紛争が発生した場合の調停者として現れる。また、衆徒の動向ははっきりしないものの、戌亥脇衆徒や官符衆徒（官務衆徒）の動きにみられるように、六方衆と対立する側面を有していた点に注目しておきたい。

（3）　南朝との関係

南大和が南朝勢力圏の内にあったことによって、南北朝期の興福寺を取りまく情勢には常に南朝政権を考慮に入れなければならない。表3にみる暦応三年（一三四〇）の神木入洛は、十市郡の南朝方国民戒重西阿が安部山城・河合城・開地井逼城・外鎌峰城などに立て籠もり、興福寺領大仏供庄以下の年貢を抑留したことが原因となって、幕府軍による鎮圧を要請したものである（「古今要要抄」）[22]。この要請を受けた幕府は細川顕氏を派遣して、その勢力下の城を陥落させた。貞和三年（一三四七）の興福寺造営段米の台帳によれば、大和の南朝勢力は吉野郡と宇陀郡に及び、十市郡・城上郡・山辺郡などにも南朝方の支配領域がみられる。戒重西阿の遺族良円房も十市新二郎に呼応して三輪地方を依然として制圧していたという（『奈良市史』通史二）。

康暦元年の春日神木入洛も、前年永和四年（一三七八）以来の十市遠康以下の国民の追討を要求したものであったが（「大乗院日記目録」）、あるいは、十市氏ら国民の背後に南朝の指示があったのかもしれない。

暦応三年の強訴と康暦元年の強訴の間にも、先にみたように一乗院門跡に対する南朝方の影響力をみることができる。一乗院門主実玄は南朝方に走った近衛経忠の子息であり、その後継者として一乗院に入室したのは南朝の後醍醐天皇の孫、中務卿親王の子良玄であった。彼等を支えたのが、延文二年の場合、越智氏・吐田氏・綺氏などの一乗院方の御坊人であり、かつ南朝方の国民であった。

しかし、南朝勢力は正平六〜七年（一三五一〜五二）の京都掌握（正平の一統）以後ふるわず、延文二年以降は主だった活動は大和国ではみられない。永和四年の国民十市氏と学侶・六方衆の対立は、もはや興福寺惣寺集団と大和の国人領主との対立と捉えるべきかもしれない。

2　王朝と幕府の対応

（1）　幕府の寺社政策と興福寺

南北朝期の王朝や幕府の寺社政策がこの時期の政治史にとって重要な要素になっていることは、すでに佐藤進一氏が的確に指摘している(23)。すなわち、室町幕府の事実上の執事斯波高経の貞治五年（一三六六）における失脚と敗死、その後を継承し幕府政治の中核となった管領細川頼之の失脚と没落の原因は、幕府の寺社政策とりわけ興福寺政策にあったのである。斯波氏は自己の領国越前国の興福寺領河口庄・坪江庄を押領したのをはじめ、山城国の寺社本所領を没収した。このように寺社本所領削減政策こそが観応の擾乱以後の斯波氏の主導する幕府政治であった。斯波氏はその直接の敵対者である興福寺の強訴によって失脚した。斯波高経の没落は「神木之神罰」によるものであり、没落先での死も「身体受癩病、狂気頻責円寂畢」とされている(24)。

この斯波氏に代わって登場した管領細川頼之の政策は、斯波時代に弛緩した禅宗寺院に対する統制の強化と南都北嶺の権門寺院に対する宥和政策であった。管領斯波氏没落後の将軍足利義詮執政期の貞治六年に山城国で始まった寺社領の保護政策は、義詮の遺志（義詮は貞治六年十二月に急死）によって、翌応安元年に「応安大法」として全国的に実施される。この「応安大法」が寺社領に対する徳政であったことは、すでに村井章介氏が指摘しているところである。(25)興福寺の応安四年（一三七一）からの強訴において、先に述べたように「諸国寺社領、任目録、南都雑掌如申請、有施行実儀之様、可被仰武家事」（『寺訴引付日記』）と要求したのは、応安大法が前提としてあったのである。

旧来の権門寺院に対する宥和政策は応安二年の南禅寺楼門撤却事件に現れ、五山禅林に対する統制政策が政治史上重要視されるが、応安から康暦の政変に至る政治過程をみると、「応安大法」が契機となって引き起こされた興福寺や延暦寺・石清水八幡宮の強訴がむしろ重要である。(26)なかでも四年間にわたって王城に鎮座し続けた春日社神木の存在が、後円融天皇の即位式を延期させ、(27)後光厳院政を混乱におとしめ、かつ、後光厳上皇の突然の死を引き起こしたことは、王朝と幕府の共同統治という鎌倉時代以来の体制を崩壊させ、義満による一元化への道を開いた点で、もっと重視せねばならない。康暦の政変による細川頼之の失脚も、権門寺院に対して妥協し続ける政策に対する斯波・土岐・佐々木・赤松など諸大名の反発からくるものであり、その意味で興福寺の訴訟によって国民十市氏の討伐が開始され、土岐氏が南都に向かう途中で軍勢を引き返し、それがきっかけとなって政変が引き起こされたことは象徴的意味を持っている。(28)康暦の政変直後に強行された興福寺の強訴は、幕府による強硬な反発(29)によって何らの成果も生まぬまま、先述したように興福寺の内部分裂によって失敗し、以後、興福寺が神木入洛の強訴を行うことはなかったのである。興福寺をはじめとする寺社勢力は、幕府内の宥和論者に対して、強訴を繰り返すことによって彼を窮地に追い込み、孤立させ、失脚させる。その結果、寺社勢力は平安末期以来の政治力を喪失したのである。

（2）王朝と幕府の強訴への対応

康暦の政変までの王朝と幕府の興福寺への対応は、基本的構図としては鎌倉時代以来の構図を継承している。貞治三年（一三六四）の強訴は、神木を敵対する斯波高経（道朝）の宿所に振り捨てるという行為に及んだが、その後の処理は従来通り進められ[30]、形式上は王朝主導の形をとって事態は収拾されたと思われる。強訴の要求事項の一つである春日社造替棟別銭の賦課は後光厳天皇の綸旨を施行する形で幕府から守護に対して命令されている[31]。応安四年（一三七一）の強訴において大乗院門主孝信と一乗院門主実玄の改替は後光厳上皇の院宣によって行われ、新門主の決定を近衛家と九条家の「家門」に命じているのである[32]。当時の門主補任権は「家門」にあったが、王権はその「家門」の上にあって、常に「家門」に介入するし「家門」の側も王権による安堵を求めている。家門の人事権への介入は、強訴の際の門主改替のみならず、平時にあっては門主補任に対する王権による安堵権として出現した。先述したように応安元年、大乗院門主孝覚からの門主交替にあたって、後光厳天皇は綸旨をもって、後継門主の門跡管領を安堵した。また、応安三年に大乗院門主が孝尊から孝信に改替された時、「門跡管領の勅裁」は後光厳天皇の綸旨によって行われている。以上のように門跡管領に対する安堵権は後光厳院政期までは王朝の側にあった。

応安四年の強訴によって両門主以下が配流されたが、その形式は従来通りの形式にしたがって王朝による流人宣下の形式で行われている。ただ、醍醐寺三宝院の光済と覚王院宋縁の配流は、彼等が将軍側近のいわゆる「幕府僧」[33]であることから、幕府の強硬な抵抗に会い難渋するが、結局、幕府の承諾を得て王朝側は彼等を流罪に処している。形式上、王朝が叙任権を有する彼等の身分は王権の管轄下にあったのである。

それでは、当時の幕府はいかなる立場にあったのであろうか。

幕府はその支配下にある武士の起こしたさまざまな行為、とくに寺社領の押領や神人などへの打擲・刃傷事件に対して、王朝からの秩序回復命令に対して、それを施行する立場にある。強訴にあってもその立場は変わらない。応永四年の強訴の際に幕府の応安大法に基づいて所領の回復を要求した興福寺は、直接、法の発布者に対してではなく、王朝に対して要求が出されているのである。その要求によってはかられた興福寺領や春日社領の回復は後光厳院宣を施行する管領細川頼之の施行状によって守護に遵行命令が出された（表4参照）。

以上のように形式上、王朝国家の軍事上の秩序維持の側面を担当する幕府であるが、その実態にあっては王朝への「執奏」によって、王朝の執政に対して指揮をする側面があったことはいうまでもない。強訴に対してではないが、延文二年（一三五七）の両門跡の争乱に対して、幕府は一乗院前門主実玄らを「誡沙汰」することを後光厳天皇に奏聞している(34)。

興福寺の最後の強訴、康暦の強訴では、それまでの強訴と違った対応が幕府にみられる。先述したように神木の帰座を幕府が強い態度で興福寺に迫るのである。康暦二年（一三八〇）正月十六日・二十一日・二十五日の三回にわたって幕府は使者を直接奈良に派遣しているのである（『花営三代記』）。この幕府と興福寺の直接対話は、これまでの強訴の歴史にはみられない。また、この翌年、永徳元年（一三八一）には一乗院新門主が幕府からの申し入れで近衛家から南都に下向している(35)。その翌年五月の六方衆と衆徒との和与も、幕府から使節が南都に下った上で行われている（「大乗院日記目録」）。このように康暦の政変以後の興福寺に対する対応は幕府主導となり、王朝を介在させない直接交渉となるのである。

二　幕府による統制――足利義満執政期の幕府と興福寺

康暦元年（一三七九）の強訴を最後として、興福寺の強訴入京は歴史上姿を消す。その原因は興福寺側の内部分裂にもよるが、主たる原因は国家の側に問題がある。王朝と幕府という二重の権力のあり方が、この時期から幕府権力によって統一されることになるからである。後円融天皇の王朝は将軍足利義満の幕府権力の下に組み込まれてしまうのである。この国家すなわち幕府権力のもとに興福寺も屈服することになり、もはや幕府に強訴をかけることはできないのである。室町殿義満執政期に幕府は寺社勢力の雄である興福寺をどのように統制しようとしたのかを考えてみる。

1　室町殿義満の春日社・興福寺参詣

義満は、その執政期間中五回にわたって南都に出かけている。その理由は春日社参詣であり、興福寺の法会の見物であったりしたが、もちろん、武士だけではなく摂関家をはじめとする貴族を多く従えての参詣は政治的効果をねらったパレードであり、南都が幕府によって制圧された現実を南都に明確に示すものであった。

今、その南都参詣を『奈良市史』通史二の叙述等を参考に簡略に示すと以下のようになる。

至徳二年（一三八五）八月　義満、二条良基・近衛道嗣を率いて春日社参詣。

明徳二年（一三九一）九月　義満、春日社・興福寺・東大寺に参詣。この年十月五日、十一月二十五日将軍義満の「南都再興」の「御書」。

応永元年（一三九四）三月　義満、興福寺常楽会に参詣。春日社・東大寺を巡る。

応永二年四月　義満、春日社参詣。大和国宇智郡を春日社に寄進。一乗院の管領とする。

応永六年三月　義満、興福寺金堂供養に臨む。幕府、供養料四千五百貫文を寄進。延暦寺・園城寺・東寺・東大寺・薬師寺・西大寺・法隆寺・元興寺などの僧も参加。

以上の義満の南都下向をみると、義満は南都制圧と同時に、興福寺の「再興」を行っている。義満の第二回目の南都参詣の直後の明徳二年十月五日と十一月二十五日に義満は「南都再興」の御内書を出している。「寺門事条々聞書」(36) 応永七年条に引用される二通の義満の御内書は以下のようなものである。

一、明徳二年十一月二十五日御書云

南都再興事、先度令申候了、学侶幷官務衆徒不乱旧儀、守先規、不可有新儀沙汰之旨、重可被相触候也、恐々謹言

十一月廿五日　（足利義満）御判

于時寺務
大乗院大僧正（孝尋）御房

一、明徳二年十月五日御書云

南都事敬神異于他候、学侶殊廻寺社再興之計略、可致神事法会之遂行、寺社領等於違乱之地者、興行之、十二大会以下諸御願不可有闕怠、若於異儀之輩者、就令注進交名、可処罪科之由、可被相触学侶等候、恐々謹言

十月五日　（足利義満）御判

于時寺務
大乗院大僧正（孝尋）御房

官務衆徒又如此申成之間、同十一月二十五日如上被成下了

学侶と官務衆徒（官符衆徒）に宛てられた「再興」の中身は、興福寺の「寺社領」の「興行」とその年貢によって運営される寺内の十二大会以下の法会神事の遂行にあったが、応永元年に義満が常楽会に参詣したのも、中絶していた法会の再興の確認のためであったからと推定される。「南都再興」はその後、鎌倉末期の嘉暦二年（一三二七）の寺内合戦によって焼失した金堂の再建に及び、その落慶供養に義満は、自ら臨むだけでなく、南都だけでなく延暦寺以下の権門寺院の僧も参加させたのである。その間、義満は明徳二年十二月三十日に大和国

宇陀・宇智・吉野三郡の他は幕府の軍勢を入部させないことを保証し[37]、また、南北朝合一後、もと南朝支配下にあった大和国宇智郡を応永二年四月に春日社に寄進し、七月に一乗院門跡の管領とした[38]。幕府の力によって興福寺の再興が成ったことは、内乱に明け暮れた南都の平和と伽藍の再興が義満によって実現されたことを内外に示すこととなった。

2　興福寺の人事への介入

王朝や摂関家の家門によって掌握されてきた、興福寺の公的・私的組織に対して、幕府は直接介入するようになる。

(1)　別当・権別当

藤原氏氏長者の長者宣によって任命される別当の職は、形式的には存続するが、幕府の推挙によって実施される事例が出てくるようになる。例えば、応安元年（一三六八）十月三日別当頼乗・権別当盛深の補任は、幕府の意向を三宝院光済が内々に後光厳天皇に申し入れ、その結果行われた人事であった（「山門強訴記」[39]）。また、応永九年（一四〇二）四月の別当孝円の補任にあたっては、口入が行われた形跡はみられないものの、長者宣によって補任された別当孝円は五月に入ると室町殿義満に謁見するため上洛し、十二日に対面している。この間、天皇の許へ赴いた形跡はみられない（「応永九年記」[40]）。

(2)　政所の目代

興福寺別当の任命する四目代、すなわち、修理目代・通目代・会所目代・公文目代は、政所系列の寺家の組織にあって、その運営の中核となる者である。[41] その「遷替の職」が康応二年（一三九〇）の興福寺別当孝尋の頃から次第に特定の家によって世襲される職と変化し始めているが、[42] その動向に決定的影響を与えたのが義満によるこれら目代の補任に対する「口入」や「安堵」であった。

例えば、会所目代の場合、応永二十年会所目代寛舜の跡をめぐってその子息貞義と良乗の間で争いが起こる（京都大学所蔵「一乗院文書」[43]）。幕府法廷で争われたこの裁判において、子息権都維那貞義の主張の論拠は、室町殿義満の時に「ふたいそうそくつかまつる」ことを認めた義満の安堵状であった。[44] この相論は「遷替職」を主張した良乗が勝訴し、貞義は公文目代に補任される結果となったが、良乗の会所目代職の補任は次にみるように、室町殿足利義持袖判の伝奏奉書によってなされ、良乗の「相続」が認められたのである。

「勝定院殿様御判案文」

御判　せうちやういんとのさま

会所目代職事、於寺務者雖令遷替、可被相続奉行之由、所被仰下也、可被存知之状如件、

応永廿
十一月八日　　広橋殿 在判

丹波法眼御房

（「一乗院文書」）

ここでは、別当の補任権は否定され、室町殿の相続安堵権のみが唯一である。このように別当の目代補任権を否定し、室町殿が職の相伝にあたって直接、安堵することは義満段階から始まっているのである。註(44)に示したように義満は当初、目代の補任に対する推挙（口入）から介入し、やがて譜代相続を認める安堵状の発給にまでその支配を伸ばしているのである。

義満による目代職の推挙は修理目代においてもみることができる。『興福寺三綱補任』[45]によれば、すでに応安

六年の修理目代好継の補任は「室町殿御推挙」によったが、康応二年の修理目代の補任は別当孝尋による実憲への補任がいったんなされたものの、「室町殿御推挙」によってその補任が否定され、好継に補任されているのである。[46] 応永九年に別当となった大乗院門主孝円は、修理目代に一乗院房官である好継を補任したが、好継が「十余年」も修理目代に就いているのは「室町殿御口入」に拠るものであった。「応永九年記[47]」はこの事態を「末代之至極、未曽有之次第也」と記している。

このように、目代の補任は、室町殿義満の「御推挙」によるものであったが、その後、たんなる推挙・口入でなく、目代からの申請を請けて室町殿義満が直接、職の相伝を安堵するようになり、次の室町殿義持もその安堵を継承するのである。

（3） 門跡の後見職

大乗院や一乗院門跡の門主の相続にあたって、家門が決定権を持っていたことは先にみたところであるが、大乗院・一乗院両門跡の家政組織内部の諸職に対しても、室町殿義満が直接介入し安堵することが起こっている。次に示す史料は、一乗院門跡の後見職を室町殿義満が袖判をすえた南都伝奏広橋仲光の伝奏奉書で安堵したものである（「一乗院文書」）。

当代
御判

故広橋殿奉書

門跡後見職附佐保田庄々務事、任憲乗法眼与奪、如元可被仰付良乗法橋之由、先門主時被成御推挙畢、今更不可有改動之由、被仰下之状、如件、

応永九年九月　日　（仲光）判

これは明らかに、門主の本来有した門跡組織の人事権を奪う動きであり、寺家政所における興福寺別当の目代補任権に対する侵害と同じ政策である。

（4）「家門」の統制

以上のような門跡内諸職の人事に対する室町殿の介入は、ある意味では当然のことである。なぜなら、門跡に対する管領を主張していた「家門」の存続そのものが、もはや幕府によって直接左右されるものとなっていたからである。

例えば、永徳元年（一三八一）七月、鷹司前関白冬通の子息大乗院門主孝尋は、六方衆と戌亥脇衆徒との争いの渦中で「惣衆徒」（六方衆）方に付いた。そのことが原因で、室町殿義満は「鷹司家門」の「家領」をことごとく没収しようとしたのである（『後愚昧記』）。また、近衛家家門についても至徳四年（一三八七）三月に近衛道嗣が没した跡を義満が「申置」いたことは、すでに森茂暁氏や水野智之氏が指摘しているところである(48)。

3　寺内・大和国における軍事・警察権の掌握

（1）官符衆徒の掌握

強訴の時代にあって、官符衆徒はどちらかというと幕府よりの姿勢をみせていたが、この時期に入って、幕府は明らかに学侶や六方衆という興福寺の独立性を主張する集団を排除し、官符衆徒（官務衆徒）(49)を幕府による大和支配の下部機関すなわち他の諸国における守護に位置づけようとする。

次に示す室町幕府御教書は、明徳五年（一三九四）に興福寺の幕府への訴訟窓口を官符衆徒だけにするが、それと同時に「雑務検断」を官符衆徒の独占としている。

明徳五年四月二十五日御教書云
当寺当社訴訟事、先年被定置了、雖為向後、弥為官務衆徒可執申、至学侶雑掌者、自今已後、固所被停止也、
若徘徊公庭者、可被処罪科、将亦於雑務検断者、先年任被定下旨、殊可被致其沙汰之状、依仰執達如件、
明徳五年四月二十五日　　左衛門佐《義将》判
興福寺官務衆徒中
（「寺門事条々聞書」）

この決定は「先年」の決定を改めて認めたものであるが、それはこの明徳五年をそれほど遡らないであろう。明徳四年八月二十五日、幕府は官符衆徒に東大寺領大和国川上庄の違乱停止を命じているが（『大日本史料』七編一所収「東大寺文書」[50]）、これは、おそらく幕府の「雑務検断」に関する決定を受けてのことであったろう。

（2）学侶・六方衆の内部の争いに対する直接介入

幕府は惣寺集団の中核ともいうべき学侶・六方衆の内部の対立に対しても直接介入するようになる。明徳四年二月、学侶定有を六方衆が落書起請によって罪科に処すが、その後、その決定を認めない六方衆の一部との間で争いが発生した。この六方衆の間の紛争は義満が直接訴訟指揮をし、両者の主張を記した事書は京都に提出され、結局、幕府が「成敗」しているのである。

「神木動座度々大乱類聚」[51]に引用される義満の「将軍御書」（「北山殿御書」）は次のようなものである。

学侶定有為六方衆罪科間事、委細以使者令申候、厳密可有御下知候也、恐々謹言、
三月八日　　御判（義満）
大乗院御房

もはや、惣寺集団の構成員の罪科決定を幕府によって覆される事態となっており、惣寺集団の自治さえ危ういのである。

おわりに

応永二十一年（一四一四）六月、幕府は、官務衆徒二十六名、大和の国民二十七名を直接京都に召喚し、彼等から幕府が示した七箇条の「篇目」の遵守を守るよう起請文を書かせている。また、十月には学侶二十四名、六方衆二十八名に対し、同じく召喚命令を発し、起請文を徴収している（「寺門事条々聞書」）。学侶・六方衆・衆徒（官務衆徒）などの興福寺惣寺集団のみならず大和の国人（国民）に対して幕府は直接命令を下す公儀権力として臨んでいる。これは、義満段階からの幕府による南都制圧の帰結を示すものである。

以上、第一章と第二章において検討してきたように、興福寺が強訴によって国家（王朝・幕府）を揺さぶった十四世紀末の康暦頃までと、逆に、幕府が興福寺を統制してくる明徳以降とでは、両者の関係に大きな差違が認められる。その画期はたんなる室町時代のみの問題ではなく、平安末期に中世寺院権門として確立した寺社勢力の没落を示す転換点であったと考える。

註

（1）　黒田俊雄『日本中世の国家と宗教』（岩波書店、一九七五年）所収の論文「中世における顕密体制の展開」において以下のように叙述している（五四一頁）。「禅宗が本来もつ固有の側面はやはり新たな問題ではあるにしても、全体に密教との結合の著しいことは、単なる影響・混合・妥協などという以上に本質的な問題であるとせねばならぬ。さらにまた、禅宗が国家あるいは「国王」の権威と深く結合してその安泰を祈念し、儀礼荘厳に腐心し、また政道の要路を説いたことも、（中略）日本中世の権門体制における宗教のあり方の問題として注目されねばならぬ。所詮こうしたことは、中世後期において禅宗が顕密体制のなかに新たな位置を占めたもの―しかも封建王政的傾向と絡んで―と判断してよいことを示唆するものである」。
（2）大石雅章「寺院と中世社会」（『岩波講座日本通史』中世二、一九九四年、のち同氏『日本中世社会と寺院』清文堂出版、二〇〇四年に収録）は室町期における権門寺院の国政上の地位について触れているが、「権門寺院の武家への従属化」を否定している点において本章での評価とは異なる。
（3）原田正俊氏はこの問題について主に禅宗の側から考察し、五山派の禅宗による顕密寺院への思想的批判や、幕府による「顕密禅併置」の成立を指摘された（同氏「中世後期の国家と仏教―禅宗の展開を通して―」『日本史研究』四一五、一九九七年、のち同氏『日本中世の禅宗と社会』吉川弘文館、一九九八年に収録）。
（4）『奈良市史』通史二（奈良市、一九九四年）第五章。
（5）「家門」の語は、近衛家・九条家などの権門、貴族の「家」を指すか、あるいはその「家」の家長を指して用いられる用語で、鎌倉末・南北朝期に出現する。「門跡」の語が門跡という家産組織全体を指すと同時に門主自身を指す場合と同様の使い方をしている。家長とその所領や所属寺院などを含む家産組織全体を指す「家門」の歴史的特質についてはいまだ十分明らかにされていないが、森茂暁『南北朝期公武関係史の研究』（文献出版、一九八四年）第四章四三〇～四三七頁が南北朝期の家門相続の事例を、また、水野智之「室町将軍による公家衆の家門安堵」（『史学雑誌』一〇六―一〇、一九九七年、のち同氏『室町時代公武関係の研究』吉川弘文館、二〇〇五年に収録）が幕府による公家領安堵とともに公家家門の安堵を取り上げている。
（6）稲葉伸道『中世寺院の権力構造』（岩波書店、一九九七年）第六章。
（7）『史料纂集　園太暦』。
（8）『増補続史料大成　大乗院寺社雑事記』十二。
（9）『増補史料大成　愚管記』。
（10）『続々群書類従』巻二史伝部。
（11）お茶の水図書館成簣堂文庫所蔵大乗院文書にあるこの置文は、一部分が永島福太郎『奈良文化の傳流』（中央公論社、一九四四年）一六一頁に紹介されているが、全文が活字化されていないのでここに紹介しておく。
　記録
　　条々

一、聖教・文書事、古今相承二明重書等寺社記録已下大略在正願院経蔵、其外少々納置正願院・禅定院文庫、云彼云此、可為門跡進止家門所属、凡二明書籍等事、烈祖之執心不浅、更不可処聊爾事、

一、三ヶ院家幷御願検校職・所領・房舎・末寺・末山等、悉任建長文永記録、依代々慇懃之聖断、報恩院禅閤相副累代相伝手継証文、被譲与孝覚訖、若無殊子細者、教尊禅師可為付属之仁、以此記録為証文、可令領知之、不可有他妨事、

一、別相伝所領事、委細追可注置之、但、播磨国久留見庄除大村名、先年已令寄進春日社了、此外江州伊庭庄・尾張国但馬保領主事別相計之、九条北政所御一期後、可致管領之地也、同可寄付当社、凡現当之浮沈、偏仰権現之冥助事、

但両庄已下尚別相伝地之事、重々有子細、追可改之也、

一、蓮花心院領播磨国志深庄月見禅尼一瞬之後、可致管領、故有旨趣可施入仏陀之由、雖存之、其所未思定、若不及重記者、可寄附西大寺光明真言料所、毎年々貢之内千疋、為神供可進本社春日社・本家大学寺也、有限所役七千疋、不可有懈怠事、

越前国尚不静謐者、以発心院領横田庄、可相宛彼御分□不可違犯之

一、月見禅尼事、衣鉢資躰併在愚身之救持、没後之牢籠、太以心苦存之、当時分進両所、細呂宜郷預所得分、河口庄嚢屈、一期之間、雖何子細不可有改動事、

一、世間出世候人学侶衆徒国民等恩領、無殊子細者、不可改動事、

右、以前条事、随思出、且所記置之也、而可為後日之証文之状、如件、

暦応三年五月廿九日　権大僧都孝覚

此状件比所労之間、注之文字猶可被見解、仍重而清書之、

観応二年五月廿三日（花押）

(12)「柳原家記録」七十七、仲光卿記（『大日本史料』六編三十）。

(13)『福智院家古文書』（花園大学、一九七九年）六一号「大乗院門跡規式」。なお、この文書集では袖判の人物を鷹司冬通に比定しているが、誤りである。

(14)「寺院細々引付」（国立公文書館内閣文庫所蔵「大乗院文書」『大日本史料』六編三十一）の記主は大乗院坊官泰尊法眼。

(15)「寺院細々引付」（『大日本史料』六編三十二）に引用する「院家御教書」は次のようなものである。発給主体を「門主」とせずはっきりさせていないのは、この補任が異例であることを物語っている。

長谷寺事、可令執務給之由所候、恐惶謹言、

三月一日　　　　　　　　　　　　　　　　　　法眼泰尊

謹上　禅光院僧都御房

(16)『大日本史料』六編三十八。
(17)『大日本古記録　後愚昧記』。
(18)『大日本史料』六編四十一。
(19)『史料纂集　師守記』。
(20)『大日本古記録　後愚昧記』応安七年正月二十九日条によれば、後光厳上皇の死は春日社の神罰と認識されていた。
(21)大石雅章「寺院と中世社会」（前掲）一五四頁は応安四年の強訴を取り上げ、「寺僧集団が公家・武家の権威と権力を借りながらも、門流支配に対抗して寺内の正常化を実現させたことに意義がある」と評価し、「貴種僧の主導性が明らかに減退した」としている。
(22)『大日本史料』六編六。
(23)佐藤進一『南北朝の動乱』（中央公論社、一九七一年）三五一・四〇〇頁、同『足利義満』（平凡社、一九八〇年）四四〜四五頁。
(24)『吉田家日次記』、『春日神主祐賢記』（『大日本史料』六編二十六）貞治五年八月八日条。
(25)村井章介「徳政としての応安半済令」（安田元久先生退任記念論集刊行委員会編『中世日本の諸相』下、吉川弘文館、一九八九年、のち同氏『中世の国家と在地社会』校倉書房、二〇〇五年に収録）。
(26)延暦寺の強訴入京は応安二年四月二十日、石清水八幡宮の強訴入京は応安三年十月十七日である。『大日本史料』六編三十を参照。
(27)応安四年三月二十三日に践祚した後円融天皇の「大礼」、即位式が応安六年十二月に至ってもできずにいたこと、即位式の実行が神木帰座を条件とされていたことについては、「寺訴引付日記」（『大日本史料』六編三十九補遺）を参照。
(28)康暦の政変の過程については佐藤前掲書が詳しい。
(29)神木の帰座を命ずる幕府の態度は、それまでのものとは異なって強硬であった。『増補史料大成　愚管記』康暦元年十二月二十三日条は、次のように記している。「伝聞、神木帰座事、武家猶仰遣南都云々、急可有帰座、猶申子細者、可厳密之沙汰

之由、命之云々」。翌康暦二年正月四日の「愚管記」は、「軍士」すなわち幕府軍を差し下して強制的に神木帰座を実行させようとしていたことを伝えている。

(30) 斯波邸に振り捨てられた神木は、勅使による迎えによって従来通り長講堂に入れられ安置された(「神木入洛記」)。

(31) 貞治四年二月五日足利義詮御判御教書(春日神社文書)(『大日本史料』六編二十六)が、九州諸国を除く諸国守護宛に発給されている。ただし、関東に付いては鎌倉公方宛となっている。

(32) 応安四年十二月五日の幕府に下された後光厳上皇院宣には「所被停廃門跡管領也、早撰器用、可有入室沙汰之由被仰家門畢」と記している(『吉田家日次記』)。この時点では家門に関して、王朝は幕府に命ずることなく直接、その管領を沙汰している。

(33) 「幕府僧」の概念は平雅行「鎌倉仏教論」(『岩波講座日本通史』中世二、のち同氏『鎌倉仏教と専修念仏』法藏館、二〇一七年に収録)にみる鎌倉時代の将軍護持僧を室町時代にも当てはめたものである。

(34) 『史料纂集　園太暦』延文二年十二月二十一日条、延文三年八月二十八日条。なお、延文三年九月十一日条では関白二条良基の罷免を要請していることがみえる。

(35) 『増補史料大成　愚管記』永徳元年八月三十日条によれば、記主近衛道嗣の許に幕府使者松田丹後守と飯尾左近将監入道が訪れ、一乗院門主良昭の南都逐電に対して「此上者他御器用候者、急可及御入室候」と申し入れ、それに対して道嗣は「良昭逐電事迷惑之外無他候、入室事急可令計沙汰候」と回答し、九月二十四日には子息某を一乗院新門主として南都に下向させている。この間、後円融天皇の関与は全くみられない。

(36) 国立公文書館内閣文庫大乗院文書。末柄豊「国立公文書館所蔵『寺門事条々聞書』」(安田次郎『大和武士と武士団の基礎的研究』平成十四～十五年度科学研究費研究報告書、二〇〇四年)に翻刻がある。

(37) 「日々記抜書」(国立公文書館内閣文庫大乗院文書)に記録される義満の御内書は以下の通りである。

京都御書云

一、和州宇多・宇智・吉野三郡之外、向後可停止軍勢入部、但国民等与凶徒違背寺命者、可加治罰者也、以此旨可令下知学侶衆徒給候也、恐々謹言、

明徳二
十二月三十日　　御判(義満)

興福寺別当大僧正御房(孝尋)

この義満の御内書の内容に対して、「満寺悦喜」であったと記主である別当孝尋は記している。

(38)「略安宝集」(国立公文書館内閣文庫大乗院文書、『大日本史料』七編二)に写されている義満の寄進状と伝奏奉書を示しておく。

当国宇智郡所奉寄進春日社也、於社頭毎年二月三月大般若経真読、永代無退転可被施行、為彼料所於下地者、付当門跡可令管領給、仍寄進之状如件、

応永二年卯月十七日

太政大臣御(「判」脱カ)

伝奏万里小路殿奉書

大和国宇智郡一円被付門跡候、為御祈禱料所、可令知行給候也、恐々謹言、

七月二十九日　嗣房

一乗院御房

(39)『大日本史料』六編三十。

(40)国立公文書館内閣文庫大乗院文書、『大日本史料』七編五。

(41)四目代については、稲葉伸道『中世寺院の権力構造』(岩波書店、一九九七年)第四章において組織と機能について検討した。

(42)興福寺の四目代の補任権は別当が有し、基本的には三綱から選任される。『興福寺三綱補任』によると、康応二年(一三九〇)別当孝尋以前においては、別当の遷替に伴い目代が交替するのが原則としてみられるが、これ以後は同一人物が別当の交替にもかかわらず一つの目代を長く務める傾向がみられる。例えば、修理目代好継は康応二年から応永二十一年(一四一四)までの約二十五年間在職、会所目代寛舜は明徳二年(一三九一)から応永二十年までの約二十三年間在職、通目代憲乗は康応二年から応永十年までの約十四年間在職、公文目代良乗は応永五年から応永二十年までの約十六年間、公文目代貞義は応永二十一年から永享四年(一四三二)までの約十九年間在職するようになるのである。別当が大乗院方か一乗院方かで目代の職が左右されることもなくなり、応永五年の別当一乗院良昭によって任命された四目代は、次の応永九年の別当大乗院孝円の時も改替されることなくそのまま継続された。こうして目代職が特定の三綱の家によって相伝される職となっていく。目代職の交

替が死欠によって行われ、その跡を子息が相続する場合が出てくるのである。応永三十一年に没した通目代栄舜の跡は子息都維那隆舜が相続した。また、会所目代良乗が八十歳で永享元年に没した跡は子の厳乗が相続し、彼が永享五年に没するとその子の堯乗が相続したのがその良い例である。以上のように興福寺の目代の家が義満の時代に誕生したといえるのである。

(43)『大日本史料』七編十八。

(44) 応永二十年十月日の権都維那貞義言上状（一乗院文書）によると、祖父法眼貞舜も親父権寺主寛舜も「かたしけなくせん御たいの御きよをもつて、ふたいさうそくつかまつりをぬ」として義満の推挙によって会所目代に補任されたとしている。また、寛舜は義満から「えいたいさうてんつかまつるべきのむね」の御判を下されたとして、義持の安堵を要請している。

(45)『続群書類従』第四輯下、補任部。

(46) もっとも、別当の補任権がそれ以後消えてしまうわけではない。永享二年（一四三〇）別当光暁は修理目代好継の子息好憲を改補し、修理目代管轄下の杣十六ヵ所を没収しようとするが、好憲が直接室町殿義教に訴え、義教の「御立腹」により元のごとく好憲を修理目代とし、杣は一円安堵された（『興福寺三綱補任』）。これは室町殿義教の代始めにあたって別当が元の補任権を回復しようとしたと思われるが、結局、この企ても失敗しているのである。また、室町殿の相続安堵に対して幕府の裁判が優越する場合もあった。応永二十九年（一四二二）通目代職をめぐって親乗と栄舜が争った時、親乗は「当御代（義持）御判、当知行間、不依寺務遷替、可致相続奉行之条、勿論」とし、かつ別当もそのように「内々御治定」していたが、栄舜法眼が幕府南都奉行に訴え訴訟となり、その結果栄舜が勝訴となり、ついに栄舜が通目代に安堵された。しかし、その栄舜が応永三十一年に死去した後、子息隆舜は「可令相続奉行」ことを幕府に訴え、それに対して親乗は異論を唱えたが、裁判とはならず隆舜が安堵されている（以上『興福寺三綱補任』）。ここでは室町殿は先の安堵を尊重し、裁判になることはなかった。

(47) 国立公文書館内閣文庫大乗院文書、『大日本史料』七編五。

(48) 森茂暁『南北朝期公武関係史の研究』（文献出版、一九八四年）四三一頁。水野註(5)論文。

(49) 官符衆徒を義満期頃から官務衆徒と呼ぶようになったのは、本来王朝による任命を示す「官符」（太政官符・太政官牒）の語を幕府が避けたためかも知れない。

(50)『大日本史料』七編三〇九頁。この東大寺文書は『東大寺文書目録』第六巻（同朋舎出版、一九八四年）にみえない。

(51)『大日本史料』七編一所収。

（補註1）安田次郎『中世の興福寺と大和』（山川出版社、二〇〇一年）第三章第三節では、この事件の原因を喜多院をめぐる両門跡の争いにあるとする（二七六頁）。

（補註2）　安田次郎前掲書は孝信（教信）を九条経教の猶子とする。

（追記）　本稿発表後、南北朝期の興福寺両門跡の争いに関しては安田次郎氏が一乗院門跡実玄に焦点をあてて詳細に検討している（前掲書）。また、大田壮一郎氏は、義満による南都政策の基調が当事者に直接的に対処する体制の構築にあり、また、その政策は抑圧一辺倒ではなく「南都復興」（維摩会など仏神事の興行や東金堂などの伽藍造営）の具体的政策が伴っていたとする（『室町幕府の政治と宗教』塙書房、二〇一四年）。本章では権門寺院である興福寺およびその門跡が室町幕府の権力構造に組み込まれて行く点に力点が置かれている。それが、抑圧だけでなく一方で「興行」という政策を伴うことはいうまでもない。

終章　南北朝・室町期における幕府と王朝の寺社政策

はじめに

ここまで鎌倉時代を中心に、主として徳政としての寺社興行政策について検討を加えてきた。終章では南北朝・室町期における幕府と王朝の寺社政策について全体的な見通しを加えたいと思う。とくに課題となるのは鎌倉末期における寺社強訴に対する対応、寺社領興行政策、寺社裁判制度との関連であるが、ここでは寺社領興行政策を中心に見通してみたい。なお、当該期の国家は王朝国家権力の多くを幕府が吸収していった時代であり、寺社政策を論じる場合、後光厳院政期までは王朝の政策を考慮する必要があるものの、室町殿義満期以降はほとんどの場合、幕府権力による政策が対象となる。また、寺社政策については顕密寺社だけでなく、五山禅宗寺院を視野に収める必要があるが、この点については考察の対象外とならざるをえない(1)。

一　強訴の終焉

南北朝期は鎌倉時代に引き続き強訴の時代であった。それが康暦政変以後、室町殿足利義満の本格的治世となると入洛するような強訴はほとんど消滅するのである。この点については本書第二部第三章において興福寺の強訴について論じたが、要点をまとめると以下のようになる。

南北朝期の興福寺の入洛強訴は、暦応三年（一三四〇）～同四年、貞治三年（一三六四）～同五年、応安四年（一三七一）～同七年、康暦元年（一三七九）～同二年の四度ある。強訴に対する国家の対応の仕方をみると、足利義満の執政期（康暦政変以降）までは、鎌倉末期に幕府・王朝ともに強訴を禁止した段階から後退している。王朝・幕府は強訴を受け入れ、入洛した神木を直ちに追い返し、南都を制圧するような強行手段をとれないのである。貞治の強訴では、興福寺領越前国河口庄の守護斯波氏による押領排除の訴えが、幕府を主導した執事斯波高経の失脚という結果をもたらしている。応安の強訴では、管領細川頼之は強訴要求のいくつかを認めざるをえなくなっている。強訴そのものが非とされた鎌倉末期との落差は大きい。しかし、康暦政変によって細川頼之が失脚し、義満による本格的執政が始まった直後の康暦の強訴では、これまでにない幕府による強硬な反発によって神木が帰座させられている。興福寺側は内部分裂もあって何ら要求を通すこともなく、神木を帰座させている。もはや、強訴に対して幕府が譲歩する態度はみられない。また、形式的にせよ幕府が王朝に「執奏」している事実はみられないようである。このように康暦の政変によって執事細川頼之が没落、権門寺社宥和政策が放棄されたのを契機として、幕府が寺社強訴に妥協することはほとんどなくなるのである。このことは当時、興福寺と並んで寺社強訴の主体であった延暦寺や石清水八幡宮についても当てはまることである。

延暦寺の場合、応安元年に入洛強訴し、翌応安二年に幕府が要求を入れて南禅寺楼門を破却した事件はよく知られている。その後、応安七年に日吉神輿造替遅延を理由に日吉・祇園・北野の神輿が入洛強訴したが、この場合は山門衆徒は入洛しておらず、翌永和元年（一三七五）年七月に「造替事始」が幕府の沙汰として行われているが、神輿の帰座は康暦元年の政変後の六月になってようやく実現している。以後、義満執政期にあっては山門の強訴は発生していない(2)。山門強訴が再発するのは義持執政期の応永二十二年（一四一五）六月のことである。

近江守護六角満高の罪科を要求したこの強訴は、幕府側が流罪にすることを約束したため、その日のうちに神輿は帰座している。(3)この時の強訴の相手は室町殿であり、もはや天皇や上皇ではない。また衆徒に対して幕府側の意向を伝え交渉したのは山門使節であった。最後の山門の入洛強訴は義教執政下、永享六年（一四三四）である。前年からの延暦寺と幕府の全面対決は、幕府軍の二度にわたる派遣と、坂本での合戦を経て、山門使節の逮捕・殺害、一類の根本中堂での自焼自害で終わる。この間の経緯については下坂守氏が詳しく検討している。(4)入洛強訴の歴史の最後を示すこの事件は、寺社勢力が幕府という国家権力によって完全に屈服させられた象徴的事件である。院政期以来の寺社勢力の武力と神威に基づく「勢力」を誇示する強訴が、ここに最終的に終末を迎えたといってよいのではないだろうか。これ以後、強訴を権門寺社は試みるが、もはや入洛することはなく、ここに権門寺社の強訴の歴史が閉じられたとみてよいであろう。

ところで、鍛代敏雄氏は南北朝・室町期になって登場する「神訴」の語に着目し、石清水八幡宮などの事例を詳しく検討している。(5)それによれば、「神訴」とは放生会などの国家祭祀の時点に行われた訴訟であり、神輿・神木を動座させ社殿や仏堂への閉籠を行うものである。また、その訴訟内容は神領・寺領の回復、神人への狼藉に対する処罰、経済的権益の保証を求めたものであったという。これらの行動と訴訟内容からみれば、「神訴」は強訴概念に含まれるものである。とりわけ南北朝期から神威が強調されるのは、伝統的な神威への為政者の畏れ、モンゴル襲来以後に強くなる神国思想の浸透、とくに足利義持期における室町殿義持の敬神の姿勢があり、一方で、鍛代氏が指摘するように、義満期における石清水八幡宮神人の強訴に対する禁圧政策などによって、従来からの権益を保持できなくなった石清水八幡宮神人などの動揺が、逆に神威を強調して強訴する行動につながったものと思われる。石清水八幡宮などの神社側の危機意識と鎌倉末期以来の国家側の強訴禁圧政策の継続が、この時代にあえて「神訴」という神威を強調する言葉を語らせたのではなかろうか。鍛代氏は、石清水八幡宮の

「神訴」に対する幕府の対応が義満・義持・義教・義政の各段階で異なるものの「神訴」を完全に否定することはなかったと評価するが、それが放生会の際に事前に訴訟内容が幕府に提出され、放生会の際に裁許が下るという形式ができていたことをみれば、かつての神威を全面に押し出した寺社強訴の威力がすでに失われていたことは明白である。応永三十一年に石清水の神人が薬師堂に閉籠した時、義持が「ただ神人責め殺すべし」と命じ、十一月に幕府に神人が押しかけ幕府軍と合戦に及び、神人三十人余が討ち取られ、五十人余が処刑された事件は、(6)石清水八幡宮に対する義持の崇敬があったにせよ、強訴という手段を許容しない幕府の基本方針であったと考える。放生会は幕府が国家の大社である石清水八幡宮を維持する必要がある国家的法会であり、「神訴」のシステムはその維持のためにある程度、石清水八幡宮の要求を聞き入れるための予定調和的対応であった。(7)

以上のように室町幕府は寺社の強訴に対して禁圧する政策を維持したが、それだけでなく、幕府は興福寺や延暦寺の軍事力の中核である衆徒を、直接、幕府の下に組織するようになる。第Ⅱ部第三章でみたように、興福寺の場合、明徳五年(一三九四)に学侶を排除して、官符衆徒を幕府への訴訟の窓口とし、また雑務検断の沙汰を命じている。(8)時代は下るが康正元年(一四五五)九月、幕府は没落した官符衆徒筒井等に代わって、豊田頼英以下五名を選任している。(9)興福寺の官符衆徒は幕府によって任命される職になっているのである。おそらくそうったのは、明徳五年をそれほど遡らない義満期であったと推定される。なぜなら、ほぼ同時期、延暦寺においても衆徒の代表を山門使節に組織しているからである。前掲の下坂守氏の研究によれば山門使節は康暦元年に創設されたという。

二　寺社領興行政策

鎌倉後期の徳政としての寺社領興行政策は、室町幕府に継承される。内乱の間、幕府は戦乱によって押領された寺社本所領の回復を命ずる法を発布する。とくに、応安元年（一三六八）の半済令が寺社領保護を目指した徳政としての大法（応安大法）であったことは、村井章介氏が明らかにしている。(10)村井氏によれば、「寺社は半済規定などには目もくれず、ひたすら「諸国寺社領に於いては、一円に返付せら」れた法として理解し」、幕府に対し下地の交付を請求したという。先の興福寺の応安の強訴においても、「諸国寺社領、任目録南都雑掌如申請、有施行実儀之様、可被仰武家事」と要求している。(11)法の現実の効果に対して、村井氏は「寺社にとって（中略）ある程度の権益の回復や支配の延命が獲得されれば法の規定が文章どおり実現しなくても、それで充分だった」と評価している。内乱期の寺社領興行が幕府だけでなく南朝や征西府・足利直冬らによってもなされたことは、永井英治氏が明らかにしている。(12)永井氏は内乱期の徳政の特徴に「対立する諸権力が自らの権力編成のためにする」もので「権力の撒き餌」にすぎないとし、内乱の収束に伴い徳政は衰退するとする。

しかし、国家政策としての寺社領興行は、こののちも幕府の政策として継承されている。榎原雅治氏は室町期の代始め徳政について、寺社本所領荘園保護と裁判重視の政策が足利直義以来幕府政治の基本姿勢とし、応永十五年（一四〇八）の義持の徳政、永享二〜三年（一四三〇〜三一）の義教の徳政、長禄二年（一四五八）、文明六年（一四七四）の義政の徳政、長享元年（一四八七）から翌年にかけての義尚の徳政について指摘している。(13)

このうち、寺社領興行について　長禄二年の義政代始めの徳政についてみよう。

室町殿義政は同年三月に「寺社本所門跡領以下、近来違乱不知行分事、如元可被返付之、於無縁仁者可庭中」という法を発布した。(14)「寺社本所門跡領」の「近来違乱不知行分」がどこまで対象としているか、いつ発布されたかについて詳しく知ることはできないが、同年閏正月二十六日に興福寺大乗院門主尋尊は「京中ノ甲乙人ノ平文ノ上下被止之、幷鷹・鸜被止之、上下ハアサキノ外不可有之」との報告を受けており、(15)鎌倉時代の徳政において新制として発布されていた過差の禁止すなわち奢侈の禁止令が、このとき京中という限定された空間に庶民の服装と放鷹や鷃の飼育の制限として発布されていた。[16] また、同じ日に春日社の神事・法会の「退転分」を報告するよう「公方」(義政)から命令を受けた春日社権預祐識は、興福寺別当である尋尊に返答の指示を仰いでいる。これに対して尋尊は春日社後深草院三十講と春日東御塔院三十講の春秋二季の三十講の内、秋季の三十講が退転していること、その料所である越前国坪江郷内藤沢名の違乱によって「神供」と御誦経料が退転していること、そして、山城国古河庄の違乱によって春日祭御戸開の神供が退転していることを幕府に注進するよう命じている。[17] 幕府が神事・法会の執行状況の注進を求めたのは、神領興行を意図してのものであったと考えられる。この時はまだ寺領についての興行令は発布されていないが、三月に至って「寺社本所門跡領」に対象が拡大されたとみてよいであろう。この法について百瀬今朝雄氏は、義政への庭中訴訟を認めていることからこの政策を強力に推進する幕府の意図を読みとっている。[18] 尋尊はこの法について「先以珍重也」と記したあと、「不可有法量事也」と付け加え感想を記している。[19] 尋尊が「法量」すなわち道理・分別がないことだと冷ややかにみていることは、法の実効性に疑問を持っていたからこその感想であると思われるが、それでも、尋尊はこの法を受けて山城国古河庄の回復要求を幕府奉行人飯尾為数に行っている。[20] 大乗院雑掌重芸の名で尋尊が書いた目安状には、古河庄(菅井庄)は春日社小社造営料所で「祭礼御戸開神供長日御幣料等」の神領であり「守護使不入之地」であるが、宝徳二年(一四五〇)に守護方(畠山徳本)によって違乱され、訴訟を起こしても取り上げられなかったが、「近日所々本領被返付云々」ということなので、ここに守護不入の地として、本のごとく直務できるよう言上するとある。宝徳元年に義政(義成)は将軍職に就いており、尋尊は義政執政期の神領違乱については回復の対象と判断したのかもしれない。

この年の義政の寺社本所領興行令の痕跡は他にもみることができる。尋尊は京都の随心院顕宝から「相国寺・

建仁寺・東福寺等所領如元返付之、冷泉・飛鳥井本領安堵」との情報を得ており[21]、寺社本所領の回復、本領安堵が五山禅院や一部の公家領に及んでいたことを知ることができる。同年二月十三日に相国寺再興奉行に仏岩澄安が任命され、同月十五日に相国寺・鹿苑院等の寺領還補が命ぜられた。三月八日には備中国新見庄と京都四条坊門室町の屋地が、五月には飛驒国荒木郷が安堵され、若狭国倉見庄・越中国小佐見庄が還補された。十月には玉櫛庄の年貢銭の内、石清水八幡宮の「公用」に宛てられていた分が停止され、十一月には越前国国衙領が相国寺に寄進された。こうした一連の政策に次いで、翌年には鹿苑院の塔の造営が決定された[22]。

相国寺以外にも山城・美作・備中・加賀・近江・丹後・若狭等七ヵ国の天龍寺領が三月十日に還付され、三月二十八日には山城・美作・因幡・周防の四ヵ国の東福寺寺領が、四月十八日には南禅寺に若狭国玉置庄三分一地頭職が還付されている[23]。

このように義政の寺社領興行としての所領還付は、五山禅院を対象に矢継ぎ早に行われたようである。この寺社本所領の興行について、尋尊は先の記事のあとに「近日御成敗可為如普光院《(義教)》御代云々」と記している。義教執政段階の寺社本所領の興行政策について榎原氏は、義持期に神社・禅院に対して行われた行き過ぎた所領寄進を破棄する政策（正長元年〈一四二八〉の非分寄進破棄令）は、あくまでも限定的なものであり、永享二年（一四三〇）の御前沙汰が寺社領保護の徳政として機能していたことから、寺社領保護という基本政策は継続していたとした[24]。この点については、永享二年八月二十八日付の足利義教御判御教書が、正長元年九月二十三日の室町幕府下知状を召し返し、臨川寺領若狭国耳西郷半分地頭職を元のごとく臨川寺が領知することを認めるものであった[25]こと、この年義教は、天龍寺領諸国所々に宛てた段銭以下の諸公事と守護役を、応永二十七年の下知状に任せて免除するよう命じていることから、正長元年の非分寄進破棄令が永享二年に撤回され、臨川寺に対する興行政策が実施されていたことが確認される[26]。これが五山禅院全体に及んだものなのか、また、寺社本所領全体に及んだ政策なのかは不明であるが、御前沙汰の開始を考えれば寺社領全体に及んだ政策であったとみてよいのではなかろうか。

さて長禄二年の法で注意しなくてはならないのは、法の対象に応安大法にはみられなかった「門跡領」が寺社本所領と並んで記されていることがある。寺社領から門跡領が分離しているのである。これは何を意味しているのであろうか。

門跡領の興行を命じた幕府の命令は、応安大法後の永和二年（一三七六）に発布されている例がある。同年九月六日の近江国守護佐々木四郎兵衛高詮宛の室町幕府御教書によれば、仁和寺南院領近江国富田庄内田地三町五段が速水庄地頭代に押妨されたという雑掌の訴訟に対して、守護に実否を調査させ、もし事実であれば仁和寺に所務を全うさせるよう守護に命じている。その際、とくに「近日、門跡領等事、別而所被興行也」との文言を付け加え、寺社本所領のなかでもとくに門跡領を対象に興行令が発布されていたことが推測される。[27] 後年、嘉吉の乱後に万里小路時房は「諸家所領一円直務等事」の後花園天皇の「勅定」について記し、「鹿苑院殿御時永和之比、寺社本所領一円之沙汰、厳密及御沙汰、自　公家又被仰了」と「永和之比」の寺社本所領興行令の存在を記している。[28]「一円之沙汰」とは守護・地頭などによる所領侵害を停止し、寺社本所が「直務」することを意味していたと推測される。また、「公家又被仰了」と記していることは、永和の沙汰が後円融天皇の勅定であったことを推定させる。義満の命令の可能性も残るが、永和二年閏七月二十八日に彗星出現を契機とする徳政議定が開かれ、神事興行以下五箇条の徳政が議論されていることから、北朝政権による徳政が行われた可能性が高い。[29] その政策は幕府によっても支持され、仁和寺領という門跡領にも一円直務の興行が適用されたのではなかろうか。

義持期の応永二十五年（一四一八）七月十日には「門跡領半済停止、一円可令知行」との命令が三宝院満済に伝えられている。[30] この義持の命令を満済に直接伝える義持自筆書状が醍醐寺に残されているが、それによれば摂津国野鞍庄以下の所領について「或半済、或無理押領之、太不可然、向後停止是等儀、永代致一円知行」とあり、半済停止と「無理押領」を停止し一円知行（直務）を保証するものであったことがわかる。七月十日の義持「御判」（書状）によって同年十二月には越前国牛原三箇郷、尾張国海西郡西野高村を三宝院雑掌に沙汰付する守護の施行状が出され、野鞍庄の半済分を三宝院代官に渡すよう奉行人が命じている[31]。この年、十二月には雑訴興行が行われ、「寺社申事不可延引事」がその第一に掲げられていることからも[32]、徳政の一環としての寺社興行政策がなされ[33]、永和二年と同じく、とくに門跡領の興行が実施に移されたのではないだろうか。

門跡領興行は半済停止・押領停止による所領の還付とともに、守護使不入の特権の授与があり、その特権が「大法」として認識されていた。『満済准后日記』応永三十四年四月九日条には、「守護不入事、諸門跡領、雖大法候、於申請者、可有何子細哉」とみえ、多賀庄の百姓逃散につき、幕府奉行人との交渉において「諸門跡領」は守護不入であるとの「大法」があるが、三宝院からの申請があれば堤破却のために多賀庄に守護使が入部することも仕方が無いとの認識を三宝院側は示している。守護使不入の「大法」はひとり三宝院門跡だけではなく「諸門跡領」一般に適用される法であった。寺社本所領のなかで「諸門跡領」がとくに保護の対象となっていたことが窺える。

これより後、明応元年（一四九二）に近江国に出陣した足利義材は近江国の寺社本所領を御料所としたが、「御門跡領所々」は免除している[34]。また、門跡領についてではないが、永享十年、足利義教は「門跡ノ借下」を「破」る法を定めている。これは先代の門跡の負債をなしとする徳政令である。『大乗院寺社雑事記』康正三年九月六日条によれば、越前国河口庄新郷武沢名・田成・畠銭、坪江郷得元名は検校所別納方の管理するところであったが、近来は「借下方」として松林院兼雅が知行していた。それを本来の検校所の管理に戻す根拠として、尋尊は永享十年に門跡の債務を破るとの義教の下知が出されていることを根拠としている。松林院に対する債務は尋尊が門主となる以前に積み重なったものであり、その債務は永享十年の徳政令で破棄されたとするのが尋尊の認識であった。この門跡債務破棄の根拠となる永享十年令は、翌長禄二年（一四五八）にも松林院領摂津国富松郷などの管理をめぐって松林院兼雅と争うなかで、再び「普光院殿御代、門跡古今御借下、悉以被破」と尋尊の主張の根拠となる法として取り上げられている。(35)

このように門跡についての扱いを寺社一般と区別し、特別に保護するという室町幕府の政策が実施されていた。

三　門　跡

室町殿義満は自らの子弟を門跡寺院に送り込むと同時に、旧来の門跡に対しても安堵を通じて影響力を及ぼした。その一端は第Ⅱ部第二章において延暦寺の門跡安堵について検討したなかで示した。義満は王朝側の公家を家臣に取り込んでいくのと同じように、権門寺院の門跡をも家臣のように編成していった。(36)こうした室町殿と門跡との関係について、大田壮一郎氏は武家祈禱体制との関わりから武家護持僧だけでなく門跡寺院の祈禱についても、応永三十三年（一四二六）の六門跡（御室・妙法院・聖護院・青蓮院・大覚寺・三宝院）による祈禱体制について指摘している。(37)

室町幕府の祈禱体制については、富田正弘氏の国家祈禱体制の研究を嚆矢として、細川武稔・大田壮一郎・上野進・柳原敏昭氏などによって尊氏以来の武家祈禱だけでなく、義満期の相国寺や北山第における仏事祈禱、祈禱の際の修法の性格、仏事祈禱だけでなくそれと関連した陰陽道祈禱など、さまざまな観点から検討が進み、それと並行して相国寺における仏事全体についても研究が進展した。(38)

さて、先の大田氏が言及した応永三十三年の「年中御祈」には、応永三十一年に義持の護持僧に任命された花頂院僧正定助は含まれず、将軍家護持僧とは別の室町殿の祈禱体制が存在したことを推測させる。義満期に将軍家の祈禱体制から室町殿による国家的祈禱体制へと発展していくなかで、顕密僧のなかでもっとも上位身分に位置づけられる門跡が、室町殿によって祈禱などの仏事や儀式において組織化されていくことは、当然予想される展開であった。門跡に室町殿の子弟が送り込まれた義満期以降、門跡は王朝だけでなく幕府の仏事体制に組み込まれ、室町殿との主従関係も生じてくるのである。[39]

義持期、応永二十五年四月の降雨祈禱は、当初五山寺院に命じられたが効果がなかったので、二十六日になって「諸門跡」と「東寺・天台・三井三門徒」に命じられた。[40]同三十三年四月には義持の病気平癒のため、毎日慈救呪百万遍が暦応二年（一三三九）の例によって「三門徒」に命じられた。この場合、東寺・山門・三井（寺門）の三門徒の内の東寺門徒のなかに御室永助法親王も編成されている。[41]同年十月には天変攘災のため五壇法の祈禱を室町殿御所で行うべく、聖護院道意・青蓮院義円・大覚寺義昭・常住院尊経・実相院義運・浄土寺持弁・竹内（曼殊院）良什・地蔵院持円・俊尊僧正（大覚寺金剛乗院）・定助僧正（寺門花頂院）に命じられた。[42]ここでは御室永助法親王・大覚寺義昭・常住院尊経らは参加していない。

義持期にみられた門跡祈禱は、義教期にも継承される。義持没後の正長元年（一四二八）三月、十五日の将軍宣下の前に、義宣（義教）は「諸寺諸社」に「万歳」祈念の祈禱を命じた。右大弁広橋宣光からそのことを伝えられた万里小路時房は、「諸寺」として東大寺別当・東寺長者・延暦寺座主・園城寺長吏・七大寺別当、「諸社」として二十二社、それとは別に「諸門跡」として仁和寺宮（永助法親王）・三門跡（円融坊義承・青蓮院義快・妙法院尭仁法親王）・三宝院（満済）・実相院（義運）・円満院（尊雅）・常住院（尊経）・花頂院定助僧正の名前を記している。実相院義運は聖護院の門徒であるが、室町殿と「御親睦」なので門跡の列に加えられ、定助僧正は円満院の門徒ではあるが、護持僧なので門跡に準じて扱われた。宣光が時房の許に来たのは祈禱を命ずる書状の書札礼を尋ねる目的であった。書札礼では先の門跡とは別に竹中僧正良什・浄土寺僧正持弁・地蔵院僧正持円・聖護院准后道意・如意寺准后満意への書札礼も問題にされているが、彼らは室町殿の護持僧であった。[43]王朝の書札礼のなかで室町殿護持僧をどのように扱うかが問題となったと思われる。

このように室町殿護持僧はすべてが門跡ではないが、門跡に準じた身分として扱われ、祈禱においては両者の区別が曖昧になりつつあった。しかし、室町殿への参賀においては明確に区別がなされている。

義持期の室町殿への正月参賀において、八日に護持僧が参賀し、十日に門跡参賀が行われるのが恒例となっていた。『看聞日記』応永二十三年正月十日条には公卿・官人らとともに「諸門跡」も参じていることがわかり、[44]『満済准后日記』からは室町殿御所への「僧俗参賀」が年中行事となっている様子が記事となっており、二十四年・二十八年を除いて義持期には恒例となっていた。これと並んで正月八日には護持僧が参賀するのが恒例となっており、門跡と護持僧では参賀の日取りが区別されていた。[45]応永三十年の記事では門跡参賀を「毎年佳儀也」と記している。門跡参賀の日には御室以下の「僧中」だけでなく関白以下の「俗中」が室町殿と対面しており、室町殿との主従関係を確認する意味があった。彼らはその後、内裏と仙洞に参賀していることから、天皇・上皇より先に室町殿に参賀するのが恒例化している。義教期の正長二年正月十日の参賀には「僧俗」が「群参」し、[46]そのなかには義持期にはみられなかった南都興福寺の大乗院門跡も参賀し、以後、恒例化しているようである。

義政期には興福寺両門跡が室町殿に赴くことはなくなっているが、長禄二年（一四五八）七月二十八日の義政の任大臣拝賀という特別な場合には、大乗院・一乗院両門跡も「諸門跡」のひとりとして参賀に赴いている。[47]このように室町殿に参賀する門跡のことを、満済は「門跡党」と記した。[48]

基本的には門跡の門主は、本来、天皇家・摂関家出身であり、彼らは王朝国家を支える存在である。天皇が病気になった場合、門跡は内裏に赴き祈禱する役割がある。応永二十五年（一四一八）に称光天皇の平癒祈禱が妙法院・青蓮院以下の「諸門跡」によって内裏で行われた。祈禱を命じたのは室町殿義持であり、その費用百貫文は幕府が用意した(49)。当然のことではあるが、内裏での祈禱に室町殿の護持僧は呼ばれていない。永享十一年（一四三九）二月、彗星が出現し、その祈禱が王朝・幕府共同で実施された。この祈禱について詳しく分析された富田正弘氏は、『建内記』の記述から天文密奏が天文博士土御門有重から室町殿義教にもたらされ、義教の命令が伝奏中山定親を通して「武家御祈」が諸寺・諸社・護持僧十人と土御門有重に、「公家御祈」が御祈奉行蔵人右少弁坊城俊彦を経由して「諸社・諸寺・諸門跡」に伝えられる過程を詳しく分析した(50)。この天変祈禱は義満の時の先例にしたがって行われた。義満段階（永徳三年〈一三八三〉）の天変祈禱は義満の命によって内裏において行われたが、「公家御祈」を内裏で行うだけでなく、「武家御祈」が室町殿においても行われた。門跡は内裏での「公家御祈」に参加している。天変祈禱のような国家祈禱の場合、門跡は王朝に所属するものであることが示されている。室町殿がその実施を命令する段階においても、門跡が対応する公家祈禱と武家祈禱とは区別されるものであった。

義満期以降、門跡に室町将軍家の子弟が入ることによって、彼らは一方で正月参賀のような室町殿を中核とする儀礼体制・仏事体制のなかに組み込まれていくが、完全にそのなかに組み込まれたわけではなく、基本的には天皇を中核とする体制内にあった。この門跡の枠組みは公家全体についてもいえることであり、室町幕府はそれを組み直すことができなかったといえる。

おわりに

本章では南北朝・室町期における幕府の寺社政策のうち、強訴禁圧・寺社領興行・門跡支配の側面について、素描ではあるが若干の見通しを提示した。このうち、とくに鎌倉期からの徳政としての寺社領興行政策が、門跡領興行政策として一部特化していること、それが門跡を室町殿の支配統制下に編成しようとする過程とおそらく連動しているのではないかと推測した。

門跡は近世の幕藩体制下では「禁中並公家諸法度」の対象であり、一般の寺社法度の対象には含まれない存在である。(51) こうした門跡の位置は本章で考察した室町期に源流を求めることができるが、その過程を義政以降戦国・職豊期を経て江戸幕府成立まで、順を逐って叙述することは今のところ難しい。文禄四年（一五九五）に豊臣政権の発した「御掟・御掟追加」(52)が「諸公家・諸門跡」と「諸寺諸社」とを区別し、天正三年（一五七五）の織田信長が発した徳政令(53)の対象が「諸門跡・諸公家」であったことからみれば、江戸幕府の門跡認識は織豊政権のそれを継承したものであった。天正三年の所領回復令が寺社一般に及んでいないことは、室町幕府の寺社興行政策が、やがて対象を門跡に限定していく結果とみてとれないこともない。しかし、これらの点は戦国大名の寺社政策の展開からも位置づけるものであり、幕府権力の継承者にのみに検証の対象を限定することはできない。中世の寺社政策が近世においてどのように展開していくのか、その全体的視野から結論を出すべきであるが、今後の研究課題としておきたいと思う。

註

（1） 室町期の幕府寺社政策全般を論じたものに、大田壮一郎『室町幕府の政治と宗教』（塙書房、二〇一四年）終章がある。稲葉伸道初出（「中世の国家と寺社―王朝と幕府の寺社政策―」『年報中世史研究』二八、二〇〇三年）での権門寺院政策の見通しを継承し、さらに禅宗寺院（相国寺）や地方寺院も視野に入れてさらに幅広く展開しているので参照されたい。

（2） 『大日本古記録　後愚昧記』応安七年六月二十日条、『増補史料大成　愚管記』永和元年七月日条、康暦元年六月九日条。

（3） 『満済准后日記』応永二十二年六月十三日条。

（4） 下坂守『中世寺院社会の研究』（吉川弘文館、二〇〇一年）第一章・第二章。

（5）鍛代敏雄「石清水放生会に於ける「神訴」」（『国史学』一三四、一九八八年）、同「中世後期の寺社訴訟に関する一試論―「神訴」をめぐって―」（『金沢文庫研究』二九〇、一九九三年）。

（6）この強訴については、桜井英治『室町人の精神』（講談社、二〇〇一年）が取り上げている。

（7）大田壮一郎『室町幕府の政治と宗教』（前掲）二九〇頁。

（8）「寺門事条々事書」（国立公文書館内閣文庫所蔵）応永七年条所引、明徳五年四月二十五日室町幕府御教書。

（9）『増補続史料大成　大乗院寺社雑事記』康正元年九月十日条、同『大乗院日記目録』。

（10）村井章介「徳政としての応安半済令」（安田元久先生退任記念論集委員会編『中世日本の諸相』下、吉川弘文館、一九八九年、同『中世の国家と在地社会』校倉書房、二〇〇五年に収録）。

（11）『寺訴引付日記』（国立公文書館内閣文庫所蔵）応安六年正月南都事書。

（12）永井英治「南北朝内乱期の所領返付政策について」（『豊橋技術科学大学人文・工学系紀要雲雀野』一九）。

（13）榎原雅治「室町殿の徳政について」（『国立歴史民俗博物館研究報告』一三〇、二〇〇六年）。

（14）『増補続史料大成　大乗院寺社雑事記』長禄二年三月十七日条。

（15）『増補続史料大成　大乗院寺社雑事記』長禄二年閏正月二十六日条。

（16）『新訂増補国史大系　続史愚抄』長禄二年閏正月十三日条に「頃日、征夷大将軍義政、制止平文上下無文小袖及放鷹飼鷲等事」（『宗賢卿記』）とみえる。また、五山の喝食の服装や饗禄についても過差を禁じる指示を出していたと思われる（『蔭凉軒日録』）。

（17）『増補続史料大成　大乗院寺社雑事記』長禄二年閏正月二十六日条。

（18）百瀬今朝男「応仁・文明の乱」（『岩波講座日本歴史』中世三、一九七六年）。

（19）『増補続史料大成　大乗院寺社雑事記』長禄二年三月十七日条。

（20）『増補続史料大成　大乗院寺社雑事記』長禄二年五月十六日条。

（21）『増補続史料大成　大乗院寺社雑事記』長禄二年四月七日条。

（22）『増補続史料大成　蔭凉軒日録』長禄二年二月十三日・十五日、三月八日、五月二十七日、十月七日、十一月二十五日、長禄三年八月十日条。長禄二年五月十三日室町幕府御教書（鹿王院文書、田所市太氏所蔵文書）。この他、天龍寺の塔頭寿寧院の所領摂津国楊津庄内重久名などの半済分の返付を命じた同年四月二十一日の足利義政御判御教書もある（東京大学文学部所蔵寿寧院文書〈『演習古文書選　様式編』吉川弘文館、一九八一年所収〉）。
(23) 長禄二年三月十日足利義政御判御教書（『大日本古文書　東福寺文書』二、四〇六号）、同年三月二十八日足利義政御判御教書（鹿王院文書）、同年四月十八日足利義政御判御教書（『南禅寺文書』）。
(24) 榎原雅治註(13)論文。
(25) 京都府立総合資料館所蔵「天龍寺文書」写真帳S301。
(26) 同右「天龍寺文書」写真帳。
(27) 「仁和寺文書」（東京大学史料編纂所影写本三）。
(28) 『大日本古記録　建内記』嘉吉元年十月十二日条。
(29) 『増補愚管記』永和二年閏七月二十八日条。なお、この徳政については、佐々木文昭『中世公武新制の研究』（吉川弘文館、二〇〇八年）第一部第五章に言及がある。
(30) 『満済准后日記』応永二十五年七月十日条。
(31) 応永二十五年十二月六日越前国守護斯波義淳施行状（『大日本古文書　醍醐寺文書』一、八九号）、同年十二月二十七日尾張国守護斯波義淳遵行状（『大日本古文書　醍醐寺文書』九、一九七九号）、同年十二月五日摂津国守護有馬郡守護赤松持家奉行人連署奉書（『大日本古文書　醍醐寺文書』九、一九九二号）。
(32) 『増補史料大成　康富記』応永二十五年十二月十三日条。応永二十五年十二月八日幕府奉行人飯尾清藤起請文（北野社文書、『大日本史料』七編三十三）。
(33) この年には宇佐宮造営・法勝寺五大堂造営・東寺塔修理が義持によって推進されており、また、石清水だけでなく伊勢神宮参詣も行われるなど、義持の寺社興行政策が推進されている様子が窺われる（『大日本史料』七編三十三）。
(34) 『中世法制史料集』第二巻室町幕府法補遺追加、前田家所蔵文書）。
(35) 『増補続史料大成　大乗院寺社雑事記』長禄二年十月十七日条。
(36) 水野智之『室町時代公武関係の研究』（吉川弘文館、二〇〇五年）第三部第一章「室町将軍の偏諱と猶子」（初出一九九八年）。
(37) 大田壮一郎『室町幕府の政治と宗教』（前掲）終章。
(38) 富田正弘「室町時代における祈禱と公武統一政権」（日本史研究会史料研究部会編『中世日本の歴史像』創元社、一九七八

年)、細川武稔『京都の寺社と室町幕府』(吉川弘文館、二〇一〇年)、大田壮一郎『室町幕府の政治と宗教』(前掲)、上野進「室町幕府の顕密寺院政策」(『仏教史学研究』四三―一、二〇〇〇年)、柳原敏昭「室町政権と陰陽道」(『歴史』七一、一九八八年)。

(39)『満済准后日記』応永三十一年二月晦日条。

(40)『満済准后日記』応永二十五年四月二十六日条。三門徒とは東寺・山門・寺門東密・台密の法流に属する密教僧を指していると思われる(『満済准后日記』応永三十三年四月十六日条)。

(41)『満済准后日記』応永三十三年四月十六日条。東寺門徒として御室の他に大覚寺・勧修寺・東寺・醍醐寺(随心院を含む)があり、山門門徒には妙法院門跡と青蓮院門跡からその傘下の諸門跡に伝達された。この時、「山門住侶内二十人」が近年「公方様御祈申之衆徒」に定め置かれたという。三井門徒には聖護院より諸門跡に伝達された。

(42)『満済准后日記』応永三十三年十月四日条。

(43)『満済准后日記』正長二年正月八日条。

(44)『看聞日記』応永二十三年正月十日条。

(45)門跡参賀の記事がみられない年は何らかの理由で満済が参賀できなかったか、義持が中止したかであったと思われるが詳細は不明である。正月八日の護持僧参賀が恒例となるのは応永十七年からである(『満済准后日記』応永十八年正月八日条)。

(46)『満済准后日記』正長二年正月十日条。三月十二日には「御室以下諸門跡南都両門跡等悉参集」とみえ、大乗院だけでなく一乗院門跡も参賀に訪れている。

(47)『増補続史料大成　大乗院寺社雑事記』長禄二年七月二十八日条。

(48)『満済准后日記』応永三十年四月二十七日条。

(49)『増補史料大成　康富記』応永二十五年十月七日条。この時の祈禱は諸五山十刹や日吉・北野社など七社にも命じられている(同年十月二日条)。

(50)富田正弘「室町時代における祈禱と公武統一政権」(前掲)。

(51)近世の門跡については、杣田善雄『幕藩権力と寺院・門跡』(思文閣出版、二〇〇三年)、高埜利彦「近世門跡の格式」(井上智勝・高埜利彦編『近世の宗教と社会2　国家権力と宗教』吉川弘文館、二〇〇八年所収)が現在の研究史上の到達点を示している。

（52）三鬼清一郎「御掟・御掟追加をめぐって」（尾藤正英先生還暦記念会編『日本近世史論叢』上巻、吉川弘文館、一九八四年）。
（53）下村信博『戦国・織豊期の徳政』（吉川弘文館、一九九六年）。

あとがき

本書は、一九九八年から現在に至るまでの中世国家と寺社の関係に関する論文を、二部構成としてまとめたものである。収録した論文のなかには二十年前に発表したものもあり、表記の統一以外に、できるかぎり現時点での見解や訂正を加えたが、なかにはほぼそのまま収録したものもある。収録論文の初出情報は以下の通り。

序　章　国家による寺社の保護と統制（新稿）

第Ⅰ部　王朝・幕府の寺社政策

第一章　鎌倉幕府の寺社政策に関する覚書

「鎌倉幕府の寺社政策に関する覚書」（『名古屋大学文学部研究論集』史学四五、一九九九年）。若干、補筆訂正した。

第二章　弘安寺社興行政策の源流について

「弘安寺社興行政策の源流について―鎌倉時代前半期における王朝の寺社政策の展開―」（『名古屋大学文学部研究論集』史学五五、二〇〇九年）。補筆訂正した。

第三章　鎌倉中期の仁和寺御室

「弘長三年東寺観智院金剛蔵所蔵『仁和寺興隆倹約等條々』について―鎌倉中期の仁和寺御室―」（『名古屋大学文学部研究論集』史学五九、二〇一三年）。若干、補筆訂正した。

第四章　鎌倉中・後期における王朝の神社政策

「鎌倉中・後期における王朝の神社政策と伊勢神宮」(『名古屋大学文学部研究論集』史学五八、二〇一二年)。若干、補筆訂正した。

第五章　鎌倉末期の王朝の寺社政策

「鎌倉末期の王朝の寺社政策—正安三年〜元亨元年期について—」(『名古屋大学文学部研究論集』史学六〇、二〇一四年)。若干、補筆訂正した。

第六章　後醍醐天皇親政期の寺社政策

「後醍醐天皇親政期における王朝の寺社政策」(『年報中世史研究』四〇、二〇一五年)。若干、補筆訂正した。

第七章　建武政権の寺社政策について

「建武政権の寺社政策について」(『名古屋大学文学部研究論集』史学六三、二〇一七年)。ほぼそのまま収録した。

第Ⅱ部　権門寺院と王朝・幕府

第一章　青蓮院門跡の成立と展開

「青蓮院門跡の成立と展開」(河音能平・福田榮次郎編『延暦寺と中世社会』法藏館、二〇〇四年所収)。ほぼそのまま収録した。

第二章　南北朝・室町期の門跡継承と安堵

「南北朝・室町期の門跡継承と安堵—延暦寺三門跡を中心に—」(稲葉伸道編『中世寺社と国家・地域・史料』法藏館、二〇一七年所収)。ほぼそのまま収録した。

第三章　南北朝期の興福寺と国家

「南北朝時代の興福寺と国家」（『名古屋大学文学部研究論集』史学四四、一九九八年）。若干補筆訂正した。

終　章　南北朝・室町期における幕府と王朝の寺社政策

「中世の国家と寺社―王朝と幕府の寺社政策―」（『年報中世史研究』二八、二〇〇三年）の第三節を加筆訂正した。

第Ⅰ部の徳政としての寺社政策に関する研究視角は、一九八七年に発表した「新制の研究―徳政との関連を中心に―」（『史学雑誌』九六編一）を継承したものであるが、本書には収録しなかった。また、同年には「中世の訴訟と裁判―鎌倉後期の雑訴興行と越訴―」（朝尾直弘・網野善彦・山口啓二・吉田孝編『日本の社会史』第五巻所収、岩波書店）を発表し、鎌倉後期の徳政としての裁判興行を検討したが、その関心の延長上にある「鎌倉後期の寺社裁判制度について」（『名古屋大学文学部研究論集』史学五七、二〇一一年）も本書に収録しなかった。この二つの論文は本書と密接な関係を持つものであるが、別に一書にまとめたいと思う。

第Ⅱ部第三章は本書のなかでは最も古い論文で、一九九七年に上梓した『中世寺院の権力構造』（岩波書店）で扱った興福寺寺院組織研究の延長上にあるものである。二十年も前の論文ではあるが、論点は終章にもつながるものであり、若干の訂正を加え収録した。第Ⅱ部第一章は、それまで東大寺・興福寺を研究対象としてきた私が、初めて延暦寺を研究対象としたもので、延暦寺文書復元研究会を主催された河音・福田両氏からお誘いをうけ、二〇〇一年に明治大学で報告した内容を論文にしたものである。平雅行氏が同じく延暦寺を対象とした論文を同じ論文集に発表されており、研究者の関心が重なることがあることに驚いたものである。こうした経験は誰しも一度はあるものかもしれないが、名古屋にいて東西の学界情報に疎い私には、他の研究者より多いのかもしれない。

さて、中世国家の寺社政策を主たる課題とする本書は、鎌倉から南北朝期までの時代を検討したにすぎないものである。書名に「中世」と冠するならば、院政期や室町・戦国期まで論ずる必要がある。終章で室町期について若干の見通しを提示したが、近世への展開は論じていないし、古代との違いもほとんど視野に入っていない。その点は十分承知しているが、私には、もはやその時代にまで研究を発展させる余力はない。

本書の内容の多くは、二〇一六年三月まで在籍した名古屋大学文学部での特殊講義、および、富山大学文学部（一九九八年）、東京大学文学部（二〇〇六年）、京都大学文学部（二〇〇九年）での集中講義において話したものである。論文の草稿段階の粗い講義を聴いてくださった学生のみなさんに感謝したい。

また、東京大学史料編纂所・国立公文書館・京都府立総合資料館・奈良国立文化財研究所・東寺などの史料所蔵機関には、原本・写真帳・影写本などの史料を閲覧させていただいた。とりわけ東京大学史料編纂所の渡邉正男氏には、いつも閲覧にあたり大変お世話になり、ここに謝意を表したい。

本書出版にあたり、十年以上も前から声をかけてくださった吉川弘文館の石津輝真氏には本当にお世話になった。大学在職中に出版する予定を結局実現できず、今頃やっととにかく一書にまとめることができたのは、氏の辛抱づよい催促のおかげである。また、本書出版を担当された並木隆氏、本郷書房の重田秀樹氏には校正段階でいろいろとお世話になった。

最後に、本書を今は亡き佐藤進一・網野善彦両先生に捧げたい。

二〇一八年十一月十九日

稲葉伸道

著者略歴

一九五〇年　岐阜県に生まれる

一九七八年　名古屋大学大学院文学研究科博士後期課程満期退学

現在　名古屋大学名誉教授。博士（歴史学、名古屋大学）

〔主要編著書・論文〕

『中世寺院の権力構造』（岩波書店、一九九七年）

『中世寺社と国家・地域・史料』（編著、法藏館、二〇一七年）

「新制の研究―徳政との関連を中心に―」（『史学雑誌』九六編一号、一九八七年）

「鎌倉後期の寺社裁判制度について」（『名古屋大学文学部研究論集』史学五七、二〇一一年）

日本中世の王朝・幕府と寺社

二〇一九年（平成三十一）三月十日　第一刷発行

著　者　稲《いな》葉《ば》伸《のぶ》道《みち》

発行者　吉川道郎

発行所　株式会社　吉川弘文館

郵便番号一一三―〇〇三三

東京都文京区本郷七丁目二番八号

電話〇三―三八一三―九一五一〈代〉

振替口座〇〇一〇〇―五―二四四番

http://www.yoshikawa-k.co.jp/

印刷＝株式会社 精興社

製本＝誠製本株式会社

装幀＝山崎　登

ISBN978-4-642-02955-1

索　　引

Ⅰ 事　　項

あ 行

か 行

さ　行

た　行

な　行

は　行

ま 行

や 行

ら 行

Ⅱ 寺　　社

あ 行

か 行

さ　行

た　行

な　行

は　行

ま　行

や　行

ら　行

Ⅲ　人　　名

あ　行

か　行

さ　行

た 行

な 行

は 行

ま 行

や　行

ら　行